Собрание писем к монашествующим

Амвросий Оптинский

Собрание писем к монашествующим

© Bibliotech Press, 2021

ISNB: 978-1-63637-699-8

СОДЕРЖАНИЕ

СОБРАНИЕ ПИСЕМ К МОНАШЕСТВУЮЩИМ

I   ОБЩИЕ ПРАЗДНИЧНЫЕ ПРИВЕТСТВИЯ 1

II   ПИСЬМА К ОТДЕЛЬНЫМ ЛИЦАМ 49

III   ПИСЬМА К УЧРЕДИТЕЛЯМ ОБЩИН И К ПЕРВОНАЧАЛЬНИЦАМ ИХ 263

I

ОБЩИЕ ПРАЗДНИЧНЫЕ ПРИВЕТСТВИЯ

— 1. Простим вся Воскресением (1870 г.)

Сестры о Господе и матери!

Кому по немощи и по скорости не мог написать, тех всех купно поздравляю с предстоящим великим Торжеством христианским. Когда в церкви будет воспеваться всерадостное

Христос Воскресе!

Тогда и от меня грешнаго примите сие приветствие, с благожеланием каждой из вас мирного духовного чувства и благодушного и благоприятного расположения ко всем, оставляя, по слову апостольскому, аще кто на кого имать некое поречение, так как в это время Церковь воспевает: простим вся Воскресением.

— 2. О Великом снисхождении Рождшагося Господа и о нашем окаянстве (1870 г.)

Мудрствующим о Господе

Милостию и долготерпением Божиим паки и паки достигаем времени ежегоднаго празднования Рождества Христова.

Вместо простого обычнаго поздравления хочу вам сказать несколько слов о великом таинстве великаго сего праздника. — Церковь в песнях своих уже призывает верных высокими умы созерцать странствие Владычне и очищенными сердцами таинственно насладиться безсмертныя трапезы во убозем вертепе: како везде Сущий, преклонив небеса, сниде на землю, не оставль недр Отеческих; како Невидимый видим бысть; како собезначальное Слово и Соприсносущный Сын Божий Сын Девы бывает; како Предвечный и в вышних Непостижимый от Девы рождается днесь, яко младенец; како Неприступный всем днесь, яко младенец, объемлется матерними девическими руками; како Покрываяй облаками небо днесь, яко младенец пеленами повивается; како вся премудростию Сотворивый, днесь, яко повитый младенец, с яслей скотиих полагается, да безсловесия избавит человеки; како Питаяй всяческая днесь, яко младенец, млеком матерним питается. О, таинства страшнаго! О, вещи непостижимыя! Како Бог непреложно человек бывает, да богом человека соделает, предглаголавый пророком: "Аз рех, бози есте вы, и сынове Вышняго вси". Но, о — окаянства нашего! "мы же, яко человецы умираем". О, суетства нашего и нерадения о Божественном всыновлении! Возлюбихом паче рабство страстей и злаго ради произволения нашего, волею и неволею подклоняем выю игу сопротивнаго. О, ослепления нашего и омрачения! Блаженны ушеса пастырей оных, слышавшия како на воздусе ангели, воспевая славу Богу в вышних, благовествовали мир земле, и Божие благоволение человекам. Блаженны их очеса, видевшия, яко агнца непорочна, во чреве Мариине упасошагося. Блаженны и все те, которые сподобляются Божия благоволения и мира, всяк ум превосходящаго.Блаженны и премудрые волхвы, пришедшие от далеких стран поклониться Рождшемуся от Девы, принесшие Ему достойные дары: злато яко Царю, ливан яко Богу, и смирну яко Мертвецу бессмертному. Блаженны и все, достойно покланяющиеся Ему духом и истинною, принося Ему дары, кийждо по силе своей: ов яко злато, праведные лепты милосердия, ов яко ливан и благовонное кадило — славословие и чистыя молитвы покаяния и исповедания; ов же яко благоуханную смирну — благодарное воспоминание страданий и благоговейное поклонение животворящим язвам Вочеловечшагося и плотию Распеншагося за спасение наше. Но что сотворим мы, унылые и нечувственные, от них же первый есмь аз, не могуще возвышенным от земли умом и очищенным сердцем насладиться безсмертной сей трапезы во убозем вертепе. Смиряясь и зазирая себя, да внемлем усердно с благоговением чтению и пению церковному и от них, яко от источника жизни и безсмертия, да почерпаем себе утешение и вразумление и спасение, милостию и неизреченным человеколюбием Воплотившагося нас ради Сына Божия, Ему же подобает слава и держава, честь и поклонение, со безначальным Его Отцем и Пресвятым и Благим и Животворящем Духом, ныне и присно и во веки веков. Аминь.

Неизреченно Родивыйся от Девы, помилуй нас студных за молитвы Пречистыя Твоея Матери и всех благоугодивших Тебе!

—3. Родившийся Христос приносит нам великие блага, воспользоваться коими зависит от нашего произволения (1871 г.)

Сестры о Господе и матери!

Поздравляю вас с праздником Рождества Христова и вместе с наступающим Новым годом. Воплотивыйся и Родивыйся от Девы да подаст вам и нам по неизреченному человеколюбию Своему, то чесого ради сниде на землю и воплотися. Воплотися, да обновит истлевшее грехом естество наше. Воплотися, да избавит нас от власти мучительства диавола. Воплотися, да спасет нас, и не точию да спасет, но и да сотворит нас Себе сыны, дщери и наследники царствия Своего, за все сие ничего не требуя, токмо единаго благаго нашего произволения к снисканию сего несказанного наследия Божия: тогда Он Сам будет нам помогать, усиливая наше благое изволение и подавая нам крепость в благих наших действиях, как говорит апостол: "Бог бо есть действуяй в вас, и еже хотети, и еже деяти, о благоволении". С нашей стороны вся сила и важность сего дела состоит в благоволении, т. е. в благом изволении благоугождать Господу: тогда Сам Господь будет действовать и помогать нам в деле спасения нашего, по сказанному: "без Мене не можете творити ничесоже".

Из всего сказанного видно, что дело нашего спасения зависит и от нашего произволения, и от Божией помощи и содействия. Но последнее не последует, если не предварит первое. Мир всем! И духови вашему!

— 4. Праздник Пасхи напоминает о будущем и всеобщем воскресении (1871 г.)

Мудрствующим о Господе!

К празднику Рождества Христова вместо обычнаго поздравления писал я вам о великом Таинстве великаго сего Праздника. Желал бы и теперь сказать вам что-нибудь о таинственном значении торжества христианских торжеств, т. е. праздника Воскресения Христова. Но по слабости болезненной не имею к тому сил, ни возможности. Разве только вкратце скажу, что ежегодное празднование светлаго праздника Воскресения Христова, кроме собственнаго значения, служит вместе для нас и напоминанием всеобщаго и всемирнаго воскресения, что особенно видно из знаменательных действий Пасхальной утрени.

Первое. В светоносную нощь, после прочтения полунощницы, бывает торжественное исхождение и обхождение храма священнослужителями и всеми верными с возженными свещами, при несении креста и святых икон и звоне колоколов. Явно, что это церковное действие прямо указывает на евангельскую притчу о десяти девах, в полунощи возбужденных воплем: "се жених грядет! Исходите в сретение его! Тогда восташа вся девы тыя, и украсиша светильники своя, и изыдоша в сретение жениху" (Матф. 25, 1-7), Девы эти — души верующих. Жених — Христос. Ночь — жизнь века сего. Светильники — вера и добрыя дела. — Как евангельская притча, так и торжественное обхождение храма верными при звоне колоколов не изображают ли всеобщее воскресение при конце мира, когда глас трубы архангельской возбудит всех мертвых, и верующие в Господа, подобно Евангельским девам, изыдут в сретение Ему со светильники своими, каждый по достоинству своему.

Второе. Когда совершается это торжественное шествие около храма, двери церковныя затворяются. Верные, идуще видят в храме свет, а на пути пред собою и около себя непроницаемый мрак, и тако приходят в преддверие храма к затворенным дверям. Не означается ли сим, что все воскресшие во всемирное воскресение издали узрят чертог небесной славы, но не все внидут в оный, а только одни достойные, у которых светильники, как у мудрых дев, не угаснут в сретении Жениха — Христа. Остальные же, у которых, как у юродивых дев, светильники угаснут, тщетно будут повторять начало церковного стиха: "Чертог Твой вижду, Спасе мой, украшенный, и одежды не имам да вниду в онь".

Третье. В преддверии храма, пред затворенным онаго входом, первенствующий служащий, сотворив обычное пасхальное начало прославлением Святыя Троицы и пением: Христос воскресе, с крестом в руках, отверзает двери церковныя и первый входит в храм, а ним входят безразлично и все прочие христиане, поющие

3

радостную церковную песнь: Христос воскресе из мертвых, смертию смерть поправ и сущим во гробех живот даровав. Повторяя оную многократно, прилагают и другия всерадостныя песнопения: Воскресения день, просветимся людие! Пасха, Господня Пасха! От смерти бо к жизни, и от земли к небеси Христос Бог нас приведе победную поющия и т. д. Не слышно уже обычнаго чтения, возбуждающаго дух сокрушения, а слышно одно лишь непрерывное сладкопение, возбуждающее во всех радование. Непрестанно являются служители алтаря в блистающих одеждах, непрестанно зрим крест Христов и покланяемся сему знамению спасения нашего, непрестанно осеняемся курением священнаго фимиама; у всех на руках возженныя свещи; в устах же у всех, и служащих, и поющих, и предстоящих, только и слышится радостное: Христос Воскресе!

Так празднуется временная Пасха Христова на земле, и к сему празднованию допускаются все христиане, достойные и недостойные, потому что настоящая жизнь подлежит изменению: нередко достойные делаются недостойными, и наоборот — недостойные делаются достойными, что явно оказалось на Иуде и разбойнике. Первый был в лике избранных дванадесяти апостолов Христовых, три лета последовал за Христом, слушая непрестанное учение Его, и имел дарование изгонять бесов и исцелять многоразличныя болезни. Но наконец, обезумившись от нерадения и сребролюбия, предал Христа и погиб вечно. Последний же более 30 лет был в шайке закоренелых злодеев, но, вразумившись на кресте, исповедал волею Распеншагося Сына Божия Господом и Царем, и первый вошел в рай. Примеры эти да содержим всегда в памяти, чтобы воздержать себя от греха осуждения, хотя бы мы видели кого-либо и при конце жизни грешащим, как убеждает нас св. Иоанн Лествичник.

Но иной будет порядок празднования на Небеси Пасхи вечной после всеобщаго воскресения и суда. К празднованию оной допустятся только одни избранные, достойные. И кто единожды допущен будет в чертог небесный к празднованию Пасхи вечной, тот вечно и останется в лике празднующих оную, во гласе радования. Кто же окажется недостойным участия в этом праздновании, тот уже пребудет в вечном лишении и вечном отчуждении. Но теперь неблаговременно говорить подробно о горькой участи последних по причине всерадостного праздника. А скажем только одно, что все мы, христиане, пока живы, должны быть осторожны и внимательны к своему спасению. И мнящиеся из нас стояти, по слову апостольскому, да блюдутся, да не падут, памятуя всегда ужасающий пример погибшаго Иуды. Немощные же из нас и падающие да возбуждаются надеждою исправления, видя утешительный пример благоразумнаго разбойника, наследовавшаго рай.

О, Пасха, велия и священнейшая Христе! О, мудросте и Слове Божий и сило! Подавай нам истее Тебе причащатися в невечернем дни царствия Твоего.

— 5. Значение Воскресения Христова. Яко чада света ходите (1872 г.)

Сестры о Господе и матери!

Поздравляю вас с светлым праздником Воскресения Господа нашего Иисуса Христа и сердечно желаю вам встретить и провести всерадостное сие христианское торжество в мире и утешении духовном. Когда начинается в церкви торжественное и взаимное приветствие, тогда помяните, что и аз грешнй каждую из вас приветтвую обычным всерадотным приветствием:

Христос Воскресе!

Велика сила в сем кратком приветствии, как свидетельствует св. Златоуст в огласительном своем слове: "Воскресе Христос, и низложися ад! Воскресе Христос, и падоша демони! Воскресе Христос, и радуются ангели! Воскресе Христос, и попрася смерть! Воскресе Христос, и воцарися жизнь".

Не без причины многократно повторяется радостная церковная песнь: "Светися, светися, новый Иерусалиме, слава бо Господня на тебе возсия", т. е. радуйся и просвещайся светом Христовым, собрание сынове и дщерей Православной Церкви. А как просвещаться и озаряться светом Христовым, научает нас св. апостол Павел, говоря: "яко чада света ходите; плод бо духовный есть во всякой благостыни и правде, и истине". Те же самыя слова апостол повторяет в другом месте с другой стороны: "станите убо препоясани чресла ваша истиною и оболкшеся в броню правды, и обувше нозе в уготование благовествования мира".

Под словом "истина" должно разуметь заповедь о любви к Богу: "возлюбиши Господа Бога твоего всем сердцем твоим, всею душею твоею и всем помышлением твоим, и от всея крепости твоея". И паки: "иже любит отца или матерь паче Мене, несть Мене достоин". Ежели любовь Божия настолько ревнива, что и отца и матерь допускает любить только в меру, а не паче меры, то не без причины апостол заповедает нам препоясать чресла истиною, чтобы не грешить против любви к Богу, любовью к другим неуместною; особенно же нечистою, потому что Богу любезнее паче всего целомудрие в смиренномдрии.

Под словом же "правда" разумеется заповедь о любви к ближнему: "возлюбиши ближняго твоего яко сам себе". А так как эта заповедь не всегда бывает удобоисполнима, то апостол заповедует нам облещися в броню правды, т. е. не гневаться, не осуждать, не завидовать, терпеть обиды, укоризны и уничижения, любить врагов, добро творить ненавидящим, молиться за творящих напасть и изгоняющих ны.

Остальными же словами "плод благостыни", и "благовествование мира" означается доброта, простота в отношении к ближнему и всякая благожелательность и дружелюбие по сказанному: "мир имейте и святыню со всеми. Взыщи мира и пожени и"! Или, как поет ныне Церковь: простим друг другу вся Воскресением.

— 6. Праздник Воскресения, как и другия праздники, напоминает нам о том, что "Христос вчера и днесь, Тойже и во веки", а мы люди, изменчивы и унылы (1873 г.)

В настоящий праздник Светлаго Воскресения Господа нашего Иисуса Христа, кроме обычнаго благожелательного поздравления и обычнаго радостного приветствия:

Христос Воскресе!

желалось бы сказать вам нечто и общеполезное.

Св. Апостол Павел в Послании к Евреям говорит: Христос вчера и днесь, Тойже и во веки (13, 8). Что означают сии апостольские слова? Не то ли, что Христос Господь, как Бог, всегда одинаков, у Него же, по сказанному, несть пременение или преложения осенение. Мы же, христиане, скоропреложны и изменчивы: вчера были хорошие, а днесь уже не всегда бываем таковыми. Вчера смирялись, сегодня начинаем оправдываться. Вчера мудрствовали о воздержании, в последующий день нередко опять заботимся о наслаждении, а часто даже негодуем, что пища и питие не хорошо приготовлены. Вчера довольствовались простою и скромною одеждою, ныне опять помышляем о одеянии лучшем. Вчера прилежали о молчании, сегодня паки начинаем разлагольствовать. Вчера любомудрствовали о самоукорении, сегодня опять уклоняемся в пересуды и осуждения и тому подобное. Так только вчера и днесь. Кто же из Христиан может поручиться, что он во весь век свой будет постоянен и неизменчив в добродетели. По сей причине апостол мнящихся стояти твердо в добре увещавает к смиренному и внимательному хранению себя, глаголя: Мняйся стояти, да блюдется, да не падет (1 Кор. 10, 12). А унывающих и дремлющих в жизни своей возбуждает к бодрствованию, глаголя: возстани и воскресни от мертвых, и осветит тя Христос (Ефес. 5, 14). Кроме сказанного, слова апостольския: "Христос вчера и днесь, Тойже и во веки", имеют и следующее значение: время течет, годы один за другим проходят, жизнь наша некоторых сокращается, а иных совсем прекращается. Праздники же Господни, по совершении обычнаго своего круга, тем же порядком возвращаются и будут возвращаться до скончания века, напоминая христианам о великом таинстве воплощения Сына Божия и избавлении нашем от плена диавольского крестною смертию и Воскресением Христовым. Напоминается же нам о сем во всех праздниках Господских потому, что мы мы унылы и забывчивы, а от уныния и забвения часто перестаем быть благодарными Богу за Его великие к нам благодеяния, временныя и вечныя. Благодарение же приемлющаго, по слову преп. Исаака Сирина, поощряет Дающаго, еже даяти дарования больши первых. Благодарность в христианине такая вещь великая, что вместе с любовью последует с ним и в жизнь будущую, где он с ними будет праздновать Пасху вечную. Аминь.

— 7. Должно помнить ангельское славословие и не прилепляться к скоропреходящему (1873 г.)

Сестры о Господе и матери!

Не имея возможности поздравить каждую из вас порознь с

настоящим всерадостным христианским торжеством, поздравляю всех вас вообще. Обрадовавший рождеством Своим все человечество и естество ангельское, да обрадует утешением духовным и вас, овогда сетующих душами, овогда же и болезнующих телесами. Всем известно, что в первую нощь Рождества Христова небесныя воинства ангелов, между небом и землею, на пространстве воздушном, прославляли Господа пресладчайшим пением: "Слава в вышних Богу, и на земли мир, в человецех благоволение". Да и доселе ежедневно в Церкви Православной повторяются слова сего ангельского пения. Но мы, будучи ослепляемы суетою помыслов и печалей, и попечений житейских или земных, не всегда вникаем достодолжно в великий смысл и в великое значение сей ангельской песни. За все постигающее нас скорбное или болезненное, а иногда и утешительное, не воздавая должного благодарения и славы Богу, в вышних живущему во свете неприступнем, мы лишаемся мира Христова, превосходящаго всяк ум, даруемаго достойным по неизреченному благоволению Божию к роду человеческому. О, дабы всеблагий Господь не лишил всех нас того, о чем пишу вам. Только нужно позаботиться нам о том, чтобы соответствовать Божию благоволению нашим благим произволением.

Господь наш Иисус Христос две исходныя заповеди изрек ученикам Своим: "мир Мой даю вам, мир Мой оставляю вам". И паки: "заповедь новую даю вам: да любите друг друга". Не вотще повторяется мудрое слово старинных людей: где мир и любовь, там и Бог, там всякое благо.

У нас же большею частью забота о стяжании благ, только, к сожалению, часто земных и временных, а не небесных. Забываем мы, что земные блага небесныя вечны, бесконечны и не отъемлемы.

Всеблагий Господи! Помози нам презирать все скоропреходящее, и пещися о едином на потребу — спасении душ наших.

— 8. Что препятствует повиноваться правде Божией (1874 г.)

Сестры о Господе и матери!

Христос Воскресе!

И в настоящий светлый праздник всерадостного Воскресения Христова, кроме обычнаго поздравления, желе бы я сказать вам нечто утешительное и вместе с тем полезное, потому что истинное и прочное утешение тесно соединено с истинно полезным. В чтении пасхальнаго Евангелия слышим слова: во своя прииде, и свои Его не прияша; елицы же прияша Его, даде им власть чадом Божиим быти, верующим во имя Его (Иоанн 1, 11, 12).

Древле своими Богу назывались израильтяне, избранный народ Божий. В новой же благодати своими Богу могут называться христиане, посвятившие себя на служение Богу, и преимущественно монашествующие. Св. Апостол Павел выставляет причину, почему некоторые из древняго избраннаго народа Божия не приняли Сына

Божия, пришедшаго во плоти. Свою ищуще поставити правду , говорит апостол, правде Божией не повинушася (Рим. 10, 3). Та же причина и в новой благодати препятствует повиноваться правде Божией и Божественным заповедям Христа Спасителя, т. е. если христианин допустит себе самооправдание, которое в Евангельском законе не дозволено, тогда как бы невольно принужден бывает противиться и отвергать если не все, то многое, что проповедуется в Евангельском учении.

У израильтян были две главные секты: фарисейская и саддукейская. Фарисеи, хотя веровали всему, содержащемуся в Св. Писании, но крайне недуговали возношением и презорством к другим. Саддукеи же во многом сомневались и даже не веровали воскресению и бытию ангелов. Те же немощи душевныя проявляются между некоторыми и в новой благодати. Нередко бывает, что верующие всему в слове Божием и старающиеся жить по заповедям Божиим, допускают в себе возношение пред другими и уничижают многих. Есть также не мало и таких, которые сплошь да рядом сомневаются в доброжелательстве ближних от меньших до старших. Будь для них кто добр, как ангел, они и тому не поверят, приискивая и выставляя на вид какия-нибудь малозначущия причины. Продолжая сомневаться во всех и во всем, они, наконец, доходят до сомнения и неверия относительно и будущей жизни, и таким образом сами делают жизнь свою жалкою и безотрадную. Общий же и неудобоисцельный недуг, как фарисействующих, так и саддукействующих, есть зависть, часто порицающая и правду Божию, не говоря уже о правде человеческой.

Простите меня, матери и сестры, что аз недостойный в Светлый праздник выставил на вид облака темных страстей. Но выставил ради того, что эти страсти нередко беспокоят и такия души, которыя не мало заботятся о своем спасении и благоугождении Богу; а желалось бы, чтобы никакая мгла страстей, особенно в Светлый праздник не омрачала мысленной и умной тверди душ ваших.

Для утешения нашего повторим опять указанныя слова пасхального Евангелия: елицы же прияша Его, даде им область чадом Божиим быти, верующим во имя Его. Для простаго человека сделаться чадом и наследником и земнаго царя велико есть. Кольми паче соделаться чадами и наследниками Цар Небеснаго превосходит всякое слово и всякое сказание, и даже понятие и постижение ума человеческаго, как свидетельствует о сем апостол: их же око не виде, и ухо не слыша, и на сердце человеку не взыдоша, яже уготова Бог любящим Его (1 Кор. 2, 9). Еже буди всем нам получити милостию и человеколюбием Единороднаго Сына Божия, умершаго за нас и воскресшаго, и воскрешающаго, и просвещающаго всякую христианскую душу, нелицемерно и твердо верующую в Него. Аминь.

— 9. О Кресте и Воскресении (1875 г.)
Сестры о Господе и матери!
Христос Воскресе! Христос Воскресе! Христос Воскресе!

Поздравляю вас с светлым и всерадостным праздником Воскресения Господа нашего Иисуса Христа. Сердечно желаю всем вам встретить и провести всерадостное христианское торжество сие в мире, и утешении, и веселии духовном.

Желал бы вместе с поздравлением написать вам нечто и в назидание духовное. Но опасаюсь, как бы из праздничнаго и высокоторжественнаго не вышло нечто не праздничное и не торжественное, потому что полезное редко сходится с приятным, разве только у крепких и мужественных духом.

Во всерадостных церковных песнях о Воскресении Христовом нередко слышим, что воспоминается Крест Христов, и смерть, и погребение. Как, например: "Кресту Твоему покланяемся, Христе, и святое воскресение Твое поем и славим. Повешен на древе всю тварь поколебал еси, положен во гробе, живущия во гробех воскресил еси". Правильно разумеющие с радостию воспоминают равно как Вокресение Христово, так и Крест Христов. Но немало есть малодушных, не скажу суеверных, которым о кресте и о несении креста и не говори. А если и молча им дают крест на благословение, то они или отказываются принимать, или содрогаясь принимают оный, как бы предвестника какой-либо беды, тогда как Церковь всем явно провозглашает, что "крест есть хранитель всея вселенныя, крест — красота Церкви, крест — царей держава, крест ангелов слава и демонов язва".

Не Крестом ли Христовым мы избавлены от власти и мучительства диавольского? Поэтому, малодушные, оставим неправильное мнение и равно возлюбим как Воскресение Христово, так и Крест Христов. Если желаем быть общниками Воскресения Христова, то не должны отрекаться и от несения Креста Христова, или по крайней мере христианскаго, какой кому Промыслом Божиим будет послан. Быть распятым на кресте, подобно Христу Господу, выше меры нашей. По крайней мере не будем отказываться понести то, что Господь прежде Своей крестной смерти претерпел, потому что воскресший Господь определенно изрек: "иже не приимет креста своего и вслед Мене не грядет, несть Мене достоин". Если же, по слову апостола, со Христом или о Христе страждем, то с ним и прославимся радостно поюще церковную песнь: Кресту Твоему покланяемся, Христе, и святое Воскресение Твое поем и славим. И паки: Воскресения день, просветимся, людие; Пасха, Господня Пасха; от смерти бо к жизни и от земли к небеси Христос Бог нас приведе, победную поющия.

Христос — новая Пасха, жертва живая, Агнец Божий, вземляй грехи мира.

Величит душа наша страдавша и погребенна, и воскресшаго тридневно от гроба.

Величит душа наша Триипостаснаго и нераздельнаго Божества державу.

Радуйся, Дево, радуйся: радуйся Благословенная, радуйся Препрославленная:

9

Твой бо Сын воскресе тридневен от гроба.

— 10. О власти как послушании Богу (1875 г.)
Поздравление начальствующим

Поздравляю вас с наступающим светлым и всерадостным праздником Воскресения Господа нашего Иисуса Христа. Сердечно желаю вам и всем сестрам обители вашей встретить и провести всерадостное торжество сие в мире и утешении духовном.

Желал бы аз, Грешный и скудоумный, при этом сказать вам нечто полезное и утешительное. Но ничего полезнаго в настоящие минуты не пришло мне на мысль, кроме слов апостола Павла: "сие бо да мудрствуется в вас, еже и во Христе Иисусе, Иже во образе Божий сый, не восхищением непщева быти равен Богу, но Себе умалил, зрак раба прием, в подобии человечестем быв, и образом обретеся, якоже человек, смирил Себе, послушлив быв даже до смерти, смерти же крестныя. Тем же и Бог Его превознесе, и дарова Ему имя, еже паче всякаго имене, да о имени Иисусове всяко колено поклонится небесных и земных, и преисподних" (Филип. 2, 5-10).

При чтении сих апостольских слов являются три мысли.

1. Восхищающие незаконно царскую или другую какую-либо власть, по слову св. Златоуста, боятся являться пред подчиненными просто и в смиренном виде, а всячески стараются поддержать свое могущество властительским и гордым, и жестоким обращением, опасаясь потерять свое владычество. А законно и правильно получившие начальство и власть нисколько не боятся обращаться с подчиненными просто и кротко, и смиренно, потому что и великих людей простота и смирение не только не унижают, но напротив очень возвышают и возвеличивают.

2. Если дело искупления рода человеческаго совершено было послушанием до смерти Отцу воплотившагося Сына Божия, то и всякая поручаемая должность есть не что иное, как послушание Богу, потому что различные роды правлений разделяются от Духа Святаго, как свидетельствует апостол (1 Кор. 12, 28).

Послушание и земному высшему начальству важно, так как чрез оное назначаются различныя должности; послушание это начальническое, хотя по-видимому дается не до смерти, но если кто возмалодушествует при каких-либо столкновениях, то нередко некоторых почти приближает к смерти.

3. Что распеншемуся за нас и воскресшему Господу Иисусу поклонится всяко колено небесных и земных, это понятно, как и церковная песнь провозглашает: "Воскресение Твое, Христе Спасе, ангели поют на небеси, и нас на земли сподоби чистым сердцем Тебе славити". Но как поклоняется Господу колено преисподних? Тем, что они невольно покоряются Ему, так как воскресший Господь чрез крестную Свою смерть попрал всю силу вражию, сокрушив врата медныя и вереи ада железныя сломив. Но под сим еще разумеется и изведение из ада воскресшим Господом держимых тамо душ, каковое изведение Торжественно описывает св. Иоанн Дамаскин так: "ныне

10

вся исполнишася света, небо и земля, и преисподняя: да празднует убо вся тварь востание Христово. — Днесь Владыка плени ада, воздвигнувый юзники, яже от века имяше, люто одержимыя. — Безмерное Твое благоутробие, адовыми узами содержимии зряще, к свету идяху, Христе, веселыми ногами. Пасху хваляще вечную".

Вот, что пришло мне в голову при поздравлении вас, то вам и написал.

— 11. Совет об уклонении от разделений (1875 г.)

Сестры о Господе и матери!

Поздравляю вас со всеобщим праздником Рождества Господа нашего Иисуса Христа. Сердечно желаю всем вам встретить и провести великое христианское сие торжество в радости и утешении духовном. Что бы вам полезное сказать в праздник сей? Повторяю вам исходные слова Рождшагося от Девы Спасителя нашего к Своим ученикам: Мир оставляю вам, мир Мой даю вам: не якоже мир дает, Аз даю вам (Иоан. 14, 27). И паки: заповедь новую даю вам, да любите друг друга: якоже возлюбих вы, да и вы любите себе. О сем Разумеют вси, яко Мои ученицы есте, аще любовь имате между собою (Иоан. 13, 34-35). Приложу к сему и апостольския слова. Св. Иоанн Богослов пишет: аще кто речет, яко люблю Бога, а брата своего ненавидит, ложь есть (1 Иоан. 4, 20). И св. апостол Павел говорит: мир имейте и святыню со всеми, ихже кроме никто же узрит Господа (Евр. 12, 14). И паки: возвестися бо ми о вас, братие, яко рвения в вас суть.

Глаголю же се, яко кийждо вас глаголет: аз убо есмь Павлов, аз же Аполлосов, аз же Кифин, аз же Христов. Еда Разделися Христос? Еда Павел распятся по вас? или во имя Павлова крестистеся (1 Кор. 1, 11-13)? Этими словами апостол Павел упрекает как тех, которые отвергают духовное отношение к наставникам и прямо хотят относиться ко Христу, так и тех, которые при духовном отношении делятся на партии, нарушая этим взаимный мир и единодушие, и единомыслие, заповеданное Самим Господом и апостолами, которые, устраняя взаимное роптание, как делящихся, так и не делящихся, и предотвращая происходящий от сего общий душевный вред, увещевают всех к взаимной любви. Св. Иаков, брат Божий, пишет: не воздыхайте друг на друга, братие, да не осуждени будете (Иак. 5, 9).И паки: не оклеветайте друг друга, братие: оклеветаяй бо брата, или осуждаяй брата своего, оклеветает закон и осуждает закон (Иак. 4, 11). И паки: аще зависть горьку имате и рвение в сердцах ваших, не хвалитеся, ни лжите на истину. Несть сия премудрость свыше нисходящи, но земна, душевна, бесовска. Идеже бо зависть и рвение, ту нестроение и всяко зла вещь (Иак. 3, 14-16). И св. апостол Павел глаголет: весь закон во едином словеси исполняется, во еже: возлюбиши ближняго твоего, якоже себе. Аще же друг друга угрызаете и снедаете, блюдитеся, да не друг от друга истреблены будете (Гал. 5, 14-15). Облецытеся убо, яко же избрании Божии, святи и возлюбленни, во утробы щедрот, благость, смиренномудрие, кротость и долготерпение: приемлюще друг друга и прощающе себе, аще кто на кого имать поречение: яко же и Христос простил есть вам, тако и вы (Колос. 3, 12 — 13). И паки: аще живем духом, духом и да ходим. Не бываем тщеславни, друг друга раздражающе, друг другу завидяще. Друг друга тяготы носите, и тако исполните закон Христов (Гал. 5, 25; 6, 2).

Возлюбленныя о Господе сестры и матери! Если вы постаретесь исполнять закон Христов так, как означено, тогда вы будете достойными пред Богом чадами, которых и аз грешный буду просить, чтобы вы помолились обо мне недостойном, да вашими молитвами Господь помилует и меня, и простит мою грешность и нерадение о исправлении себя при научении других, как обличает апостол: научая иного, себе ли не учиши? (Рим. 2, 21).

— 12. О необходимых признаках духовной жизни (1876г.)

Сестры о Господе и матери, и чада духовныя!

Христос Воскресе!

Поздравляю вас со всерадостным праздником Воскресения Господа Бога и Спаса нашего Иисуса Христа. Сердечно желаю вам встретить и провести сие великое христианское торжество в мире и утешении духовном.

Хотя я сам слабо и во всем неисправно живу, но привык других учить. Оттого как бы невольно понуждаюсь сказать вам в праздник сей что-либо душеполезное и спасительное, хотя сам того и не исполняю делом.

Светлый праздник Воскресения Христова из всех духовных праздников называется торжеством торжеств. Посему праздновать его и торжествовать следует нам не плотски, а духовно. Св. апостол Павел пишет: "аще живем духом, духом и да ходим; не бываем тщеславии, друг друга раздражающе, друг другу завидяще" (Гал. 5, 25-26). И паки: "духом ходите, и похоти плотския не совершайте" (Гал. 5, 16). И паки: "вы духовнии исправляйте таковаго духом кротости, блюдый себе, да не и ты искушен будеши" (Гал. 6, 1).

Апостольския сии слова ясно показывают нам, что значит духовно жить, и как духовно праздновать христианские праздники, т. е. должно и всегда, а особенно в эти дни, иметь ко всем кротость, никого не раздражать, никому не завидовать и не исполнять похотей плоти, которая прежде всего искушает человека чревоугодием, а затем и другими страстями.

Но это еще не все высказано, что необходимо для духовной жизни. Апостол, как основание спасения, и как главную потребность, выставляет добродетель смирения и послушания, глаголя сице: "сие да мудрствуетс в вас, еже и во Христе Иисусе, Иже во образе Божии сый, смирил Себе, послушлив быв даже до смерти, смерти же крестныя" (Филип. 2, 5-8).

Ежели воплотившийся нашего ради спасения Сын Божий имел крайнее смирение и послушание до смерти, то кольми паче нам, непотребным и грешным рабам Его, хотящим наследовать спасение, всячески должно заботиться о сих главных добродетелях, т. е. о смирении и послушании, где нет нарушения какой-либо заповеди Божией.

Вот, что пришло мне в слабую и омраченную мою голову, то и предлагаю любви вашей в сей великий и всерадостный праздник для утешения и назидания вашего, заключая грешное мое слово глаголом Самого Господа: "в терпении вашем стяжите души ваши" (Лук. 21, 19). Аминь.

— 13. Об унынии, забвении и неведении как врагах нашего спасения (1876 г.)

Сестры о Господе и матери!

Вот милостию Божиею и еще сподобляемся мы встретить праздник Рождества во плоти Господа нашего Иисуса Христа. Поздравляю вас с сим знаменательным и всерадостным и всеобщим христианским торжеством, и сердечно желаю вам провести оное в мире и радости и утешении духовном. По обычаю своему, желал бы сказать вам нечто в пользу душевную и теперь, как и прежде.

Слышим, поется в песнях церковных: "Христос сниде, сокрушая и разоряя силу вражию". Как Родивыйся от Девы попрал и сокрушил всю силу вражию, об этом теперь говорить не будем; а скажем только о некоторых силах вражиих, как они борют подвижников и подвижниц Христовых, и как и чем с помощью Христовою отражаются и побеждаются.

Пр. Марк подвижник выставляет три особенныя силы вражия, которыя, подобно трем великим исполинам, ратуют как живущих в монастырях, так равно и всех хотящих приближитися к Богу. Эти три исполина суть: уныние, забвение и неведение, а по другим отцам невежество и неразумие, которыя предъидут всем страстям и пролагают удобный путь темному полчищу оных.

Бывает, что часто мы не знаем, что нам делать; а если знаем, то часто забываем нужное и полезное для нас; а если помним, то часто от уныния ленимся исполнять должное и таким образом путаемся в сетях вражиих. И наоборот: унывает человек, и от уныния ленится исполнять свои обязанности; от таковаго уныния и разленения нередко предается он забвению, а находясь в забвении и самозабвении, человек иногда предается такому невежеству, что после, когда опомнится, сам стыдится своих невежественных и неприличных действий и неразумных и безрассудных слов.

Чтобы оградить человека от нападений трех означенных исполинов, пр. Марк предлагает три средства: 1-е — ведение, получаемое от чтения Божественных и духовных книг, от слышания слова Божия и от вопрошения опытных. 2-е — благое памятование: памятование Бога и Его вездеприсутствия, по сказанному в слове Божием: "очи Господни и тьмами тем крат светлейшия солнца суть, прозирающия вся пути человеческия и разсматряющия в тайных местех" (Сирах. 23, 27); памятование Божественных Его заповедей и всего того, что, по слову апостола, честно, прелюбезно и достохвально, и особенно памятование четырех последних, — смерти, суда Божия, ада и Царствия Небеснаго, по сказанному: "поминай последняя твоя, и во век не согрешиши" (Сирах. 7, 39). 3-е — прилежное исполнение своих обязанностей относительно того, чтобы удерживать тело свое от излишняго сна, чрево от излишней пищи и пития, язык от празднословия и осуждения, ум от помыслов и попечений суетных, а сердце от похотей лукавых, — чему содействует прежде всего трезвенное внимание и смиренное исполнение молитвеннаго правила, как церковного, так и келейнаго, и особенно частое с благоговением произношением молитвы Иисусовой, которую неопытным и начинающим должно первоначально иметь устную, как предписывает св. Апостол Павел: "тем убо приносим жертву хваления выну Богу, сиречь плод устен исповедающихся имени Его" (Евр. 13, 15).

Родивыйся от Девы и пришествием Своим сокрушивый всю силу вражию, ходатайством Пречистыя Своея Матери и всех благоугодивших Ему и за молитвы почивших отцев наших, да поможет нам противуратовати, елико возможно, трем сим сильным исполинам, т. е. унынию, забвению и неразумию.

Так как я сам присно содержим есмь сими страстями, то и рассудил поделиться с вами беседою о них, по старинной пословице: чем богат, тем и рад.

—14. Об удалении взаимной ненависти и о приобретении любви (1877 г.)

Сестры о Господе и матери!

Приветствую всех вас всерадостным приветствием: Христос Воскресе!

Вот всеблагий Господь и опять подобил нас дождаться светоноснаго праздника, Его Светлаго Воскресения. Поздравляю вас с сим великим, знаменательным и всерадостным христианским торжеством и сердечно желаю всем вам встретить оное и провести в мире, и утешении, и радовании духовном. По обычаю своему, желал бы я по поводу знаменательного торжества сего сказать вам нечто душеполезное и спасительное.

Слыша многократно повторяемые слова в пасхальной стихире: "и ненавидящим нас простим вся воскресением", постараемся не только прощать, но вместе и сами ни к кому не иметь ненависти. Нет выше добродетели, как любовь; и нет хуже порока и страсти, как ненависть, которая невнимающим себе кажется маловажною, а по духовному значению уподобляется убийству (1 Иоанн. 3, 15). Любящих любят и языческие народы, как свидетельствует Сам Господь, а христианам Он предписывает заповеди большия и совершеннейшия, глаголя: "любите враги ваши, благословите кленущия вы, добро творите ненавидящим вас и молитеся за творящих вам напасть и изгоняющия вы. Будите милосерди, якоже и Отец ваш Небесный милосерд есть, Иже солнцем Своим сияет на злыя и благия, и дождит на праведныя и на неправедныя" (Матф. 5, 44-45; Лук. 6, 36).

14

Милость и снисхождение к ближним и прощение их недостатков есть кратчайший путь ко спасению. Сказано во Св. Евангелии: "не судите, и не судят вам; не осуждайте, да не осуждени будете; отпущайте и отпустят вам" (Лук. 6, 37); "милости хощу, а не жертвы" (Матф. 9, 13). И паки: "милуяй, помилован будет" (Прит. 17, 5). Древние христиане по великой ревности духовной много подвизались в посте и во всенощных бдениях и упражнялись в продолжительном псалмопении и молитвах. Мы же в настоящее время, по слабости нашей и нерадению, чужды сих добродетелей. По крайней мере позаботимся об исполнении самого необходимаго, что заповедует нам апостол, глаголя: "друг друга тяготы носите, и тако исполните закон Христов" (Гал. 6, 2). Но исполнение этой заповеди и совершение этой добродетели невозможно без смирения и терпения, потому что смирение подает крепость во всякой добродетели, а без терпения не совершается никакое доброе дело. По свидетельству преподобных Каллиста и Игнатия, любовь и милость, и смирение отличаются одними только наименованиями, а силу и действие имеют одинаковыя. Любовь и милость не могут быть без смирения, а смирение не может быть без милости и любви. Добродетели сии суть непобедимыя оружия на диавола, на которыя он все множество бесов даже взирать не могут. Вооружим себя этою троицею добродетелей, да приближимся к Богу, и получим милость вечную от воскресшаго Господа, Ему же подобает слава и держава, честь и поклоние с безначальным Его Отцем и Пресвятым духом во веки веков. Аминь.

— 15. О том, что и грешникам смиряющимся должно радоваться в праздник Воскресения Христова. (1878 г.)

Христос Воскресе!

Утешай смиренныя Господь, да утешит и вас утешением духовным в светлый праздник Воскресения Своего!

По немощи и недосугу, в нынешнем году не собирался я вам писать поздравление с сим всерадостным праздником. Но мне пришли на мысль утешительныя слова св. Златоуста, читаемыя на Пасхальной утрени: "постившиися и не постившиися возвеселитеся днесь; воздержницы и ленивии день почтите". И как я принадлежу к числу последних, то и пришло мне желание побеседовать с подобными мне, как и почему мы, слабые и невоздержные, вместе с постниками и воздержниками можем разделять общую радость и веселия светлаго сего христианского торжества.

Во-первых, потому, что Сын Божий сходил с небес для спасения грешных и многаго от нас не требует, а только искренняго покаяния, как Сам глаголет во Святом Евангелии: "не приидох призвать праведники, но грешники на покаяние" (Матф. 9, 13). И паки: "радость бывает на небеси о едином грешнице кающемся, нежели о девятидесятих девяти праведник, иже не требуют покаяния" (Лук. 15, 7).

Во-вторых, потому, что никакая добродетель так не приятна Богу, как смирение. А смиряться удобнее неисправному подвижнику,

15

нежели строгому и исправному, чему ясный пример мытарь и фарисей. Правда, что не все строгие подвижники подражают фарисею. Благоразумные из них и смиренные занимают у Бога первое место; а уже сзади их стоят слабые, кающиеся и смиряющиеся. Но обносится мудрое слово: хоть сзади да в том стаде, о котором Пастыреначальник и Спас душ наших глаголет: "не бойся, малое стадо, яко благоизволи Отец ваш небесный дать вам царство" (Лук. 12, 32).

Как слабые, так и строгие подвижники всегда должны испытывать себя тщательно, если у нас залог истиннаго смирения. Св. Иоанн Лествичник пишет: иное есть возноситься, иное не возноситься, а иное смиряться. Первый судит весь день; второй хотя не судит, но и себя не осуждает; третий, будучи не осужден, всегда сам себя осуждает (Степ. 25, отд. 19). Слова Лествичника ясно показывают, что если мы дозволяем себе судить других, то настоящего смирения в нас нет. Залог истиннаго смирения обозначается самоуничижением и самоукорением, без которого, по слову Св. Аввы Дорофея, трудно устоять человеку на пути благочестия.

Нас ради распеншийся и в третий день воскресший Сын Божий наш Иисус Христос, да помилует всей нас.

— 16. Об искоренении зависти (1878 г.)

Сестры о Господе и матери, и чада духовныя!

Великим милосердием Божиим опять мы дожили до праздника Рождества Христова. Поздравляю вас с сим всерадостным христианским торжеством и сердечно желаю вам встретить и провести великий праздник сей, равно и наступающий новый год в мире и утешении духовном.

Желал бы я, по случаю сего знаменательнаго праздника, сказать вам нечто душеполезное. Побеседуем о зависти, насколько страсть сия зловредна и душевредна. Дряхлый 70-летний старик царь Ирод, услышав, что родился Христос, новый царь израильский, уязвился завистью, которая настолько ослепила и ожесточила его сердце, что он решился избить в Вифлеемской области до 14 000 младенцев, чтобы с ними вместе погубить и родившегося Христа. Состарившийся Ирод, ослепленный страстию зависти, не мог рассудить, что ему немного жить, а родившемуся младенцу Христу, чтобы наследовать царство, надобно было сначала придти в возраст и возмужать; так как не было примера, чтобы родившиеся только младенцы восхищали чье-либо царство. Но завистливый Ирод Христа не убил, а душу свою на веки погубил, и избиенные им младенцы вечно будут блаженствовать в селениях праведных с мучениками, а он должен вечно мучиться в геенне.

Слыша все это, постараемся всячески противится зависти и истреблять сию страсть в самом ея начале, потому что до крайней степни побежденные завистию поступают в делах своих почти подобно Ироду, и если бы они были цари, то простирали бы злобу свою до убийства многих.

16

Повторяю, сестры о Господе и матери, и чада духовныя, позаботимся не презирать сказаннаго о зависти, столько зловредной и душевредной и пагубной, и понудим себя иметь ко всем любовь и благорасположение и доброжелательство всем. Люящим и нелюбящим вас, благосклонным и неблагосклонным, благоприветливым и неблагоприветливым. Не вотще сказано в Слове Божием: "Бог любы есть, и пребываяй в любви, в Бозе пребывает, и Бог в нем пребывает". Аминь.

— 17. Чтобы спрославиться со Христом, необходимо и спострадать с Ним (1879 г.)

Христос Воскресе!

Сестры о Господе и матери!

И паки Всеблагий Бог сподобил нас достигнуть всерадостнаго праздника Светлаго Воскресения Господа нашего Иисуса Христа. Сердечно желаю всем вам встретить и провести великое сие христианское тожество в мире и радости и утешении духовном. О, дабы Всеблагий Господь сподобил нас недостойных также радостно встретить и всеобщее страшное воскресение, по сказанному от апостола: Сие бо вам глаголем словом Господним, яко мы живущии оставшии в пришествие Господне, не имамы предварити умерших: яко сам Господь в повелении, в гласе архангелове и в трубе Божии снидет с небесе, и мертвии о Христе воскреснут первее: потом же мы живущии оставшии купно с ними восхищени будем на облацех в сретение Господне на воздусе, и тако всегда с Господем будем (1 Солун. 15-17). Что же будет с теми, которые тогда не будутвосхищени на облацех ? Ради всерадостнаго праздника умолчим о сем. А для пользы душевной рассмотрим пророческое псаломское слово: Ныне воскресну, глаголет Господь, положуся во спасение, не обинюся о нем (Пс. 11, 6). Что значат слова Господни: положуся во спасение, не обинюся о нем ? Означают то, что человеколюбивый Господь наш прежде Воскресения Своего не обинуюся волею претерпел распятие и смерть на кресте ради нашего спасения, а прежде крестной смерти претерпел оплевания и заушения и всякий вид поругания и уничижения, по сказанному: Иже вместо предлежащия Ему радости претерпе крест, о срамоте нерадив. Одесную же Престола Божия седе (Евр. 12, 2). Что же скажем мы о себе, также желающие быть одесную Престола Божия во второе пришествие Христово? Не обинуемся ли мы о своем спасении, не перенося иногда не только заплевания и заушения, но и малаго укорительнаго слова и малаго досаждения нам? Как же и чрез что надеемся быть одесную Распеншагося за нас волею и всякое уничижение Претерпевшаго за спасение наше, когда апостол говорит: "аще с Ним страждем, с Ним и прославимся" (Рим. 8, 17)?

Если у вас найдутся подобные мне немощные и неисправные, по крайней мере зазрим себя в своей немощи и неисправности, не оставляя в Светлый праздник радоваться о том, что имеем Всеблагаго Господа, пришедшаго призвать грешныя на покаяние. И готоваго всегда принять искренн кающагося и не лицемерно смиряющагося, имея при том твердое намерение держаться со смирением хотя последних средств спасения, по слову Самого Господа: не судите. И не судят вам; и не осуждайте. Да не осуждени будете; отпущайте, и отпустят вам (Лук. 6, 37). Еже буди всем нам получити милостию Распеншагося за нас и днесь Воскресшаго.

— 18. Объяснение кондака Рождества Христова (1879 г.)

Сестры о Господе и матери!

По принятому обычаю, поздравляю вас со всерадостным праздником Рождества Христова.

В этот праздник часто повторяется знаменательная церковная песнь: Дева днесь Пресущественнаго раждает, и земля вертеп Неприступному приносит, ангели с пастырьми славословят, волсви же со звездою путешествуют: нас бо ради родися Отроча младо, Превечный Бог.

Все мы многократно слышим эту церковную песнь, но все ли хорошо понимаем великий смысл и значение оной?

Дева днесь Пресущественнаго раждает. Девство имеет великое значение пред Богом. Святая Дева паче естества сподобилась быть Материю Пресущественнаго Сына Божия и, оставаясь всегда Девою, называется Пресвятою. Впрочем, не всякое девство хорошо и похвально, как Сам Господь объявил во Евангелии о десяти девах: пять же бе от них мудры, и пять юродивы (Матф. 25, 21), т. е. девы неразумныя. Которыя соблюдали только наружное девство, а внутри осквернялись нечистыми помышлениями, так же побеждены были и другими страстями — сребролюбием и тщеславием. Завистью и ненавистью, гневом и памятозлобием. И вообще невоздержанием, как объясняют преподобные Симеон Новый Богослов и Марк подвижник. Почему Господь и упрекает таковых в Евангелии:Аминь глаголю вам, мытари и любодейцы, кающиеся, варяют вы в Царствии Божии (Матф. 21, 31); мнящиеся же быти сыны царствия изгнани будут во тьму кромешнюю (Матф. 8, 12).

И земля вертеп Неприступному приносит. Слова эти показывают, во-первых, как бедно приношение человеческое Богу; во-вторых, что для Смирившагося волею до рабияго зрака приятнее жилища и помещения простыя и смиренныя, и напротив неугодны и неприятны Ему здания роскошныя, воздвигаемыя человеческим тщеславием.

Ангели с пастырьми славословят. За что такой чести и славы сподобились простые пастыри? За свое простосердечие и за простой образ их жизни, которую св. Иоанн Златоуст по суровости и лишениям уподобляет житию Предтечи. Ели они только хлеб; и пили из источника воду где приходилось. А сказано в псалмах: от потока на пути пиет, сего ради вознесет главу (Псал. 109, 7). Кто же питается роскошными снедями и пьет дорогия пития, того мысль не может возноситься горе, а бродит и пресмыкается долу по земле. Сказано еще в Евангелии о пастырях, что они беху бдяще и стрегуще стражу нощную о стаде своем (Лук. 2, 8). В полунощи пастыри бдели, и когда родился Христос, явились им ангелы и пред ними в воздушном пространстве славословили Господа: Слава в вышних Богу. И на земли мир, в человецех благоволение (Лук. 2,14). Не могли же ангелы славословить Господа пред спящими и сонливыми.

Волсви же со звездою путешествуют. Волхвы, т. е. восточные мудрецы, занимавшиеся астрономиею, когда увидели необыкновенную звезду, то пришли во Иерусалим поклониться рождшемуся Христу, так как слышали от учителя своего Валаама пророчество, что возсияет звезда от Иакова (Числ. 24. 17). Вот и мудрецы, только мудрецы древние, разсматривая звезды небесныя, познавали Бога, по сказанному: Небеса поведают славу Божию (Пс 18, 1); а мудрецы настоящего времени, разсматривая и изследывая видимый мир, большею частию делаются безбожниками.

Нас бо ради родися Отроча младо Превечный Бог. Думаю, что слова эти для всех ясны и понятны.

К сказанному же прибавлю только то, что хотя учитель волхвов Валаам был пророк храмлющий и интереса ради учил Валака положити соблазн пред сынми Израилевыми (Апок. 2, 14); но ученики его, волхвы, оказались людьми богомудрыми, подобно тому, как и пророку Самуилу не повредило, что он был учеником священника Илия, который слабо обращался со своими детьми.

Так и вы, сестры и матери, старайтесь подражать сим богомудрым ученикам. Если ваши наставники сами слабы и неисправны и слабо обращаются с духовными своими детьми, то вы старайтесь быть тверды, имейте страх Божий и храните совесть свою во всех делах ваших и поступках, более же всего смиряйтесь. Тогда несомненно получите великую милость Божию, по неизреченному человеколюбию и милосердию нас ради Вочеловечшася Сына Божия. Аминь.

— 19. О разумном пении Богу. Объяснение трех церковных песнопений (1880 г.)

Христос Воскресе!

Сестры о Господе и матери!

Усердно и благожелательно поздравив вас со всерадостным праздником Светлаго Воскресения Господа нашего Иисуса Христа, по обычаю своему, предлагаю вам на разсмотрение, ради всерадостного торжества и в честь Св. Троицы, три церковныя песни, которых смысл не для всех ясен.

Речи пророков и гадания воплощение проявиша от Девы Твое, Христе, сияние блистания Твоего во свет языков изыдет. И возгласит Тебе бездна с веселием: силе Твоей слава, Человеколюбче (глас 1-й, пес.4).

Начальныя слова песни этой, думаю для всех удобопонятны. Поэтому объясним, что значат последующия слова: сияние блистания Твоего во свет языков изыдет . Слова сии означают, что Светлое Воскресение Христово озарило светом веры языческие народы к принятию христианства. И возгласит Тебе бездна с веселием: силе Твоей слава, Человеколюбче. — Не бездна слова сии возглашала, когда Воскресший Господь сошел во ад и сиянием Божества озарил заклепы вечные, но в бездне содержимыя души, и из нея изводимыя благодарно и радостно взывали: силе Твоей слава, Человеколюбче. Так и св. Иоанн Дамаскин возглашает в пасхальных песнях: Безмерное Твое благоутробие адовыми узами содержимии зряще, к свету идяху, Христе, веселыми ногами, Пасху хваляще вечную (Пасх. Кан. Песн. 5). Может быть, при сем кто-либо из неведующих спросит: все ли души, содержимыя во аде, Воскресший Господь извел в рай? В синаксаре Пасхи сказано, что не все изведены Им. А только уверовавшия в пришествие Его.

Елицы древних изрешихомся сетей, брашен львов сотренных членовными, радуимся и расширим уста. Слово плетуще от словес сладкопения, имже к нам наслаждается дарований (глас 2, песн.3).

Смысл этой не совсем понятной церковной песни следующий: мы, разрешенные и избавленные от древних сетей, чтобы более не быть снедию или брашном мысленных львов, которым теперь сокрушены зубы, радуемся и расширим уста, возглашая Богу песнь от словес сладкопения, которое Ему от нас прятнее даров.

Любити убо нам, яко безбедное страхом удобее молчание, любовию же Дево песниткати спротяженно сложенныя, неудобно есть: но и Мати силу, елико есть произволение, даждь (глас 1-й, песн. 9).

Т. е. нам немощным и скудоумным полезнее любить бы молчание, как непричастное страху, чтобы в чем-либо не погрешить, да и неудобно для нас, Дево, по любви и усердию к тебе составлять пространныя песнопения; но подай нам к сему, Матерь Божия, хотя столько силы, сколько у нас есть произволения. Предложил вам аз грешный объяснение сих песнопений, побуждаемый к сему псаломскими словами: "пойте Богу нашему, пойте разумно" (Пс. 46, 7, 8). Объясняю простейшим, что петь разумно, во-первых, означает, чтобы понимать то, что поем или слушаем в церкви; во-вторых, петь или слушать внимательно и благоговейно. Если же мы поем или слушаем разсеянно, или еще с кем-либо разговариваем в церкви, то как будет пение наше разумно? За таковое безстрашие, явно обличает нас Господь чрез пророка Исаию: приближаются Мне людии сии усты своими, и устнама чтут Мя, сердце же их далече отстоит от Мене, всуе же чтут Мя (гл. 29, ст.13).

Чтобы разумно приносить песнь Богу нашему, потребна кроме того воздержная и вообще исправная жизнь. Но ради всерадостнаго праздника умолчим о сем, последуя примеру св. Иоанна Златоустаго, который в слове на праздник Пасхи говорит так: богатии и убозии друг с другом ликуйте; воздержницы и ленивии день почтите; постившиися и непостившиися возвеселитеся днесь. Аминь.

— 20. Объяснение псалма 22 (1880 г.)
Сестры о Господе и матери!

Вот и еще милосердием и долготерпением Божиим сподобились мы дожить до всерадостнаго праздника Рождества Христова, с которым всех вас благожелательно поздравляю. Сердечно желаю вам встретить и провести оный во взаимном мире и утешении духовном.

По обычаю своему, хочу вам предложить на рассмотрение, для пользы душевной, 22-й палом, который всегда читается на правиле ко Св. Причащению. Псалом этот для многих довольно понятен, но не для всех. Вот мне и пришло желание написать некоторое объяснение онаго для тех, которые не вполне его понимают.

Господь пасет мя, и ничтоже мя лишит. На месте злачне тамо всели мя, на воде покойне воспита мя.

Сам Господь, как Пастырь, пасет нас, и ничего не лишил, что потребно к нашему спасению. Безсловесных овец обыкновенно пасут при воде, на местах обильных для питания травами. И Господь пасет словесных овец Своих — вообще православных христиан в оградах единой, святой, соборной Своей Церкви, а монашествующих в оградах монастырских, и обильно питает всех нас учением Божественных словес. Под водою покойною должно разуметь воду Св. Крещения, которою мы, будучи крещаемы в младенчестве, омываемся от прародительскаго греха, а если крестятся взрослые, то им прощаются и собственные их грехи.

Душу мою обрати, настави мя на стези правды имене ради Своего.

С пути неправды, лжи, порока и греха обращает нас Господь Евангельскими заповедями на путь добродетели, правды и истины Имене ради Своего , т. е. делает все это не ради человеческих заслуг и дел, но по единому Своему благоволению, чтобы мы прославляли всесвятое Имя Его.

Аще бо и пойду посреде сени смертныя, не убоюся зла, яко Ты со мною еси: жезл Твой и палица Твоя та мя утешиста.

Жезл означает Крест Христов, а палица — призывание Имени Христова с знамением крестным. Если христианин, по силе заботящийся об исполнении заповедей Христовых, с верою и упованием всегда ограждает себя молитвою Иисусовою и крестным знамением, то безбоязненно и безопасно проходит не только бедственные опасные случаи в сей жизни, но по смерти и самыя мытарства, как пишет о сем пр. Иоанн Карпафийский: ратуя и поношая, с дерзостию находит враг на душу, изшедшую от тела, клеветник быв горек же и страшен о согрешенных. Но возможно есть видети тогда боголюбивую и вернейшую душу, аще и множицею уязвлена бысть грехами, неужасающуюся онаго стремлений же и прещений; но паче укрепляему о Господе, и воскриляему радостию, и дерзотвориму наставляющими ее Св. Ангелами, и остеняему светом веры, и противоглаголющу со многим дерзновением лукавому диаволу: что тебе до нас, чуждый Бога? Что тебе до нас, бежателю небесных и рабе лукавый? Не имаши ты власти над нами: Христос бо Сын Божий над нами же и над всеми власть имать: Тому согрешихом, Тому и ответствовати будем, обручение имуще еже к нам милосердия и спасения, Крест Сего честный. Ты бежи далече от нас губителю, ничтоже тебе и рабом Христовым (Добротолюб., ч. 4, гл. 25). Св. Отцы под палицею разумеют также псалмопение и всякую другую молитву.

Уготовал еси предо мною трапезу, сопротив стужающим мне: и чаша упоявающи мя яко державна.

Слова сии прямо указывают на Таинство Св. Причащения. Ежели мы с верою неосужденно причащаемся Таинства Тела и Крови Христовых, то все козни врагов наших душевных, стужающих нам, остаются недейственны и праздны. Неосужденно же причащаемся тогда, когда приступаем к Таинству сему, во-первых — с искренним и смиренным раскаянием и исповеданием грехов своих и с твердою решимостью не возвращаться к оным, а во-вторых, если приступаем без памятозлобия, примиряясь в сердце со всеми, опечалившими нас.

Умастил еси елеем главу мою.

Под елеем должно разуметь Таинство Миропомазания и Таинство Елеосвящения, а под главою ум наш, который в начале получает духовное утверждение чрез Таинство Миропомазания.

И милость Твоя поженет мя вся дни живота моего: и еже вселити ми ся в дом Господень, в долготу дний.

Милость Божия окружает и хранит христианина по силе заботящагося об исполнении заповедей Христовых и о покаянии, не только во все дни земной жизни его, но и в самом переходе его в жизнь будущую, для водворения в небесном дому Господнем на веки вечные и нескончаемые. Еже буди всем нам получити неизреченным милосердием во убогом вертепе Рождшагося от Пресвятыя Девы Сына Божия, и в скотиих яслех Возлежавшаго, да избавит нас грешных от скотняго и безсловеснаго жития и нрава. Аминь.

— 21. О зависти (1881 г.)

Сестры о Господе и матери!

Христос воскресе! Христос Воскресе! Христос Воскресе!

Поздравляю вас с светлым праздником Воскресения Христова и сердечно желаю всем вам встретить и провести всерадостное сие христианское торжество в мире и радовании и утешении духовном, если кому не помешает несвойственная немощь. Вы спросите, какая же это немощь. Может быть, подумаете, что под этим подразумевается неисправное проведение поста Св. Четыредесятницы. Но св. Златоуст снисходит нам в этом, говоря: "постившиися и непостившиися возвеселитеся днесь. Воздержницы и ленивии день почтите". Также. Может быть, подумаете, что это относится к памяти прежних согрешений, которая препятствует радости. Но и об этом он тоже говорит: "никтоже да плачет прегрешений, прощение бо от гроба возсия". Итак, спросите, какая же это немощь? Та несвойственная немощь, которая побудила Каина убить незлобиваго Авеля, а иудеев побудила распять Христа Спасителя и Избавителя мира. Сами можете понять, что говорю вам о страсти зависти, которая по Писанию, не весть предпочитати полезная. Страсть зависти ни в какой радостный праздник, ни при

22

каких радостных обстоятельствах не дает вполне порадоваться тому, кем она обладает. Всегда, как червь, точит душу и сердце его смутною печалию, потому что завистливый благополучие и успехи ближняго почитает своим несчастием, а оказываемое другим предпочтение считает для себя несправедливою обидою.

Один греческий царь пожелал узнать, кто из двух хуже, сребролюбец или завистливый, потому что оба не желают другим добра. С этой целью повелел позвать к себе сребролюбца и завистливаго и говорит им: просите у меня каждый из вас, что ему угодно; только знайте, что второй вдвое получит, что попросит первый. Сребролюбец и завистливый долго препирались, не желая каждый просить прежде, чтобы после получить вдвое. Наконец царь сказал завистливому, чтобы он просил первый. Завистливый, будучи объят недоброжелательством к ближним, вместо получения обратился к злоумышлению и говорит царю: "Государь! Прикажи мне выколоть глаз". Удивленный царь спросил, для чего он изъявил такое желание? Завистливый отвечал? "Для того, чтобы ты, государь, приказал товарищу моему выколоть оба глаза".

Вот насколько страсть зависти зловредна и душевредна, но еще и зложелательна. Завистливый готов повергнуть себя вреду, лишь бы только вдвое повредить ближнему. Мы здесь выставили самую сильную степень зависти. Но и она, как и все другия страсти, имеет разные размеры и степени, и потому должно стараться подавлять ее и истреблять при первом ощущении, молясь Всесильному Сердцеведцу Богу псаломскими словами: от тайных моих очисти мя, и от чуждих пощади рабу Твою или раба Твоего (18, 14). Также со смирением должно исповедовать немощь эту пред духовным отцем. А третье средство — всячески стараться не говорить чего-либо противнаго о том человеке, которому завидуем. Употребляя эти средства, мы можем с помощию Божиею, хотя не скоро, исцелиться от завистливой немощи.

Зависть происходит от гордости и вместе от нерадения к исполнению должнаго. Каин понерадел принести избранную жертву Богу. А когда Бог за такое нерадение презрел его жертву, а усердную и избранную жертву Авеля принял, тогда он, объятый завистью, решился убить и убил праведнаго Авеля. Всего лучше, как сказано выше, стараться истреблять зависть в самом начале, смиренною молитвою и смиренною исповедию и благоразумным молчанием. Кто с помощию Божиею возможет истребить в себе страсть зависти, тот может надеяться победить и другия страсти, и тогда не только в светлый праздник Воскресения Христова и в другие христианские праздники он может радоваться радостию неизглаголанною, но и в простые дни, когда будет паходится в благом расположении духа и в благом устроении. Аминь.

А меня простите за непраздничное поздравление. Хотел я в праздник сказать вам нечто и полезное, а полезное редко сходится с приятным. Кому не понравится это поздравление, пусть оное прочтет на Фоминой неделе, и да заметит, что зависть вначале обнаруживается неуместною ревностию и соперничеством, а затем рвением с досадою и порицанием того, кому завидуем. Итак, да будем благоразумны и осторожны при первом появлении завистливаго чувства, стараясь отвергать оное, прося всесильной помощи нас ради Распеншагося и в третий день Воскресшаго Христа Господа. Аминь! Аминь!!!

— 22. Объяснение ирмоса: Христос раждается (1881 г.)

Сестры о Господе и матери!

Милосердием и долготерпением Божиим паки сподобляемся встретить праздник Рождества Христова. Поздравляю всех вас со всерадостным сим христианским Торжеством.

По обычаю своему, желаю предложить на общее разсмотрение рождественский ирмос: Христос раждается, славите, Христос с небес, срящите. Христос на земли, возноситеся. Пойте Господеви вся земля, и веселием воспойте людие, яко прославися. Все мы поем ирмос сей, но думаю, что не все из простейших хорошо понимают смысл онаго. Для них-то и желаю написать некое объяснение.

Прародителям нашим, изгнанным за преступление из рая, милосердый Господь обещал послать Избавителя, Котораго древние называли Мессиею и Христом. Избавителя Сего люди ожидали пять тысяч с половиною лет. И когда Он родился, Церковь торжественно побуждает всех прославлять Его: Христос раждается, славите. А что значит: Христос с небес, срящите? Христами, т. е. помазанниками Божиими, древние называли царей, первосвященников и пророков. Поэтому Церковь торжественно и объявляет, что родился не простой христос, а Христос с небес, т. е. Бог и человек, как сказано в псалмах: Бог Господь и явися нам. Благословен грядый во имя Господне (Пс. 117, 27, 26). Христос на земли, возноситеся, т. е. торжествуйте внутренно и внешно. Пойте Господеви вся земля, и веселием воспойте людие, яко прославися. Как прославися? Только что родился Христос, и тотчас вся воинства небесная в полунощи, в виду бдящих пастырей, прославляют Его: Слава в вышних Богу и на земли мир, в человецех благоволение. И восточные мудрецы, или волхвы, пришли из далеких стран на поклонение Рождшемуся Христу, и принесли Ему дары — злато, ливан и смирну. Прославился Христос и несказанным смирением: родился в убогом вертепе, и в пеленах положен был в скотиих яслях, будучи Единородный Сын Божий и Бог всех.

Созерцая все это, Св. Церковь воспевает: Странствия Владычня, и безсмертныя трапезы. Во убозем вертепе высокими умы, вернии приидите насладимся, воплотившееся Слово неизреченно уведевше, Его же величаем. Творец видимаго и невидимаго мира на земле явился странником, не имея где главы подклонити, и за грехи рода человеческаго принес Себя в жертву Богу и Отцу вольными страданиями и крестною смертию, и питает верных безсмертною трапезою в Таинстве Св. Причащения. Все это мы должны созерцать мыслию умов наших, возвышенною от всего земнаго; и тогда только достодолжно можем наслаждаться Таинствами веры и достодолжно

24

сретать Христа и достодолжно прославлять Его. Еже буди всем нам получити неизреченным милосердием и всесильною помощию Рождшагося Христа Господа. Аминь.

— 23. Недостаточно знать заповеди, надо и исполнять их (1882 г.)

Сестры о Господе и матери!

Поздравляю вас со всерадостным праздником Воскресения Христова и приветствую радостным христианским приветствием: Христос Воскресе! Христос Воскресе! Христос Воскресе!

По обычаю своему, ради такого всерадостнаго Торжества желал бы сказать вам нечто в назидание и утешение. Но помысл толкует мне, что теперь все сами много знают, а только мало из нас таких, которые бы произволяли делом исполнять то, что знают. Знаем и часто слышим повторяемое апостольское слово: "аще с Ним, т. е. со Христом, страждем, то с Ним и прославимся" (Рим., гл. 8, 17). Славы и прославления со Христом все мы желаем, но примеру Христову не все последуем. Христос за наши грехи претерпел заплевания и заушения и всякий вид поругания и уничижения, а мы и за свои грехи ничего подобнаго понести не хощем. Нередко даже поносим и уничижаем тех, которые нам досадили или оскорбили нас, а иногда готовы бы были и плевать на них, если бы это было возможно. Знаем, что гнев правды Божия не соделовает (Иак. 1, 20), а не перестаем гневаться. Знаем, что осуждение есть тяжкий грех, и погубило фарисея при многих добродетелях, но не перестаем осуждать. Знаем, что зависть предающихся оной уподобляет Каину, но не перестаем завидовать. Знаем, что прощение обид другим ходатайствует и нам прощение пред Богом по Евангельскому слову: "отпущайте, и отпустят вам" (Лук. 6, 37), но не заботимся о таком прощении, а скорее злопамятствуем. Что же нам делать в таком горьком нашем положении? Остается одно, — подражать евангельскому мытарю, котораго искреннее сознание и смиренное мудрование и смиренная молитва оправдали пред Богом.

Впрочем, сестры и матери, прошу простить меня за такое объяснение, которое не совсем благовременно и уместно. Св. Пророк Давид ради такого торжества побуждает всех к одной радости и веселию духовному: "сей день, Его-же сотвори Господь, возрадуемся и возвеселимся в онь" (Пс. 117, 24). Так же св. Златоуст увещавает в день сей и неисправных, и грешных оставить сетование о грехах и вполне предаться радости. "Никтоже, говорит он, да плачет прегрешений, прощение бо от гроба возсия: никтоже да рыдает убожества, явися бо общее царство. Воздержницы и ленивии день почтите; постившиися и непостившиися возвеселитеся днесь".

Господи Иисусе Христе, Боже наш, нас ради пострадавый и воскресый! По неизреченному милосердию Твоему не лиши нас и во время всеобщаго воскресения радости Твоей вечной и нескончаемой, идеже присещает свет Лица Твоего, яко Твоя есть держава, честь и поклонение со безначальным Твоим Отцем и Пресвятым Духом, во веки. Аминь.

Сестры о Господе и матери!

Паки и паки сподобляемся милосердием и долготерпением Божиим встретить всерадостный праздник Рождества по плоти Господа нашего Иисуса Христа. Поздравляю вас с сим всерадостным христианским Торжеством и сердечно желаю всем вам провести оное в мире и утешении духовном.

По обычаю своему, предлагаю вам на разсмотрение рождественский ирмос: Таинство странное вижу и преславное: небо, вертеп: престол Херувимский — Деву: ясли — вместилище, в них же возлеже невместимый Христос Бог, Его же воспевающе величаем.

Для понимающих и разумевающих смысл этого ирмоса весьма ясен и удобопонятен. А люди простейшие и малокнижные не все могут понимать вполне значение сего ирмоса и требуют объяснения.

Небо, вертеп. Воистину чудо преславное слышать, что вертеп, который обыкновенно бывает жилищем разбойников, сделался небом.Небо, вертеп , потому что в вертепе этом вселился Бог, а где Бог, там и небо. И христианския души, пока добровольно предаются страстям — славолюбию, сребролюбию, гневу, зависти, ненависти, памятозлобию, мщению и подобному сему, бывают вертепом мысленных разбойников — бесов. А когда принесут смиренное и искреннее покаяние и будут проводить жизнь благочестивую, согласно заповедям Божиим, понуждая себя к смирению, кротости и любви, тогда бывают как бы другое небо; потому что вселяется в них благодать Божия или и Сам Бог благодатию Своею, по сказанному:вселюся в них и похожду и буду им Бог, и тии будут Мне людие (2 Кор. 6, 16).

Престол Херувимский, Дева. Потому что носимый херувимами и певаемый от серафим теперь носится на руках Девы, от Нея рожденный Богочеловек. За что такой чести сподобилась Дева сия? Во-первых, за совершенное целомудрие и чистейшее девство. Многия девы имеют и хранят только телесное девство, в душе же не девы. А Дева Богородица была девою по телу и душе в чистейшем совершенстве, и потому называется Пречистою и Пресвятою Девою. Во-вторых, за глубочайшее Свое смирение. Пресвятая Дева, когда прочитала в книге пророка Исаии:Се Дева во чреве приимет и родит Сына. И нарекут имя Ему Еммануил (гл. 7, ст. 14), то возъимела сильнейшее желание быть рабою сей Девы. Чтобы сподобиться хоть послужить Ей, и за такое глубокое смирение сподобилась быть Сама Богоматерью. Но и тогда не превознеслась мыслию, когда услышала о сем благовествование Ангела, а смиренно отвечала:Се раба Господня, буди мне по глаголу твоему. Напротив, люди гордые, всеми мерами гоняясь за славою и честию, не сподобляются получить оных. Потому чтогордым Бог противится и только смиренным дает благодать Свою (Иак. 4, 6).

Ясли, вместилище, в них же возлеже невместимый Христос Бог. Опять странное и предивное чудо слышать, что невместимый небесами Бог возлежит и вмещается в скотских яслях. Сказано, что это Таинство. Христианския души, пока добровольно предаются сластолюбию и другим телесным страстям, бывают подобны скотским яслям, заботятся только о кормиле и питании и ином телесном угождении; а когда обратятся к Богу с искренним покаянием и будут заботиться о воздержании и проводить жизнь благочестивую, тогда уподобляются небесному вместилищу, в котором обитает невместимый небесами Христос Бог.

Его же воспевающе величаем. Принося славословие Рождшемуся от Девы в песнех церковных и пениих духовных. Мы и вне церкви должны непрестанно хвалить Его, и прославлять. И воздавать Ему благодарение за неизреченное милосердие к нам грешным, искупленным честною Его Кровию, и получившим чрез сие обетование жизни вечной, блаженной, и нескончаемой. Аминь.

— 25. Объяснение ирмоса: Воскресения день (1883 г.)

Сестры о Господе и матери!

Христос Воскресе! Христос Воскресе! Христос Воскресе!

По принятому всеми обычаю, поздравляю вас со всерадостным праздником Воскресения Христова, а по своему обыкновению предлагаю вам для пользы душевной разсмотрение пасхальнаго ирмоса: Воскресения день, просветимся людие. Пасха, Господня Пасха, от смерти бо к жизни, и от земли к небеси Христос Бог нас приведе победную поющия.

Люди книжные и разумевающие без сомнения вполне понимают смысл и значение ирмоса сего; простейшие же требуют некоего объяснения.

Воскресения день, просветимся людие. То есть просветлим ум и мысль нашу от мрака греховнаго, чтобы достодолжно понять значение праздника Пасхи Христовой и достодолжно праздновать знаменательный для всех христиан день сей. Слово пасха значит преведение.

Празднование ветхозаветной Пасхи означало переведение Моисеем израильтян чрез Чермное море, и избавление их от тяжкой египетской работы Фараону. Празднование же новозаветной Пасхи христианской означает избавление нас Спасителем нашим Господом Иисусом Христом от тяжкой работы мысленному фараону, т. е. диаволу, и переведение нас от смерти к жизни и от земли к небеси.

Велика и несказанна была радость изведенных Господом душ из ада, испытавших многолетнее тяжкое заключение во мраке преисподнем. Как описывает это св. Иоанн Дамаскин в пасхальном тропаре 5-й песни: Безмерное Твое благоутробие. Адовыми узами содержимии зряще, к свету идяху, Христе, веселыми ногами, Пасху хваляще вечную. Не менее, а может быть еще и более, бывает радость душе христианской, сподобляющейся взыти в горния обители, и вкусить тамошняго блаженнаго наслаждения. Словом этого выразить невозможно, как свидетельствует св. Апостол: их же око не виде и ухо не слыша, и на сердце человеку не взыдоша, яже уготова Бог любящим Его.

В конце ирмоса не просто сказано: Христос преведе нас от земли к небеси ; но преведе победную поющия. Что значат эти слова? Как по Воскресении Своем, Христос Господь не все души извел из ада в рай, а только веровавшия и уверовавшия в пришествие Его, так и ныне не все души христианския возводит Господь на небо, а только достодолжно поющия победную песнь Христову. А песнь сию могут достодолжно возносить только правоверующие и благочестиво живущия, а также и искренно кающиеся; потому что не красна похвала в устах нечестивых , как сказано в некотором каноне Божией Матери.

Поэтому, если мы не можем, по немощи, жить благочестиво, как должно, то по крайней мере позаботимся и постараемся всегда приносить искреннее и смиренное раскаяние в своей неисправности и благодарение волею за спасение грешных Распеншемуся и тридневно Воскресшему Господу нашему Иисусу Христу со Безначальным Его Отцем и Пресвятым Духом. Аминь.

— 26. Объяснение ирмоса: жезл из корене Иессеова (1883 г.)

Сестры о Господе и матери!

Долготерпением Божиим сподобляемся паки и паки встретить праздник Рождества по плоти Господа нашего Иисуса Христа.

Поздравлю всех вас с сим всерадостным христианским Торжеством и, по обычаю своему для пользы душевной, предлагаю на разсмотрение рождественский ирмос:

Жезл из корене Иессеова и цвет от него, Христе, от Девы прозябл еси, из горы Хвальный приосененныя чащи пришел еси, воплощся от Неискусомужныя Невещественный и Боже. Слава силе Твоей Господи.

Думаю, что немногие из относящихся к моей худости вполне понимают смысл этого ирмоса. Для непонимающих вполне хочу написать малое пояснение.

Жезл из корене Иессеова и цвет от него, Христе, от Девы прозябл еси.

В ковчег Завета, по Божию повелению, в память будущим родам, был положен чудесно позябший и процветший жезл Аарона. Жезл этот был прообразованием другаго жезла из корене Иессеова, т. е. Пресвятой Девы Богородицы, Она, от неплодных родителей, как от сухаго жезла, прозябла живая ветвь, а от сей Девственной ветви, как цвет, прозябл Христос Богочеловек.

Из горы Хвальный приосененныя чащи пришел еси, воплощся от Неискусомужныя Невещественный и Боже. Слава силе Твоей Господи.

Хвалимый на небесах невидимый Бог видимо пришел на землю, как от горы и приосененныя чащи, воплотившись Невещественный от Неискусомужныя Девы. Как на горе, в тени чащи лесной неудобно

28

видеть, так неудобно разумом понимать непостижимое Таинство воплощения Сына Божи от Пресвятыя Девы. Непостижимое приемлется токмо верою. Поэтому пророк Аввакум, духом провидя непостижимое Таинство воплощения, взывал: слава силе Твоей, Господи.

Не неуместно здесь объяснить и недоумение некоторых, почему сказано:Бог от юга приидет , а не от востока. Так сказано по отношению Назарета к Вифлеему, потому что Назарет, где было благовещение Божией Матери, по отношению к Вифлеему. Где родился Христос, стоит на юге.

В словах Бог от юга приидет можно находить и нравственное назидание. Ибо как видимое солнце, когда бывает в полдень на юге, более согревает и более озаряет лучами своего света, так и Солнце Правды — Христос Господь, благочестиво подвизаюшихся в крепости сил своих, в полдень жизни своей, более озаряет и более просвещает лучами благодати Своея, по сказанному: в юг сеющи слезами, радостию пожнут.

В юности человек часто не понимает должнаго, а в старости большею частию дряхл и слаб бывает. Дряхлый же и слабый к какому подвигу способен? Как же быть нам грешным и без подвига разслабевшим? Одно остается — утешать себя словами апостола, глаголющаго: верно слово и всякаго приятия достойно, Христос Иисус прииде в мир грешники спасти (1 Тим. 1, 15). Он, по неизреченному Своему милосердию и человеколюбию, не отвергает и в единонадесятый час жизни приходящих к Нему с покаянием и повелевает дать им мзду, как и понесшим тяготу дне и вар. Поэтому и мы, грешные и слабые, не обленимся каяться и смиряться и терпеть посылаемыя скорби и болезни, внимая Евангельскому слову Господа: в терпении вашем стяжите души ваша; и претерпевый до конца, той спасен будет.

Рождейся от пренепорочныя Девы и Един Свят помилуй нас грешных. Аминь.

— 27. Объяснение слов пасхальнаго канона: ныне вся исполнишася света (1884 г.)

Христос Воскресе! Христос Воскресе! Христос Воскресе!

Паки и паки милосердием и долготерпением Божиим сподобляемся встретить всерадостный и светоносный праздник Воскресения Христова, с которым и поздравляю вас. По обычаю своему, для пользы душевной предлагаю на рассмотрение вам тропарь третьей песни пасхальнаго канона.

Ныне вся исполнишася света, небо же и земля и преисподняя: да празднует убо вся тварь востание Христово, в нем же утверждается.

Из сказанных слов видим, что свет Воскресения Христова озарил небо и землю. И преисподнюю, но одинаковое ли произвел действие и влияние? — Нет! Не одинаковое.

Ангелы на небе исполнились неизреченной радости, потому что Воскресением Христовым они сподобились большаго откровения таинств, также радовались они и о спасении людей веровавших, как меньших своих братий. Напротив, ангелы, за гордость низверженные в преисподнюю, сперва пришли в величайший страх и замешательство, а потом еще в большую злобу и зависть, и неистовство, потому что Воскресением Христовым разрушилась их лукавая держава и власть темная, и содержимыя ими во аде души праотцев изведены Господом из ада и введены в рай, радовались только изведенные из ада души. Так же и на земле Воскресение Христово произвело не одинаковое действие и влияние. Уверовавшие во Христа исполнялись неизреченной радости услышав о Воскресении Его, а, напротив, злобные и завистливые евреи пришли в большую злобу и зависть и неистовство, и за нераскаянность свою лишились благоволения Божия, разсеяны по всей вселенной и у всех народов находятся в великом презрении. Равно и из язычников — одни принимали веру во Христа, а другие не только упорно оставались в заблуждении, но и приходили в большее неистовство против верующих и подвергали их разным мукам.

Из всего этого какое для себя выведем назидание и духовное вразумление? Именно то, что вера, незлобие, смирение и любовь, и доброжелательство другим выше всех добродетелей, как свидетельствует Сам Господь в Евангелии, глаголя: милости хощу, а не жертвы, т. е. паче жертвы. А, напротив, неверие и лукавство, зависть и злоба, и ненависть хуже всех грехов и зловреднее всех страстей и пороков.

Как же быть тем, которых как бы невольно тревожат и безпокоят нелюбовь и злоба, зависть и ненависть или смущает неверие?

Прежде всего должно обратить внимание на причины сих страстей и против этих причин употребь приличное духовное врачество. Причина неверия — любление земной славы, как свидетельствует Сам Господь во Святом Евангелии: како можете веровати, славу друг от друга приемлюще, славы же от Единаго Бога не имуще. А зависть и злоба, и ненависть происходят от гордости и неимения любви к ближним. Врачество же против сих страстей: во 1-х — смиренное и искреннее сознание своей немощи пред Богом и духовным отцем; во 2-х — Евангельское понуждение не действовать по влечению сих страстей, а делать противное им; третье врачество — искать во всем только славы Божией и от Бога; четвертое врачество — смиренное испрашивание помощи Божией псаломскими словами: Господи! От тайных моих очисти мя, и от чуждих пощади рабу Твою или раба Твоего. Испрашивать же помощи Божией не сомневаясь, а веруя, что невозможное у людей — возможно от Бога.

Пятое врачество — самоукорение, т. е. во всяком неприятном и скорбном случае или обстоятельстве должно возлагать вину на себя, а не на других; — что мы не умели поступить как следует и от этого вышла такая неприятность и такая скорбь, которой и достойны мы, попущением Божиим, за наше нерадение, за наше возношение и за грехи наши прежние и новые.

Господи Иисусе Христе, волею ради нашего спасения

Пострадавый и тридневно из мертвых Воскресый, помилуй нас грешных и, яко же веси, помоги нам и укрепи немощь нашу. Аминь.

— 28. Объяснение слов "милость и истина сретостеся" (1884 г.)

Сестры о господе и матери!

По обычаю своему, поздравляю вас со всерадостным праздником Рождества по плоти Господа нашего Иисуса Христа и также, по обычаю своему, для пользы душевной, предлагаю на разсмотрение псаломския слова, приличныя настоящему Празднику: милость и истина сретостеся; правда и мир облобызастася: истина от земли возсия и правда с небесе приниче (Пс.84). Слова эти ежедневно читаются в церкви на девятом часе; но многия ли из вас понимают смысл и значение этих слов?

Когда Бог Отец благоволил помиловать падший род человеческий, послать на землю Единороднаго Своего Сына для избавления человека от власти диавольской, и Сын Божий, Истина вечная, послушал исполнить волю Пославшаго, родившись плотию от Пресвятыя Девы, благоволением Отца и содействием святаго Духа; тогда исполнились псаломския слова: милость и истина сретостеся. Когда воплотившийся Сын Божий и Богочеловек вольным страданием Своим, Кровию Своею и смертию на кресте удовлетворил Правосудию Божию за преслушание Адама и прочие грехи человеческия и таким образом примирил падшаго человека с Богом, тогда исполнились другия псаломския слова: правда и мир облобызастася.

До пришествия Христова на землю царствовали на ней одна ложь и прелесть вражия, кроме народа Израильскаго, и то не всего, было всюду почитание ложных богов и поклонение идолам. Когда же вочеловечивыйся Сын Божий учением Своим и примером возстановил и устроил на земле истинную жизнь,тогда на ней явилась и святость, и праведность небесная; явились земные ангелы и небесные человеки, и исполнилось сказанное: истина от земли возсия, и правда с небесе приниче. Почему и апостол взывает ко всем христианам: житие наше на небесах есть, отнудуже и Спасителя ждем Господа нашего Иисуса Христа (Филип. 3, 20). Слова апостола означают то, что все христиане обязываются жить не просто по земному, а и по небесному.

Как же быть тем, которые подобно мне, унылому и слабому, не могут жить по небесному, а живут еще по земному с разными душевными немощами и пристрастиями земными? Одно остается нам немощным и грешным, — искренно каяться в своих слабостях и немощах душевных, нелицемерно смиряться пред Богом и людьми, и безропотно и терпеливо переносить посылаемыя нам за грехи различныя скорби и болезни, и таким образом несомненно можем получить милость Божию. Сам бо Господь глаголет чрез пророка: хотением не хощу смерти грешника. Но яко же обратитися, и живу быти ему. И паки во Святом Евангелии глаголет: приидите ко Мне вси труждающиися и обременении, и Аз упокою вы, возмите иго Мое на себе, и научитеся от Мене, яко кроток есмь и смирен сердцем и обрящете покой душам вашим. Аминь.

— 29. Объяснение слов псалма: Воскресни, Господи, Боже мой (1885 г.)

Сестры о Господе и матери!

Христос Воскресе! Христос Воскресе! Христос Воскресе!

По принятому обычаю, паки и паки поздравляю вас со всерадостным праздником Воскресения Христова, а по своему обыкновению для пользы душевной предлагаю вам на рассмотрение приличныя Празднику псаломския слова: Воскресни, Господи, Боже мой, да вознесется рука Твоя, не забуди убогих Твоих до конца (Пс. 9).

Смысл и значение слов этих разумеющие сами понимают, а для простейших и малосведующих хочу написать малое объяснение.

До пришествия Христова души и праведных людей нисходили во ад. А святый Давид, как пророк, предвидел, что Христос Господь после крестной смерти и по Воскресени Своем изведет из ада души веровавших в пришествие Его и введет паки в рай, а достойнейших и в самое Небо, посему и молился Господу, чтобы Он ускорил Воскресением Своим, глаголя: Воскресни, Господи, Боже мой, да вознесется рука Твоя, не забуди убогих Твоих до конца.

И ныне правоверующие твердые и ревностные христиане усердно молятся теми же псаломскими словами с тою мыслию, чтобы Христос Господь воскрес в них самих, и воскресил, и оживотворил души их, умерщвляемыя грехом и страстями.

Псаломския слова: Боже мой, да вознесется рука Твоя относятся к духовной брани, на которой все мы, христиане, находимся, и без помощи Божией одолеть врага не можем, как свидетельствует Сам Господь: без Мене не можете творити ничесоже. Брань сию описывает святый Давид так: приступит человек, и сердце глубоко. И вознесется Бог. Здесь разумеется не простой человек, а враг человек, упоминаемый в Евангелии и сеющий плевелы, то есть диавол. Ежели искуситель сей приступит к человеку внимательному и глубоко сохраняющему свое сердце, и призывающему в помощь Имя Божие, тогда победа помощию Божию бывает на стороне искушаемаго, а с невнимательными и разсеянными, и слабыми, подобными мне, унылому и грешному, бывает противное — остаются побежденными; и таким потребно много смиряться и искренно каяться и усердно молиться последними псаломскими словами: Господи, Боже мой, не забуди убогих Твоих до конца. Если слабые так будем поступать, подражая мытарю, то несомненно сподобимся получить и мы милость Божию.

Тридневно Воскресший Христос Господь да помилует всех нас неизреченным Своим милосердием и человеколюбием. Аминь.

— 30. Смысл скорбей (1885 г.)

Сестры о господе и матери!

Милосердием и долготерпением Божиим и еще сподобились мы

дожить до всерадостнаго и торжественнаго праздника Рождества Христова, с которым усердно и поздравляю вас. По обычаю своему, желал бы я вам сказать нечто и для пользы душевной, и в утешение.

Всегда люди жаловались на различныя скорби, и напасти, и болезни; а в настоящее время, кроме других скорбей, все почти жалуются и на тяжелыя обстоятельства. И удивляться этому не должно. Настоящая жизнь есть не что иное, как приготовление к жизни будущей. Как кто проведет настоящую жизнь, сообразно тому получит участь в жизни будущей — или блаженную, или злополучную. Всех христиане, особенно правоверующие, желают наследовать блаженную участь в жизни будущей. А для получения сего неизбежно понести различныя скорби и болезни, по сказанному в слове Божием: многими скорбми подобает нам внити в Царствие Небесное . — Люди разделяются на праведных и грешных, но ни те, ни другие не свободны от различных скорбей или болезней, как сказано в псалмах: многи скорби праведным; многи раны грешному. Святый Давид первых увещевает не малодушествовать, уверяя, что от всех скорбей Господь избвит их, а вторых, т. е. грешных, — увещевает не отчаиваться, глаголя, хотя и многи раны грешному, но уповающаго на Господа — милость объидет, т. е. если грешный с верою и упованием в покаянии будет прибегать к Господу, то получит помилование и прощение согрешений.

Всеблагий Господь праведным посылает различныя скорби, во-первых, для того, чтобы не ослабевали в подвигах благочестия и, разленившись, не уклонились в противную сторону, и не погибли, как сказано у пророка Иезекииля: егда реку праведнику: жизнию жив будеши, сей же, уповая на правду свою, и сотворит беззаконие, вся правды его не воспомянутся, в неправде своей, юже сотвори, в той умрет (гл. 33, ст. 13). Во-вторых, праведным Господь посылает различныя скорби для того, чтобы чрез это они совершенно очистились от грехов и страстей и получили велие воздаяние в будущем веке, по сказанному: яко злато в горниле искуси их, и яко всеплодие жертвенное прият я.

На грешных же наводит Господь различныя напасти и болезни, чтобы привлечь их к покаянию, как Сам говорит во Святом Евангелии: приидох призвати не праведныя, но грешныя на покаяние; и паки: покайтеся, приближибося Царствие Небесное; и чрез пророка Исаию глаголет: отъимите лукавства от душ ваших, приидите и истяжимся. И аще будут греси ваши яко багряное, яко снег убелю: аще же будут яко червленое, яко волну убелю (гл. 1, ст. 16-18).

Всем вообще говорит Господь и праведным, и грешным: приидите ко Мне вси труждающиис и обремененнии, и Аз упокою вы, возмите иго Мое на себе, и научитеся от Мене, яко кроток есмь и смирен сердцем, и обрящете покой душам вашим; и паки: в терпении вашем стяжите души ваша. Претерпевый бо до конца, той спасен будет.

Рождейся от Девы и Пришедый грешники спасти, помилуй

создание Твое и подаждь нам терпение и смирение, и покаяние истинное, да не лишени будем десныя части помилованных Твоих. Аминь!!!

— 31. Объяснение Сретенскаго ирмоса: Покрыла есть небеса добродетель Твоя, Христе (1886 г.)

Сестры о Господе и матери!

Христос Воскресе! Христос Воскресе! Христос Воскресе!

Поздравляю вас с всерадостным праздником Воскресения Христова. Сердечно желаю вам встретить и провести оный в мире и утешении духовном.

По обычаю своему, для пользы душевной, предлагаю на разсмотрение ирмос Сретенскаго канона.

Покрыла есть Небеса добродетель Твоя, Христе, из Кивота бо прошед, Святыни Твоея нетленныя Матере, в храме славы Твоея явился еси, яко младенец руконосим, и исполнишася вся Твоего хваления.

Какая это добродетель, покрывшая небеса? Безмерная любовь Сына Божия к падшему роду человеческому, ради которой Он, будучи Бог, благоизволил быть человеком, родился от Святыя Девы в убогом вертепе, сорокодневным младенцем был принесен в храм, от безчеловечнаго Ирода бежал с Материею и Иосифом во Египет, воспитывался в доме простаго древоделя; наконец, ради спасения и избавления человека от власти диавола, претерпел заплевания и заушения и всякий вид уничижения и самую поносную смерть на кресте, но, по тридневном погребении, силою Божества Своего и Славою Отчею воскрес из мертвых и, поправ всю силу вражию и разрушив врата и заклепы ада, извел на свободу души, содержимыя там, веровавшия и уверовавшия в пришествие Его.

Ради спасения человека из любви тако Пострадавший Единородный Сын Божий и тридневно Воскресший, весь закон Свой основал на двух заповедях — любви к Богу и ближнему, и ни одна из этих заповедей не может совершаться без другой. Св. Иоанн Богослов говорит: аще кто речет, яко люблю Бога, а брата своего ненавидит, ложь есть (1 Иоан. 4, 20). Также и любовь к ближнему, если бывает не Бога ради, а по какому-либо побуждению человеческому, то не только не приносит пользы, но не редко причиняет и вред душевный. Признак же истинной любви христианской апостол Павел выставляет следующие: любы долготерпит, милосердствует, любы не завидит, любы не превозносится, не гордится, не безчинствует, не ищет своих си, не раздражается, не мыслит зла (и не помнит зла), не радуется о неправде, радуется же о истине, вся любит, всему веру емлет, вся уповает, вся терпит, любы николиже отпадает (1 Кор. 13, 4-8).

Но должно знать, что если всякая добродетель приобретается не вдруг, а постепенно и с трудом и понуждением, то кольми паче любовь, как начало и конец всех добродетелей, требует к приобретению своему и времени, и великаго понуждения, и внутренняго подвига, и молитвы, и прежде всего требует глубокаго смирения пред Богом и пред людьми. Смирение и искреннее сознание своего недостоинства — во всех добродетелях скорый помощник, равно и в приобретении любви. Итак, начнем каждый с той степени любви, какую кто имеет, и Бог поможет нам. Кого тяготят грехи, тот да помышляет, что любовь покрывает множество грехов; чья совесть возмущена множеством беззаконий, то да помышляет, что любовь есть исполнение закона. Любяй бо ближняго, говорит апостол, весь закон исполни. Если бы мы и не достигли означенной совершенной любви, по крайней мере позаботимся и постараемся не иметь зависти, и ненависти, и памятозлобия. Путие бо злопомнителей в смерть; и зависть приимет люди ненаказанныя, т. е. не наставленных и не понимающих как должно христианской жизни, и ненавидяй ближняго во тьме есть, и во тьме ходит, и не весть камо идет.

Помолимся нас ради Пострадавшему и тридневно Воскресшему молитвою св. Ефрема: "Господи и Владыко живота нашего! Даруй нам дух целомудрия и смиренномудрия, и терпения, и любве, и еже зрети прегрешения наша, и не осуждати брата нашего, яко благословен еси во веки веков". Аминь!!!

— 32. Объяснение слов: сердцем веруется в правду (1886г.)

Сестры о Господе и матери!

Паки и паки милосердием и долготерпением Божиим сподобляемся встретить всерадостный праздник Рождества Христова. Поздравляю вас с сим знаменательным христианским Торжеством и сердечно желаю вам провести оное, равно и наступающий Новый год, в мире, и благоденствии, и утешении духовном.

По обычаю своему, для пользы душевной, предлагаю на рассмотрение апостольския слова: сердцем бо веруется в правду, усты же исповедуется во спасение (Рим. 10, 10). Слова эти для ведущих и понимающих ясны, а для простейших требуется некоторое объяснение.

Сердцем веруется в правду. Веровать а правду означает, во 1-х, веровать в Сына Божия, Господа нашего Иисуса Христа, плотию Родившагося от Пресвятой Девы Марии, Который, по слову апостола, есть наша правда, и освящение, и избавление (1 Кор. 1, 30); во 2-х, веровать Его Божественному учению и Божественным Заповедям.

Блажени, сказано, алчущии и жаждущии правды , т. е. усердно ревнующие исполнять Божественныя заповеди.

Усты же исповедуется во спасение. В первыя времена христианства, когда от язычников было сильное гонение на христиан, слова эти имели одно значение, а именно: язычники отъискивали всюду верующих во Христа и принуждали их к отречению от Христа, и те, которые неотрекались, а твердо исповедывали веру во Христа, получали не только готовое спасение, но и мученические венцы, и до ныне Церковию прославляются. Теперь же, когда времена мученичества давно миновались, апостольския слова:усты же исповедуется во спасение , имеют иное значение, а именно: кто словом и делом проповедует истину, любовь и милость, и доброжелательство к ближним, и подобное, тот ясно исповедует пред всеми свое спасение. Напротив, из чьих уст исходят слова зависти и ненависти, слова гнева и памятозлобия, лжи и клеветы, осуждения и уничижения ближних, тот ясно исповедует пред всеми не спасение свое, а противное. Св. Златоуст в одной беседе, рассуждая о злополучной участи Семея, который от зависти порицал св. Давида, говорит, что более погибающих от злых слов, нежели от злых дел; потому что немногие считают нужным приносить покаяние в произнесенных словах. Беде такой мы подвергаемся чрез недостаток любви и доброжелательства к ближним и прежде всего чрез недостаток смирения, на котором зиждется любовь. Св. Апостол Павел пишет:аще имам всю веру, яко и горы преставляти, любве же не имам, ничтоже есмь. И аще раздам вся имения моя, и аще предам тело мое, во еже сжещи е, любве же не имам, никая польза ми есть (1 Кор., 13, 2).

Как же быть тем, которые немощствуют недоброжелательством к ближним, завистию и осуждением и презорством? Таким следует позаботиться о исправлении своего нрава. А исправлнеие это требует: во 1-х, смиреннаго и искренняго сознания и раскаяния пред Богом и духовным отцем; а во 2-х, евангельскаго понуждения удерживать язык свой и помысл от порицания других. Не вотще сказано в Евангелии: нудится Царствие Небесное, и нуждницы восхищают оное ; а в 3-х, исправление это требует усердной и смиренной молитвы, словами акафиста: "Господи! Исцелил еси сребролюбивую душу Закхея мытаря, исцели и мою окаянную душу от недоброжелательства и зависти, осуждения и памятозлобия". Не без понуждения и смиренной молитвы получили спасение мытари и другие разные грешники, покаявшиеся. Господу приятнее грешник кающийся и смиряющийся, нежели праведник, возносящийся и уничижающий других, чему ясным доказательством служит евангельская притча о мытаре и фарисее. Покаяние и смирение нужнее и выше всех добродетелей, и до конца жизни не прекращаются. Св. Иоанн Лествичник, на основании слов св. Давида, пишет:не постихся, ни бдех, ни на земли легах, но смирихся, и спасе мя Господь.

Еже и нам буди получить неизреченным человеколюбием и милосердием Сына Божия, плотию Родившегося в убогом вертепе и Возлежавшаго в яслях, да избавит нас от безсловеснаго нрава и жития. Аминь.

— 33. О грехе осуждения ближняго (1887 г.)
Сестры о Господе и матери!
Христос Воскресе! Христос Воскресе! Христос Воскресе!
Поздравляю вас с Прадником праздников — Светлым днем Воскресения Господа нашего Иисуса Христа и сердечно желаю вам во всерадостный сей Праздник радоваться радостию неизглаголанною и

утешаться утешением духовным. В настоящий день святый Златоуст призывает всех безразлично к радости, как сказано в его слове на сей праздник:

Внидите вси в радость Господа своего, богатии и убозии друг со другом ликуйте, воздержницы и ленивии день почтите, постившиися и непостившиися возвеселитеся днесь; вси насладится пира веры, вси восприимите богатство благости.

Блажен, кто радости праздничной и духовной не отравляет никакой немощью человеческою. А общая у всех нас немощь, когда бываем веселы или недовольны, — судить и осуждать ближняго. Немощь эта многим из нас кажется маловажною, а в самой вещи она очень велика и подвергает нас великому осуждению пред Богом. Св. апостол Павел пишет:

Им же бо судом судиши друга, себе осуждаеши, таяжде бо твориши судяй (Рим. 2, 1), т. е. такой же подвергаешь себя ответственности, как и согрешающий, котораго осуждаешь. Св. Иаков, брат Божий, пишет:Един есть Законоположник и Судия, могий спасти и погубити; ты же кто еси, осуждаяй друга (4, 12). И Сам Господь во Св. Евангелии глаголет:не осуждайте, да не осуждени будете.

Св. Дмитрий Ростовский грех осуждения уподобляет семиглавому змию, который хоботом своим отторг третью часть звезд небесных, т. е. ангелов. И грех осуждения, по слову сего угодника Божия, отторгает от неба третью часть и добродетельных людей, которые без греха осуждения просияли бы, как звезды.

Некоторые греху осуждения подвергаются от привычки, иные от памятозлобия, другие от зависти и ненависти, а большею частию подвергаемся мы греху сему от самомнения и возношения; несмотря на великую свою неисправимость и греховность, нам все-таки кажется, что мы лучше многих. Если желаем исправиться от греха осуждения, то должны всячески понуждать себя к смирению пред Богом и людьми и просить в этом помощи Божией, памятуя Евангельское слово:нудится Царствие Божие, и нуждницы восхищают оное , и евангельское увещание триднево Воскресшаго Господа:возмите иго Мое на себе и научитеся от Мене, яко кроток есмь и смирен сердцем, и обрящете покой душам вашим. Иго бо Мое благо и бремя Мое легко есть . Аминь.

— 34. Объяснение слов псалма: благ и прав Господь (1887г.)

Братие о Господе, сестры и матери!

Милосердием и долготерпением Божиим и еще сподобляемся встретить великий праздник Рождества по плоти Господа нашего Иисуса Христа. Поздравляю вас с сим всерадостным христианским Торжеством и сердечно желаю вам провести оное в мире и утешении духовном.

По обычаю своему, для пользы душевной, предлагаю вам на рассмотрение псаломския слова:Благ и прав , т. е., праведен и правосуден,Господь, сего Ради законоположит согрешающим на пути (Пс. 24).

Что законоположит Господь согрешающим? Законополагает, чтобы каялись, глаголя во Св., Евангелии: "покайтеся, аще не покаетеся, погибнете" (Лук. 13, 3).

Некоторые из христиан от неверия совсем не каются, а некоторые хотя и каются для порядка и обычая, но потом без страха опять тяжко согрешают, имея неразумную надежду на то, что Господь благ, а другие имея в виду одно то, что Господь правосуден, не перестают грешить от отчаяния, не надеясь получить прощение. Тех и других исправляя, слово Божие объявляет всем, что благ Господь ко всем кающимся искренно и с твердым намерением не возвращаться на прежнее. Несть бо грех побеждающе человеколюбие Божие . Напротив, правосуден Господь для тех, которые от неверия или нерадения не хотят каяться; также и для тех, которые хотя иногда и приносят покаяние для порядка и обычая, но потом опять без страха тяжко согрешают, имея неразумное упование на то, что Господь благ. Есть и такие христиане, которые приносят покаяние, но не все высказывают на исповеди, а некоторые грехи скрывают и утаивают стыда ради. Таковые, по слову апостольскому, недостойно причащаются Св. Таин; а за недостойное причащение подвергаются различным немощам и болезням, а не мало и умирают. Сказано апостолом: ядый бо и пияй недостойне, суд себе яст и пиет, не разсуждая тела Господня (1 Кор. 11, 29).

Скажут некоторые, как же нам быть, когда мы часто как бы невольно согрешаем от немощи? — Иное согрешать от немощи и согрешать удобопростительным грехом, а иное согрешать от нерадения и безстрашия и согрешать тяжким грехом. Всем известно, что есть грехи смертные и есть грехи удобопростительные словом или мыслию. Но во всяком случае потребно покаяние искреннее и смиренное и понуждение, по слову Евангельскому, с твердым намерением не возвращаться на прежнее. Сказано в Отечнике: пал ли еси, востани! паки пал еси, паки востани!

Не удивительно падать, но постыдно и тяжко пребывать в грехе.

Всеблагий Господь да подаст нам всесильную Свою помощь, чтобы держаться покаяния искренняго и истиннаго во исполнение Евангельскаго слова: нудится Царствие Небесное, и нужднииы восхищают оное; еже буди всем нам получити неизреченным милосердием Вочеловечшагося Сына Божия и Рождшагося от Пресвятыя Девы, аминь.

— 35. Изъяснение слов: несть бо Царствие Божие брашно и питие (1888 г.)

Христос Воскресе! Христос Воскресе! Христос Воскресе!

Братие о Господе и сестры, и матери!

Милосердием и долготерпением Божиим и еще сподобляюсь поздравить вас с всерадостным праздником Воскресения Христова. Сердечно желаю всем вам великое сие и знаменательное христианское Торжество торжеств встретить и провести в мире и утешении духовном.

По обычаю своему, для пользы душевной, предлагаю на разсмотрение апостольския слова: несть бо царствие Божие брашно и питие, но правда, и мир, и радость о Дусе Святе (Рим. 14, 18).

Как ни дорого для христиан Царствие Божие и Царствие Небесное, но, по немощи человеческой, мы прежде всего заботимся о пищи и питии и о прочем, за что и подвергаемся евангельскому упреку Господа: не пецытеся убо глаголюще: что ямы, или что пием, или чим одеждемся. Весть бо Отец ваш Небесный, яко требуете сих всех: ищите же прежде Царствия Божия и правды его и сия вся приложатся вам (Матф. 6, 31-33). Господь порицает заботливое житейское попечение, как препятствующее к приобретению Царствия Божия; а св. апостол Павел выставляет и другую причину, также препятствующую, когда кто употребляет пищу или питие на соблазн и претыкание ближнему. Такому он угрожает наказанием, глаголя: зло человеку протыканием ядущему (Рим. 14, 20).

Древним христианам апостол сей подавал такой совет: добро не ясти мяс, ниже пити вина, ни о нем же брат твой претыкается или соблазняется или изнемогает (Рим.14, 21), а св. отцы соборов, снисходя немощи человеческой, кроме постов, запретили употреблять мясо только в два дня недели — в среду и пяток, в воспоминание предания и страданий за нас Христа Спасителя. Но в настоящее время многими православными христианами и эти два дня презираются и нарушаются из подражания неправославным. Впрочем, не одною мясною пищею или вином можно соблазнять ближняго, но и безпорядочным и неблаговременным употреблением всякой другой пищи и пития. В том и другом случае потребно каяться и исправляться, чтоб не постигло нас зло, которым угрожает апостол. В слове Божием говорится и о Царствии Божием, и о Царствии Небесном; какое в этом различие?

Царствие Небесное получают достойные по смерти в будущей жизни, а Царствие Божие твердо верующие и тщательные приобретают и в настоящей жизни внутри себя, в своей душе и сердце, по сказанному в Евангелии: Царствие Божие внутрь вас есть (Лук.17.21).

Как и чем приобретается Царствие Божие внутрь нас? По слову апостольскому, оно приобретается, во-первых, правдою или праведностию, которая состоит в исполнении заповедей Божиих и милостивом и сострадательном расположении к ближним; во-вторых, миром с ближними, миром от страстей, миром с своею совестью и миром с Богом чрез покаяние и смирение. Когда христианин понудится так себя устроить, тогда он получит благодатную помощь и при содействии Святаго Духа среди самых скорбей будет радоваться, твердо веруя апостольскому слову, что скорбь терпение соделовает, терпение же искуство, искуство же упование упование же не посрамит; что недостойны страдания нынешняго времени к хотящей славе явитися в нас в жизни будущей, что многими скорбми подобает нам внити в Царствие Небесное.

Смиренный Никита Стифат в книге Добротолюбия пишет, что

стяжавшие внутренне Царствие Божие в жизни сей имеют свободный переход в Царствие Небесное; а не стяжавших сего в этой жизни переход в будущую бывает со страхом. Блажен тот, кто приготовит себя здесь к свободному переходу в Царствие Небесное, еже буди всем нам получити неизреченным милосердием и человеколюбием нас ради волею Пострадавшаго и Умершаго на кресте тридневно Воскресшаго Христа Спасителя нашего. Аминь.

— 36. Объяснение слов 1 посл. ап. Петра гл.1, о страхе Божием (1888 г.)

Братие о Господе и сестры, и матери!

Милосердием и долготерпением Божиим сподобляюсь я, немощный, и еще поздравить вас с наступающим всерадостным праздником Рождества Христова и пожелать вам всего благого и спасительнаго. По прежнему моему обыкновению желательно мне и ради наступающаго праздника сказать вам нечто для пользы душевной.

Верховный апостол Петр в послании своем к христианам пишет: Возлюбленнии, яко чада послушания, не преобразуйтеся первыми неведения вашего похотении; но по звавшему вы Святому, и сами святи во всем житии будите. Зане писано есть: святи будите, яко Аз Свят семь (1 посл. гл. 1, ст. 14, 15, 16).

Святости жизни требует от нас Бог. Эта святость прежде всего состоит в целомудрии, а потом в исполнении и других заповедей Божиих, и при нарушении оных в искреннем и смиренном покаянии, — Целомудрие есть двоякое — девственное и супружное. Древняя Сусанна и в супружестве названа целомудренною за то, что решилась лучше умереть, нежели исполнить злое пожелание беззаконных судей. А из евангельской притчи о десяти девах видно, что не все девы были мудры, но пять из них было юродивых. Последния юродивыми или неразумными названы за то, что соблюдая телесное девство, не заботились соблюдать чистоту душевную и оскверняли ум и сердце нечистыми помыслами и пожеланиями, или возмущались помыслами гнева и памятозлобия, или зависти и ненависти, или ослеплялись сребролюбием и от скупости не сострадательны были к ближним. Если же некоторыя из них, по-видимому, и удерживались от этих страстей, но побеждаясь самомнением и гордостию, осуждением и уничижением ближних, теряли чрез это душевную чистоту, по сказанному: Нечист пред Богом всяк высокосердый (Пр. Сол. 16, 5). Что говорится о страстях а отношении девствующих, то относится и к вдовствующим и к супружным, как сказал Сам Господь апостолам: а яже вам глаголю — всем глаголю (Мар. 13, 7).

В чем состоит главное средство, чтобы проводить жизнь свято? Сам Господь чрез того же апостола Петра указывает на это средство, глаголя: аще называете Мя Отцем нелицемерно судящим комуждо по делу, со страхом жития вашего время жительствуйте (1 пос. 1, 17). Слова сии показывают, что главное средство к тому, чтобы жить благочестиво и свято, состоит в страхе Божием и страхе будущаго суда и вечных мук. Только при содействии этого страха, с помощию Божиею, и бывает соблюдение заповедей, как сказано в псалмах: Блажен муж, бояйся Господа в заповедех Его восхощет зело.

А без страха, если бы кто и на небеси жительствовал, по слову преподобнаго Петра Дамаскина, не воспользуется, имея гордыню, ею же сатана, и Адам, и мнози падоша. Ежели и святым всем в слове Божием предписывается иметь страх Божий, по сказанному: Бойтеся Господа вси святии Его, яко несть лишения боящимся Его (Пс. 33, 10), то кольми паче нам, грешным и неисправным, необходимо иметь страх Божий, и страх смерти, и — Страшнаго Суда Божия, и вечных мук во аде, растворяя страх сей надеждою наследовать Царствие Небесное, если будем елико возможно понуждаться на покаяние и исправление. Страх Божий и памятование четырех последних удерживают от грехопадений, по сказанному: Помни последняя твоя и во веки не согрешиши (Сир. 7, 39).

Еже буди всем нам получити неизреченным милосердием и всесильною помощию Рождшагося от Святыя Девы, Господа нашего Иисуса Христа, Его же усердно о сем да молим. Аминь.

— 37. Объяснение слов псалма: Бог наш на небеси и на земли (1889 г.)

Христос Воскресе! Христос Воскресе! Христос Воскресе!

Братие о Господе и сестры, и матери!

Милосердием и долготерпением Божиим и опять сподобляемся встретить всерадостный праздник Воскресения Христова. Поздравляю всех вас с сим великим и знаменательным христианским Торжеством торжеств. От души желаю вам провести оное в мире и утешении духовном.

По обыкновению своему, для пользы душевной предлагаю на разсмотрение псаломския слова: Бог наш на небеси и на земли, вся елика восхоте, сотвори (Пс. 113, 11).

На земле Бог сотворил более нежели на небе.

На небе сотворил Бог ангелов, духов безплотных, умов совершенных, но не утвержденных еще, конечно, в добре, а оставленных на испытание их произволения, какое покажут в отношении их покорности и непокорности Богу.

Третья часть ангелов отпала от Бога, быв увлечена начальнейшим ангелом, который возгордился против Бога и пожелал быть равным Ему, помышляя в себе: Поставлю престол мой выше звезд небесных и буду подобен Вышнему. За каковую гордость и дерзость из светоноснаго ангела превратился в змия-дракона, о котором сказано в откровении Иоанна Богослова, что хоботом своим отторг третью часть звезд небесных, т. е. ангелов. Падшие ангелы с их злоначальником свержены с неба и оставлены на их злую волю до Страшнаго Суда, на котором и получат должное воздаяние. На земле Бог сотворил человека Адама плотянаго, вземь персть от земли и вдуну в лице его дыхание жизни, т. е. душу разумную и безсмертную.

Человека плотянаго сотворил Бог, во-первых, для того, чтобы

41

человек смирялся, памятуя, что тело его создано из земли и в землю должно обратиться; во-вторых, для того, чтобы человека плотянаго можно было помиловать, как немощнаго. Сотворил Бог и помощницу Адаму из ребра его, и поселил первозданных в раю сладости, в жизни блаженной, заповедав им не вкушать только от одного древа.

Но тот же змий, превращенный из светоноснаго ангела, по зависти прельстил прародителей наших, уверив их, что если вкусят от плодов сего древа, то будут аки боги, ведяще доброе и лукавое . Обманутые праотцы наши хотя и изгнаны за непослушание и преступление из рая, но совсем не оставлены Богом, как падшие ангелы. Всеблагий и Милосердый Господь обещал послать им Избавителя, сказав, что семя жены сотрет главу змия . Но так как обещанный Избавитель не вскоре явился на земле, то Адам и Ева и потомки их должны были жить только верою во грядущаго Избавителя или Мессию. И потому пришлось им потомиться сперва в жизни в разных трудах и разных скорбях, и разных болезнях; а потом по смерти в темных заклепах ада, в продолжении пяти тысяч лет и более.

Наконец Бог исполнил Свое обещание, послав им Избавителя в лице Сына Своего Единороднаго, который, как младенец на земле, родился от Пресятыя Девы наитием Святаго Духа, пожил с человеки и, пришед в возраст, проповедывал Слово Божие, наконец пострадал и умер на кресте, и тридневно воскрес, чтобы избавить человеков от насильственной власти и мучительства диавола, седмиглаваго змия и сатаны, как сказано у евангелиста Иоанна: Тако возлюби Бог мир, яко и Сына Своего Единороднаго дал есть, до всяк веруяй в Онь, не погибнет, но имать живот вечный (Иоан. 3, 16).

Бог на земле сотворил более нежели на небе, особенно в том отношении, что единородный Сын Его, воплотившись, соединился с естеством человеческим и стал Богочеловеком, и, после страданий и крестной смерти и воскресения, вознес естество человеческое на небо и спосадил на престол Царствия Своего, чего ангельское естество не сподобилось. Многомилостивый Господь благоволил обожить и всех человеков, но мешает тому человеческое неверие, или зловерие, или нечестивая жизнь, и вообще нерадение и заботы земныя, за что и упрекает нас Господь чрез пророка Давида: Аз рех: бози есте, и сынове Вышняго вси: вы же яко человецы умираете, и яко един от князей падаете (Пс. 81, 6, 7).

Быв удостоены со стороны Божией такой великой милости, всячески должны мы позаботиться о себе. Если же не можем жить вполне так, как требует Слово Божие, по крайней мере постараемся приносить искреннее и смиренное раскаяние в своих ошибках и согрешениях с посильным исправлением, чтобы на Страшном Суде не оказаться в числе нераскаянных грешников, о которых говорит Евангелие: Идут сии во огнь вечный уготованный диаволу и аггелом его (Матф.23, 41).

Эти Евангельския слова явно показывают, что люди как бы добровольно, по неразумию и нераскаянности идут в мучение, уготованное не им, а падшим ангелам.

Нас ради Вочеловечившийся и волею Пострадавший на кресте, и тридневно Воскресший Христос Господь Иисус, да помилует нас и всех ищущих спасения! Аминь! Аминь! Аминь!

— 38. Объяснение слов псалма: Наказуя наказа мя Господь (1889 г.)

Братие о Господе и сестры, и матери!

Приближается праздник Рождества Христова. По принятому порядку поздравляю всех вас с сим всерадостным христианским Торжеством, а по обычаю своему, для пользы душевной, предлагаю на разсмотрение псаломския слова: Наказуя наказа мя Господь, смерти же не предаде мя. Отверзите мне врата правды, вшед в ня, исповемся Господеви: сия врата Господня, празднии внидут в ня (Пс. 117, 18-21).

Слова сии святый Давид произнес и написал, когда согрешил и наказан был бедствиями, угрожавшими ему смертию, а милосердием Божиим оставлен в живых. За каковую милость он в благодарном чувстве взывал: Отверзите мне врата правды, вшед в ня, исповемся Господеви .

Какия это врата правды? Врата правды — заповеди Господни и закон Божий. Грехами врата сии затворяются; и паки отверзаются искренним сознанием и смиренным покаянием и благодарением Господу за помилование и избавление от смерти. Врата правды называются и вратами Господними, чрез которыя и праведные восходят ко Господу также покаянием, которое по слову преподобнаго Марка подвижника потребно и необходимо до самой смерти не только грешным, но и праведным потому, что и праведник ежедневно может падать седмижды, если не делом, то словом или помышлением, или зрением, или слухом и подобными; только, по словам св. Епифания, грехи праведных — грехи уст; грехи грешных — грехи всего тела.

Так ли мы поступаем, как поступил св. Давид, когда наказываемы бываем от Бога за грехи наши или бедствиями или болезнями? Св. Давид, согрешивши, каялся, исповедывался Богу и благодарил Господа за то, что согрешившаго не предал его смерти, а оставил на покаяние и исправление. Нет, мы маловерные и малодушные не подражаем св. Давиду, а, будучи наказуемы за грехи наши, ропщем на Бога и людей, обвиняем всех и все, вместо того чтобы смириться и приносить искреннее раскаяние в своей грешной жизни и постараться исправиться или, по крайней мере, хоть не роптать и не обвинять других, а сознавать, что терпим болезнь или бедствие достойно и праведно. Чрез такое смиренное сознание и раскаяние с твердою решимостию не возвращаться на прежнее можем получить помилование от Господа и в сей, и в будущей жизни. В настоящей жизни можем сподобиться помилования от Господа христианским напутствием пред кончиною, а в будущей — блаженнаго вселения с праведными. Еже буди всем нам получити неизреченным милосердием, Рождшагося ныне от Пресвятыя Девы, Сына Божия. Аминь.

— 39. Объяснение слое псалма: уста моя возглаголют премудрость (1890 г.)

Братие о Господе и сестры, и матери!

Христос Воскресе, Христос Воскресе, Христос Воскресе!

Милосердием и долготерпением Божиим еще сподобляемся встретить всерадостный и светлый праздник Воскресения Христова, с которым всех вас поздравляю и сердечно желаю вам провести сие великое христианское Торжество в мире, радости и утешении духовном. По обычаю своему, для пользы душевной, предлагаю на разсмотрение псаломския слова: Уста моя возглаголют премудрость, и поучение сердца моего разум (Пс. 48, 4).

Слова эти повторяет святая Церковь преимущественно в праздники святителей на службах их, но оне равно относятся и ко всякому истинному христианину. Всякий благочестивый христианин обязан устами говорить о премудрости Божией, а сердцем поучаться в благих размышлениях и в благих разумениях.

Что такое премудрость Божия? Премудрость Божия есть, во-первых, Сам Сын Божий, Воплотившийся от Пресвятыя Девы и, нашего ради спасения. Пострадавший и тридневно Воскресший. Во-вторых, премудрость Божия есть все то, о чем говорится в Св. Евангелии и во всем Священном Писании и писаниях святоотеческих о спасении душ христианских.

Сказано еще в Ветхом Завете, что начало премудрости есть страх Господень, разум же благ всем творящим его (Притч. 1, 7), т. е. всем живущим по страху Божию дается благой разум духовный. Св. Исаак Сирин пишет: положи в основание в житии твоем страх Божий, и в нескольких днех обрящешися во вратах Царствия. А живущий без страха, как говорит Петр Дамаскин, хотя бы жительствовал на небеси, нисколько не воспользуется, как Адам и диавол.

Когда кто начинает забывать страх Божий, не подражая св. Давиду, глаголющему: Предзрех Господа предо мною выну, яко одесную мене есть, да не подвижуся , когда такой человек помрачается и начинает устами празднословить, судить и осуждать, злословить и уничижать ближних, и сердцем поучаться в помыслах плотских, нечистых. И если он скоро не опомнится, то дойдет и до худых дел, называемых диавольскими, потому что, по слову апостола, исперва диавол согрешает (1 Иоан. 3, 8), внушая грешное человеку христианину. Такие-то дела пришел на землю разрушить Сын Божий, нас ради Пострадавший и Умерший на кресте и тридневно Воскресший.

Может быть, кто-нибудь скажет, неужели нельзя уже говорить ни о чем житейском, кроме одного душевнаго спасения? О всем можно говорить, только с сознанием и благодарным памятованием, что Господь, по благости и милосердию Своему, создал для человека всю вселенную; землю сотворил для временнаго его пребывания на ней и вместе испытания его воли — к чему она склонна, к добру или злу; а небо для вечнаго блаженства достойных и непротивящихся слову Божию и покаявшихся. Только одни непокорные слову Божию и нераскаянные грешники идут в огнь вечный, уготованный не людям, а диаволу и ангелам его; люди же как бы добровольно идут туда.

Также если взираем на солнце, должны помышлять с благодарным памятованием, что и оно создано для человека освещать и согревать землю, на которой живем. Если видим дождь идущий, то должны помышлять, что чрез него утучняются засеянныя хлебныя нивы и другия произрастения, которыя доставляют нам питание. Если вкушаем пищу и питие, то должны благодарно помышлять, что в настоящей временной жизни без этого не можем и существовать.

Если находимся благополучии и благоденствии, то должны помышлять с благодарным чувством, что Господь посылает это не по нашему достоинству, а по благости Своей и милосердию. Если постигает нас болезнь или какое-либо бедствие, должно помышлять, что это послал нам Господь за грехи наши для нашего вразумления и поправления.

Если так будем расположены внутренно в душе нашей и так поступать согласно с сим и наружно, тогда будем благонадежны, что нас ради Пострадавший и тридневно Воскресший Господь наш Иисус Христос не оставит нас милосердием Своим ни в сей, ни в будущей жизни. Аминь.

— 40. Объяснение слов псалма: Еда забудет ущедрити Бог (1890 г.)

Братие о Господе и сестры, и матери!

Приближается великий христианский праздник Рождества по плоти Господа нашего Иисуса Христа. Поздравляю вас с сим знаменательным христианским Торжеством и сердечно желаю вам встретить и провести оное в мире и утешении духовном.

По обычаю своему, для пользы душевной, предлагаю на разсмотрение псаломския слова: Еда забудет ущедрити Бог; или удержит во гневе Своем щедроты Своя (Пс. 76, ст. 10).

Многие из христиан и верующих по слабости человеческой и малодушию своему, особенно в скорбях и болезнях, имеют обычай нередко говорить: забыл меня Бог или нас. Вот св. Давид за это и упрекает нас псаломскими словами: Еда забудет ущедрити Бог, или удержит во гневе Своем щедроты Своя. Слова эти показывают, что Господь изливает щедроты Своя на создание Свое не только тогда, когда люди ведут себя как следует, но и тогда, когда они прогневляют Господа, как сказано в Евангелии, что Всеблагий Господь по Милосердию Своему солнцем Своим сияет на злыя и благая, и дождит на праведныя и неправедныя, Сам Господь чрез другаго пророка глаголет к созданию Своему:скорее жена забудет исчадие свое, Аз же не забуду тебе (Ис.49, 15).

Ошибка и заблуждение человечества происходят оттого, что мы не понимаем как следует намерение Божие и волю Божию о нас. Господь, по благости Своей и милосердию Своему, хочет даровать нам вечное блаженство на небе, в Царствии Небесном, а мы, по слепоте своей, более желаем, ищем счастия и благополучия временнаго на земле. Вот Господь, по благости Своей и по любви к роду человеческому, и вразумляет нас разными скорбями и болезнями и другими бедствиями, как свидетельствует апостол:Его же бо любит Господь, наказует; биет же всякого сына, его же приемлет. Аще же без наказания есте: убо прелюбодейчищи есте, а не сынове (Евр. 12, 6, 8).

Не мало между нами и таких, которые хотят и вечное блаженство получить в Царствии Небесном и вместе желают и временное иметь счастье, и полное благополучие. Но это невозможно, как объявляется в Слове Божием, что многими скорбями подобает нам внити в Царствие Небесное и что наследие со Христом получают только те, которые Христа ради на земле переносят различныя скорби и страдания, как свидетельствует апостол:аще с Ним, т. е. со Христом, страждем, то с Ним и прославимся. Когда же в скорбях наших и болезнях будем малодушествовать и роптать на Бога и на людей, и на участь свою, в таком случае не прославимся, но и осудимся. Постараемся же исправиться, хотя не делами, но по крайней мере душевным и мысленным расположением, как говорит Иоанн Лествичник:не постихся, ни бдех, ни на земли легах, но смирихся и спасе мя Господь. И другой святой Исаак Сирин говорит: смирение и без дел прощает многия согрешения, а дела без смирения безполезны. Ради нашего спасения Рождейся от Девы Господь наш Иисус Христос да вразумит нас всех на полезное и спасительное. Аминь.

— 41. Объяснение слов св. Давида: Благости и наказанию и Разуму научи мя (1891 г.)

Братие о Господе и сестры, и матери!

Поздравляю вас с Светлым праздником Воскресения Христова и приветствую всех вас радостным христианским приветствием: Христос Воскресе! Христос Воскресе! Христос Воскресе!

По великому значению своему Светлый праздник Воскресения называется Праздником праздников. Торжеством торжеств христианских, Пасхою Христовою, которая означает преведение от смерти к жизни и от земли к небеси. В этот Праздник обрадованные христиане братски приветствуют друг друга. Воскресением прощая все и ненавидящим их.

По обычаю своему, для пользы душевной, предлагаю на разсмотрение псаломския слова, которыми молился св. Давид Богу: Благости и наказанию и разуму научи мя (Пс. 118).

Если св. Давид, будучи пророк, имел нужду молиться Богу о даровании ему означенных качеств, то тем более всякому христианину, человеку обыкновенному, необходимо заботиться о приобретении этих качеств, моляся Богу о помощи свыше.

Благости научи мя. Благость и милосердие есть главная часть любви, а любовь есть главная добродетель и заповедь, как сказано в Евангелии: Возлюбиши Господа Бога твоего от всея души твоея, а

46

ближняго яко сам себе. На сих двух заповедях весь закон и пророцы висят.

Любовь рождается от веры и страха Божия, возрастает и укрепляется надеждою, приходит в совершенство благостию и милосердием, которыми выражается подражание Богу, как сказано в Евангелии: Будите милосерди, якоже Отец ваш Небесный милосерд есть , и еще сказано в Евангелии: Милости хощу, а не жертвы . Милость и снисхождение к ближнему и прощение недостатков его — выше жертвы, которая не принимается без мира к ближним, по слову Евангелия: Аще убо принесеши дар твой ко олтарю, и ту помянеши, яко брат твой иметь нечто на тя: остави ту дар твой пред олтарем, и шед прежде смирися с братом твоим, и тогда пришед принеси дар твой (Матф. 5, 23).

Любовь к Богу доказывается любовию и милосердием к ближнему, а милосердие, милость и снисхождение к ближнему и прощение недостатков его приобретаются чрез смирение и самоукорение, когда во всех скорбных и неприятных случаях будем возлагать вину на себя, а не на других, что мы не умели поступить как следует, оттого произошла неприятность и скорбь, и если так будем рассуждать, то менее будем огорчаться и предаваться гневу, который Правды Божией не соделывает.

Страшны слова апостола Иоанна: Не любяй брата , т. е. всякаго ближняго, пребывает в смерти, и во тьме ходит, и не весть камо идет; а ненавидяй брата, человекоубийца есть (3, 15).

Наказанию научи мя. В славянском наречии слово "наказание" означает душеполезное наставление, как деятельно проходить путь добродетели в страхе Божием, согласно заповедям Божиим и постановлениям Церкви. Еще в Ветхом Завете сказано: Сын ненаказанный скорбь отцу и печаль матери , т. е. сын не наставленный в страхе Божием и законе Господнем. В настоящее время многие родители детей своих учат многому, часто ненужному и неполезному, но нерадят о том, чтобы наставлять детей страху Божию и исполнению заповедей Божиих и соблюдению постановлений единой Соборной Апостольской Церкви, отчего дети большею частию бывают непокорны и непочтительны к родителям, и для себя, и для отечества непотребны, иногда и зловредны.

Разуму научи мя , т. е. разуму истинному и правильному. В Св. Писании сказано:взыщите разума да поживете и исправите разум в ведении , т. е., старайтесь разуметь Св. Писание не кое-как и как вам вздумается, а разуметь как следует, правильно и истинно. Доказательством тому служит то, что все народы читают одно Евангелие, а разумеют различно. Не одинаково понимают православные и католики, иначе понимают армяне, копты и ариане, иначе реформаты и лютеране и подобные им. Такое различие присходит оттого, что не все обращают должное внимание на значение Евангельских слов Самого Господа: Шедше, научите вся языки, крестяще их во Имя Отца и Сына, и Святаго Духа, учаще их блюсти вся, елика заповедах вам. Одна Православная Церковь принимает писание ветхое и новое все вполне, а несогласные с Православною Церковию принимают по выбору из Писания только те места, которыя им нравятся, и за это причисляются к еретикам, потому .что слово "еретик" происходит от греческаго слова "Ерео" (выбираю). О таких людях апостол Павел пишет так:еретика человека, по первом и втором увещании, отрицайся, ведый яко развратися таковый и согрешает, и есть самоосужден.

Подобно св. Давиду, будем молиться и мы, чтобы Господь имиже весть судьбами помог нам научиться благости, и милосердию, и наказанию душеполезному, и разуму истинному, без которых сомнительно и ненадежно вечное наше спасение, если не прибегнем в покаянии со смирением к Пострадавшему за нас и Умершему на кресте тридневно Воскресшему Господу нашему Иисусу Христу, Которому подобает всякая слава, честь и поклонение со Безначальным Его Отцем, и Пресвятым и Благим, и Животворящим Духом во веки веков. Аминь. II. Письма к отдельным лицам

II

ПИСЬМА К ОТДЕЛЬНЫМ ЛИЦАМ

— 42. Необходимо достигать христианской мудрости (1861 г.)

(С 42 по 60 к одному лицу)

Поздравляю вас со днем вашего ангела, усердно желая вам, чтобы, за молитвы святой мученицы Софии, по имени вашему, тако было и житие ваше.

София значит премудрость. Оставя премудрость мирскую, выписываю для вас что говорит о премудрости христианской св. апостол Иаков: "Яже свыше премудрость , пишет он, первее убо чиста есть, потом же мирна, кротка, благопокорлива, исполнь милости и плодов благих, несумненна и нелицемерна" . — Хоть и не кстати, выпишу и то, что говорится свыше: "Аще же зависть горьку имате и рвение в сердцах ваших, — несть сия премудрость свыше снисходяща, но земна, душевна" , — и далее что следует, лучше умолчу.

"Софии честныя священнейшия ветви: — Вера, и Надежда, и Любовь". Сердечно желаю вам, за молитвы блаженнаго старца о. игумена Антония, утверждаться в сих главных христианских добродетелях, и уклонясь от всего противнаго, исполняться поименованных св. апостолом благих плодов премудрости, яже свыше.

— 43. Мудрость христианская состоит в том, чтобы во время искушений хранить веру в Господа

Если когда-либо, то особенно теперь, тебе нужно поучаться в Евангельском слове Господнем: будите мудри яко змия, и цели яко голубие .

По смыслу божественных толковников мудрость змии состоит в том, когда наносят удары телу ея, она всячески старается укрывать главу свою. Так и всякий христианин, при нанесении ему скорбных ударов со стороны, должен блюсти главу свою духовную, т. е. веру и в Господа и в Его Евангельское учение, которое возвещает всем хотящим спастися тесный и прискорбный путь. Но теснота эта и прискорбие скоропреходящи, а воздаяние за них в будущей жизни нескончаемо и райским наслаждением и необъяснимою радостию, по сказанному: ихже око не виде, и ухо не слыша, и на сердце человеку не взыдоша, яже уготоваша Бог любящим Его .

— Все это непрестанно должно обносить в уме, и в сердце, и в памяти, чтобы быть в состоянии мудрую борьбу со страстьми и неприятностями во вне растворять незлобием голубиным. Повторяя себе те же слова, какия изрек на подобные случаи Искупитель наш и Избавитель к Богу Отцу: остави им, грех сей, не видят бо, что творят .

49

— 44. Благочестно живущия должны терпеть скорби (1867г.)

Софья, мужайся, и да крепится сердце твое. Помни всегда и никогда не забывай, что хотящии благочестно жити гоними будут .

От кого же? разумеется, прежде всего от своих, которых враг вооружает, чтобы отвратить от пути благочестия, благоизволивших онем идти. Но хотя и тяжелы скорби, оскорбления, а зато сладок рай и приятно в оном наслаждение вечное.

Мир тебе и благословение Божие и всякое утверждение в добром.

Пищу вкушай смотря по голоду, а не потому, как смотреть будут.

— 45. Более всего надо достигать любви христианской

Приближается 27 июля, память св. великомученика Пантелеимона. Помни, что Пантелеимон значит Всемилующий, и елико возможно направляйся к тому, чтобы держаться любви, которая, по словам св. апостола Павла, милосердствует, долготерпит, не завидит, не превозносится, не гордится, не безчинствует, не ищет своих си, не раздражается, не мыслит зла, не радуется о неправде, радуется же о истине, вся любит, всему веру емлет, вся уповает, вся терпит .

О, если бы Всеблагой Господь помог всем нам, за молитвы св. великомученика Пантелеимона, стяжать сию добродетель, которая, по словам того же апостола, больше всех других добродетелей, и николиже отпадает , и без которой человек — яко медь звенящи или кимвал звяцаяй!

— 46. Духовное утешение подается за молитвы о живых и умерших

Пишешь мне о получаемом тобою утешении о Господе. Искренно желаю, чтобы продолжалось это утешение, ради усерднаго памятования и поминовения отшедших и живых. Знаю, что на все это понуждаешься и ревнуешь, потому и пишу это к ободрению твоему, среди сопротивляющихся. В ошибках же покаемся.

— 47. Молитва против помыслов немощных

Против помыслов немощных молись Господу: "от тайных моих очисти мя" и проч. и будешь получать облегчение и врачевание за молитвы почившаго о. игумена Антония.

— 48. Должно мужественно бороться с душевными недугами (1868 г.)

Малодушествовать и унывать не следует, а возбуждать себя к духовной борьбе благопотребно, убеждая душу свою, что она — невеста Христа; Жених же ея небесный Всевидец есть и Сердцеведец и зело ревнитель противу тайнаго зла, глаголя в Евангелии: иже любит отца или матерь паче Мене, несть Мене достоин , тогда как их почитать — заповедует. Впрочем, кто искренно и смиренно исповедует Ему немощь свою, прося помощи и исцеления от своего внутренняго недуга, к тому Он милостиво преклоняется и бывает Врач души его и тела, в свое время, якоже весть. Посему усердно и смиренно да прибегаем Господу, читая кондак разслабленнаго, в его неделю положенный.

— 49. Бодрость — от единения с Господом, уныние — от тщеславия

Помнишь, слова: прилепляяйся Господеви един есть дух с Господем , — относятся к тому, чтобы быть осторожну против неуместной дремоты и зевания, еже бывает от уныния, по сказанному: воздрема душа моя от уныния ; уныние бывает от того, что не презрели мы еще тщетной славы и дорожим мнением человеческим, или хоть не дорожим, а не отвергли еще его.

— 50. Уныние — от диавола (1869 г.)

Мужайся и да крепится сердце твое с помощию Божиею противу уныния и безотчетной печали, которыми враг рода человеческаго тайно борет хотящих приблизится ко Господу. Помни и всячески старайся не забывать слово Его: претерпевый до конца, той спасен будет .

— 51. Угождение самолюбию есть вторая смерть!

Воздвизай дух твой на подвиг противу многоразличных и неисчислимых борений вражиих, особенно же, мнящихся быти приятными самолюбию нашему, в них же тайно сокрыта смерть вторая, от ней же да избавит нас Всеблагий Господь всесильною Своею помощию за молитвы отцев наших! Мир тебе.

— 52. О страхе Божием и о необходимости немедленного покаяния

Господь да простит тебе немощи твои душевныя, о них же пишешь, и да утвердит на будущее время не соглашатися со внушениями вражиими, яже вреждают душу и обременяют совесть, удаляя нас от Распеншагося за нас. — Во всякое время да держимся страха Божия, и страх Божий сохранит нас от всякаго зла, тайнаго и явнаго, если тотчас же будем прибегать к Богу с покаянием, и потом, в свое время исповедать это и духовному отцу. — Всякому заботящемуся о своем спасении Господь скорый есть помощник во всякое время, точию да не нерадим о себе, и о совести нашей. Мир тебе.

— 53. Искус полезен

Искус вещь хорошая и самая полезная. Бывших во искусе и апостол похваляет, глаголя: искушени быша, скитающеся, лишена, скорбяще, озлоблени .

В заключение прибавляет: их же не бе достоин весь мир .

Если и такие не избегли скорбных искушений, ради пользы их душевной, то нам немощным никак не следует отрекаться и избегать душеполезных искусов.

— 54. Сознание своей немощи, самоукорение и терпение — три ступени к смирению

В прошлый раз, поздравляя тебя со днем твоего рождения, помнится, желал тебе духовнаго возрождения. Теперь же, поздравляя тебя с сим, сердечно желаю тебе духовнаго восхождения приличными и законными степенями, от них же первая и самая главная есть познание глубокой нашей немощи душевной и телесной. Вторая законная степень есть самоукорение, т. е. во всяком неприятном и прискорбном случае обвинение себя, а не других. Третья степень-благодарное терпение встречающихся и постигающих нас скорбных искушений. От сих трех степеней изрождается четвертая — начало смирения, если первыя три были растворяемы верою и молитвенным расположением и обращением ко Господу, по предписанным правилам Церкви Православной и наставлениям св. отцев, которые опытом прошли духовную жизнь и показали нам стези спасения. Впрочем, скажу проще, — когда по ступеням, когда просто, по ровному или неровному пространству, а всегда надо стараться ходить во смирении, согласно заповедям Господним. — Господи, помози нам! Господи, укрепи немощь нашу и отврати очи наши от суеты и всего неполезнаго.

— 55. Кратчайший путь ко Христу — носить тяготы друг друга

Напишу искреннее благожелание идти кратчайшим путем христианским, им же разумные достигают лицезрения Христова, а неразумные, презирая оный, лишаются сего. — Св. апостол Павел, в послании ко Евреям, пишет: мир имейте и святыню со всеми, без них же никто же узрит Господа

А как достигается не только мир, но и исполняется закон Христов, тот же апостол указывает краткую стезю, говоря в другом месте: друг друга тяготы носите, и тако исполните закон Христов .

— 56. Главныя препятствия к усвоению святости

Как же нам исполнить заповедь, о которой нам Сам Бог говорит, заповедая: святи будите, якоже Аз свят есмь!

Нужно узнать причины и опасные поводы к нарушению сей заповеди и постараться удалять от себя оные. Св. Марк подвижник говорит в своем законе духовном: "корень похоти — любление похвалы и славы человеческой". Усиливается же похоть, как говорят другие св. отцы, когда человек любит покой телесный (в пище, питии и сне) и особенно когда не хранит своих очей от предметов соблазняющих.

Узнавши это, с помощию Божиею, постараемся, елико будет

силы нашей, истреблять не только злые ветви, но и самый корень, чтобы по возможности достигнуть освящения душевнаго и телеснаго, его же требует от нас Господь, глаголя чрез апостола: прославите Бога в телесех ваших и в душах ваших, яже суть Божия . Мир тебе!

— 57. Христианская мудрость требует искоренения "ветхого человека" (1870 г.)

Мир чадцу Софии! Наступает 17 сентября, память мудрой Софии с чады, тоже мудрыми. Поздравляю тебя и сердечно желаю проводить житие свое по имени твоему, да во причастницах будешь мудрых дев. Посему потщися всею силою, призывая и помощь Божию о том, чтобы не только отсекать прозябающия отрасли ветхаго человека, но и искоренить их, дабы более не произникали, как научает св. пророк Давид: прозябоша и проникша все делающии беззаконие, яко да потребятся в век века .

Буди! буди!

— 58. Серьезная болезнь серьезнее обращает к Богу

Слава и благодарение Господу за то, что послал тебе облегчение от серьезной болезни. И сбывается на нас псаломское слово: наказуя наказа мя Господь, смерти же не предаде мя .

— Когда посылается нам серьезная болезнь, то мы посерьезнее и разсуждаем о себе и о наших обстоятельствах и искренно прибегаем в молениях наших ко Врачу душ и телес к Единому вся ведущему и всемогущему, и вместе всеблагому и премудрому, Иже хощет всем спастися и в Разум истины приити .

— 59. Духовное возрождение начинается освобождением от страстей (1872 г.)

Поздравляю тебя с нынешним днем твоего рождения и молитв ради св. Страстотерпца и Целебника Пантелеимона, сердечно желаю тебе духовнаго возрождения. Хотя я и прежде писал тебе это слово, но и опять повторяю то же, и, пока буду жив, буду повторять, — потому что в этом кратком слове много, очень много содержится. — Кто возродится духовно, тот и от страстей исцеляется и делается способным проходить великия, телесныя и душевныя добродетели. На нынешний год желаю тебе пока хоть перваго, т. е. освобождения от страстей; а на будущий пожелаю и втораго, т. е. прохождения великих добродетелей.

— 60. Чадами Христовыми именуются те, в коих "вообразился Христос"

Значение слов чадо и чадце. Ты желаешь знать различие между чадами и чадцем. — Чадцами апостол называет тех, в коих еще не вообразился Христос, понесший безстрастно заплевания и заушения и всякий вид уничижения. Кто желает называться чадом Христовым, тот должен терпеливо и безропотно понести все то, что понес Христос и должен искренно молиться за обидящих, как Он молился за распинающих. Мир тебе!

— 61. О сожительнице. Об игуменстве... над собою (1863г.)

Мать N!

Касательно м. В. ничего не могу сказать, потому что сам ея не знаю, а знающие ея м. Н. в Троекурове, а сестра твоя лежит больная в Белеве. Впрочем, все-таки думаю, что вы едва ли сойдетесь с нею: она, как ты пишешь, под руководством не жила, а ты под руководством не ужилась. Поэтому не мудрено, что вы обе будете настойчивы в своих, понятиях и привычках.

Относительно игуменства. Благословляю тебе быть игуменьею... над самою собою и над своими дурными привычками. — А остальнаго благословить тебе не могу, потому что это начинание не только не может быть полезно, но и опасно.

Живи и старайся наживать ум да разум, не кое-какой, а дельный, основательный, монашеский, не упрямый, а твердый, — и во внешнем, по приходу держи расход, и о себе суди по тому, что ты делаешь, а не по тому, что ты думаешь. — Надумать можно многое, но недостаток в исполнении обличает нас.

В прежнем письме писала ты мне, что имеешь к одному лицу залог несближения... Вперед называй всякую вещь своим именем; проще и прямее сказать, ты имела залог памятозлобия, доходящий до ненависти. — Зачем безобразие страстей прикрывать благовидными именами? Умудряйся во спасение. И прежде всего никого не вини.

— 62. О наставнице. Как стяжать разум духовный

Ты желала бы иметь, в своем месте, такую наставницу, к которой могла бы в борении помыслов относиться; но я не знаю, кого бы тебе назначить, кто бы была тебе угодна и полезна.

К о. Илиодору в Глинскую пустынь можешь писать, и можешь принимать его мнения и советы; остальных же, коих мнения все врознь, сама видишь, что принимать нельзя. — Ездить в Глинскую пустынь погоди; посиди дома и посмотри, что и как будет с тобою, и что с другими.

Спрашиваешь меня: каким образом можешь достигнуть того, чтобы нажить разум духовный, твердый? Смирением, страхом Божиим, хранением совести и терпением находящих скорбей.

Еще спрашиваешь, от чего в душе твоей такой мрак? Кроме других причин, от того, что имевши старицу, ты не хотела покоряться ей, и даже противилась, грубила и досаждала ей; а все это, как ты сама сознаешь, плоды гордости.

Ты пишешь, что много спишь и в отношении пищи делаешь себе снисхождение. Сознавая в сем немощь свою укоряй себя, и удерживайся, по крайней мере, от осуждения людей.

— Иисусову молитву можешь употреблять, особенно при борении дурных помыслов; но только устно. А вместо ея, иногда и: "Боже милостив буди мне грешной". Лучше и эту молитву, чем ничего.

Еще пишешь, что стоя в церкви однажды возъимела сильное

желание войти в Царствие Небесное и насладиться пением ангелов! Это тебе, по твоему устроению, не может быть полезно, а скорее противное сему.

— В Патерике рассказывается об одном старце, который, сознавая себя грешным, каждое утро, как проснется, сходил умом к грешникам в ад, помышляя о тамошних муках, о вечном томлении, о скрежете зубов и т. д., и молился о избавлении от оных; и другие старцы признали делание сего старца наиболее полезным и надежным.

В третий раз, в письме этом говорю о старице (в которой ты теперь чувствуешь нужду, а когда имела ее, тогда не сознавала потребности в ней). Всегда так бывает. Когда обладаем добром, то его не ценим, а теперь, по пословице, посиди у моря, подожди погоды; умнее и смиреннее будешь.

— 63. Гордый ученик должен искать старца строгаго. За отсутствием старца руководиться заповедями Евангельскими. Страстным уединение вредно

Ты жалуешься на свое одиночество и желаешь теперь воспользоваться отношением к какой-нибудь старице, чего прежде не хотела понять и оценить, имея близ себя старицу, по благословению покойнаго о. Макария. — Ты, может быть, скажешь в свое оправдание, что она была строга. Но я тебе на это противопоставлю слова св. Лествичника, он говорит: "кто склонен к гордости и самочинию (или как говорят, другие отцы — имеет выю непреклоняющуюся и волю непокоряющуюся), тот должен избрать себе наставника строгаго и непопустительнаго". Тебе многократно было говорено: покорись, и получишь пользу душевную. — Но ты пребыла непреклонна и даже наконец сопротивлялась наставнице, с досаждением и негодованием. Вот теперь поневоле пришлось вкушать от горьких плодов самоверия и непокориваго разумения. Сбывается на нас слово апостола: "мняйся ведети что, не у разуме якоже подобает", и слово опытных: "своя воля и учит и мучит; сперва помучит, а потом чему-нибудь и научит". Ты прежде не хотела покоряться и как должно относиться к дельной и благословенной наставнице, а теперь нужда научила и возбудила в тебе желание относиться хоть к какой-нибудь старице, или иметь собеседником дельную сестру. — Вещь эта в настоящее время очень мудреная. Ты указываешь на старушку игуменью. — Я ея не знаю, а слышал, что она могла бы приносить другим пользу, если бы обстановка и положение ея были другая; а при этом неудобстве неудобно и духовное отношение. — Сама это рассмотри на месте и потолкуй с теми, кто понимает дело. — Мне жаль тебя, очень жаль, а положительно и утвердительно сказать ничего не могу, касательно духовнаго отношения. — Пока найдешь это отношение, руководись заповедями Евангельскими; на них опираясь, смотри, что делается внутри тебя, и не ретись неразсудно на одно внешнее уединение, которое в страстном может питать самомнение, гневливость и осуждение других. Обращай на эти признаки твое внимание и понуждайся обучать себя самоукорению, во всяком случае возлагая вину на себя, а не на других.

Помни всегда отеческое слово: "келлия высит, а люди искушают". Потому-то немощному и страстному и полезно прежде протереться между людьми, да научиться смиряться и не порицать других.

— 64. Полезно сидеть в келлии

Мать N и мать N! Что-то не возвещается грешной душе моей, чтобы вам ехать в Киев нынешним летом. Не лучше ли оставить поездку эту до весны? Из писем ваших видно, что неудачна была ваша первая поездка. Что же будет, если неудачна будет и вторая? Неудача показывает, что нам надо посидеть в келлии до времени, и обсидеться, и осмотреться, и сообразиться с своими делами и помыслами. — Сказано в Писании: аще дух владеющаго найдет на тя, места твоего не остави . — Дух владеющаго значит — искушающаго. — Искушение находит, а мы неискусны в борьбе, и особенно слабы на язык. Что в голову прийдет, то и толкуем. Растревожат наше самолюбие, и мы выводим наружу такия вещи, которыя говорены были собственно для пользы нашей, к нашему вразумлению и разъяснению дела, котораго мы не хотели понять, по нашему обычному самоверию и близорукости. — Последния слова обращаю к тебе, мать N. Просто и вкратце должен я сказать, что не знаю, как с тобою обращаться. — Если молчу и дожидаю, чтобы ты сама объяснила как должно свои обстоятельства и свое душевное состояние, но ты, объясняя многое, не объясняешь главной своей немощи. Брался было я сам объяснить тебе эту немощь, от которой происходят у тебя все твои путаницы. Но ты, не знаю почему, обращаешь это опять в повод к новым путаницам не только для себя, но и для других. Думаю, что ты можешь понять, к чему и о чем говорится. — Сказано в Писании: от словес твоих оправдишися, и от словес твоих осудишися. — Если нас с тобою будут судить по словам болтливости, особенно по тем словам, от которых много произошло враждебных путаниц, то куда нам деваться!

Хоть отныне покаемся, и отныне да положим начало вести себя благоразумно и осторожно в отношении зловредной болтливости. — Не вотще брат Божий св. апостол Иаков написал: язык огнь, лепота неправды: сице водворяется во удех наших, скверня все тело, и паля коло рождения нашего и опаляяся от геенны. Тем благословляем Бога и Отца и тем кляном человеки, созданные по подобию Божию. — Но ты скажешь, что "я никого не кляла, и не кляну". А я тебе скажу: если внимательно испытаешь и без самооправдания Писание Божественное и отеческое, то во многих местах найдешь, что бестолковая и бессмысленная болтовня объясняется или словом клеветы, или клятвы, как у св. ап. Иакова в сказанном выше месте. — Прости, что тебе так резко пишу. Необходимость заставила прибегнуть к средству, о котором старинные люди говорят: клин клином выгоняется. И к этому прибавлю: если положишь начало благое благоразумнаго умалчиванья о тех случаях и словах, которые не должно высказывать по причине могущей последовать путаницы, то я тогда попрошу прощения. Господь да помилует и да вразумит нас к душеполезному, и да избавит от всего зловреднаго; прежде же всего из самооправдания, и особенно от самомнения и самоверия, которыя заставляют нас высказывать свои понятия и разумения так положительно и утвердительно, как бы действительно было так, — что мы разумеем и понимаем паче всех, могущих разумевати. Но если бы вместо самомнения хоть мало бы мы приблизились к смирению и самоукорению, и к недоверию своему сердцу (потому что оно еще не очищено), тогда бы иначе стали, думать и иначе говорить, особенно тогда, когда должно осторожно говорить и с разсуждениием и сбережением себя и других. Чтобы сказать разом все, повторю слова Писания, говоренныя тебе лично: аще кто мнится верен быти в вас и не обуздывает языка своего, но льстит сердце свое, сего, суетна есть вера (Иак. 1, 26). Всеблагий Господь да поможет мне и тебе, и сестре твоей, и другим произволяющим разуметь и исполнить сказанное и сохраниться от душевреднаго языкоболия.

— 65. Нужно держаться средняго пути спасения

Посылаю тебе, обще с сестрою, последнюю часть писем покойнаго б. о. Макария для духовнаго вашего назидания.

В письме своем, от 22 сентября, просишь меня помолиться, чтобы тебе правильно совершать путь твоего спасения. От всей души желаю, чтобы ты не уклонялась ни на десную, ни на шуюю сторону, а шла путем средним, царским и который указан нам Самим Царем Царей и Господом Господей в животворных Его заповедях, начиная с сих: не гневайтесь, не осуждайте, изми первее бревно из очесе твоего, как Он изрек Сам; и так же, как учит чрез апостола своего: прежде всего прилежну имейте любовь друг к другу.

Жалуешься еще на то, что обленилась к чтению и молитве: это тебе за то, что много разбираешь чужия дела и скоро делаешь заключение, хотя и не примечаешь сего и готова оправдываться, но бывает так.

Спрашиваешь, с чего тебе начать, чтобы не прогневать Господа своим нерадением? Чтобы более не прогневлять Господа, надо начать с покаяния, и с смирения, и с совести пред Богом, Который зрит и тайныя наши мысли.

Желаешь читать разные акафисты по усердию? Можешь читать, но с тем, чтобы при этом не мнеть о себе нечто и других не осуждать. А когда есть возношение и других осуждение, тогда не читай.

К молитве Иисусовой старайся прибегать часто, во всякое время, также и в церкви, особенно если не слышно чтения, — за хождением и каждением.

— 66. Самочинное подвижничество опасно

Писала ты мне, что прочитываешь до 10 кафизм псалтири в келье, кроме церковных служб; а со стороны слышу, что ты очень изнурилась.

Напиши мне искренно тайное твое подвижничество, на которое ты не приняла благословения; а самочинное подвижничество и опасно и душевредно. — Если добро это, — то зачем оно тайно от духовнаго отца? Смотри — душа у тебя одна и ум один; повредить то и другое опасно; а подсады вражии повсюду, разумеется, под видом добра и пользы душевной. Напиши мне искренно. Все таймитищное душевредно. Вижу, что ты попалась в сеть искания совершенства, забыв совершенство покаяния.

— 67. Одни правила и посты без соблюдения заповедей не спасут

О поездке в Киев мое мнение такое, что куда вам больным теперь ехать? Можно бы отложить до весны, посмотреть, какия тогда будут обстоятельства, и сообразивши все, списаться. — И мое мнение, если ехать, то обеим вместе ехать; теперь же ехать одной с Н. В., может быть, понуждает мысль мнимо подвижническая, по внушению противной стороны.

Мать N! прочти в 4-й части писем о. Макария письма 91-99 (на стр. 162 — 172) и хорошенько вникни в сказанное там, а письмо 98 (стр. 171) прочтите обе вместе (на стр. 18 опечатка: волнение . Должно читать во мнение). А что там сказано: "не может быть никакой пользы", об этом не смущайтесь: никакой не может быть пользы затягиваться на одних правилах и постах, как и сами можете теперь на себе видеть. — Увидит одна у другой ночью свет в келье и сама бух поклоны; а там, может быть, просто лампадка ярко разгорелась; и если только в этом будете соревновать друг другу, то действительно никакой не может быть пользы. Господь не сказал: аще хощеши внити в живот, исполни правило; но: аще хощеши внити в живот — соблюди заповеди.

Негодование старших должно терпеть, читая это попущением Божиим, в наказание за наше возношение и самомнение, и особенно за сближение и толки с такими людьми, с которыми никак не следовало сближаться и толковать о чем-либо. — Путающиеся бо обыкновенно путают и приближающихся к ним. Вперед наука.

Что касается до слов: хранение совести — это разумеется двояко. — Есть хранение совести истинное, и есть другое, глаголемое — точию о нем же и глаголют.

— Требование последняго сохранять неудобно более перваго. — Разумейте разумевающия!

— 68. Неразумное пристрастие приносит много зла

Мать N! Карточку глубокомысленную, со многим огнем в глазах, я бросил в печку — там еще больше огня. — Желаю, чтобы с тем вместе истребилось и ослепление твое. — Тебя враг путает пристрастием, и ты не хочешь сего заметить и не хочешь в том сознаться. — Самость и презорство твое заставили тебя принять человека в свою келью, котораго начальствующия лица не приняли; а тщеславие твое понудило подарить ему скатерть и серебряныя ложки, пристрастие же побудило отдать ему и благословение матери, в золотой ризе образок. — Есть ли тут смысл; есть ли тут хоть капля здраваго разсуждения? Сказано в Писании: благословение родителей утверждает домы чад; а ты отдала оное, — и кому же? Человеку, который в то же время пожелал в своих комнатах иметь портрет женщины — сестры твоей. — И как это покажется сестре, когда знакомые ваши увидят его в жилье — духовнаго лица? Ко всему этому приложила и хитрость. Желая ему подарить (может, и не так) свою карточку, предоставляешь в извет брата своего, который оскорбил тебя и сестру. — Также собиралась и ехать в Киев, должно быть с примесью. — Опомнись, осмотрись, сестра, и покайся, чтобы положить вперед твердое начало. — Самоверие всему вина.

— 69. Самочинное и самонадеянное испытание пагубно

Сестра о Господе мать N! Господь да простит тебе испытания, описанныя от 12 октября и да утвердит осторожностию на будущее время от сетей прелести вражией, грубой и тончайшей. От Духа Святаго во псалмах страшное о сем написано слово: исчезоша испытающии испытания. — Поэтому прошу тебя, берегись вперед, чтобы не подвергнуться сказанному исчезновению, самочинным и самонадеянным испытаниям, каким бы то ни было, от вражьяго подущения и наругания. — Сперва лучше исполнить благословенное.

— 70. Положим начало исправления (1865 г.)

В прошлом письме писал к тебе жестоко слово. — А теперь ради дня твоего ангела хотел было написати тебе слово мягкое. — Но из-под языка так и выскакивают слова на прежний лад. Уж зело ты ожесточила путати. — Прор. Елисей ожесточил просити сугубой благодати, и за то был похвален. — Мы же зело ожесточились уклонятися на шуюю — страну, под благовидными предлогами, работая тонкому чувству самолюбия и самооправдания. Но отныне положим начало исправления. И Ангел Хранитель да сохранит нас от всего зловреднаго для себя и для других.

— 71. Не должно вступаться не в свои дела (1866 г.)

Сестра о Господе мать N! Давно я недоумеваю касательно твоих отношений к нашей худости. — Иногда пишешь мне об некоторых вещах, о чем тебе вздумается, или что нравится, или не нравится; спрашиваешь кое о чем относительно келейнаго твоего моления, но презираешь то, что я тебе писал неоднократно, относительно исполнения животворных Евангельских заповедей Господних. — И вообще поступаешь и действуешь так, как тебе вздумается и как захочется, или как указывает твое самолюбие и привычка действовать самочинно, самонадеянно и самосовестно, нисколько не разсуждая, так ли это или не так, (согласно ли с учением Евангельским и отеческим, или несогласно; для тебя как-будто все равно. — Особенно ты меня удивила последним своим письмом. — После многих неправильных и несообразных действий, после таких путаниц, которыми ты смущала не только чужих, но и своих, ты не нашла ни малейшей причины обвинить или укорить себя, а винишь, порицаешь и укоряешь других, и даже порицаешь самую монастырскую жизнь с каким-то неразсудным и необдуманным раскаянием — тебе много раз было писано, с сестрою, чтобы вы внимали только себе, держались своей келлии и никак не входили в то, что до вас не касается. Но ты, как бы вопреки всему этому, лезла и путалась не в свое дело, и решилась на такия предприятия, которыя выше тебя и выше всех тебя окружающих.

Где недоумевали владыки и архипастыри, ты не разсудно и самонадеянно дерзала устраивать судьбу начальниц, забывая слово Всесильнаго Бога, глаголющаго: Мною царие царствуют и сильнии пишут правду. — Ты кто такая, что решилась, вопреки мановения Промысла Божия, уставлять свою правду? Лучше бы было оставить то, что выше нас, и заняться тем, что касается до нас самих, т. е. стремиться к страху Божию, к хранению своей совести по Бозе, к смиренномудрию и к самоукорению, без котораго человек не может устоять в духовной жизни, а только понесет многия труды и скорби; плода же и мзды не достигнет. — Все это пишу тебе не в первый раз и не принуждаю верить грешному моему слову; но убеждаю поверить учению св. отцов и Евангельскому слову Самого Господа, глаголющаго: аще хощеши внити в живот, соблюди заповеди. И паки: не всяк глаголяй Ми: Господи, Господи, внидет в Царствие Небесное; но творяй волю Отца Моего. — Вникни разсудительно в слова сии и не надейся спастися одним исполнением келейных правил, без исполнения заповедей Божиих, из которых главная сия: лицемере, изми первее бревно из очесе твоего, и тогда узриши изъяти сучец из очесе брата твоего, т. е. пагубнее всего осуждение и порицание ближних наших, происходящее от слепого самомнения и неразсуднаго возношения от них же да избавит нас Всеблагий Господь за молитвами почивших отцев наших.

:Помешали мне кончить письмо к тебе, а тут, кстати, от тебя получено еще письмо, в котором я нашел дельное письмо мирской сестры вашей. — Вот мирская женщина, а как прямо смотрит на вещи и издали ясно видит то, что вблизи так смутно и превратно видели и понимали, особенно ты, ревновавшая по ослеплению или по неведению, как обличает тебя сестра в своем письме. — Возвращаю тебе это дельное письмо: читай и перечитывай его, и вперед неразсудно не ревнуй и не мешайся в дела, которыя выше тебя и совсем до тебя не касаются. Внимай себе и своей душе, и своему спасению, и тут найдешь столько дела, что не будет возможности заниматься чужими делами.

Вот я тебе предлагаю свое мнение и свое усердие, но не принуждаю и не убеждаю. Избирай сама, что хочешь. — Сам Господь никого не принуждает, а только предлагает на добровольное избрание, глаголя во Евангелии: аще хощеши внити в живот, аще хощеши совершен быти, сотвори сие и сие. Впрочем, знай, что сии условныя заповеди так обязательны, что если кто не захочет их исполнять, то не только не достигнет совершенства, но и не может наследовать блаженной жизни в будущем веке. А ведь мы пошли в монастырь не только для получения спасения, но и с мыслию достижения некотораго совершенства.

— 72. Болезнь от невнимания к себе и увлечения

...Ты больна, а причину болезни едва ли понимаешь. Разстройство бывает от разстройства. Хотя и пишешь вообще о увлечении, но не ясно, умалчивая, как сама ты зажигала в дуброве своей огнь, не уклоняясь от поводов, а самовольно привлекая оные. Разсмотри себя хорошенько. — Самой себя обманывать опасно. Даю тебе повод к разсмотрению себя — не все путаться, пора и взяться за дело настоящим образом.

— 73. Неожиданная потеря здоровья от умолчанной причины.

Наконец и от тебя получил письмо. Сожалею очень, что ты так больна и так слаба, что едва бродишь. Не мало удивляюсь, как твое крепкое здоровье и утвержденное многими летами вдруг изменилось так сильно. Поэтому советовал бы тебе поискать главных причин болезни; потому что в эти лета без особенных причин крепость телесная так скоро не изменяется. — Отыскавши какую-либо причину, последовать словам апостола, который говорит: все являемое свет есть, — и не только свет, но и врачевство исцеляющее. А напротив, по словам св. Лествичника, язвы умолчанныя нередко сотворяют смерть. Всеблагий Господь за молитвы почивших отцев наших да вразумит нас на все полезное и душеполезное и спасительное.

Относительно келейницы досаждающей, поступите, как найдете для вас покойнее. — Если разсудите отпустить ее, то отпустите с потребным и нужным для нея.

А тебе, мать вперед урок, не упорствовать в самонравии и не презирать благих советов относительно того, как держать келейных. Ты сперва, вопреки всякаго совета, балуешь келейных, по выбору, и даешь им потачку, а потом вдруг и круто хочешь исправлять разбалованную.

О принятии пострижения должно разсудить благоразумно и основательно, чтобы после не жалеть безполезно, когда будет получить это невозможно.

— 74. О пострижении и согласовании внешняго с внутренним

Письма твои получаю, и на все вкратце скажу тебе: прочти жития Семиона Юродиваго (21 июля) и пр. Алипия Столпника (26 ноября) и обрати внимание, что там говорится о пострижении. Хорошо позаботиться о внутреннем монашестве; но все-таки оно без внешняго не бывает, хотя внешнее без внутренняго и бывает. — Все таинства Православной Церкви совершаются из сочетания внешняго со внутренним, так как человек состоит не из одной души, но и из тела. Хорошо внутренне приготовить себя к сему и не спешить, пока устроишься. — Но так может рассуждать здоровый; больному же надо позаботиться, чтобы не упустить времени, и если сам не позаботится, то никто навязывать ему не будет. — Монашество принимается по собственному желанию; даже когда бывает представление от начальства, то сперва спросят и подписку возьмут, но потом в церкви опять спрашивают: "вольною ли ты волею пришел еси" и т. д. Очень высоко будет дожидаться, пока Сама Царица Небесная тебе предложит, что хочет постричь тебя; а следует, повторяю, тебе самой об этом подумать и позаботиться.

— 75. Не должно отказываться от монашества

Много писать сегодня некогда, а вкратце скажу тебе о пострижении, как я уже и писал тебе что оно принимается по собственному произволению и желанию.

...Пишешь, что ты недостойна! — Хорошо смиряться с толком; и если сознаешь свое недостоинство, то в других случаях и следует, сообразно с этим, вести себя и держаться смиреннаго образа мыслей и действования. — Но по причине недостоинства своего не должно отказываться от принятия монашескаго образа. Св. Иоанн Лествичник пишет: "Никто да не нарицает себя недостойна быти обета иноческаго... Где находится велия гнилость, тамо и волне врачевание потребно есть... Здравии бо врача не требуют и во врачебницу не приходят" (Степ. I. отд. 19). — Если не желаешь принять пострижения, то зачем поступала и в монастырь? Впрочем, вольному воля, а спасенному рай. — Но если и в болезни будешь отказываться от монашества, то рассуждение твое весьма ошибочно, и внушение это явно с шуией стороны.

— 76. Должно идти средним путем

Писаний от тебя много я получил, а досуга у меня мало, очень мало. На многое кратким словом отвечать неудобно. — А впрочем, скажу, чему уподобляется твоя жизнь. Уподобляется довольно глубокому рву, который в дождливое время наполняется так, что и переезду не бывает; в другое же время насыхает так, что нисколько по нем не течет вода. — Святыми же отцами похваляется такая жизнь, которая проходит подобно малому ручейку, постоянно текущему и никогда не изсыхающему. — Ручеек этот удобен: во-первых, к переходу, во-вторых, приятен и полезен всем проходящим, потому что вода его бывает пригодна для питья, так как тихо текущая и потому никогда не бывающая мутною, — У тебя всегда было заметно стремление только к исполнению молитвеннаго правила, а к исполнению заповедей Божиих, называемых от Господа малыми, у тебя недоставало и охоты, и усердия, и понуждения, и внимания, а первая без втораго никогда не бывает прочна. — Слова мои прими просто; а приложи к делу прочитавши со вниманием посылаемую тебе книжку о покаянии. И прежде всего старайся языку не давать воли, а потом и мысли. Сказано: язык лепота неправды, сквернит все коло рождения нашего, т. е. всю текущую жизнь.

— 77. Все пути Господни сводятся к двум: милости и истине

...У тебя есть немощь: простой путь Господень разветвлять на многия стези, тогда как и Св. Писание и самый опыт доказывают, что нужно упрощать Евангельский путь жизни, меньшия заповеди и добродетели совокупляя во едины большия. — Св. псалмопевец Давид говорит об этом так: вси путие Господни милость и истина, т. е. всякий христианин, если будет ближнему оказывать всякую милость и всякое снисхождение в его недостатках, а от себя одного потребует всякий истины Божией, то этот христианин будет искусный исполнитель велений Божиих, многия пути Божии совокупляя как бы только в две стези. — И в Евангелии сказано: якоже хощете да творят вам человецы, тако и вы творите им (прежде), се бо есть закон и пророцы. Се ныне время благоприятно, говорит апостол. — Вот отныне и начнем многая стези и разветвления собирать в единообразный путь Господень, как сказано выше. Это средство тем хорошо, что человеку-христианину дает возможность успокоиться, чего человек не достигает, если решится на многия стези, раздробляя и разветвляя простой путь Божий. Когда же человек успокоится, тогда он способен бывает направляться к исполнению всех заповедей Божиих, глаголя со псаломником: ко всем заповедям Твоим направляхся, всяк путь неправды возненавидех.

Сердечно желаю тебе сотворить это начало и благополучно достигнуть конца. Начало же всего и конец Триединый Бог, Ему же слава и держава, честь и поклонение во веки веков. Аминь.

— 78. Не должно усложнять путь монашеский

Как я писал тебе, что ты единственный путь монашеский разветвляешь на многия стези, так ты мне и написала в письме своем, вскоре после моего полученном, в котором говоришь: "я не знаю и недоумеваю, каким я иду путем: путем ли молитвенным, но не вижу его; путем ли послушания и отсечения своей воли, — и это не заметно; путем ли безмолвия во уединении, — но сестра и келейница мне мешают". И еще каких-то путя два или более насчитала, забывая, что путь монашеский один, а все остальное его принадлежности для монаха, как апостол говорит: облецытеся во вся оружия Божия, яко возмощи вам стати противу кознем диавольским и проч. (Еф. 6, 11, 18). А если кто захотел довольствоваться одним только оружием тем или другим, оставляя прочия, такой уподобился бы человеку, который вместо правильнаго хождения прыгает то на одной, то на другой ноге, а когда устанет, ложится совсем и пыхтит; и видя, что неудобно такое прыганье, придумывает, нельзя ли ползти на руках и волочить ноги. Само собою разумеется, и такое ползание неудобно, а только без толку утомляет. — Тогда такой чудотворец взывает: недоумеваю, как после этого ходить? На что ему просто отвечают: ходи обеими ногами, делай обеими руками, смотри обоими глазами, слушай обоими ушами и не придумывай прыгать на одной ноге или ходить на руках: то и не будешь без толку утомляться и избежишь нерассудных недоумений.

В записках о. игумена Антония нашелся листок, на котором написано 12 добрых друзей (монаха и всякаго христианина). 1) Правда — от смерти избавляет. 2) Чистота — к Богу присвояет. 3) Молитва с постом — с Богом соединяет. 4) Любовь... Идеже любовь тут и Бог пребывает. 5) Смирение со благодарением, — егоже сам сатана трепещет. 6) Разсуждение, — выше всех добродетелей. 7) Послушание — святое дело и скорый путь ко спасению, 8) Воздержание, — ему же несть заповеди. 9) Труды, — телу честь и душе спасение. 10) Покаяние, — самая радость Богу и ангелам. 11) Неосуждение, — без труда спасение. 12) Милость, — Самого Бога дело. Всякий монах, если хочет быть истинным монахом, должен по силе своей облекаться во все сии оружия духовныя, держась каждаго в свое время, по потребности, смотря по мере своего устроения и силы телесной и душевной, а не так, чтобы избирать какое вздумается, а другая оставлять, когда в них бывает существенная потребность. — Главное всякому должно иметь, по слову Лествичника, самопознание, т. е. знать свои силы телесныя и недуги душевныя, чтобы нерасудно не употреблять первых и не усиливать последних.

Считаю уместным приложить ответ Варсонофия В. о ложном умилении.

(391) Вопрос. "Многократно случается, что мне приходит на память страх Божий, и вспомнив суд оный, я тотчас умиляюсь. Как я должен принимать память о сем?"

— Ответ. "Когда сие приходит тебе на память, т. е. когда почувствуешь умиление о том, в чем согрешил ты в ведении и неведении, то будь внимателен, как бы сие не произошло, по действию диавольскому, на большее осуждение. А если спросишь: как распознать истинную память от приходящей по действию диапольскому, то выслушай. Когда придет тебе таковая память и ты стараешься делами показать исправление: то это есть истинная память, чрез которую прощаются грехи. А когда видишь, что вспомнив (Страх Божий и Суд) умиляешься и потом снова впадаешь в те же, или худшие грехи, то да будет тебе известно, что такое припоминание от сопротивнаго, и что демоны влагают в тебя оное к осуждению души твоей. Вот тебе два ясные пути. — Итак, если желаешь бояться осуждений, бегай дел его".

О Г-ке, чтобы вам там поселиться, — выбрось из головы. — И напрасно вы об этом безпокоили брата, не спросившись.

Как можно монахам жить в деревне? Бог даст, будут у вас средства и для прожития в монастыре; лишь должно заботиться о монашеском смирении и монашеском исправлении по силе. Также неправильно недоумение твое или, вернее, мнение: не полезнее ли жить вам с сестрою порознь, или не лучше ли для вас будет продать келлию. Все такие мнения и недоумения должно оставить без всяких размышлений, и жить пока с сестрою как жили, предаваясь воле Божией и всегда помня совет апостола: друг друга тяготы носите и тако исполните закон Христов. Жить совершенно безмолвно, без всяких попечений, нисколько не заботясь ни о келейных, ни о других

64

потребностях, — дело выше нашей меры, когда видим, что прежние отцы, — и совершенные, — заботились о пище своей каждый по своей мере, хотя и мало заботились, и безстрастно, но заботились. — Кольми паче нам немощным и страстным должно в этом случае смириться и позаботиться о плоти своей по слову апостола, питая оную и грея по потребности, а не прихотливо.

Дело о келейных своих разсмотрите сами хорошенько. — При оскудении средств, если можете довольствоваться одною келейною, то держите хоть одну.

Мир тебе! и духови твоему. В мире место Божие.

— 79. Самообман в заботе о ближнем

Заботливость твоя об успокоении м. N простирается до излишней крайности, и чувство в тебе это смешанное с некоторою тонкою прелестию; — предполагать успокаивать ближняго тогда, когда нас об этом не просят, и может быть, надобности в этом не будет. Когда же на самом деле придется показать любовь к ближнему, тогда окажутся у нас совсем иныя чувства, и язык наш возглаголет совсем не то, что предполагали мы прежде касательно непрошенаго успокоения ближняго. Тогда на самом деле виднее будет, что нужно будет сделать для м. N.

А что ты с — нею увиделась с радостными чувствами, думаю, что это потому, что ты против нея не совсем права была, и теперь рада случаю, чтобы загладить свою вину: в духовной жизни вещь весьма хорошая — вовремя благоразумно объясниться, вовремя попросить прощения, чтобы и свою душу умиротворить и другим подать повод к тому же. — Не вотще сказано в псалмах: взыщи мира и пожени и.

— 80. Нужно вырвать корень зла — самость

Мать! тебе нужно знать и твердо помнить, что в тебе корень всему злу — самость и упрямство, растворяемыя завистию и заправляемыя обольщением вражиим; поэтому и нужно всячески постараться вырвать этот злой корень: смирением и послушанием, подражая самому Господу, Который смирился до рабия зрака и послушлив был до смерти крестной и распятия.

Господи! благослови начать! Господи помози! хощеши бо всем спастися и в разум истины приити.

— 81. Жить вместе и жить врознь

В одном письме жалуешься на м. N, что она ко всему равнодушна, в другом жалуешься на странныя ея понятия, и что вся тягота падает на тебя одну. — Вот когда будешь жить у м. N, тогда тягота эта разделится на двое и каждая из вас будет нести свою тяготу, по своим понятиям и по своему равнодушию, или неравнодушию. Когда живем вместе, нам кажется все, что другая сторона более виновата или тем, что вперед лезет и высказывает свои требования, или тем, что будто не входит в дело и молчит; а иногда каким-то непонятным образом как бы стесняет нашу свободу. — Когда же

65

придется нам жить порознь, тогда ясно увидим, что каждый из нас сам свою тяготу несет, и сам ее или уменьшает, или увеличивает, и сам дает своему духу или свободу, или стеснение. — Не вотще проповедует Православная Церковь, кийждо от своих дел или прославится, или постыдится. Может быть промыслительно так устрояется, чтобы пожить вам с сестрою порознь для познания каждой своей немощи.

О старых кельях смотрите сами, как лучше, так и делайте. На месте это виднее.

— 82. Сознание немощи — начало исправления

Сестра о Господе мать N! поздравляю тебя с праздником Рождества Христова и с поздравлением хочу написать тебе и вразумление, чтобы хотя отселе положила начало самоукорения, как учит св. авва Дорофей, и перестала обвинять других за свои ошибки или, вернее, за свое неумение распоряжаться делом как следует. — Ты писала, что мать N странною тебе кажется в своих понятиях и действиях. А мать N, как предположила, наняла себе уголок и живет, по возможному, покойно, даже без келейной. Ты же для своего устроения и успокоения придумывала планов до семи, и доселе ни на одном с твердою мыслию не остановилась. — Обдумай хорошенько после всех испытаний и изследований и предприятий, сделанных тобою, и реши, если находишь более удобным оставаться тебе в своей каменной келье, то живи там, хотя с двумя келейными, если не можешь жить с одной; только живи покойно, познавая из самаго опыта, что никого не должна винить за наше неуменье распоряжаться делом как следует и как полезно. — Сознайся в этом искренно и тогда не только сделаешь начало исправления, но будешь получать успокоение, по мере сознания своей немощи и по мере самоукорения. — Повторяю: испытай это самым делом искренно и тогда скажи нам, что почувствует душа твоя. — Горе нам с нашим великим самолюбием! Оно, как темная завеса, затеняет от нас свет истины и не попущает насладиться нам истинным познанием. — Сказано: Царствие Божие внутрь нас. — Мы же, оставляя искание его внутри себя, вращаемся во вне, занимаясь, разбором чужих дел и недостатков. — Оттого и плохо идет дело наше, как духовное, так и хозяйственное.

Умудряйся и смиряйся!

— 83. Нужно учиться самоукорению

Мать N! получаю твои письма, и содержание их меня и удивляет и приводит в недоумение. Ты сама сознаешь, что главная причина твоего неустройства душевнаго — твое самолюбие, а между тем смириться не хочешь. Пишешь: вижу сама, как работают враги в душе моей; а при всем том доверяешь всяким нелепым вражиим помыслам. В тебе явно обнаруживаются крайности, которыя названы от св. отцев бесовскими, а средина во всем называется или, вернее, почитается царским богоугодным путем, — средины нужно держаться.

Любовь твоя к сестре м. N вдруг обратилась в ненависть, когда ты осталась одна. Отчего это так? Оттого, что теперь тебе не на кого сваливать все вины, за которыми следовали и укоризны; а приходится во всем винить себя и самым делом научаться самоукорению, которое в монашеской жизни нужнее всего. Учись, учись самоукорению; тогда без труда успокоишься.

К о. N относиться, — значит жить по своей воле. Понудься лучше смириться. Церковь не оставляй, а ходи на службы и келейное правило совершай.

— 84. Не должно препятствовать спасению ближняго

Мать N! Получаю твои письма и читаю сам, хоть и не без затруднения. — Не верь злым внушениям вражиим и касательно писем и особенно касательно м. N. — Все тебе представляется в извращенном виде. В этом-то и заключается прелесть вражия, от которой да избавит нас Господь. — Дай м. N спокойно умереть, чтобы после не терзала тебя за это совесть и Богу не отвечать бы за нанесенный тобою ей вред душевный под влиянием вражиим. — Я помню, как ты под таким влиянием не дала ей в Оптине ни покойно исповедаться, ни покойно причаститься, а теребила ее пред самою обеднею. — Не поступай подобно сему. — Грешно пред Богом и стыдно пред людьми и против совести так поступать. Исправься.

P. S. А касательно келлий, мать N: живите до тепла, как живете, а там как Бог устроит. — Вперед надолго не следует задумывать и заботиться о внешнем; а вот о чем следует и должно позаботиться всячески, чтобы из самоугодия не мешать спасению ближняго, и миру его душевному, и успеху духовному. — За это отдадим великий ответ Богу, если не будем осторожны. — Долг христианский содействовать спасению ближняго, а не препятствовать. — Не должно забывать о юродивых девах и того, за какия страсти оне лишились чертога небеснаго.

— 85. Скорби научают терпению, а терпением достигается спасение

Ты спрашиваешь, почему по пострижении надобно понести скорби? И вообще ко всем Господь во Евангелии говорит: "в терпении вашем стяжите души ваши".

Кольми паче слова Господни о терпении приличны, давшим обеты особенные для удобнаго стяжания души своей. — Терпению же нельзя научиться без скорбей, как говорит св. апостол Павел: "скорбь соделывает терпение, терпение же искусство, искусство же — упование, упование же не посрамит". И св. Исаак Сирин говорит: Господь мог бы избавить нас от зла и иным образом: но чтобы научить нас любви, Он предал за нас Единороднаго Сына Своего на страдания и распятие. — Из этого можем видеть, что любовь и терпение (которыя без смирения не бывают) для нас нужнее всего.

— 86. Наставление об отношении к старцу

Чадце мое не толковитое — мать N! Удивляюсь тебе не мало, как ты, при твоем природном уме, мало имеешь дельнаго соображения. После того, что написал тебе о. N, опять мне пишешь: "как бы было хорошо, если бы я дозволил тебе относиться к о. N".

Прочти опять его письмо и вникни и разбери, что пишет тебе о. N, именно, что неудобно иметь двоякое отношение. — Писать же к нему я никогда тебе не запрещал, вполне будучи уверен, что он посоветует тебе всегда полезное, как опытный духовный муж.

Пишешь еще, чтобы между нами не было посредников! — Мне они не нужны; а ты сама их набираешь своими необдуманными, неосновательными действиями и потом праведно терпишь от них нарекания и укоры, как, например, от м. N. — Сама ты с нею завела дело, то продавая, то отдавая ей внаем свои келлии, то опять отказывая, а после на меня сваливаешь вину какого-то небывалаго посредничества. Веди себя основательнее, без странных выходок, и тогда не будет никаких мнимо посредствующих лиц. — Досаждения же разныя монах обязан переносить и без поводов с своей стороны, а за то, что давал обеты все скорбное нести. Опять о правиле спрашиваешь!

И от. N подтвердил мое мнение, что лучше не великое правило иметь, да постоянно исполнять оное, нежели много с перерывами совершеннаго оставления. — Напиши сама себе по силам правило и то, как тебе удобнее исправлять оное, и пришли мне на разсмотрение.

Наконец скажу: пора уже тебе научиться отвергать помыслы неверия; не всегда же путаться в этом.

— 87. О непрерывности четочнаго правила

Записку и от 8 февраля письмо читал, да уж вы заметали меня письмами, да длинными. — Помози Господи по последнему письму исправиться. — Правило четочное лучше исправляй по обычному; потому что лучше, когда источник непрестанно течет хоть понемногу, нежели много с перерывами.

— 88. Течение благочестивой жизни в покаянии, чистоте и совершенстве. О молитве Иисусовой

Сестры о Господе!.. Письма ваши от 30 марта, и 1-4 и 7 апреля получены. По краткости времени на все ответствую вам словами св. Исаака Сирина, который в слове 48 говорит, что все течение благочестивой жизни заключается в трех сих: в покаянии, в чистоте и совершенстве. — Что есть покаяние? оставити первая, т. е. согрешения и скорбети о них. — Что есть чистота? Вкратце: сердце милостиво о всяком созданном естестве. — Что есть совершенство? Глубина смирения.

Вопрос: что лучше, совершать обычное правило или проходить Иисусову молитву? Ответ: лучше исполнять и то и другое; потому что под правилом жили и не оставляли онаго великие мужи, каков был Антоний В. и преп. Зосима, видевший Марию Египетскую. — Стоя в церкви, должно слушать внимательно пение и чтение церковное, и кто может, не должен оставлять при этом и молитвы Иисусовой, особенно когда не хорошо и невнятно слышно чтение церковное. — Молитва Иисусова по научению св. отцев прилична, когда человек идет, или сидит, или лежит, пьет, ест, беседует или занимается каким рукоделием, кто может при всем этом произносить молитву Иисусову со смирением, тот не должен оставлять оной; за оставление же укорять себя и каяться со смирением, но не смущаться; потому что смущение, какое бы оно ни было, есть признак тайной гордости и доказывает неопытность и неискусство человека в прохождении своего дела.

Когда кто-либо совершает келейное правило, и среди онаго почувствует особенное настроение духа к молитве Иисусовой или к поучению в каком-либо изречении Писания, тогда может оставить на время келейное правило и заняться тем или другим из сказанного. Так научают нас опытные отцы.

— 89. Избегай начальствования

Мать N — чадце двоедушное и храмлющее на обе плесне! Презри вражие внушение касательно представляющагося начальства. Ты ведь добровольно избрала — благую часть Марии, одобренную Самим Господом, зачем же озираешься вспять? Если владыки-архиереи в этом образе слагают с себя иго начальства, то будет ли сообразно в оном принять начальство, хотя бы стали и предлагать оное? Притом и без сего образа решиться на такое страшное дело весьма опасно, как говорит о сем св. Симеон Нов. Богослов в книге 12 слов, в слове 8-м. Немедленно прочти это слово в славянском переводе, а после пришлем тебе и в русском. Наконец подумай, что ты ведь и больна и слаба. — По всем этим причинам презри вражие это искушение и старайся внимать своему спасению, может быть, и смерть от нас недалеко.

Молись и о мне грешном.

— 90. Советы об устройстве келлии

Сестры о Господе NN! Получаю от вас письма, а по немощи давно не отвечал вам. Скорбите о своей постройке! Что делать? Потерпите и вперед будьте разсудительнее и осмотрительнее и в других делах. Думаю, что вы не много тут наказаны и за непокорность и презрение моего грешнаго совета. — Если бы вы приспособили мой план к своему соображению и потребовали бы так от управляющаго, чтобы сруб был приготовлен по предлагаемому плану, тогда бы много было вам легче, и постройка была бы лучше. — Хоть теперь послушайте меня — около самой печи сделайте три двери, чтобы средняя дверь отворялась только с общаго согласия, или среднюю дверь и совсем оставить, тогда келейки будут обе не проходныя; а это большое удобство подаст обеим вам к безмолвному уединению. Никто из вас да не раскаивается, что приняли полное монашество, только до конца да не вознерадим, а то силен Господь подати нам своевременную помощь, если постараемся отвергать самонадеянность и презорство и другое прочее неугодное Богу, паче же и Богопротивное.

Мир вам! Молитвеннаго правила совсем не оставляйте, а старайтесь исполнять, елико, елико возможно. — Молитесь и о моей худости. — Езжу по дачам, а укрепления большаго не чувствуется. — Но за все слава Богу, Который лучше нашего знает полезное нам.

— 91. Советы о келейном времяпровождении с сестрою

Поздравляю вас с приближением келлии вашей к концу и желаю вам в ней пребывания мирнаго и душеполезнаго. — Напрасно вы приняли к сердцу мое замечание, что неурядица была частию наказательная; оно было сделано просто, шутя и мимоходом; и теперь, когда вы объяснили дело, все стало понятнее. — Укорите себя, что прежде не объяснили мне, как было дело; и будьте покойны. — Я ничего не имел и не имею за это на вас, и что писал вам, то писал просто.

Пишешь ты, мать N, что хочешь приходить к сестре в определенное время, к обеду и вечером; а после обеда и после вечерняго правила уходить в свою келью. — Это одобряется, — держись этого, потому что после обеда требуется отдых, а после вечерняго правила св. отцами запрещены излишния беседы, кольми паче не полезныя или ведущия к общему смущению. — Каждому из нас более должно заботиться о себе самом, о своей душе и о собственной пользе душевной, потому что, по слову апостола, каждый из нас сам о себе воздаст слово Богу. — У нас же путаница от того и происходит, что мы все более склонны к вразумлению других и стараемся не только убедить, но и разубедить и доказать многоразличными аргументами. — Дело же спасения совершается очень просто, как говорит апостол: мир имейте и святыню, их же кроме никто же узрит Господа. — И паки: друг друга тяготы носите, и тако исполните закон Христов. — Всеблагий Господь да помилует всех нас ими же весть судьбами.

— 92. Не следует спешить разделяться с сестрою

Мать N! На письмо твое от 10 октября, которым просишь ответа скорейшего и собственноручнаго (а я этого числа заболел прошлогоднею болезнию, и потому), решился продиктовать тебе несколько слов.

Помышлять о совершенном разделении с сестрою оставь до времени: лучше попробуйте жить так: — ты живи в каменной келье, а мать N пусть живет в деревянной; и каждая да попечется о спасении своей, души, как умеет и как разумеет. Зачем прежде времени обнародовать формальное разделение? Лучше всего попробуйте прежде испытать себя тайно как предполагаешь теперь в мысли твоей; после виднее будет, на что следует решиться и как поступить.

— 93. О радости возвращения к совместной жизни

Сестры о Господе! Давно собирался писать вам, но никак не приходилось: то немощи, то недосуг никак не дозволяли сего сделать. Теперь поздравляю вас паки сошедшихся вкупе на общее житие. — Пожили вы немного врознь, а через это пришлось вам перечувствовать. — Примите это обе за урок себе, каждая усматривая свою пользу душевную из того, что жили врознь, и что живете теперь вместе. — Ни та, ни другая не допускайте в себе самооправдания, а начните дело пользы каждая с познания своих немощей и с самоукорения; а в продолжении имейте в виду то, чтобы одна другой ни мало не мешать в деле спасения, имея пред очами всегда страх Божий и праведнаго обличителя — свою собственную совесть, которой монаху не должно попирать ни в каком случае. — Обе укоряйте себя и за то, что погорячились и много толковали при переходе из келлии Ч. — Можно бы было это сделать и без горячности и поскромнее: тогда было бы полезнее обеим сторонам. Зазрите себя в этом и вперед будьте осторожнее.

— 94. Умеренному деланию цены нет (1870 г.)

Мать N! Чадце мудреное и постоянства неимущее! то уже горе ты паче меры простираешься, то паки долу паче меры нисходиши, как это видно из письма твоего от 5 марта. — Чтобы поправить сбивчивое свое положение, ты просишь дозволения заняться тебе преимущественно чтением духовных, а молитвенное правило ослабить. — Но в Евангелии повелевается сие творить и онаго не оставлять. — Этому правилу и последуй, держась всегда средины и умеренности в том и другом случае. — Тогда и положение твое и расположение душевное уравняется. — Св. Исаак Сирин говорит: умеренному и притрудному деланию цены несть. — Так оно ценно, так полезно и спасительно, а крайности названы бесовскими, т. е. от внушения и подстрекания бесовскаго происходящими; почему, несмотря на свою благовидность, всегда вред душевный приносят, избегая чего попеременно читай и молись в меру, не ослабляясь совершенно, ни от разленения, ни от житейских попечений, ни от претензий на других. — Богомудрые отцы научают нас всегда и во всем лучше себя укорять и во всяком неприятном случае на себя возлагать вину, а не на других. — Тогда и обрящем покой и мир душевный и удержимся на истинном пути спасения.

— 95. Об искушениях на молитве

Чадце недоумевающее мать N! не скорби, что вы с м. N скоро уехали от нас; и у нас бы без толку пробыли, потому что я был нездоров и никого не мог принимать. Письма твои от 30 мая и 2 июня получил. Представлять лице духовнаго отца в церкви, и на молитве келейной не только не благовременно, но и противузаконно и вредно. — Это просто благовидное искушение вражие, котораго нужно избегать всячески. — Первая и главная, заповедь Евангельская: "возлюбиши Господа Бога всем сердцем и душою и помышлением".

Этой заповеди и нужно всячески держаться. О духовных же отцах заповедь другая, так как бдят о душах наших, должно повиноваться им, а не представлять их во время молитвы. — Это не только не нужно, но и вредно, особенно тому, кто еще не освободился от земных чувств ветхаго человека.

Пишешь ты, что в молитве Иисусовой есть у тебя какое-то запинание на словах помилуй мя грешную; это показывает, что прежде эта молитва совершалась тобою без должнаго смирения, без котораго неприятна Богу и молитва наша. — Поэтому принудь себя ударять на слово — грешную с должным понятием.

— 96. Нужно молиться об исправлении душевных немощей

Мать N! чадце парящее, мечтающее и увлекающееся! Ты безпокоишься — получил ли я твои письма от 30 мая, 3, 7 и 9 июни, и читаю ли оныя! Я уже писал тебе, что читаю все, хоть и не вдруг по получении, от немощи и недосуга, а отдохнувши. Опять ехать к нам теперь тебе неблаговременно по многим причинам: моя немощь и недосуг и нарекание за трату денег от брата! (полезнее ему жить в деревне, нежели за границею). — Лучше вместо поездки к нам, дома позаботься о тех немощах душевных, о которых писала мне, молясь с верою и смирением Врачу душ и телес, да исцелит внутренния и невидимыя немощи наши. — Един Он всесилен уврачевать тайныя страсти наши. — Потому что доброненавистник поставил тайныя сети на пути духовнаго отношения, чтобы вместо пользы нанести душевный вред. Но да упразднит все сие Всеведущий и Всесильный Господь мановением Своим. Впрочем, и, мы сами, разумевая козни вражия, да отвергаем вредное и душевредное; полезное же да содержим. — Можно вспоминать о. духовнаго, но не в церкви или на молитвенном правиле, когда весь ум должен быть обращен к Богу Единому. — Да и в другое время воспоминание должно очищать от неполезной примеси, обращением и к Богу и призыванием Его Всесильной помощи и помилования и избавления от вредной примеси.

P. S. Если желаешь избавить и от зависти и душевредной ревности, то же средство употребляй, молясь, от тайных моих очисти мя Господи , и помышляя, что духовное неисчерпаемо ; — твоего никто не восхитит, как и ты другаго; всем достанет и не оскудеет.

— 97. Божие должно впереди ставить

Мир тебе! мать N — чадо мое неудобопонятное, паче же планы свои и предположения скоро изменяющее. Писала ты мне, по отъезде, что скоро и очень скоро желала бы приехать к нам и с братом своим, то опять пишешь, что тебе уже не придется со мною видеться, а брата своего не желаешь и видеть. — Разъясни мне, как бысть изменение сие и чесо ради.

Пишешь в одном из своих писем, что искушение миновало , только многих слез стоило тебе, а из других писем видно, что не совсем еще миновало, а проглядывает. — Силен Господь явить нам помощь Свою, если достодолжно позаботимся избавиться от немощи сея, воздавая Кесарево — Кесареви, а Божия Богови . — Разумей глаголемое, и потщимся Божие впереди поставити, тогда и прочее станет в своем чину.

Пишешь, что иногда к обычному правилу прилагаешь лишние поклоны от усердия до усталости, а после и обычнаго не выполняешь. — Полезнее постоянно продолжать умеренное делание, нежели иногда излишнее совершать, иногда же и должное оставлять по причине неумеренной усталости. Невотще пишут св. отцы: "умеренному деланию цены несть". При молитвенном подвиге прежде всего должно заботиться о том, чтобы избавиться дурных и зловредных качеств юродивых дев, да не услышим: "что мя зовете Господи! Господи! И не творите повеленнаго Мною о мире и святом отношении ко всем"; Господи! помилуй нас!

— 98. О необходимости держаться постоянства

Мать N! неудобопонятная для тебя самой; что же касается до меня, то непонятная только в том отношении: лишь подумаю, что мать N стала на степень, утвердилась в своих понятиях и разумениях, смотришь, опять у ней старыя сомнения, опять прежния недоумения, недоверие, подозрение и подобное; опять придумывание новых правил, новаго образа жизни, чуть и не новаго имени. — Прежде желала носить имя еще не признаннаго во св. Саровскаго старца Серафима; а теперь не нравится тебе имя и мученицы N. Если бы ты была тверда и обстоятельна, то тогда же бы и назначала праздновать свои именины N числа. Было бы дело просто и безукоризненно. Теперь же можешь так праздновать, т. е. оо числа, но с укорением себя за непостоянство и неосновательность. — Отселе постараемся положить твердое начало не разветвлять путь Христов на многообразныя отрасли, но собирать во едино главное: любить Господа от всей души и иметь мир и святыню со всеми, ни о ком не думая дурно и подозрительно.

В письме от 14 августа пишешь, что желаешь писать ко мне реже, по получении ответов; попробуем во избежание сомнений и недоразумений. — Сама ты неаккуратна, а от меня требуешь аккуратности и ранней и поздней. — Письма от тебя получены 30 мая, потом от 2, 8, 13, 16, 20 и 27 июня; за числа июля уже тебе выслан счет, а от 4 августа также получено. Но у тебя бывает числа два в конверте и иногда два на конверте, — какое прикажешь означать? Будем жить проще, и Бог помилует нас. — Мир тебе.

— 99. О том, как писать письма старцу

Сестра о Господе мать N! Письма твои получаю исправно, но сегодня мне нездоровится; много писать не могу, а вкратце скажу об одном. — Я нахожу, что и для моей немощи будет сноснее и для вас самих лучше, чтобы вы писали мне не так часто, но дельнее. — Я говорил матери N, а теперь я тебе объясняю, что довольно с вас будет:

73

в две недели писать мне по одному письму, а в другое время записывайте что нужно, и потом, прочитавши свои записки, сообразите сами, что нужнее, — то и пишите мне, в две недели раз, покороче, да подельнее. А то ваших писем накопляется много; в каждом письме много разных описываний; — что вы когда чувствуете и помышляете: все это собирать и соображать и на все отвечать не имею решительно ни сил, ни времени. — А когда будете писать пореже, покороче, да поосновательнее, тогда, повторяю, и для меня будет легче, и для вас лучше.

Письма ваши должны состоять в двух главных предметах.

1. Приносить покаяние, в чем по немощи придется погрешить против заповедей Божиих, или опустить из должнаго правила.

2. Спрашивать, что нужно. — Разумеется, кроме этих двух предметов могут быть некоторыя добавления. — Только пощадите меня от описывания различных ощущений душевных и различных размышлений, которыя ежедневно изменяются, как на дворе погода. Мир тебе!

— 100. Должно молить Бога об укреплении веры

Сестры о Господе! Получил от вас два письма... Прошение об уведомлении исполняю. А свое желание написать вам что-либо оставляю до другаго времени, потому что нездоровится мне при сырой погоде. — Впрочем, хоть несколько слов скажу.

Ангел покаяния св. Ерму говорил, что "вера свыше есть от Бога, а сомнение и неверие есть дух земной и от диавола".

Если апостолы, будучи еще несовершенными, молились Господу, чтобы приложил им веру, то кольми паче нам, немощным и изнемогающим в вере, прилично и потребно молиться, чтобы Господь преложил неверие наше в веру, и отгнал дух сомнения и неразсуднаго недоумения. — Мир вам!

— 101. По случаю огорчения о неполучении мантии из рук старца

...Мать N! ты сожалеешь, что получила мантийку из рук о. М., а не из грешных рук моих. — Сама тому причиною, по твоей нетерпеливости: требовала чрез о. М., так и получила. — А если бы немного подождала, или бы не принимала от о. М., тогда бы получила оную как желала. — Впрочем, знай, кто верует самому делу, а не внешности дела, для того получение это не имеет никакой разности. — Св. Афанасий Александрийский не претендовал, что не из рук самого Антония Великаго получил его мантию. — Но если уже великие — так, кольми паче малым, нам с тобою — так.

Пусть будет так, только будем мирны, и смирны, паче же смиренны. — Тогда все будет на пользу нам, по слову Писания: чистым вся чисто. — Да будет и у нас все чисто-начисто. — Аминь.

— 102. Пострижение великий дар Божий

Мать N!. Чадце приснонедоумевающее, то о том, то о другом, то о третьем! И конца нет недоумениям. И все эти от двоедушия; — потому что иногда зрим в путь Божий, а иногда опять зрим вспять! — Впрочем, начну с того, что два письма твои от 9 ноября получены. — Ты удивляешься себе, как ты решилась принять пострижение в с-му, а я удивляюсь себе, как я решился дать тебе это. — Но вспоминаю, что нельзя было и не дать тебе сего; потому что настойчиво очень сего ты желала. — И я уже после разобрал, что ты сего пожелала не столько по духовному побуждению, сколько по необдуманной ревности и по недостатку смирения, чтобы тебе не быть ниже матери В. — А уж чего ты пожелаешь, от того трудно тебя удержать. — Впрочем, как бы ни было, а дело уж сделано, переделывать нельзя; — остается исполнять по силе и возможности данные обеты; в чем же окажемся неисправными, в том да приносим искреннее и смиренное покаяние. — Смущаться же ни в каком случае не должно, кольми паче не жалеть и не раскаиваться в том, что принято такое пострижение. — Это великий дар Божий; а даром и невеликим пренебрегать не должно: а лучше благодарить и стараться быть достойным того, что нам даровано по великой милости Божией. — Ты хочешь делить неделю на 4 и 3 дня, чтобы в последние преимущественно заниматься чтением Писаний, не оставляя, впрочем, церкви, а оставив четочное правило. — А оно-то должно стоять впереди всего, кроме Церкви. — Лучше что-нибудь другое оставляй, а четочное правило, хоть одиночное, старайся, кроме праздников, совершать ежедневно, и почаще молитву Иисусову произносить — это всего нужнее. — Молитву Иисусову произноси и против блудных искушений; а в гневных искушениях молись за того, на кого скорбишь. Спаси Господни помилуй такую-то и за ея святыми молитвами помози мне окаянной и грешной.

Выкинь из головы, будто бы я о тебе сужу по словам других. — Совсем нет. — А что ты объясняла сама мне словесно и что объясняешь в письмах, по тому я о тебе и сужу. Ведь ты, открываешь, как иногда хитришь, лукавишь, по самосмышлению подозреваешь и неправильныя делаешь замечания по самолюбию и подобное, — словом, перечисляешь качества юродивых дев; — и после этого толкуешь, что я о тебе сужу по словам других! — Ни о тебе, ни о ком другом так не сужу. — Не воте сказано в Писании: "Да неустыдишися лица человеча: суд бо Божий есть". — Не верь помыслам ругающимся над тобою: будто бы тебя никто понимать не может, ради утонченнаго воспитания. — Но ведь светское воспитание утончает человека лишь в лицемерии, в лукавстве, в хитрости и утонченной неискренности, но ни в чем добром. Добро христианское требует душевной и сердечной простоты, а не притворства, которых чужд мир светский, хотя и считает себя — будто бы он происходит от другаго Адама, а пс от общаго Адама. — Другим как угодно думать, а тебе уж пора понимать настоящий смысл ! Здравствуй о Господе в мире и любви!

— 103. О славолюбии как причине неверия
Мать N! Наконец-то получил я от тебя письмо со смыслом, без

противоречий, и именно от 3 ноября, в прежних же письмах писала ты в начале как будто сознание и самоукорение, а под конец опять самооправдание и обвинение других, с недовольством. — Будем лучше всегда держаться самоукорения — это верный и безопасный путь. — Но и в последнем письме есть опять прикровенная затея непостоянства и своеволия, именно не являться в некоторые дни за трапезою, ради поста. — Подражай лучше преп. Феодору Студиту, который ежедневно был за трапезою, но между тем был постник. — Да кроме сего тебе прежде потребно и нужно обратить внимание на главную твою немощь — на неверие, часто тебя борющее и на оное прежде всего ратовать. — Св. Лествичник говорит: долго сомневаться и пребывать без извещения есть признак славолюбивой души. — И Господь во Евангелии: како можете веровати, славу друг от друга приемлюще, славы же от Единаго Бога не имуще. — Правда, в тебе нет грубаго искания славы земной, но есть затаенное желание преимущества; и немощь эта обнаруживается завистию, неуступчивостию и настойчивостию до упрямства, недовольством, гневом и скорым смущением. Если когда ты и решаешься презирать славу, то-это сопровождается вместе и презорством в отношении некоторых людей, особенно когда что-либо представится тебе мнимополезным, и захочешь сделать по-своему. — Но главный признак славолюбия, как сказано выше, есть неверие, долгое сомнение и долгое или перемежающее недоумение о том же

— На все это указано врачевство Самим Господом: научитесь от Мене, яко кроток есмь и смирен сердцем, и обрящете покой душам вашим, — а не сказал: поститеся и обрящете покой души. — Пост похвален и нужен в свое время и в своем месте; лучше держись умереннаго употребления пищи и пития, избегая сытости, которой признак малое отягощение, и, с другой стороны — излишняго и неуместнаго воздержания. Обе крайности нехороши и вредны. Умеренность же и среднее из них делает человека более способным к духовному деланию.

Для молитвы прочти и у преп. Исихия две главы 2 и 20 и запомни их, особенно о смирении, так как дело имеешь с гордыми бесами.

— 104. Нужно учиться различать козни вражии

Мир тебе, мать N! поздравляю тебя с новолетием и сердечно желаю тебе обновления в духе, особенно желаю и советую тебе оставить изменчивость и непостоянство — то берешься за чрезмерное безмолвие и подвиги и непрестанную молитву, то опять оставляешь все недели на две или немного менее или, немного более, как видно из писем твоих (которыя получены мною и которыя все читал я, хоть и не зараз по получении; напрасно ты в этом сомневаешься). В таком своеволии есть явный признак, что враг путает тебя прелестию, хитро утаивая это от тебя самой. — К тому клонит и помысл вражий, что будто ты недостойна относиться ко мне грешному. — Тут не требуется никакого достоинства, а потребна только покорность. — Смотри сама, за ложным смирением следует смущение. Не явно ли, что это волк во овечей шкуре. Не будь несмысленна, а разумевай козни вражии и оберегайся оных.

— 105. Принявшему великий образ монашеский должно избегать мирской заботливости

Мать N! — ехать тебе теперь в N, видеться с братом, лично, нахожу, во-первых, неблаговременным, так как ты от неладной постройки очень расстроена духом, а во-вторых, и неприличным, так как ты приняла монашеский в. образ, иже есть совершенное умерщвление от мира и мирских.

Довольно будет и того, чтобы чрез письмо попросить брата о своих потребностях. Силен Господь расположить его душу более тогда, когда ты не решишься пуститься в столичный мир, соблюдая данныя тобою обеты и ища прежде Царствия Божия и правды его; тогда все внешнее будет приложено в потребной мере.

— 106. Перенося обиды со стороны других, должно вспоминать свои неправды (1871 г.)

Сестры о Господе! Получая от вас скорбныя письма, я все ожидал: вот-вот кончится неприятная история неладной постройки. — Но она доселе продолжается. Для успокоения душ ваших нахожу благовременным напомнить вам о Евангельских словах Самого Господа: аще кто тя ударит в десную твою ланиту, обрати ему и другую. — То есть когда нас укоряют и обвиняют в том, в чем мы нисколько не виноваты, тогда мы должны обратить мысль свою к тем случаям, в которых мы были виноваты пред Богом, или пред людьми, и для получения прощения в своих согрешениях должны простить несправедливость и обиды, наносимыя нам от ближних наших, слыша паки Господа глаголющаго: аще отпущаете человеком согрешения их, отпустит и вам Отец Небесный согрешения ваши; аще ли же не отпущаете человеком согрешения их от сердец ваших... — Грозно и страшно слово сие! Постараемся исполнить то, что от нас требует Слово Божие, и оставим самолюбивыя наши претензии, домогаясь человеческой правды. — Словом, позаботимся о том, чтобы не относился и к нам упрек апостольский: ищуще поставити правду свою, правде Божией неповинушася. — Правда же Божия состоит в том, чтоб при ударении в десную ланиту помнить дела свои с шуией стороны. — Мир вам!

— 107. Забота о келлии

Мать N! Чадце многозаботливое и уклонившееся во многое попечение! Сама теперь видишь, на сколько это не полезно, особенно тому, кто добровольно отрекся от излишней попечительности. — Прежде я тебе предлагал продать келью по ее неудобству: ты находила это невозможным. Теперь же, когда ты положила столько трудов, стараясь об исправлении своей кельи, и понесла столько скорбей и неприятностей, чтобы удержать свои права пред соседями, и вошла в большия издержки, и даже в отягощающий тебя долг, — теперь стала помышлять о продаже кельи. — Но ты еще не испытала того, как тяжело для человека продавать то, на что он положил много собственных трудов. — Впрочем, если найдется хороший и выгодный покупатель, не запрещаю тебе продать келью; только нужно тебе наперед обдумать, как ты можешь помещаться в тесной келейке, привыкши к широте и особенной чистоте, чтобы всякая вещь была на своем месте, тогда как в малой келейке все свалено бывает в кучу и в безпорядке. — Но пока еще покупателя не имеется в виду, то и можно дело это разсмотреть со всех сторон, и тем скорее разсмотришь, чем скорее возьмешься за чтение духовных книг и молитвенное келейное правило, и исправное хождение в церковь, если здоровье позволит, и внимательно слушание чтения и пения церковнаго, так как сама сознаешь, что бывшия многия хлопоты по келье и встретившияся при этом неприятности разстроили прежний твой порядок жизни, и разслабили душу, и омрачили ум и сердце. — Впрочем, не унывай о сем. Св. Исаак Сирин пишет: если человек придержится страха Божия, как должно, то в немногие дни обрящется во вратех царствия. — Придержаться страха Божия как должно, значит взяться за свое дело прилежно и со смирением и хранением совести, в хождении пред Богом и людьми.

— 108. Вся испытующе, добрая держите

Многопопечительное чадце N! поздравляю тебя с приближающимся днем твоего Ангела, а мать N!, с дорогою имянинницею. — Сердечно желаю вам обеим, за молитвами серафимов и херувимов и всех безплотных сил небесных, отныне положить конец исправлениям и поправлениям храмин земных рукотворенных и взяться за исправление и обновление душ своих, чтобы быть достойными внити в храмины небесныя и нерукотворенныя. — После всех хлопот и забот прилично вам теперь вспоминать апостольское слово: вся испытующе, добрая держите. — Вы сперва, хотя немного, вкусили безмятежной жизни, ходя постоянно в церковь, и дома занимаясь исполнением молитвенных правил, и упражняясь в чтении духовных и святоотеческих писаний, а потом, ради исправления келлий, вдалась в такую молву и попечение о внешнем, что главное упражнение и молитвенное правило почти были вами оставлены. — Поэтому теперь вполне можете судить о различии того и другаго состояния и настроения душ ваших, и если желаете, то можете опять стремиться и направляться к тому, что душу облегчает и успокаивает; а с другой стороны, должны постараться оставлять все то, что обременяет душу и совесть и отягчает самое тело, так как уныние, от разсеянности начинаясь в душе, переходит и на самое тело, и обоих отягчает и разслабляет. — Помози Господи сотворить начало благое, при посредстве памятования Евангельских слов: нудится Царствие Божие, и нуждницы восхищают е.

— 109. Наставление о кротости

Сестры о Господе и чадца труждающияся мать N и мать N! Письма ваши получаю, а отвечать на них не отвечаю. — Немощь и недосуг паче меры обременяют меня грешнаго. — Хочу вам написать хоть краткое слово обеим вместе. На днях раскрыл я книгу Добротолюбия, и открылось мне место на 77-й главе Каллиста и Игнатия, в которой они говорят: яко подобает быти кротку сердцем по всяцей нужде (т. е. несмотря ни на какия причины к возмущению); яко же хотяй научитися добре стреляти не беззнамения лук напрягает (а цель поставляет); тако хотяй научитися безмолвствовати, яко знамение (или цель) да имать еже присно кротку быти сердцем. — Не довлеет к добродетели обучение (в подвигах), но подобает и кротку быти со обучением. — Далее в главе 79-й какое-либо уклонение от кротости названо уклонением от цели духовной жизни.

Слова преподобных сих согласуют с словами Самаго Господа, глаголющаго: научитеся от Мене, яко кроток есмь и смирен сердцем, и проч. — И, блажени кротцыи, яко тии наследят землю, сиречь сердце, плодоносящее благодатию на тридесять, и шестьдесять, и сто, по чину новоначальных, средних и совершенных; никако же ни в чесом смущая, или смущаяся, аще где не о благочестии будет слово.

— 110. Наставление пред Великим постом

Сбирался я написать вам порознь, но едва могу написать и общее письмо кое-какое. — При наступлении Св. Четыредесятницы вы обе просите прощения, каждая изъясняя свои немощи; душевныя и телесныя, какия вас тревожили в продолжение прошедшаго лета. — Господь да простит вам прошедшее, и да утвердит вас в будущем, как изречено согрешившей пречистыми Его устами, ни Аз тя осуждаю, иди и к тому не согрешай! — И нам бы Господь помог и укрепил нас воздержаться особенно от немощи самолюбия, которое более всего портит наше дело, и препятствует душевному исправлению. — Как для мирских корень всему злу сребролюбие, так для монашествующих корень всему злу самолюбие, котораго Господь и повелевает прежде всего отрещися: иже хощет по Мне идти да отвержется себе. — Самолюбие наше примешивается и противодействует каждому доброму делу и портит и растлевает оное; особенно же препятствует приносить чистую молитву Богу. — Блаженный Каллист патриарх в главах о молитве говорит так: аще хощеши уразумети, како подобает молитися, взирай на конец внимания и молитвы и не прельщайся. — Сея бо конец, возлюбленне, умиление есть всегдашнее сокрушение сердца, любы ко ближнему. — Сопротивное же явственно есть; помысл похоти, шептание клеветы, ненависть ко ближнему, и елика сим подобны (Добр., ч. 2, гл. 14).

Всеблагий Господь да подаст нам полезное и душеполезное и спасительное, от зловреднаго же да избавит.

— 111. Цель переписки — польза душевная, а не одно утешение (1872 г.)

Мать N! чадце болезнующее! ты жалуешься на какую-то боль во внутренностях, и потому прислала ко мне письма свои и портрет отца З.; я сам пожалуюсь тебе на такую же боль внутри, так что ощущение ея чувствуется и на лице. — Но будем надеяться на милость Божию, что Господь допустит нас еще видеться хоть к осени, или осенью, аще живи будем и Его святая воля на то будет; теперь же пока займемся, по силе, делом души своей, стараясь очищать оную от злых качеств, отчуждавших от Господа юродивых дев, молясь присно со смирением Благости Божией, да очистит нас от всякия скверны, плоти и духа, ими же весть судьбами.

К о. N, если будет тебе полезно, писать не запрещаю, только прежде испытай по страху Божию совесть свою и сердце, касательно причин и побуждений писать к нему. — Если будет прямая потребность, можешь написать к нему, а без должной надобности, для одного только мнимого утешения писать пока неблаговременно. Всегда должно иметь впереди пользу душевную, а утешения внутренняго ожидать от Господа, утешающего смиренных и уповающих на милость Его. — Мир тебе!

— 112. Более всего должно держаться страха Божия

Мир вам и благопоспешение о Господе, хотящем всем спастися и в разум истины прийти! Не скорбите на меня, что не имею возможности подробно переписываться с вами, обременяемый всегда и немощию телесною и безпрестанною молвою от множества разнообразных посетителей. — Уверяю вас, что скорблю о сем не мало, но превозмочь и изменить положения своего никак не могу. — Поэтому советую вам ради настоящей нужды крепко держаться страха Божия и хранения своей совести, так как это более всего содействует христианину удерживаться на настоящем пути. — В случае же уклонения от заповедей Божних врачевать себя искренним покаянием и твердою решимостью впредь обуздывать свое самолюбие, которое есть главная вина в нарушении заповедей Божиих и всего должнаго. — От самолюбия гневливость, от самолюбия осуждение и порицание других, от него негодование и ропот и самооправдание и нехотение ничего потерпеть, а вследствие всего этого малодушие и оставление молитвеннаго правила и чтения духовнаго и прочаго, что требуется от монаха. Господи! помилуй нас, Господи, помози немощи нашей! Не попусти, Господи, помози немощи нашей! Не попусти, Господи, до конца врагу поругатися над созданием Твоим, искупленным честною Кровию Твоей. — Подаждь нам Господи покаяние истинное и смирение нелицемерное, и воздержание и подвизание благоразсудное, дух сокрушен и трезвение сердечное. Аминь!

— 113. О кончине м. М. и о болезни о. Макария.

(Четыре письма к монахиням с No 113 по 116)

На прошлой почте посланы к вам письма в одном конверте, но при случае еще пишу к вам. Приготовьте поискуснее и постепенно м. А. к тому, чтобы сказать ей о блаженной кончине м. М. 23 августа в 5 часов пополудни скончалась она, сидя в креслах, с крестом в руках, в свежей памяти, быв сообщена Св. Таин за несколько минут. Причастившись, сказала: я теперь так спокойна, что такой радости и сладости я никогда не чувствовала. — Мы все несказанно были утешены ея кончиною. Спокойствие на лице ея осталось и по смерти. Не хотел было писать вам, да уж лучше напишу, что другой день батюшке о. Макарию нездоровится. Болезнь хотя и обыкновенная, разстройство геморроя, но как-то повлияло это при постоянном напряжении сил. Молитесь матери (и сестры) и скажите сестрам, да молятся, чтобы помиловал нас Господь. Письма сестер от 17 авг. получены. Если батюшкина болезнь продолжится, то на следующей почте хоть о. Сергий уведомит вас. М.А.

— 114. Под впечатлением кончины о. Макария

Матери и сестры!

Забыл вам написать, что батюшка о. Макарий пострижен в схиму 7 марта 1858 года; имя осталось тоже. Поминайте иеросхимонаха Макария. Письмо ваше (по возвращении, из Киева) получил; спустя сутки по погребении тела б. о. Макария приехала м. Е. с сестрой к нам. Жаль ее, что не сподобилась видеть, что у нас в это время происходило, но думаю, что это случилось промыслительно вас ради! Вам бы было завидно, если бы она одна сподобилась принять благословение от батюшки и насладиться духовнаго торжества. Все плачут лишь тогда, когда обращаются к своему поражению и лишению отца... Когда же обращаются к состоянию батюшки, то всякой чувствует тайное утешение. Писать много некогда; писали вам всякую почту.

— 115. Наставление монашествующим

Приветствую вас о Господе матери и сестры!

Единомысленный сонм сестер, желающих по силе и возможности жить по учению и наставлению св. отцев, в откровении совести и в совете духовном! получаю от вас письма, но не имею возможности отвечать каждой порознь, по немощи моей и недосугу; особенно не спорится мне, паче обычнаго, с сырной недели и доселе: поэтому умыслил написать вам всем общее мое братское слово и благожелание, прося и молитв ваших ко вразумлению от Господа, да не заблудим от пути истиннаго, но да управляем житие наше по слову и учению Евангельскому, как объясняют оное, исполнившие самым делом и благоугодившие Господу древние св. отцы. Св. Лествичник говорит, что для вступивших в монастырь первая и главная прелесть вражия есть самочиние, самоверие и самоуправство. Каждая из вас да прилагает это к себе, оставляя всех прочих действовать, как им

81

угодном как благоизволяют; каждый сам о себе даст ответ Богу. Далее св. Лествичник выставляет три главных страсти, борющия находящихся в повиновении: чревоугодие, гнев и похоть плотская. Последния приемлют силу от первой; похоть возгорается от чревоугодия и покоя телеснаго, а гнев за чревоугодие и за покой телесный. Весь же этот злой собор рождается и происходит от самолюбия и горделиваго расположения души. Посему Господь и, повелевает во Евангелии отвергнуться, себя и смириться. Понуждением себя и смирением привлекают милость и помощь Божию, с которыми человек силен бывает уклоняться от зла и творить благое. Если по примеру древних подвижников не можем мы поститься, то со смирением и самоукорением да понуждаемся хоть к умеренному и благовременному воздержанию в пищи и питии. Подобным образом да поступаем касательно сна и бесед и прочаго. Вообще да помним слова апостола: "аще живем духом, духом и да ходим: не бываем тщеславии, друг друга раздражающе, друг другу завидяще". Зависть вреднее всего. Св. Исаак Сирин пишет: обретый зависть, обрете с нею диавола. Кто допустит диавола к душе своей, то какого он смущения, мятежа и крамолы не наделает? Да избавит нас Господь от сей пагубной страсти, также и от осуждения других, которое делает нас лицемерами пред Богом. Вот я написал вам, как разумею, а вы молитесь, да не будет мне это во осуждение, глаголющему и не творящему. Кто пожелает, да спишет себе. Мир вам. Мног. гр. и. А.

— 116. Друг от друга требуем исполнения заповедей, а сами не исполняем (1862 г.)

Пообедавши, приветствую вас матери А. и Л. и всех сестер общины вашей и всем вам желаю мирнаго жития: понеже взаимный мир повсюду оскудевает, а безтолковое немирствие возрастает: все виним друг друга и истязуем заповеди от ближняго, по-видимому, за благословныя и благовидныя причины, забывая, что кийждо от своих дел или прославится или постыдится. Воистину трудно и сообразить настоящия обстоятельства и дела наши, и поступки, и стремления, и требования друг от друга. Забываем Евангельское указание, а действуем по одному, почти, самолюбию, упорно отстаивая свои действия, не заботясь о их законности и незаконности. Тесно от обоюду; молчать трудно и говорить неудобно; и что слышим, всему верить невозможно. Всюду примесь своей воли, или самооправдания, или чего другого, или просто безтолковщины. Молиться потребно в самоукорении, да не заблудим от пути истиннаго. Простите мн. греш. А.

— 117. О скорбях по принятии монашества (1860 г.)

Почтенная о Господе мать О.

Письмо твое от 18 ноября получил, также и два пропадавшия, через месяц дошли до меня из К. с почтовым штемпелем от 23 окт. Неизвестно, где они валялись. На что ты жалуешься, на то самое жаловались прежде на тебя, что ты много без надобности передавала М-м, что видишь или слышишь и иногда неверно, а как тебе показалось; за это на тебя скорбели, и теперь исполняется слово, что сеем, то и пожнем; к тому же, по принятии мантии, скорбныя искушения более попущаются на человека, чтобы навык брани духовной и сотворился и стал искуснее. Тут уже не должно по новоначальному разсуждать, зачем то или другое? а просто терпи, смиряйся и опять терпи, подставляя правую ланиту в духовном смысле, т. е. не оправдываясь, а принимая поношение и уничижение: во 1-х, за грехи, во 2-х, ради того, что добровольно избрала ты спасительный путь, который называется тернистым, и тесным, и трудным; особенно принявшему мантию неприлично входить в чужия дела и подавать человеческия советы, кому где жить, или куда переходить, или еще непристойнее, — поступать двуличием — глаза принимать ласково, а заочно говорить противное. Надобно поверить себя и душевреднаго должно удаляться, не давая воли языку и гневу, самооправданию, которые лишают человека пользы душевной, если скоро не опомнитесь. Мн. гр. и. А.

— 118. Наставление при вручении четок о том, чтобы не осуждать других, а сознавать свои грехи

Я человек грешный и во всем недостаточный даю четки сии с тем, чтобы приемлющий их человек сознавал свои недостатки и немощи и видел бы свои грехи, но никак не позволял себе замечать немощи и недостатки других, кольми паче старших, и всячески остерегался бы судить или унижать кого-либо, но дела и поступки других предоставлял бы Промыслу и Суду Божию и собственной воле каждого. Как другие люди не отдадут пред Богом ответа за наши грехи и неисправности, равно и с нас не взыщет Бог за чужия недостатки и немощи хотя бы и старших, если не будем вмешиваться в это и судить или уничижать, в противном же случае подвергаем себя Суду Божию. Глаголет бо Господь во Евангелии: в нюже меру мерите, возмерится вам, и паки: не осуждайте, да не осуждени будете. Если мы считаем себя идущими по старческому пути и не хотим жить по своей воле и разуму, то и не должны уклоняться от стези и учения св. отцев, которые велят нам смиряться, покоряться, отсекать свою волю, не оправдываться человеческими извинениями, от скорби и безчестия и уничижения не отрекаться, но понуждаться на все сие, хотя бы и противилось тому лукавое и непокорное наше сердце. Твердо должно помнить, что на земле совершенства нет, но все люди, по мере своей, некоторые имеют недостатки, попущаемые Промыслом Божиим к нашему смирению. И так заботящийся о своем спасении должен внимать только своей пользе душевной, идя путем послушания и отсечения своей воли, и должен быть благодарным и располагаться любовию к тем, кто заботится о нас и помогает нашему спасению своими советами, хотя бы и терпкия иногда употреблял средства. Но никак не должен позволять себе судить собственныя дела и поступки духовнаго своего помощника, или делать что-либо без ведома его. — В противном случае жизнь наша будет безпорядочнее живущих по своей воле и разуму. Труды и скорби понесем, но мзды себя лишим. От чего да избавит нас Господь!

— 119. Наставление при отсылке схимы о ея значении

Письмо ваше получил, но не мог отвечать вам вскоре, отчасти по немощи и крайнему недосугу, отчасти же и потому, что схима для вас еще не была готова, а готовилась. На следующих почтах постараемся выслать оную. Вы желаете знать значение схимы. Схима означает сугубое умерщвление от мира. В Оптиной пустыни постригают в схиму по афонской книжке, в которой чин пострижения полнее, чем в требнике. При пострижении в схиму приложена выписка из книги блаженнаго Симеона архиепископа Фессалонитскаго о святом и велицем ангельстем монашестем образе, сиречь схиме, гл. 360, стр. 261. "Несовершенный образом сим да совершится, да не отъидет несовершен и без совершеннейшаго тайносовершения образа сего. Вем бо и о сем множайших нерадящих, якоже убо нецыи и первее ко крещению косни бяху, и погрешиша его; но якоже некрестивыйся несть христианин, тако и несовершивыйся образом сим не будет монах. И яже о сем уразумееши от учителей церкви, и паче же от Василия и Григория. И яже о крещении словеса их, ныне о образе сем тебе и о покаянии да будут. Не достигший же монах, на кончине своей да бывает. Велик бо есть сей дар: царска есть печать сия. Второе есть крещение, от грехов очищает, дары подает и благодати; вооружает и знаменает, отъемлет от враг, цареви представляет, и друга сотворяет его".

При схиме вы получите плетеную вещь, которая называется великим параманом. Носится он сверх подрясника, а по сказанному в требнике и сверх рясы; но тогда она должна быть сшита на переди, наподобие рубашки.

Верхняя часть схимы называется кукулем, а передняя часть аналавом. Все это сшито вместе, хотя при пострижении преподается порознь. Схиму носят различно: некоторые открыто на голове, и тогда, особенно нездоровым и старым людям, нужно иметь под схимою на голове потребную шапочку, какая нужна будет для защищения от различных годовых перемен воздуха; а некоторые верх схимы носят под мантией, а на голове носят обыкновенный клобук с круглым верхом, наподобие сенной копны. Вы спрашиваете еще о правиле, которое должен нести схимник. Престарелому и слабому здоровьем схимнику определеннаго правила нести невозможно, а должно нести его, соображаясь с своими силами, иметь всегда в виду апостольскую заповедь: непрестанно молитися, — бывая по силе на церковных службах, и в келье молясь по возможности, прочитывая по нескольку кафизм; сколько можно, читая акафисты Спасителю и Божией Матери, если не читают их у вас в церкви, а при немощи хоть и один какой-нибудь канон Ангелу Хранителю, из Евангелия и апостольских посланий, сколько можно, упражняясь в чтении духовных книг по потребности духа и придерживаясь молитвы

Иисусовой, по заповеданному от древних отцев и поклоны, по силе. Впереди же всего этого схимник должен иметь в виду Евангельския заповеди Господни, как оне предписаны у Еванг. Матфея от начала 5 гл. до конца 10 и вообще в Новом Завете, памятуя слова Самаго Господа: не всяк глаголяй Ми, Господи, Господи, внидет в Царствие Небесное, но творяй волю Отца Моего, Иже есть на небесех. Говорю так потому, что многие из нас большую заботу имеют о исправлении внешняго молитвеннаго правила; на Евангельския же заповеди не обращают строгаго и должнаго внимания. Диктуя письмо, развернул книгу Марка подвижника, и открылось следующее место в конце главы о крещении: малым же и великим до смерти не кончаемо есть покаяние. Аще диавол непрестанет, ратуяся с нами, ниже покаяние праздно быти должно есть, когда Святии и о ближних приносити то нудятся, без действительныя любве совершенни быта не могуще.Ум словесем празден быти не может: но аще бы и совершен был, егда здрав есть, в десных делает: аще изветом совершенства, престане от делания благих, всяко на шуее преклоняется; удалився же напротив от шуияго, паки на десное естественне привлекается. Десных же делание, и начинающим, и средним, и совершенным есть: молитва и помыслов очищение, и находящих терпение; без них же невозможно есть исправити прочие добродетели, ими же бывает благоприятно покаяние.

До зде от книги св. Марка. Простите, что пишу так, забыв свою скудную меру и благий совет св. Лествичника: пред мудрыми не мудрись.

Устав о пище для всех схимников общий: молочное употреблять только в воскресные и субботние дни и во всеедныя недели. В прочие же дни схимники воздержание имеют, каждый по своему произволению и по своей телесной силе. Некоторые в пятки, среды и понедельники употребляют пищу без масла; но людям с слабым здоровьем, и особенно с слабым желудком не всегда это удобно. Посылаю вам напечатанное слово Иоанна Дамаскина. В нем сами увидите, что больным и немощным смирение и благодарение потребнее телесных подвигов. Лишния книжки можете раздать по вашему усмотрению.

Письмо диктовал целую неделю, пока и схиму вышили, которая и посылается на одной почте с письмом. Помяните когда-либо в молитвах ваших поусердствовавших приготовить вам схиму рабынь Божиих, Марию и Елисавету, которая по обстоятельствам не монахини, а по силе и возможности держатся благочестивой жизни.

Вот что мог среди постоянной молвы моей написать вам, написал, как думаю; вы сотворите, как найдете лучшим по вашему благому изволению и лучшему разумению, какое подастся вам свыше от благости Божией. Меня же грешнаго простите, и помолитесь о глаголющем и нетворящем, да не будет в суд и во осуждение недейственное слово, паче же слово без собственнаго дела.

Помози вам, Господи, принять великий ангельский образ в пользу душевную, яковую обозначает образ сей.

— 120. О чтении писем св. Златоуста к диаконисе Олимпиаде в скорбных обстоятельствах.

(К монаху.)

Принимаю живое участие и сострадаю тебе в тесном и стеснительном твоем положении, но не могу ничего сказать определеннаго кроме слов св. Златоуста, который говорит в письмах к Олимпиаде: пока есть возможность ограждаться человеческими средствами, дотоле Бог не действует и не являет Своей Силы в затруднительных обстоятельствах. Когда же всевозможныя человеческия средства истощатся и почти совсем потеряется надежда к исправлению неисправимых дел, тогда Бог начинает чудодействовать и являть Свою силу, и паче чаяния человеческаго творить то, в чем потеряна всякая человеческая надежда. Если можешь достать эту книгу, то советую ее читать со вниманием, потому что кроме молитвы и прошения милости и помощи Божией, не нахожу для тебя чтения полезнее и отраднее и вразумительнее, как чтение писем св. Златоуста к диаконисе Олимпиаде. Об остальном будем ожидать изменения на лучшее от мановения Всесильной Десницы и Всеблагаго Господа, о всем промышляющаго, паче чаяний человеческих. Сам ты давно знаешь сказанное, как далеко отстоят пути человеческие от путей Божних. На этом и утвердим надежду нашу на лучшее и возверзим печаль свою на Господа. Вполне понимаю многотрудность и великую тяготу твоего положения. Но что делать? Некуда деваться, когда впали в терние бодущих неудобств, уязвляющих не только до слез, но и до крови. Призывай в помощь молитвы св. пророка Илии ревнителя и поборника, могущаго понять твое положение.

— 121. О словах св. Лествичника, что остроугольные камни, ударяясь друг о друга, округляются.

(К монахине.)

Что делать? Обедняхом зело, паче же обнищахом, то от болезни, то от немощи, то от простуды, то от безтолковых толков хибарочных: толкусь от утра до вечера, как ты сама видела; а что будет, Бог весть.Думаю, что и ты слыхала пословицу: воду толочь, вода и будет. Вот о камнях, так другое написал св. Лествичник. В 6-й степени говорит, что остроугольные камни, друг с другом соударяясь, округляются и лишаются своей угловатости и остроты. Как ты замечаешь в этом отношении около себя? Стерли ли хоть уголка два у тебя, которые ты думала стирать сама во мнимом безмолвии. Да у самой ведь руки не наляжут. Себя как-то жаль! Ведь от себялюбия и самолюбия вся беда. Они не любят, когда и другие нас затрагивают, и так расшевелятся, что от помыслов и не оберешься. От них плодятся противныя помыслы, словно саранча, поедающая не только плоды духовныя, но листья и самую кору. Сделай наблюдение, сама согласишься с этим.

— 122. О своевременном удалении на покой от казначейской должности

Будущее един Бог весть. Человецы же елико глаголют, глаголют по соображению обстоятельств, елико слышат или видят. Из такого соображения не перестает выходить заключение, что тебе не следует оставлять предположеннаго стремления убираться подобру-поздорову, на келейный покой, для душеспасительнаго упражнения в делах благочестия; а там, елико благоволит Господь сотворити о нас, да сотворит по Своей Святой воле. Из Б. стран слышно, что там (двумя игуменьями) предположено избрать для вас новую начальницу, и разумеется, что для новаго начальства старое казначейство нейдет, а должно избраться тоже новое, если состоится это предположение... Как бы то ни было, но мы имеем евангельский совет посаждати себя на последнем месте, дабы если угодно будет дому Владыке повысить кого, было и чести больше; а не угодно будет повысить, человек сей избежит безчестия, или по крайней мере не подаст повода к нареканиям человеческим. Мудрости потребно во время сие. А кто не имеет мудрости, тот должен по крайней мере смиряться, а за смирение просветит его Господь, как должно разумно действовать в затруднительном положении. Мир тебе и всем твоим!

— 123. Должно переносить скорби от подчиненных терпеливо

Давно старинные люди решили, что искушения ходят не по лесу, а по людям. Впрочем, унывать и малодушествовать паче меры не должно. Силен Господь исправить и наше дело, как исправил царя — пророка Давида, когда возставал на него естественный сын его. Будем подражать св. Давиду в смирении, не только во внутреннем, но и во внешнем. Он не отверг несправедливых обвинений и укоризн от Семея, до проклятия, и за то возвратил ему Господь и милость Свою и царство. Не будем и мы себя оправдывать совершенно по человеческому чувству, а будем судить себя по Слову Божию. Св. Исаак Сирин говорит, что самооправдание в Евангельском законе не означено. И апостол пишет: не похвалится всяка плоть пред Богом. Аще речем, яко греха не имамы, себе прельщаем. Положим, что в действиях наших были предположения добрыя и благая, касательно управления вверенных нам душ. Но никак не можем сказать о себе с уверенностию, что мы всегда поступали так, как должно было и как требовала телесная и душевная нужда ближних наших. Господь говорит в Евангелии: милости хощу, а не жертвы (Матф. 12, 7; Осии. 6, 6); и заповедал прощать согрешающаго против нас до седьмдесят крат седмерицею. Мы же по немощи человеческой бываем иногда и настойчивы в своих распоряжениях или предположениях: и думаю, что эта-то настойчивость не всегда была и бывает благовременна и уместна, и по большей части причиняет скорбь, как нам самим, так и другим. Если ты совершенно права, то я ублажаю тебя, потому что хотя и многи скорби праведным, но сказано во утешение, что от всех их избавит я Господь. Но сомневаться в этом заставляет слово

Писания: никтоже чист пред Богом, аще и един день жития его. Поэтому основательнее смириться перед Богом и людьми, и должно молить с благопокорностию Всеблагаго Господа, чтобы Сам Он, ими же весть судьбами направил и привел неустроенныя обстоятельства к полезному концу. Сверх того, не должно забывать, что мы имеем исконнаго врага рода человеческаго, который всеми мерами старается путать людей чрез их собственныя немощи. Не забудем примера, как поступил Господь, когда привели пред Него жену грешную злые иудеи. Но бесы еще злее таких людей. Иудеи постыдились, будучи обличаемы, и уходили един по единому. Но о демонах св. отцы пишут, что они безстыдны и, будучи отгоняемы и отвергаемы, опять возвращаются.

Все это пишу тебе, желая преклонить на милость к согрешающим, да и сама получишь милость от Господа. Сказано: милуяй помилован будет. И паки, Слово Господне чрез пророка: аще изведеши честное от недостойнаго, яко уста мои будеши. Если же сестры, с своей стороны, будут непреклонны и непокорны, то оне и пожнут, что сеют. Ты же можешь получить мзду свою от Господа за труд свой и за прискорбное скорбение, и за искреннее о них попечение, аще вся сия потщишися творити и сотворити о Господе. Аминь. Буди, буди!

— 124. О сомнениях, вызываемых добровольным оставлением начальственной должности

В одном письме пишешь мне, что ты очень довольна тем, что оставила казначейскую должность; а в другом письме пишешь, что тебя очень безпокоит помысл и до изнеможения стужает, что будто ты смертно согрешила, что отказалась от казначейской должности пред владыкою милостивым и незлобивым. Не явно ли противоречие в твоих письмах и в твоих словах? Не открывается ли из этого, что иное ты мне писала, а иное думала? На словах была покойна, а на самом деле безпокоилась, что лишилась казначейской чести и сопряженнаго с нею значения в монастыре. А кто сам захочет искать чести, тот будет получать одно только безчестие и с этим сопряженную скорбь. Впрочем, чувство это очень тонкое, которое может укрываться и от нас самих; обнаруживается же только выказывающимся противоречием: не хочу и скорблю, не согрешила ли смертно уклонением от казначейской должности? Если Григорий Богослов и святитель Тихон Задонский не согрешили смертно, что оставили святительския кафедры, то нам малейшим никак не может вмениться в грех, что отказались от должности среди великой неурядицы и мятежа, когда угрожала явная опасность попасть в подначальное заточение, из которого не без великаго труда и скорби едва-едва выкарабкался твой главный товарищ, и то при содействии только великаго и сильнаго лица. Впрочем, и тут еще не конец, а настоящий конец будет на Страшном Суде Божием; когда должно отдать отчет Богу за те души, которыя начальствующие должны пасти, руководить и спасать. Если бы угодно было Богу и тебя вывести на это поприще, то не должно забывать сказанных слов об ответственности других. А пока нужно позаботиться о спасении собственной души своей. Ты видела в сонном видении венок, замкнутый крестом; то и должно оставлять все человеческия мнения и расчеты, а помнить, что венок этот достигается небезскорбным несением Евангельскаго креста, как Сам Господь говорит: иже хощет по мне идти, да отвержется себе, и возмет крест свой, и по Мне грядет.

Если Сам Законоположник, Сын Божий, Царь ангелов и архангелов понес заплевания и всякий вид уничижения, то мы, мнящиеся достигать соцарствования с Ним, каким путем хотим идти? Да не прельщаем себя, да не обманываем! Апостол говорит: иже Христовы суть, распяша плоть свою со страстьми и похотьми. Прости, сестра, что так резко написалось. Желал было я всячески смягчить слово мое к тебе; но, видно, мушку как ни ставь нежно и прилежно, она всячески должна показать свою силу, всячески сделает нарыв и причинит боль; но зато, по извлечении злокачественных мокрот, сделает и облегчение, и когда заживет больное место, человек ощутит и успокоение. Господь даровал тебе естественный разум, при том ты читаешь Слово Божие и святоотеческия писания; то сама можешь поверять и проверить, согласны ли слова мои с истиною Евангельскою, с учением христианским, с обязанностию монашескою, словом — согласны ли с делом спасения нашего?

— 125. Об исполнении воли старца о. Макария

Возлюбленный о Господе брат о. П. — Нам с тобою видно одно искушение: или долго не писать, или писать вместе. 6-го октября послал тебе письмо, и от тебя получил от 5-го; в твоем письме получил подлинное письмо твоего приятеля, а в другом конверте ответ ему на оное. Сперва хотел было отдать ему это письмо, но потом разсудил лучше не отдавать, потому что дело спутано усиленною передачею с собственным прибавлением. Когда твой дружелюбный человек был в вашей стороне, ты после долго не писал об этом, и написавши не сказал ни слова о том, какое впечатление он произвел на главнаго попечителя и печальника о вашем монастыре. К этому же дошел до нас слух, что не заметно, чтобы он понравился этому попечителю. Я так и передал ему просто, что ты ни слова не пишешь, а слух есть, что не заметно. А уже он написал тебе прямо, что будто бы не понравился; а ты еще усилил, что оклеветали, да наклеветали. Вот и вышли мы все монахи дельные: целую кучу клевет набрали, да наприбавляли, да других переклепали; а мним о себе, что мы угнетенные страдальцы, обиженные, оскорбленные, на самом же деле не меньше фарисея всех уничижаем до нельзя, и уничижаем по одним догадкам и подозрениям, забывая слова Писания: горе напояющему подруга своего питием мутным. В нас какая-то смесь: мнимся и Промысл Божий признавать, и других не перестаем обвинять аки бы препятствующих и сопротивляющихся нашим предприятиям. Когда мы резко говорим о других, то это ничего; извиняем себя тем, что мы говорим просто, дружелюбно, от ревности ко благу. Если же слышим, что другой сказал что-либо вопреки нас, тогда негодуем и возводим это до великих степеней клеветы, забывая проповедуемое Православною Церковью, что кийждо от своих дел или прославится, или постыдится, и кийждо сам о себе воздаст слово Богу. Дружелюбник твой думал, что нам легко все сделать: скажем, и сейчас нас послушают. А на деле вышло не так. Мы сказали о нем, а нам возразили: "что же он тут смущается и хочет выходить? Где же он найдет место лучше здешняго?" Что оставалось делать, как только замолчать, предавая дело это Промыслу Божию? Сверх того я вспоминаю, что покойный старец батюшка, отец Макарий в предсмертной своей болезни указал мне на трех человек, объявить им его волю, чтобы они жили в здешней обители мирно; — в числе троих, означенных старцем, и твой дружелюбник. Он толкует это по-своему, а я никак не могу действовать вопреки старца, видя на опыте, что один из троих, решившись оставить нашу обитель, три места переменил, и в четвертом не обретает покоя. Поверь мне, что от всей души желаю благоустроения вашей обители, но не могу действовать против своего сознания и вопреки указания покойнаго старца. Если воля Божия будет изменить это указание, то это иное дело. Простыя же человеческия хотения, как бы ни казались благовидными и благонамеренными, не только не созидаются, но и разрушаются, как сказано в Деяниях Апостольских: аще дело сие несть от Бога, разорится. Впрочем, ты, брате, терпи, и жди, и надейся лучшаго, только от Промысла Божия, а не от своих кое-каких предположений. Если желаешь только кое-чего, то вполне хорошаго не дождешься. Мы имеем Бога, Промыслителя, Всесовершеннаго, Всеблагаго, Всемогущаго, из небытия в бытие произведшаго целый мир, видимый и невидимый, и искупившаго нас падших Своею Кровию. Не силен ли он подать возможность к исправлению малейшей частицы разстроившейся, аще приспеет время к сему, по недоведомым нам Его судьбам?

Ты говоришь обыкновенно, что нам надо стремиться к сему. И я согласен, что надобно, только законным образом, с христианским терпением и пожданием.

— 126. О преждевременном стремлении к безмолвию

Ты стужаешь и отягощаешься на начальническия должности, и часто принимаешь помыслы, нельзя ли как избыть тяготы сей. То же самое чувствует и так же думает наш о. Стр. Но ему и тебе говорю, что эти помыслы двоедушия для обоих вас весьма вредны. Они не только не облегчают вас, но более усугубляют тяготу начальства, разслабляя дух и как бы отнимая руки от предлежащих дел. Хорошо и полезно потрудиться для ближняго, хотя бы после и пришлось быть в заштате по воле Всеблагаго и Всепремудраго Промысла Божия. Опытнейший из начальников монастырских преподобный авва Дорофей, описывая причины успокоения душевнаго, выставил главную причину так: хощу, якоже будет.

Искренно сего желаю тебе и себе и нашему о. Стр. и прочим всем.

Ты все не перестаешь бредить безмолвием, не разумея того, что обольщение вражие окружает и преследует тебя. 11 авг. ты ощущала благоухание в келлии твоей. Не явное ли это обольщение, о котором тебе было показано в писаниях Симеона Новаго Богослова. На другой день ощущала ты вечером в келлии сильный страх. Это есть следствие искусительнаго благовония и явное доказательство того, что ты преклонялась принять оное за правильное. Далее среди страха внушение читать 12 псалмов и в начале чтения в мысли слово "дурочка" исполнены великаго искушения и опасности, особенно то внушение, чтобы идти ночью в часовню на кладбище и там молиться. Бог тебя спас, что от слабости телесной не могла идти туда: не мудрено было тебе повредиться в уме от страха, если бы Господь не сохранил тебя, попустив немощь телесную и разслабление; знай, что по мысленным внушениям, и то с разсуждением и великим разсмотрением, живут одни только совершенные. А новоначальные и немощные и страстные должны жить под правилом и молиться молитвою благословенною. Когда к вечерне благовестят или к другой какой службе, нечего тебе разсуждать читать ли тебе книгу или идти на службу; а просто, если не больна, иди, и молись в церкви, и терпи толчки в церкви и на послушании, чтобы не было душевных пролежней.

Стремление твое к безмолвствию не считай внушением от Бога. Св. Исаак Сирин в 30-м слове говорит: не всякое доброе желание впадает в сердце человека от Бога, только пользующее; впадает подобное и от диавола, только не пользующее, так как он влагает все или преждевременно и непосильно, или с высокоумием и тщеславием.

Также и в том есть подсада вражия и тонкое обольщение, что будто "нота" бывает трезвая и не трезвая по чьему-то влиянию; а бывает это очень просто. Когда нота не пьет, тогда и бывает трезва; а уж как выпьет, поневоле и забурчит. Многия вещи бывают очень просто. Смотри и ты на все проще. Это будет прочнее и безопаснее.

Пока будет с тебя.

Судить и осуждать берегись, особенно старших. Это хуже всего и ведет к нерасчерпаемой путанице. Безмолвствовать в своей келье значит не осуждать и не празднословить.

— 127. Не покойнаго пути жизни искать надобно, а подчиняться воле Божией

В том-то и вся ошибка с нашей стороны, что не хотим покоряться воле Всеблагаго Промысла Божия, указующаго нам чрез обстоятельства душеполезный путь, а все ищем своего какого-то покойнаго пути, который существует только в мечтательности, а на самом деле его на земле нет; не всем, а некоторым только будет покой тогда, когда пропоют: со святыми упокой. Земный же удел человеческий — скорбь, труд, болезни, подвиг, печали, недоумения, теснота, лишение того или другаго, оскорбления, смущения, возстание страстей, борьба с ними, одоление или изнеможение, или безнадежие и подобное сим. Не вотще сказал пророк Давид: несть мира в костех моих от лица грех моих. И праведный Иов взывал: не искушение ли есть человеку житие сие. А мы все путаемся на том: нельзя ли как устроиться в покое и на покое, и часто думаем: если бы не такое-то неудобство, и не такия-то обстоятельства, и не такой-то поперечный человек, то, может быть, было бы мне удобнее и покойнее; а забываемо, что неудобства сии часто исходят извнутрь нас, как и злыя помышления. Где лежат страсти, оттуда исходят и все наши неудобства, неладицы, неурядицы, и неустройства. Но да упразднит все сие Пришедый грешныя спасти, аще восхощем покаяться, смириться и покориться.

— 128. Совет монахине, желавшей от уныния заниматься переводами исторических статей

Пишешь, что ты от нездоровья, а может быть еще и от других каких причин, стала скучать в своей монастырской жизни. На все такой тяжелый и мрачный взгляд, и как будто к тебе все обстоятельства переменились. Поэтому пришло тебе желание чем-нибудь себя развлечь, и просишь моего совета, не заняться ли тебе переводами каких-нибудь исторических статей, какия может тебе доставить из -вы архимандрит — ий, по доброму своему участию, потому что он человек дельный, добросовестный и твердый в Православии. Если бы эти переводы действительно могли поправить твое дело хоть бы в половину, то я мог бы согласиться на это для тебя занятие. Но как далеко не достигнется предполагаемая цель, а труда и хлопот, будет не мало: то не лучше ли будет испытать это дело попроще? Займись, если хочешь, переводом Феодора Студита с славянскаго языка на русский. Книга эта весьма полезная для общежительных монастырей. Если перевод не годится в печать, то по крайней мере будет читаться в рукописи в вашей обители; а, может, по времени, с поправкою и употребится для печати; и между тем испробуются наши силы и свойства занятия, на сколько оно будет пригодно к поправлению нашего разстроеннаго положения. — Повторяю, что я не мог согласиться на перевод исторических статей не просто, а основываясь на учении св. отцов. Преподобный Иоанн Карпафийский пишет: "ведая враг молитву нам убо сущу поборну, тому же наветну, и отторгнути нас от сея тщася, в нас желание влагает еллинских словес, от нихже отступихом, и о сем упражнятися подущает. Ему же да не повинемся, да не от осей своего земледельства заблуждше, вместо смокв и гроздия, терние и волчцы оберем: премудрость бо мира сего буйство у Бога вменися" (Доброт., ч. IV, гл. 13). Историческия статьи не далеко отстоят от еллинских словес, и потому, особенно в болезненном положении, нужно избирать средства к своему успокоению в собственном смысле действительныя, а не кажущияся только действительными, которыя более могут повредить, нежели воспользовать. Слова преп. Иоанна Карпаф.

показывают, что, и не в болезненном положении, всего более необходима и полезна молитва, то есть призывание милости и помощи Божией во всякое время, кольми паче в болезни, когда страждущий осеняем бывает или болезнью телесной или безотрадным томлением душевным, и вообще печальным и унылым настроением духа, что ясно подтверждает и св. апостол Иаков, говоря: злостраждет ли кто в вас, да молитву деет (то есть призывая милость и помощь Божию); благодушествует ли, да поет, (то есть да упражняется в псалмопении). Св. же Златоуст, в больных поставляя кроме другаго главной причиною печали разстройство телесное и нездоровье. Советует не пренебрегать совершенно лечением, а благовременно и употреблять лекарства, — хоть и не по казенному, то есть очень, очень пристально, — и сам он немного прилечивался, как видно из писем его к диак. Олимпиаде, в которых означал, где лекаря лучше. Советую тебе в настоящее время читать эти письма со вниманием и перечитывать: в них ты увидишь, как полезно терпеть болезни и всякия скорби с благодарением и покорностию воле Божией, хотя дело это и очень не безтрудное. Но что делать? Надобно же направляться к душеполезному исходу из затруднительнаго положения, а не просто действовать так, как представляются нам вещи. Кроме нездоровья телеснаго надобно поискать еще и причин душевных к уяснению печальнаго и мрачнаго расположения духа.

Пишешь: тебе кажется, что теперь к тебе как будто бы все изменились и смотрят на тебя не попрежнему. Нет ли тут какой тонкой мысленной вещи, то есть скрытой претензии нашего самолюбия. Мы, вступая и на смиренный путь благочестия, не вполне отрекаемся от того, чтобы и на этом пути иметь какое-либо значение, и самолюбие наше умеет тонко прикрывать это благовидным желанием доставлять какую-либо пользу и в обители. Но как значение имеют и способны доставлять пользу видимую в обители по большей части пользующиеся здоровьем, хоть в некоторой мере, а не больные и слабые, то последним-то и бывает часто скучненько, что смотрят на них как на больных, и сами они чувствуют и сознают, что ко многим монастырским делам и занятиям не способны и по нездоровью исполнять их не могут. В таком-то положении, по слову св. Лествичника, более всего пригодно смирение, которое сильно успокоит человека во всяком месте и во всяком положении. Св. Исаак Сирин пишет, что смирение и одно, кроме других добродетелей, может привлечь на нас милость Божию: а где милость Божия, там всякая польза духовная, всякая отрада душевная. При смирении всякая вещь бывает на своем месте, ни к кому нет ревности и зависти, ни к здоровым, ни к предпочтенным, ни к обласканным: всем свое, а нам наше при смирении будет и полезно и Богоугодно, и даже приятно, если вполне возчувствуем собственное сознание пред Богом и, пред людьми. — Вот тебе, сестра, все, что я мог написать тебе в моем слабом и недосужном положении по своему скудоумию и недостаточеству духовному.

Сама сообрази это, и что найдешь пригодным, примени к твоему

93

внешнему и внутреннему состоянию. Вообще тебе скажу: в скорби и печали не ищи отрады и утешения во вне и извне, а по слову апостола старайся о том, чтобы пребывать в том звании, в которое призвана Промыслом Божиим для спасения души своей. О получении же спасения читаем в Евангелии, что оно приобретается тесным и прискорбным путем, и входим мы в царствие оно узкими дверьми. Почаще размышляй об этом, при содействии молитвы и чтении означенных писем св. Златоуста, всеми средствами стараясь удержать в себе веру и упование на промысл и помощь Всеблагаго Господа, Иже хощет всем спастися и в разум истины приити.

Для большего успокоения и утверждения советую тебе прочесть в старинном Прологе, 21 мая, о том, как равноапостольный Константин В. Являлся по смерти своей Паисию В., изъявляя сожаление, что он не знал, какое воздаяние монахам: иначе бы он оставил царство и пошел в монастырь, — несмотря на то, что за добрыя дела свои церковью и воинствующею и торжествующею почитается равноапостольным.

Почаще читай псалом: Терпя потерпех Господа и прочее.

Мир тебе и благомощие о Господе!

28 июля 1864 г.

— 129. О нерасчетливости оставляющих путь в Царствие Божие

Сестра о Господе... бедная и богатая! Бедная мужеством и благим произволением, и богатая малодушием и непостоянством! После долгаго молчания письмо твое получил, которое оправдало мою догадку, что не без причины ты не ехала и молчала. Пространно писать мне некогда, — бременен и немощию и посетителями, — поэтому вкратце тебе напоминаю Евангельское слово: озирайся вспять несть управлен в Царствие Небесное. А кто не управит себя в Царствие Небесное, тот где обрящется? Кроме Царствия Небеснаго, нет упокоительнаго места на целую вечность. Поэтому не расчетливо, очень, очень не расчетливо, ради пустой и кратковременной мечтательности, оставить путь, ведущий в Царствие Божие к блаженной вечности, и избрать стезю, ведущую к погибели вечной. Оставь мечтательную путаницу и поспеши возвратиться в свое место. Только не забудь одного: узнать от больнаго родителя, что скажет он касательно даннаго тобою обязательства по твоему имению, чтобы узел этст не остался не развязанным и не наделал большей путаницы. Р.В. приветствую о Господе и сердечно, искренно желаю ему оздравления от Господа. В его болезни потребно прежде всего спокойствие и то, чтобы возложить себя на всеблагий Промысл Божий с верою и упованием.

— 130. Не должно ревновать не по разуму

Поздравляю тебя с пострижением в мантию и сердечно желаю тебе пожить по-монашески. Образ сей монашества называется ангельским; значит, кто живет истинно по-монашески, тот живет ангельски, то есть безстрастно в целомудренной, чистоте и кротости и смирении. Но при пострижении более всего высказываются случаи и поводы к терпению, потому что без терпения ни одна из вышесказанных 3-х добродетелей не исправляется, а кольми паче кротость. Поэтому во время пострижения в мантию и внушается приступающему к сему: "имаши и досадитися, и уничижитися, и изгнатися, и вся скорбная понести", чтобы слышавши это наперед, постриженный не извинялся и не оправдывался, когда после на самом деле обыдут его скорбныя обстоятельства. Знаю, что ты все это хорошо знаешь и без меня, но пишу тебе и напоминаю об этом для большаго утверждения, и особенно потому, что ты борим часто бываешь ревностию не по разуму. Сам ты сознаешь вред этой ревности, но с тем вместе представляешь и изветы, что ты не можешь не ревновать и не вразумлять безчинствующих. В первые дни твоего поселения на этом месте я писал и доказывал тебе, что избрал ты место жительства неудобное и с настроением твоего духа не сообразное. Но ты последовал более безотчетному сердечному чувству, нежели здравому обсуждению и разсмотрению. Поэтому не малодушествуй, чем бы тебя ни сделали, привратником или казначеем; только помни, что и настоящий настоятель сделан был казначеем для исправления монастыря, и тебе сознавался, что подвергся тягостной немощи за осуждение. Повторяю тебе: бойся осуждать и ревновать не по разуму. А что тебя назначают в казначеи, сам ты, виноват, потому что избрал неудобное место; разве только тут дело Промысла Божия, чего я не постигаю; но во всяком случае надо быть осторожным. Саула и Сам Бог избрал на царство, но это его не оправдало, когда не поступал, как следует. Ты, кажется, сам повторяешь русскую пословицу: на безрыбье и рак рыба, а на безлюдье Фома дворянин. Ты засел в многолюдном городе безмолвствовать, забыв слова св. Ефрема Сирина, который говорит: если орел совьет гнездо на жилом доме, то не только не получит успокоения, но и лишится зоркаго зрения от дыма. Что тебя понуждает идти к безчинствующим и стоя на коленях упрашивать их и увещевать к благочинию, как не дым, разъедающий и раздражающий твои душевныя очи, Дай Бог, чтобы с тобою ничего не случилось подобнаго, промышлением Того, Его же судьбы по всей земле. Посмотрим, как покажет дело — (о переводе архиерея).

Матушку — оставь в отношении стола и прочаго до времени действовать по ея усмотрению. У всякаго свой взгляд, и всякий устраивает на свой лад, а на разладе играют только на последнем инструменте, и люди самые обыкновенные. Если, к сожалению, сделают тебя казначеем, тогда увидишь на самом деле, что значит смотреть со стороны или действовать самому. Напрасно ты возвратил ей четки с зеленью. Надо бы их оставить и повесить на стенке для обличения, что и мы не без зеленой примеси.

— 131. Нужно покаяться в своем недоверии к старицам
Св. Лествичник пишет: кто преткнулся о камень неверия в своих

духовных отцах, тот, без сомнения, пал. Тем горестнее это падение, что ты не только подверглась сама душевредному неверию, но и в этой слепоте отравляла души юных и неопытных неуместными толками и зловредными рассказами.

Но сказано в старчестве: пал ли еси, возстани; паки пал ли еси, паки возстани. Подвигнись и ты на благое исправление и не постыдись объяснить свою ошибку пред сестрами, которым внушала злое неверие к матерям. Прочти со вниманием 4-ю степень Лествицы и разъясни сама себе, какия свойства истинных послушников и какия качества послушников прелюбодейчишных, то есть таких, которые не ищут прямой пользы душевной, а чего-то побочнаго. Понудься смириться и сознай пред Богом и пред матерями свою вину и не постыдись это сделать, зная, что повинной головы не секут, не рубят, и что смирившись и покаявшись мытарь предвосхитил праведность фарисея. В покаянии и смирении ошибки не будет; а без них сомнительно наше спасение.

— 132. Царствие Божие кое-как не приобретается

Ты виновата вдвойне. Сама увлеклась толками Л. и подала повод сестре к тому же. Вперед будь осторожна. Св. Лествичник говорит: послушник, то есть послушник истинный, не разсуждает ни о благих, ни о мнимых злых. А я желал бы, чтобы ты была послушница истинная. Смысл и понятие у тебя есть, да смирения у тебя недостает: все охотница ты вперед забегать. От этого ты сама путаешься и других путаешь, сама скорбишь и других оскорбляешь. Если ты умнее сестры, то умей разумно и вовремя примолчать, кольми паче не ходить туда, где безтолково и зловредно толкуют. Если придакнешь и согласишься, то после придется со стыдом расплачиваться за такое человекоугодие. Прочти со вниманием 4-ю степень Лествицы, и попроси у матерей почитать в 1-й части Добротолюбия Симеона Новаго Богослова главы деятельныя. Там ты увидишь свою ошибку, увидишь и то, чего должно держаться. Помни, что Царствие Небесное кое-как не приобретается, а с толком и понуждением на благое, не своечинно и самосовестно, но с вопрошением опытных и с отсечением своей воли и разума, как свойственно истинному послушнику.

— 133. Болезнь надо переносить терпеливо

Сожалею, что твое здоровье в настоящее время очень слабо и делает тебя, по-видимому, неспособной к исполнению монастырских подвигов. Но св. Лествичник и болезнь называет подвижничеством, и притом подвижничеством отраднейшим, хотя и невольным. Отраднейшим потому, что на произвольное подвижничество охотников мало, и при том тут может примешиваться возношение, осуждение других, а в невольном болезненном подвижничестве нечем человеку погордиться, несть же оное человек несет, как-нибудь, хотя и невольно, по нужде — уж некуда деваться. Произвольное и невольное подвижничества равно усмиряют плоть, а последнее иногда посылается еще и для истребления возношения. Поэтому старайся в болезни благодушествовать и благодарить милосердие Божие за невольное вразумление. И опять, более всего в болезненном положении остерегайся роптливаго расположения духа. Преподобный Исаак Сирин пишет: Бог все немощи человеческия несет, ропщущаго же не терпит, аще не накажет. Также берегись роптать и на людей за неисполнение каких-либо твоих требований, или по другим каким причинам. Что ни посылается к нашему терпению, все это попущается Промыслом Божиим к нашей душевной пользе, если только сами не повредим сего нашим неблагоразумием.

Не знаю почему тебе пришла в голову мысль, будто я тебя увижу изглажденною из книги животной. Напротив, я думаю и желаю видеть тебя вчиненною в книге животной. Только не ослабевай в терпении, и понуждайся смиряться пред Богом и пред людьми, и заботься об искреннем и истинном покаянии и исповедании. В настоящее время ты желаешь искренно высказаться, и когда была у нас, высказывалась скупо.

О покойной сестре не жалей не разсудно, а старайся подражать ея твердой вере и благому упованию на милосердие Божие, какия ты заметила в ней при переходе ея из этой жизни.

— 134. Вразумление немирным сестрам

Возлюбленныя о Господе сестры! Верую: что делается промыслительно от Господа, то делается всегда к пользе нашей душевной, если только мы сами не захотим лишить себя этой пользы. Одна из вас совсем было собралась ехать в свою обитель, но нечаянная болезнь удержала ее и протянулась до тех пор, пока приехала возлюбленная ея сестра. Тут я вспомнил то, о чем как будто бы забыл, а именно какое между вами находится приражение друг к другу, так что вы всегда стараетесь уклоняться одна от другой. Кто из вас более прав, или более виноват, этого я не знаю, и не мое дело судить, а да судит Сам Господь Сердцеведец и Всеведущий, Иже воздает комуждо по делом его. Но меня устрашает страшное Евангельское слово: аще не отпущаете человеком согрешений их от сердец ваших, ни Отец Небесный отпустит вам согрешений ваших. — Жаль мне вас, весьма жаль. Сожалею и боюсь, как бы вам не лишиться милости Божией за упрямство свое по причине оскорбленнаго самолюбия за какия-то пустыя претензии. Жаль мне и себя, как бы немощному и измождалому не протрудиться даром по той же причине, то есть если не захотите истинно смириться и искренно примириться. О сем прошу каждую из вас и умоляю о Господе преискренно и усердно. Пощадите себя и меня, да не раскаиваемся после все тщетно и невозвратно. Поэтому кто не пощадит себя, ради самолюбивых безразсудных претензий, тот виноват будет не только пред Богом и людьми, но и сам перед собою, когда раскаяние будет неуместно.

1866 г. октябрь.

— 135. Совет относительно устройства училища при монастыре

Пишете, что благодетель вашей обители поставил вас в необходимость иметь при монастыре вашем женское училище, и уже имеете оное, и ходит к вам учиться, на гостиницу, человек до 40; и новичок по монастырской жизни Л. М. попала в наставницы. Помози ей Господи! Пусть потрудится в этом деле с простотою сердца за святое послушание, памятуя, что послушание паче жертвы и паче поста и молитвы. Как вы объяснили мне об этом деле, не скрою и я пред вами своего грешнаго мнения. Советовал бы я вам, во-первых, иметь в виду то, чтобы здание для училища избрано было там, где можно устроить вход снаружи, а не чрез гостиницу. Во-вторых, не избирать для обучения детей сестер молодых, а в случае недостатка наставниц лучше нанимать кого-либо из городских лиц женскаго пола, чтобы приходили в училище учить и опять уходили. Для этого можно найти и в городе таких из женскаго пола, которыя могут согласиться и за умеренную цену нужды ради: время бо сие нуждно есть, и требует многих расходов, а денег везде мало. В-третьих, чтобы ни под каким предлогом не брать учителей мужскаго пола, как это делают в некоторых женских училищах. В вашем училище высокия науки не требуются, а первоначальному обучению могут научить и лица женскаго пола. Разве только для Закона Божия можно приглашать в некоторые дни пожилаго священника.

Вот я высказал вам свое грешное и скудоумное мнение; а вы сами изберите то, что найдете более полезным и пригодным к делу.

— 136. О покорности духовной матери

От матери (духовной) тебе уклониться совсем нельзя, так как ты связана с нею пострижением. Ходи к ней со смирением, как бы тебя не принимала, хоть по времени, однако можешь объяснить при удобном случае, что роптали все вместе (не перечисляя кто), а виновата осталась ты одна, потому что не желала выставить других. Если бы старица спросила: кто, то отвечай со смирением, что теперь уже это поздно и ни к чему хорошему не поведет, а лишь к большей путанице и к большему немирствию; пусть буду я виновата одна; а другие, как знают. — Ходи и спрашивай. Скажет: как знаешь, — и делай, как разумеешь. А все-таки спрашивай. Может быть, иногда и скажут прямо. Знай, что смирение все преодолевает и все может изгладить и уравнять, как свидетельствуют об этом единогласно духоносные отцы. Старайся иметь страх Божий и действовать по совести. Тогда силен Господь известить сердце возстающих. Хотя мы пред людьми, может быть, и правы в чем-нибудь, но когда не правы пред Богом, то должны без самооправдания переносить всякое злострадание, всякое неудобство и всякое утеснение, никого из людей не обвиняя в этом, но принимая все скорби, как посланныя от руки Божией к очищению грехов наших, к исправлению нашему, и больше всего к смирению возносительнаго мудрования нашего. Поэтому повторяю тебе, чтобы ходила ты к матери со смирением хоть по временам; со смирением говори ей, что нужно; со смирением принимай сказанное тебе от нея, как бы сказано ни было. Смирение и страх Божий всякия неудобства препобеждают, хоть бы и больше тех, которыя ты высказала.

— 137. Прелесть от скрытности и самочиния

Пишешь, что сама ты не понимаешь своего душевнаго устроения. Ты, как видно, от неопытности и самочиния, по причине самомнения и скрытности характера, подверглась прелести вражией. Поэтому молись Господу о избавлении: Господи Иисусе Христе, помилуй мя прельщенную! Господи, не попусти врагам до конца поругатися над созданием Твоим, которое Ты искупил честною Твоею Кровию. Когда будешь так молиться, то сама увидишь действие этой молитвы, как душевным врагам это будет неприятно, и они будут смущать душу твою и отвлекать, чтобы ты так не молилась; да и самолюбию твоему будет неприятно считать себя прельщенною. Но ты понуждайся так молиться и просить от Господа помилования и вразумления. При этом должны быть и еще путаницы душевныя, но заочно неудобно изъяснять. Ты прежде и лично была скупа на объяснение, скрывала сама не знала что и для чего. В скрытности и самочинии основание прелести вражией, от ней же да избавит нас Господь.

— 138. Явному затвору должно предпочитать уединение по немощи

В последнем письме вашем к о. К. писали вы о себе так: "при скудости сил, болезненности ног и слабости зрения едва брожу до храма Божия, и кажется, скоро вынужден буду отказаться от чреды священнослужения и сидеть безмолвно в келлии, знать единаго Бога, размышлять о дивных судьбах Его, и приготовляться, по мере сил, к непостыдной и неизбежной смерти. Скажи ми, Господи, кончину мою и число дней моих, кое есть, да разумею".

Вот вы сами наконец высказали то, что я хотел вам написать в ответ на последнее письмо ваше, ко мне, в котором выражали желание и решимость сесть в открытый затвор, тогда как Евангельским учением истязуется от нас делание тайное. А во-вторых, и не всегда мы можем соответствовать провозглашенному затвору житием нашим по высказанной выше немощи. Поэтому лучше немощию и прикрывать уединение наше и безмолвное житие. Если в таком случае и не совсем достаточны будем для такой жизни, все-таки не будем строго судимы ни от людей, ни от Бога. Думаю, что самое имя ваше, промыслительно вам назначенное, то есть имя святителя Митрофана, в схиме Макария, указывает на такой образ жизни, то есть на уединение, немощию прикрываемое, а не на яший затвор, который многаго требует от носящаго имя затворника.

Как думаю, так вам и написал, юнейший собрат старейшему, не желая оставить вас совершенно без ответа, с искренним смирением вопросивших меня скудоумнаго и недостойнаго разглагольствовать о безмолвии, тогда как постоянно нахожусь во всегдашней молве.

— 139. Увещание гордым и самолюбивым

Понеже умножишася между нами горделивии и самолюбивии, и неразумне стужаем друг другу часто безсловесными стремлениями: сего ради нужда бысть сотворити поведение некое о сем в общую пользу, да хотящий вразумитися негли вразумятся и обратятся на полезнейшее.

Господь наш Иисус Христос, указуя нам удобную стезю ко спасению в исполнении животворных Его заповедей, глаголет во Евангелии: возмите иго Мое на себе и научитеся от Мене, яко кроток есмь и смирен сердцем, и обрящете покой душам вашим: иго бо Мое благо, и бремя Мое легко есть (Матф. 11, 29-30).

Но горделивые и самолюбивые из нас не хотят подклонить выи своей под легкое сие иго Христово, но добровольно впрягаются в тяжелое иго возношения и гневливости, и чрез то сами томятся и смущаются, и нередко других смущают и отягощают. Св. апостол Петр пишет в послании своем: вси единомудренни будите, милостиви, братолюбцы, милосердии, благоутробни, мудролюбцы, смиренномудри: не воздающе зла за зло, или досаждения за досаждение: супротивное же благословяще, ведяще, яко на се звани бысте, да благословение наследите (1 послан., гл.3, ст. 8-9). И св. апостол Павел в послании к Евреям говорит: мир имейте, и святыню со всеми, ихже кроме никто же узрит Господа (гл. 12, ст.14).

— 140. Мнение старца о награждении наперстным крестом.

О переводе книги св. Феодора Студита (1870 г.)

Ваше Высокопреподобие!

Возлюбленнейший о Господе Авво пречестнейший отец архимандрит.

Первое всего прошу прияти от меня грешнаго искреннее уверение в письменной моей неисправности касательно ответов, не точию пред вами, но и пред многими. Часто не имею возможности не только скоро отвечать, но и скоро прочитывать получаемыя письма, при немощи телесной обременяемый людом человеческим, хотя некоторыя толпятся и стужают с мыслию угадывания, как некогда спрашивали батюшку о. Макария: "родится ли в нынешнем году лен".

Второе — прошу прияти от меня усерднейшее поздравление мое с наступающим днем вашего Ангела. Сердечно желаю, чтобы Всеблагий Господь за молитвами духовнаго Патрона вашего, угодника Божия Святителя Ю., подал вам все блага, не только душевныя, но и внешния, с ними же и здравие телесное, как необходимое для прохождения начальственнаго подвига, по временам не безтруднаго.

Третие — прошу прияти благодарение за благоприязненное уведомление о возложении крестнаго знамения на персех. Лучше бы по апостольскому словеси иметь и носить Распятаго внутрь персей в сердце; сие было бы и полезнее и безопаснее. А то в нашей стороне видимыя сии знамения, аще и спасительныя, не проходили без скорбных искушений. О. игумен И. по получении так сильно был одержим болезнию, что мы едва не отчаявались в его жизни. У о. игумена Моисея последовало за сим разстройство в старшей братии; а у о. Пафнутия в монастыре был пожар, а кроме того он был посещен и болезнию телесною. Признаюсь, Авво, что я не мало удивился, получив ваше уведомление; даже несколько дней думал, не вышло ли тут путаницы консисторской, потому что толк был о представлении к награде только действительнаго духовника, а не заштатнаго. Последнему не надевать сидя на кровати.

По сих всех почтительнейше уведомляю вас о переводе книги св. Феодора Студита с греческаго на русский язык, что одним лицем перевод уже кончен, теперь уже творится просмотр тремя лицами и дошли уже до 5 слова. Вы делаете свое замечание касательно избежания славянских терминов. Но ведь эти термины употребляются иногда только по нужде и с целью удержать настоящую полноту смысла, так как русским народным языком не везде это можно выразить. К тому же человек сверх своего умения и разумения сделать лучше не может.

Но вам благодарение искреннее за то, что подвигли это дело своим писанием и предложением. Хотя у нас переводилась эта книга, но как-то вяло и с остановками.

— 141. Об Оптинских изданиях и напевах
Ваше Преосвященство (Еп. Петру).

Архипастырское письмо ваше от 13-го дек., с приложением 25 руб. аз недостойный имел утешение получить 10 января. За милость вашу и отеческое внимание ваше к моей худости приношу вашему преосвященству искреннейшую и глубокую благодарность.

Письмо ваше получено в то время, когда наш о.игумен только что отправился в Москву, откуда возвратился к началу февраля. По этой причине, и вместе и по немощи моей телесной и обычному недосугу, доселе не мог я отвечать вашему Преосвященству. Наш о. игумен с великою признательностию и благодарностию принял предложение вашего преосвященства от обители нашей печатать книги ваши "о монашестве" и "указание пути ко спасению", и будем ожидать форменной бумаги с передачею права на это печатание Оптиной Пустыни.

Вы спрашиваете об издании Ставрофилы. В ноябре прошлаго года она была уже до половины напечатана в типографии Гатцука. Но эта типография неожиданно сгорела. Сгорели не только напечатанные листы, но и половина подлинника, или оригинала. И это доставило нам много горя и труда, потому что последнее исправление было по беловой рукописи.

Теперь эта книга снова печатается, и обещают к концу февраля напечатать. Как только готова будет эта книга, пришлем вам экземпляра два.

Вашему преосвященству угодно иметь хорошия церковныя ноты умилительнаго напева, каких нет в печати. Постараемся это исполнить, сколько будет возможно. Есть у нас столповая обедня; к церковной одногласной ноте бывший у нас регент приладил еще три голоса; и теперь это четырехгласное пение многим нравится, особенно: "Милость мира". Выпишем некоторыя части этой обедни и пришлем вам на разсмотрение. Поются у нас, на "подобны" стихиры. И из них некоторые напишем и пришлем. Также умилительно поется у нас воскресный тропарь пятаго гласа; но на ноты не положен.

Поищем и ирмосов непечатных.

Есть у нас херувимская, называемая "Слепых"; но, кажется, она повсеместно поется. Постараемся собрать подходящия вещи и вам вышлем по времени.

Начальник нашего Скита теперь иеромонах Анатолий, из кончивших курс в Калужской семинарии, живет в нашей обители 25 лет.

Прежде и он, в числе других, участвовал в книжном деле. А теперь этим занимаются у нас только два скитских иеромонаха, о. Климент, о котором, помнится, я когда-то вам писал, кончил курс в Московском университете, а после получил и магистерскую степень; ведает и гречески и римски, — только не еврейски, а французски и немецки, так как сын немецкаго Московскаго пастора Зедергольма; по окончании курса принявший православие; потом был чиновником особых поручений при оберпрокуроре Св. Синода, покойном графе А. П. Толстом; вот уже 16 лет в монастыре. Другой иеромонах о. Агапит, из кончивших курс в Тамбовской семинарии.

О здоровьи своем не знаю как вам и выразить. Слава Богу, жив; но зимою на воздух не выхожу, а принимаю приходящих в келью; да и так к вечеру от толков очень изнемогаю. А на церковных службах много лет не бываю: не могу выдержать полной службы; попеременно, то зябну, то потею. Но слава и благодарение Богу за все, премудро устрояющему спасение наше, аще хощем, аще не хощем.

Мысленно припадая к святительским стопам вашим и испрашивая архипастырскаго вашего благословения и святых молитв и проч.

— 142. Учить других исполнять легко, а самому трудно

Новаго в моей жизни ничего нет. Благодарение Господу, что жив я. Но та же старая немощь и то же безсилие телесное и душевное. Онепотребихся до зела! А других не перестаю учить: живите хорошенько, вот так и так! А сам-то живу все кое-как. Нередко приходит на мысль апостольский упрек: научай инаго, себе ли не учиши. Также и слова Саровскаго старца Серафима: других учить легко, как камни с колокольни бросать; и это учение самим делом исполнить тяжело, как камни эти на колокольню таскать. С одной стороны, тесно от сего; а с другой, тесно от горькой участи лукаваго раба, скрывшаго талант в землю нерадения. "Ну вот, сударь, как хочешь", говаривал покойный о. Иннокентий Скитский.

— 143. О том, что не следует монахиням быть сиделками в общественных больницах

В словах об общежитии все, сказанное вами, верно и справедливо, но ввести общежитие, в строгом смысле этого слова, затруднялись и великие настоятели, каковы были преподобные Пафнутий Боровский и Иосиф Волоколамский. В слове же о братолюбии, сказанном вашим преосвященством по поводу устроения больницы в Серпуховском женском монастыре, нам невежественным показалось не все вполне уясненным. Говоря о делах милосердия монаха святителя и монахини настоятельницы, ваше преосвященство изволили умолчать о новых делах милосердия, которыя в настоящее время хотят принужденно взвалить на плечи монахинь частных, простых и даже юных. Устройство женской больницы при женской обители, а мужской при мужском дело христианское и приличное; но кто измыслил брать или посылать из женских обителей инокинь, особенно юных, в общественныя больницы, тому нельзя ожидать благаго воздаяния от Господа, а скорее противнаго, потому что ни в древнеотеческом предании, ни в Св. отеческих Писаниях примеров этому не видим, а напротив, в писаниях препод. Макария Египетскаго (в беседе 27 в гл. 15 по изд. Моск. Акад.) читаем пример разительный, сопротивляющийся новому учреждению. Он повествует, что "некто во время гонения предал на мучение тело свое, был повешен и строган, потом ввергнут в темницу, и что ему по вере прислуживала одна инокиня, и он, сблизившись с нею, бывши еще в темнице, впал в блуд!". Если от сближения и с исповедником, потерпевшим мучения, инокиня не осталась цела, а подверглась не только душевному вреду, но и падению, и еще в древнее время, то чего же можно ожидать от подобных обстоятельств в наше последнее, слабое время? Приводим сей пример кроме вышеозначеннаго и вопреки новому измышлению посылать монахинь из монастырей в больницы для практики, на случай войны, на том же положении, как существующия теперь общины сестер милосердия. Никак нельзя согласиться с тем мнением, что будто бы дело вполне христианское и полезное посылать невест Христовых, особенно юных, из мирных обителей в общественныя больницы для служения грешным телам, с получением явнаго и неизбежнаго вреда для душ сих служительниц.

Подтвердим свое мнение, кроме многих св. отцов, словами великаго учителя монашества, Иоанна Лествичника, который в 3 ст. в глав. 22 и 23 говорит следующее: как невозможно единым оком смотреть на небо, другим на землю, так невозможно не подвергнуться душевным бедствиям тому, кто совершенно не устрашился помыслом и телом всех своих родственников и не родственников.

Добрый и благоустроенный нрав великим трудом и подвигом приобретается: но и со многим трудом приобретенное во мгновении потерять можно.

— 144. О том же

О. Илариону пришла в голову мысль, что вы, может быть, промыслительно переведены на житие в Невскую Лавру, чтобы помогать монашеству, особенно пустынному, так как вам более других сведомы монастырския обстоятельства и положение монахов и монахинь. С этою мыслию соглашаюсь и я. Поэтому, елико мощно будет, помогайте монашеству, обуреваемому извне от видимых неприязненных нападений, а извнутрь от невидимаго борения душевных наших врагов. Особенно постарайтесь отклонить нелепую мирскую мысль, чтобы монахини ходили в больницу для ухода за больными так же, как бы и сестры милосердия. Вы пишете о. Илариону, что этого нет; а мы пишем вам, что это уже есть на самом деле в Москве, и в Туле принуждают игуменью к тому же. Нельзя ли вам как-нибудь сделать, чтобы Петербургский митрополит объяснил это Московскому, который, слышно, против этого; а между тем хождение монахинь в больницы по две из монастыря не прекращается, чему хотят подражать некоторыя барыни и по уездным городам, приступая к игуменьям с тем же предложением.

И из последняго письма вашего видно, что желание ваше хоть когда-нибудь удалиться на пустынное уединение все еще продолжается. Не так давно мне слепотствующему читали историю монашества на Востоке. Во второй части на странице 202, 203 и далее мне показалось замечательным разсуждение старца Иоанна, который сперва прожил 30 лет в общежительном монастыре, потом жил 20 лет в пустыне и наконец опять возвратился в общежитие. Нахожу, что вам при вашем стремлении нелишне прочитать со вниманием его замечательное сказание о жизни пустынной и общебратственной.

Вначале, когда я обирался к вам писать, меня понуждал помысл, выставить вам на вид одно обстоятельство, необходимое для настоятельниц монастыря. Теперь этот помысл как бы примолк. Но я все-таки думаю написать вам это, основываясь на свидетельстве Св. Писания: даждь премудрому вину и премудрший будет; сказуй праведному, и приложит приимати. Св. Лествичник в слове к пастырю, во главе 2-й говорит: "предстоятель должен молиться и о том, чтобы ему ко всем по их достоинству или старшинству милосердие преклоняться и иметь залог расположения, чтобы себе самого и любимаго, и соучеников как-нибудь не повредить".

Юныя, хотя и бывают хороши, но иногда по ревности и иногда по неопытности делают много путаниц в общем ходе дел. Сами знаете, какой был разительный пример путаниц по этой причине в монастыре.

Младшия лезли вперед, а старшия взбунтовались, и такой наделали скорби начальнице, что едва в живых осталась; — не говоря уже о том, что она подверглась и строгому надзору на некоторое время в чужом монастыре. Простите, что, может быть, и лишнее пишу; но пишу это вам, как бывший долго у меня помысл. Приснопамятный о. игумен иногда говаривал: Простите! Открываю и исповедую вам свой помысл.

— 145. Новопосвященной игумении

Поздравляю вас с избранием на настоятельскую должность и с саном игуменьи, если уже посвящение ваше в сан сей совершилось. Сердечно желаю вам, за молитвами покойнаго батюшки о. игумена Антония, проходить нелегкую сию обязанность с пользою душевною, как собственнаго вашего, так и врученных вам сестер и матерей. Да поможет вам в этой многотрудной должности святая и преподобная игуменья Афанасия, которой память вскоре имать совершатися и ея же именем, кажется, вы наречены при пострижении. Если так, то поздравляю вас и с тезоименитством и от души желаю вам, за молитвами духовной покровительницы вашей, благополучных успехов в настоятельских делах ваших. К утешению вашему скажу: хотя должность начальников и сопряжена со многими трудностями и великими неудобствами, но из списка святых видим, что многие настоятели не только получили спасение, но и великое воздаяние от Господа на небеси, и на земле прославляются Св. Церковью в лике святых, как и святая игуменья Афанасия. Сердечно и искренно желаю и вам по совершении подвига вашего достигнуть того же по молитвам духовных патронов ваших, чтобы с дерзновением изрещи вам пред Господом: се аз и дети, яже дал еси ми всеблагий и многомилостивый Владыка.

— 146. Игумении наставление быть милостивой и снисходить к немощам человеческим

Глаголю тако того ради, понеже глаголет Господь в Евангелии: милости хощу, а не жертвы, хощу же и аз грешный и непотребный да В-ская матушка игуменья постарается прежде всего быта милостива, потом уже да приносить и жертвы, которыя всячески, милостию к ближним, будут благоприятны Богу. Сказано в старчестве: от ближнято живот и смерть, то есть чрез ближняго только может быть жизнь наша истинная, и наследуем жизнь блаженную и вечную; а если будут отношения наши к ближнему неправильныя и презорливыя, то мудрено убежать смерти душевной, а потом и второй вечной, от неяже да избавит Господь всех понуждающихся на исполнение Его Божественных и животворных заповедей, — и всех, аще и храмлющих от немощи, но ищущих Его великой милости покаянием и смирением. Апостол Иоанн пишет: любяй Бога должен есть любить и ближняго; а апостол Павел говорит: вы сильнии немощи немощных носите и не себе угождайте: и исправляйте таковаго духом кротости, блюдый себе да не и ты искушен будеши. Вот все, что вышло из грешной головы моей на последнее письмо твое от 29 сентября. Поздравление с освящением храма Всех Святых пишу после всего и прошу поминать там и нас грешных.

М. Е. по болезни идти не может: а лошадь нанять не на что, поэтому и ждет приезда м. М., которая медленно поспешает, хлопоча о том, чтобы не пропало ея последнее достояние в промежутке от зятя и от брата. Строго по-монашески смотреть, не хорошо она делает; а если посмотреть со стороны немощи человеческой, от которой никто из нас не свободен, то подумаешь и скажешь иное: дескать, нельзя же и без этого. Немощь человеческая мудрена и упруга, и упряма; хочет человек двигнуться вперед, да немощь-то, видишь, препятствует, ан и "выходит не того, а иногда и не тое". Мудрена притча сопротивления. Пишешь, что покойная м. Игуменья таких вовсе исключала из обители: но нам надобно последовать примеру по истине покойных, а не безпокойных в жизни своей, бывших. Тебе это известнее, а я не знаю, как было. Прости. Грешный глагол произыде в широту не малую, да сократится же снисхождением твоим, по сказанному: милуяй помилован будет, и снисходяй получит снисхождение.

— 147. Наставление терпеливо переносить неустройство в обители

Получаю письма ваши, но отвечать было неудобно и недосужно. Сострадаю вам в скорбях ваших среди неудобств и неустройства обители. Впрочем, ждите милости Божией, пока благоволит Господь изменить положение дел обители вашей. Един Он все ведает и Един всем управляет или прямою Своею Всесильною Волею, или промыслительным попущением по причинам, Ему только известным вполне, людям же известным только отчасти, отчасти это за грехи наши, и за жизнь несообразную нашему званию. Сам Он чрез пророка Амоса говорит: несть зла во граде, его же не сотворих, зло-то есть бедствие. Также апостол. Павел пишет: аще неправда наша правду Божию составляет, еда неправеден Бог наносяй гнев? Думаю, помните вы сами церковную повесть: когда один св. пресвитер молился Богу, чтобы избавил от епископа, отягчавшаго город разным неподобным нестроением, в ответ на его усердную молитву услышал глас; для этого города потребен был епископ еще худший. Мое грешное мнение: если бы каждый из членов, или по крайней мере многие, составляющие общество ваше, вместо ропота, обратились к Богу с усердным молением и исповеданием немощей своих, и желанием впредь направляться к стезям монашества по силе и возможности, то скорее бы, кажется, благоволил Всеблагий Господь изменить главную вину настоящей тяготы и неудобства и чрезмерной общей скорби, потому что, как и сами слышите, известны уже ваши дела во граде св. Петра. Но видно, еще не последовало мановение свыше к решению, и изменению. Да подкрепит вас Господь в евангельском терпении и подаст вам мир и умирение среди неудобств и смущений. Советую вам, хотя и не легко это, оставить человеческия изветы и извинения и обратиться за помощью к Единому Богу Сердцеведцу, Единому могущему все изменять и устроять, яко же Сам весть, паче чаяний и ожиданий человеческих. Св. Златоуст, в письмах к Олимпиаде, говорит, что Бог тогда только начинает являть Свою силу, когда оскудеют все человеческия соображения, и готово явиться безнадежие, да не будем, по слову апостола, надеющеся на ся, но на Бога жива, возставляющаго мертвыя. Прошу молиться и за меня грешнаго, глаголющаго и нетворящаго.

— 148. О семи таинствах церковных

Сестра о Господе и чадце духовное. На 17 число (сентября) вместо обычнаго поздравления пишу тебе слово Писания, глаголющее: Премудрость созда себе дом и утверди столпов седмь. Премудрость Божия, Господь наш Иисус Христос, основал Святую Свою Церковь на семи таинствах. Первое из них священство, без котораго другим таинствам совершаться невозможно.

Второе крещение, в котором младенец омывается от прародительскаго греха, а взрослый и от собственных возрождаясь в жизнь духовную Третье таинство миропомазание, которым возстановляется потемненный образ Божий в человеке, так как возрожденный таинством крещения чрез миропомазание печатлеется дарами Духа Святаго, чтобы силен был не только противостоять козням вражним, но мог бы совершать всякую добродетель.

Четвертое таинство — причащение, чрез которое человек соединяется с Богом, если только достойно приступает к сему таинству Св. Причащения, потому что у строгаго праведника ежедневно бывает не менее семи недостатков хотя и не важных, по сказанному: и праведник седмижды падает. Кольми паче необходимо пятое таинство, покаяние, для того, кто не достиг еще степени праведничества, а борется доселе со страстьми и похотьми ветхаго человека, боримый и искушаемый вместе исконным и непримиримым врагом человечества.

Шестое таинство — брак. Хотя мы и избрали жизнь безбрачную, но честность брака должны чтить, потому что произошли на свет от честно-брачных православных родителей, которые позаботились соделать нас участниками означенных таинств.

Седьмое таинство елеосвящение, чрез которое прощаются забвенные по немощи человеческой грехи и врачуются болезни душевныя и телесныя.

Вот тебе, чадце, в день Ангела твоего сказание о таинствах премудрости Божией, так как имя твое означает тоже премудрость, но такую, которая не освободилась еще от примеси мудрености человеческой.

— 149. Совет, не оставлять настоятельства ради уединения (1876 г.)

(с No 149 по 214 настоятельницам N общины (1876-1890 гг.))

Сестра о Господе!... хочу сказать тебе несколько душеполезных слов. Знаю, что ты давно желаешь и ретишься на безмолвие и уединение. Но потерпи еще и потрудись вместе с о. И. в окормлении и наставлении сестер общины. Правда, что безмолвие и уединение дают большое удобство к молитве жаждущей того душе. Но, по святоотеческому слову, молитва есть добродетель частная, а любовь есть добродетель всеобщая. Любовью и Бог именуется, по сказанному: Бог любы есть, и пребываяй в любви в Бозе пребывает и Бог в нем пребывает. Больше же сея любви никтоже имать, да кто душу свою положит за други своя. И паки: любяй ближняго весь закон исполни.

107

Исполнение бо закона любы есть. И паки: не своих си да ищем, но елика суть и ближняго.

Поэтому потрудись еще с сестрами, живя в общине; а там после, когда воля Божия будет, поживешь в безмолвии и уединении.

— 150. Не живи, как хочешь, а как Бог приведет (1877 г.)

...Получил я известие, что ты отправляешься в N, должно быть, для устроения безмолвной себе кельи, а может быть, и по другим причинам. На безмолвии и в молве находясь, не забывай меня грешнаго, и молись о мне присно во многомятежии сущем, и особенно при слабости телесной, — ты сама знаешь, как это неудобно, по собственному опыту. Но что делать? Есть мудрое старинное слово опытных людей: не живи, как хочешь, а живи, как Бог приведет. Господь лучше нашего знает, что нам полезнее, и что можем вместить, и чего не можем вместить. Особенно, я думаю о себе, что к безмолвию я неспособен. Немного таких блаженных людей, которые, находясь всегда в странствии и не имея где главы подклонить, по Евангельскому слову, соблюдают глубокое безмолвие и не возмущаются никакими теснотами и нуждами, ни узами, ни темницею, и жаждут скорбей и страданий, и жалуются, будто нечего им потерпеть. Аз же грешный и в отраде великой находясь, разслабляюся и не имею терпения. — Помолись о мне, да воздвигнет мя Господь, ими же весть судьбами к покаянию истинному и должному приготовлению к будущей жизни. Век сей проходит, глагол же Господень пребывает во веки.

Слышу, что ты оскорбилась до болезни, и болезни великой, по той причине, что одну сестру нужно было выслать из вашей общины. — Хотя и прискорбно это, очень прискорбно, но ведь насильно никого не приведешь ко спасению. Земной царь велик, и почти все ему покоряется. Но есть пословица: своя воля царя боле. Воли человека и Сам Господь не понуждает, хотя многими способами и вразумляет. По силе своей позаботимся о других, а все остальное предоставим Господу Богу. — Некоторые толкователи Св. Писания объясняют, что Господь в Гефсиманском саду в последнюю ночь много плакал особенно потому, что знал, что немногие воспользуются Его крестными страданиями, а большая часть по неразумию и по злой и упорной своей воле уклонятся в противную сторону.

— 151. Неудачи надо терпеть с радостию (1879 г.)

Возмогай о Господе и в державе крепости Его! — Да возрадуется душа твоя о Господе, облече бо нас в ризу спасения и одеждою веселия одея нас; и глаголет к нам чрез апостола: всегда радуйтеся, о всем благодарите: сия бо есть воля Божия. — Слова апостольския ясно показывают, что полезнее нам всегда радоваться, а не унывать при встречающихся неудачах; радоваться же можем только тогда, когда будем благодарить Бога за то, что случающимися неудачами смиряет нас и как бы невольно заставляет нас прибегать к Нему и со смирением просить Его помощи и заступления. — И когда так будем поступать, тогда и на нас будет исполняться псаломское слово св. Давида; помянух Бога и возвеселихся..

На днях я получил письмо от одной простой горожанки, которая о себе пишет так: я девушка, и девушка хороших правил, только у меня есть один грех: ропщу!

Я знаю, что в вашей общине живут девушки хороших правил, нет ли и у них этого греха? И если есть, то хоть бы сознавались в оном, как эта простая девица.

— 152. Доброе намерение в добро вменяется

Послал я к тебе к сырной неделе или масляянице рассказ "Краснобай"; но так как почта опаздывает, то думаю, что рассказ этот получили вы на первой неделе Великаго поста, и потому дело это вышло очень некстати. Прошу прощения за неуместное и неблаговременное угощение. Многая дела человеческия бывают так. Думаем и предполагаем одно, а выходит другое. Только в одном ошибки не бывает: если стремится человек к исполнению воли Божией во всяком предлежащем деле, то хотя бы видимаго успеха в этом деле он и не получил, Всеблагий Господь доброе намерение его вменяет ему в самое дело. Если, по слову пр. Исаака Сирина, и совершенство совершенных не совершенно, то тем более дела обыкновенных людей лишены совершенства, а совершаются со многими ошибками и недосмотрами. Впрочем, ни в каком случае унывать и паче меры печалиться и скорбеть не должно, а надеяться и уповать, что благодать Божия, оскудевающее восполняющая, и всесильная Божия помощь, сильны все привести к полезному концу. — Не вотще Господь глаголет в Св. Евангелии: без Мене не можете творити ничесоже, и паки; невозможная от человек, возможна вся от Бога.

...Вот, слава Богу, и аз немощный и грешный кое-как провел первую неделю Великаго поста, и всегда для меня небезтрудную; как-то поможет Господь продолжать далее? Немощь и слабость, и усталость и изнеможение, а к ним еще и леность и нерадение, вот мои спутницы! И с ними мое всегдашнее пребывание.

— 153. Огорчения надо принимать благодушно

Слышу, что ты была больна, и болезнь так скоро с тобою случилась, что ты решилась тотчас же исповедаться и причаститься Св. Таин и особороваться св. елеем. — И от такой скорой и скоротечной болезни, можно сказать однодневной, оказалось тебе после великое изменение в лице и относительно слабости телесной. — Да помилует тебя Всеблагий Господь и всех живущих с тобою и да поможет тебе вперед не принимать так горячо к сердцу встречающияся скорби и неприятности, которыя едва тебя не приближают к смерти, тогда как ты нужна еще для духовной пользы сестер N общины или обители — Не буду тебя убеждать к благодушию и великодушию словами Писания, которыя я многократно тебе повторял; а только приведу теперь пословицу или поговорку одного веселаго и благодушнаго человека, который имел обычай в подобных случаях повторять: "Сидор да Карп в Коломне проживает, а грех да беда с кем не бывает". И этот человек, как помню, при многих переменах и переворотах его жизни, оставался всегда благодушен и весел, и он был мирской, а мы монахи, обрекшие себя на всякую скорбь. Знаю, что тебя оскорбляют не скорби, а те случаи, о которых и св. апостол Павел пишет так: "кто соблазняется, и аз не разжизаюся". Но возверзем печаль свою на Господа, и Он силен утвердить и успокоить нас и устроить полезное и спасительное о всех сущих с нами. Если бы и случились такие обстоятельства, о которых пишет апостол: "аще ли неверный отлучается, да разлучится" (1 Кор. 7, 15). Предадим все и всех таковых воле Божией, и собственной их воле. — Покойный Оптинский отец архимандрит Моисей, муж мудрый и духовно опытный, в подобных случаях говаривал: "наше дело предоставить человеку средства ко спасению, а спасается он или не спасается, — сам смотри".

— 154. Совет относительно плана корпуса для сестер

NN как-то писала мне, что вы намереваетесь строить большой корпус для сестер. — А я, кажется, уже говорил тебе, что у меня строительная немощь к постройкам, и потому не мог утерпеть, чтобы не подать вам совета, чтобы вы не строили большой корпус так, как обыкновенно отроются гостиницы. — В таком корпусе невозможно избежать шума и безпокойства, от которых никому невозможно в этом корпусе пожить с пользою душевною. В обители нашей есть старинный корпус, выстроенный лет за шестьдесят, расположение котораго мне очень нравится, как весьма удобное для спокойствия живущих. Посылаю вам планчик с этого корпуса. — Он выстроен следующим образом: сперва срублены два сруба из 10-аршиннаго лесу (каждый сруб 20 аршин) и поставлены концами друг к другу. — Между ними в 4 аршина коридор под 1, для входа с монастыря. Из этого коридора две двери для входа в кельи направо и налево. -Под 2 против всех келлий должно быть открытое крыльцо, где сестры во время лета могут заниматься рукодельем и одна из них для всех может читать книгу. Под 3 три входа с монастыря. Под 4 сход с крыльца на дворик и лестница на чердак.

Двери означены тремя черточками, а окна означены двумя черточками. — Печи означены так, чтобы в каждую келью была одна сторона печи. Топка печи должна быть из передней. И одна из келлий будет проходная. Некоторыя окна будут на крыльцо. Где означены ворота дворика, при этих стенах можно поделать чуланы для сестер. Вот вам мое предложение, а вы, с общаго согласия, сделайте так, как найдете лучше.

Весь корпус должен быть в длину 44 аршина.

— 155. С терпением надо нести скорби

Мир тебе и Божие благословение и всякое утверждение в правоте и истине. Не вотще сказано в Писании: мир мног любящим закон Твой и несть им соблазна. И паки: Господь крепость людем Своим даст, Господь благословит люди Своя миром. И паки: Господь не лишит благих ходящих незлобием. — И паки, по воскресении Своем Господь изрек пречистыми Своими устами ученикам Своим: мир Мой оставляю вам, мир Мой даю вам. Но с другой стороны, паки в том же Св. Писании сказано: многими скорбми подобает нам внити в Царствие Небесное. И паки: в терпении вашем стяжите души ваша.

Чтобы согласовать слова сии св. богомудрые и богодухновенныс отцы глаголют: и самые безстрастные не могут не скорбеть, если не за себя, то за других.

Мир душевный имей, а терпеть — терпи, и за себя и за других. Терпение, по слову св. Григория Синаита, и в буре тишина.

Вчера я начал письмо это, а сегодня, 15 апреля, в праздник Жен Мироносиц и Благообразнаго Иосифа, сподобившись причаститься Св. и Животворящих Таин Христовых, продолжаю писать начатое письмо(диктование, как и все эти письма). Недаром я сделал такое начало письма, но зная, что у тебя теперь много хлопот и забот, пожелал Словом Божиим и словом святоотеческим подкрепить твое благодушие и благомужество. Здесь на земле труды и подвиги, а там в будущей жизни воздаяние, где кийждо приимет свою мзду по своему труду, подъятому и ради спасения своей души и ради душевной пользы ближних. Блажен, кто там с дерзновением может реши: "се аз и дети, яже дал ми есть Бог". Помолись о мне грешном, да не сбудется на мне, апостольское слово: "научаяй иного, себе ли не учиши". И паки Сам Господь в Евангелии глаголет: "иже разорит едину заповедей сих малых, мний наречется в Царствии Небесном". Горе мне грешному! Другим сказую и проповедую о вещех высоких и великих, а сам и перстом не касаюсь того, о чем говорю и пишу.

Ты стремишься к безмолвию, а мне окаянному и молва стала не под силу, в великую тяжесть, да и к безмолвию едва ли я способен буду, а наконец и от молвы как избавиться? дело мудреное и не совсем удобное. — Подумаешь, подумаешь, да и скажешь со вздохом: да будет по воле Господней о мне грешном. Желал бы поисправней пожить, да разслабление душевное и телесное мешает. Прошу и тебя помолиться обо мне и б. о. И. и прочих, знающих худость мою. Приписка о. Амвросия : мир всем вам! Хорошо бы и нам!

— 156. Надо нести крест свой — управление обителию

Мир тебе и Божие благословение и всякое утверждение в истине ! Не вотще сказано в богодухновенных псалмах: мир мног любящим закон Твой и несть им соблазна, хотя также сказано: "многи скорби праведным", но прибавлено, что "от всех их избавит я Господь". И паки: по множеству болезней в сердце моем, утешения Твоя возвеселиша душу мою. И сам Господь в Евангелии глаголет: "дерзай дщи, вера твоя спасе тя, иди в мире".

И ты, сестра и мать, иди предлежащим тебе путем не озираясь; хотя бы предстояли скорби и встречались препятствия и различныя затруднения. — В затруднительном положении для своего

111

утверждения всегда повторяй слово Самого Господа: "иже не приимет креста своего и в след Мене грядет несть Мене достоин; претерпевый же до конца, той спасен будет". Евангельский крест твой — Промыслом Божиим возложенная на тебя обязанность заботиться об устроении N общины и живущих в ней сестрах. — И так как дело сие сопряжено со многим трудом и не может исправляться без болезнования телеснаго и душевнаго, то и пишу к тебе послание в этом роде, чтобы одобрить дух твой и возбудить к ревностному занятию своим делом. Не раз тебе писал и теперь повторю апостольское слово, что кийждо приимет мзду, по своему труду. Большаго же труда уже нет, как положить душу свою за ближних, чем доказывается и большая любовь к ним, без которой, если бы человек предал тело свое на сожжение, не получит никакой пользы. Любовь же покрывает множество грехов и своих и чужих.

Слышу, сестра и мать, что здоровье твое не совсем исправно и замечается упадок сил телесных от встречающихся различных прискорбностей душевных. Но мужайся, сестра о Господе, и да крепится сердце твое! Силен Господь подать нам всемощную помощь Свою и облегчить притрудное положение наше, как сам это объявляет во Св. Своем Евангелии: "приидите ко Мне вси труждающиися и обремененнии и Аз упокою вы".

Должно быть, сестра, не в меру ты скорбишь. Собрался я написать тебе краткое письмо, но вышло оно не краткое. Стало быть, так нужно. (Конец утрачен .)

— 157. Наставление тщеславным и гордым (о гусях и утках)

Недавно подарили мне ковер, на котором красиво изображены утки. — Я пожалел, что не догадались тут же выставить и гусей, так как на ковре осталось еще много места.

Мысль такая мне пришла потому, что свойство и действие уток и гусей хорошо изображают свойство и действие страстей, тщеславие и гордость.

Тщеславие и гордость хотя одной закваски и одного свойства, но действие и признаки их разные. Тщеславие старается уловлять похвалу людей и для этого часто унижается и человекоугодничает: а гордость дышет презорством и неуважением к другим, хотя похвалы так же любит.

Тщеславный, если имеет благовидную и красивую наружность, то охорашивается как селезень и величается своею красивостью, хотя мешковат и неловок часто бывает также, как и, селезень. Если же побеждаемый тщеславием не имеет благовидной наружности и других хороших качеств, тогда для удивления похвал человекоугодничает и как утка кричит: "так! так!", когда на самом делен в справедливости не всегда так, да и сам он часто внутренне бывает расположен иначе, а по малодушию придакивает.

Гусь, когда бывает что-либо не по нем, поднимает крылья и кричит: "кага! каго!" Так и горделивый, если имеет в своем кружке какое-либо значение, часто возвышает голос, кричит, спорит, возражает, настаивает на своем мнении. Если же недугующий гордостию в обстановке своей не имеет никакого веса и значения, то от внутренняго гнева шипит на, других, как гусыня, сидящая на яйцах, и кого может кусать, кусает.

Начал я писать это объяснение для сестер N общины, а потом подумал, что оно пригодно будет и для прочих. Потому что все мы сплошь да рядом больше или меньше недугуем тщеславием и горделивостию. А ничто так не препятствует успеху в духовной жизни, как эти страсти. Где бывает возмущение, или несогласие, или раздор, если рассмотреть внимательно, то окажется, что большею частою виною сего бывают славолюбие и горделивость. Почему апостол Павел и заповедует, глаголя: не бываем тщеславни, друг друга раздражающе, друг другу завидяще (Посл. к Гал. 5, 26). Зависть и ненависть, гнев и памятозлобие общия исчадия тщеславия и гордости. Преподобный Макарий Египетский обозначает и самую цепь, как страсти эти одна с другою сцеплены и одна другую рождает. Он пишет в книге "Семь слов": ненависть от гнева, гнев от гордости, а гордость от самолюбия (слово 1, гл. 8). А Господь во Евангелии прямо объявляет, что и доброе творящие ради славы и похвалы восприемлют здесь мзду свою. Также и с гордостию и осуждением других добродетель проходящие, отвержены бывают Богом, как показывает евангельская притча о мытаре и фарисее. А блаженное смирение, как сказано в той же притче, и неисправных и грешных оправдывает пред Богом.

Вот к какому объяснению подали повод гусь лапчатый и утка рябчатая. Но не вотще Православная Церковь, перечисляя творения Божия одушевленныя и неодушевленныя, многократно повторяет Господу песнь: "вся премудростию сотворил еси".

Богу нашему слава, честь и поклонение: Отцу, и Сыну и Святому Духу, ныне и присно, и во веки веков. Аминь.

— 158. Беседа о Слове Божием плохо вяжется, как толки со слепым о цвете

...О себе скажу, что милостию Божиею, за молитвы молящихся о мне грешном, жив есмь, а о немощах своих и не знаю как и сказать вам. По утрам бывает тяжело, а потом опять как бы размаешься, только всегда толкую до усталости с приходящими чадами и чадцами. Но как-то плохо вяжется у нас Слово Божие; толкуем, толкуем, а плохо понимаем, подобно слепому, которому толковали о белом цвете. Слыша о нем, слепой спрашивал: какой это белый цвет, на что он похож? Слепому отвечали: белый цвет как белый заяц. Слепой спрашивал: что ж? Он такой же пушистый? Нет! отвечали, белый цвет, как белая мука! А слепой говорит: что ж! он такой же мягкий и разсыпчатый? Нет! говорят слепому: белый цвет, как снег белый. Что ж? он такой же холодный? Нет! возражали слепому, белый цвет, как чистый белый творог. Что ж? он такой же сырой?

Толковали, толковали с слепым; а до настоящего толка

113

недотолковались. Так часто бывает и с нами. Толкуем, толкуем, а до настоящаго смысла не доберешься; или плохо понимаем, или нетвердо принимаем, или судим о вещах духовных по земному и житейскому, а не по Евангельскому учению. Царствие Небесное желаем наследовать и с Христом быти, а потрудитися и пострадати о Христе не произволяем. От них же первый есмь аз. О вещах великих и высоких всем толкую и всех учу, сам же и перстом двинуть не хочу. Горе мне грешному! Помолись о мне, сестра и мати, да не в суд и не в тяготу будет мне бездельное сие учение мое других. Тесно мне отвсюду. Уклонился бы, да не знаю и недоумеваю как. Приезжающие и приходящие не прекращаются и со скорбию докучают. А с другой стороны, угрожает и опасность неключимаго раба, скрывшаго талант слова в земле нерадения.

Знаю, боголюбивая сестра, что и ты охотно бы уклонилась от бремени настоятельства и скрылась бы в безмолвие, внимать себе и своему спасению. Но что же будет без тебя с сестрами юными и неопытными, собравшимися в N общине, для спасения душ своих? Поэтому потерпи, сестра, и потрудись о Господе, нося немощи и тяготы немоществующих, да некогда и сии милостию и помощию Божиею укрепятся и приидут в силу духовную, чтобы чрез то могла ты во время оно рещи Господеви: се аз и чада моя, яже ми еси дал.

— 159. Совет о постройке зданий и напоминание притчи о гусях и утках

...Прежде забыл писать тебе, что видел ваши кирпичи. Один привезен был мне на показ вашими N путешественницами. Кирпичи хороши по отделке и выгодны будут по величине. В вашей стороне выгоднее производить кирпичныя постройки, нежели деревянныя. Да они и прочнее и дольше простоят; только при постройке нужно подниматься от земли повыше, а иначе будет жилье или сыро и холодно, или угарно.

Поспешили вы отштукатурить вашу церковь. Хорошо не будет. Рядчикам во всем доверять не следует, а особенно когда они приискивают себе работу. Деньги возьмут и уйдут и от дела их, после бывает неприятность хозяину.

У нас в скиту сделан был деревянный придел и из хорошаго и толстаго лесу, а все-таки, в первые годы вместо штукатурки обит был белым коленкором, и когда коленкор немного потемнел от пыли, то кажется, его на третий год прокрасили белой краской, и так в церкви вид был очень хорошо несколько лет, а потом уже при удобном случае обштукатурили стены. Штукатурка более потребна там, где строение делается из плохаго леса.

О кирпичах начал писать с той целию, чтобы вы позаботились в наступающую осень приготовить кирпичные сараи, чтобы весною тотчас же приготовлять и делать побольше кирпича, из котораго после можно делать потребныя здания.

Приветствую о Господе N и прочих сестер общины. Прошу, чтобы притчу о гусях и утках не забывали и гусиных и утиных немощей избегали, или хоть по крайней мере не оправдывались в них, а сознавались и каялись.

У всех вас прошу молитв святых о моей худости и неисправности.

Всеблагий Господь да помилует всех нас, за молитвы благоугодивших и благоугождающих Ему и со дерзновением молящихся о нас грешных.

Приписка собственноручная. Мати! не унывати, а на милость и помощь Божию уповати, и мене грешнаго в молитвах своих поминати!

А что? Гусь и гагара? Какова пара? а ведь по одной воде плавают?

— 160. Многими скорбями подобает внити в Царствие Божие

...Дела мои что-то плохо спорятся, и сам не понимаю отчего. Немало остается неудовлетворенных: или от множества народа это происходит, или от моей неповоротливости. Переобуваюсь, да переобуваюсь, в том и проходит большая часть времени. А тут еще зубы и щеки простудил, сидевши в лесу в деревянном ящике с ногами и толкуя с приходящими. Было же довольно ветрено и холодновато. Что-то вы поделываете и как управляетесь с своими делами. Старинные люди хоть и очень простые были, но поговорки их очень мудрыя и основательныя. Не живи, как хочется, а как Бог приведет. Эту-то малую поговорку не скоро кто переедет без труда. Как то на деле все выходит постой, да погоди, да еще немного подожди, да осмотрись, да соберись с умом, и вместе с кошельком. С год назад я слышал от одного торговца: часто не душа может, а мошна. Говорил же это человек добросовестный и весьма правдивый; а обстоятельства его плоховаты и тесноваты.

А все это сходится к тому, что тесен и прискорбен путь вводяй в живот, и что многими скорбми подобает нам внити в Царствие Небесное. — И не вотще Господь говорит в Евангелии: не приидох воврещи мир на землю, но меч. А св. Иоанн Лествичник прибавляет, чтобы разлучить миролюбивых от Боголюбивых славолюбивых от смиренномудрых..

Приветствую о Господе N.N.

...Певчих, поющих и читающих, келейных сестер, стряпающих и ходящих, метущих и мятущихся, но не оскудевающих верою и упованием.

Приписка о. Амвросия : Скоро ли ваш храм будет дивен в правде.

— 161. По поводу освящения храма и о некоторых неприятностях

Получивши от Л. известие, что N владыка приехал в N, я ожидал дальнейших известий о приезде его в N и об освящении N храма. И вот вчера вечером 18 сентября получил от Л. уведомление, что освящение вашего храма совершилось благополучно и торжественно. — Поздравляю всех обитателей с этою великою радостию и с давно ожидаемым утешением духовным. — Только очень жаль, что ты, матушка, встречала это торжество с болью в голове и с болезнию в ноге, а батюшка о. N от зубной боли не только не мог служить, но и не являлся ко владыке; хотя это, с одной стороны, и печально, а с другой, может быть, и полезно: смиреннее будем и этого случая скоро не забудем. — Слава и благодарение Господу, что начавшееся возгорение трапезной скоро было погашено. — Дай Бог, чтобы и всякое другое возгорение неприятное скоро погашалось, чтобы не подавать деревенским ребятишкам повода повторять старинную песенку: гори, гори жарко, едет Захарка, сам на лошадке, жена на коровке, дети на телятках. — По-видимому, песенка эта глупенькая, но не без причины же и повода какого-либо она сложена. А я вам написал это после духовнаго утешения для простаго размешения.

Если батюшка N от зубной боли не мог служить, то кто же у вас теперь служит литургии в новоосвященной церкви? По церковному положению в первое время по освящении престола по крайней мере должно быть отслужено на нем не менее сорока литургий.

— 162. Болезни начальникам Господь посылает для того, чтобы они снисходили к немощам подчиненных

Л. пишет от 1 октября, что здоровье твое доселе не поправляется. Что делать; хотя начальственному лицу неудобно быть больным, ради неудобства к управлению, но Господь лучше нашего знает, что для нас полезнее. Он вся премудростию сотворил и творит. Попустил Господь первоверховным апостолам, одному отречение, а другому неосмотрительную ревность гонения, чтобы после они снисходительны были к немощным духом, Так, думаю, и теперь попущает Господь болезнь начальственным лицам, чтобы снисходили к подчиненным немоществующим и болезненным. А то здоровые телом начальники часто не верят подчиненным, когда они ему объясняют какую-либо немощь телесную или болезнь. Не вотще св. Давид глаголет в псалмах: проидохом сквозь огнь и воду и извел ны еси в покой. Кроме известных обстоятельств мученических, и болезнь телесная часто как огнем жжет болезнующее тело и как водою поливает обильною испариною.

Но еще тяжелее больному бывает, когда болезнь его телесная происходит не от одних телесных причин, но и от внутренних скорбей, а в таком случае болящему бывает сугубое томление. Но св. Давид, все скорбное испытавши, взывал ко Господу: по множеству болезней в сердце моем, утешения Твоя возвеселиша душу мою . И апостол Павел пишет: его же любит Господь наказует; биет всякаго сына, его же приемлет . И паки, получив много ран телесных, несправедливо ему нанесенных, св. апостол написал: елико внешний наш человек тлеет, толико внутренний обновляется по вся дни . Надеюсь, сестра, что сказанное в Писании сбудется и на тебе милостию и помощию предстательством Владычицы нашея Пресвятыя Девы Богородицы, за молитвами молящихся о нас.

Глаголет Господь во Евангелии: болен бех и посетисте Мя . Вот в этом письме и я еду посещать и утешать тебя, больную, хотя на дворе сыро и грязно, да и сам чувствую ревматическия боли по телу, даже иногда и в руках. Но почта письмо довезет, она не знает простуды, хотя почталионы иногда и ноги отмораживают.

— 163. Не должно страшиться за будущее, а надо уповать на Господа

Л. в письме от 13 октября пишет, что у вас теперь хорошо и все скорби миновались. Очень рад этому. Только вы боитесь чего-то в будущем. Если настоящее хорошо, то и будущее будет хорошо. Не вотще глаголет Господь во Св. Евангелии, ободряя нас: "не бойся малое стадо, яко благоволи Отец ваш Небесный дати вам царство". Поэтому утвердим себя верою и упованием, что силен Господь устроить о нас все благое и полезное. Если же и придется иногда потерпеть что-либо скорбное и болезненное, в то время повторяем себе слова св.Ефрема: "боли болезнь болезненно, да мимотечеши суетных болезней болезни". И св. апостол пишет: "страдания нынешняго времени тяготу вечныя славы нам ходатайствуют". По этой причине, св. Иаков, брат Божий, советует нам радоваться в находящих скорбях и печалех, чтобы и на нас исполнилось псаломское слово: радуйтеся праведнии о Господе.А подобные мне грешные да переносим это к очищению наших согрешений. Так дело наше и будет уравновешиваться.

Приветствую о Господе NN и прочих певчих и не певчих и всех в простоте сердца трудящихся и достодолжно проходящих свое послушание, а ропщущим желаю исправления в этой тяжкой немощи.

— 164. Послушание паче жертвы

Извещаю тебя и сущих с тобою, что жив есмь, милостию Божиею... хотя и с осенними тяготами.

От вас почему-то известия замедлились, может быть, за хлопотами по причине освящения церкви, или по другой какой-либо благословной вине, то это ничего, подождем. Если же по другим испытательным причинам, то потерпим, поминая сказанное в Евангелии: "в терпении вашем стяжите души ваши". Сверх того можешь иметь к своему успокоению и то, что ты не сама взялась за дело общины, а приняла тяготу сию за послушание. Послушание же, как сказано, паче поста и молитвы; и паки: послушание паче жертвы, и паки: милости хощу, а не жертвы. Знаю, что ты ревнительница исполнения закона Христова, а апостол Павел в посланиях своих пишет: друг друга тяготы носите, и тако исполните закон Христов.

Правда, что не легко переносить тяготы эти, но хотящим спастися Господь глаголет во Евангелии: иже в вас хощет быти вящший да будет всем слуга, и хотяй у вас быти первый, буди вам раб. Все это сказать и написать легко, исполнить же трудно, да некуда деваться, слыша сказанное от Самаго Господа: "иже аще разорит едину заповедей сих малых, мний наречется в Царствии Небесном".

Поэтому мужайся, боголюбивая сестра, и да крепится сердце твое о Господе, и вместе помолись о мне грешном глаголющем и не творящем. Ничего не делая, неудобно есть глаголати, да и молчать опасно, слыша прещение ленивому рабу. — Ты же яко ретивая и боголюбивая, послушай и сотвори, в терпении и долготерпении, и мзда твоя будет многа на небеси.

— 165. Толкуньи просят прощение
Вчера я получил извинительное письмо от трех толкуньев ваших. Их насчитывалось прежде до пяти; N писала, что четыре, а просят прощение только три.

— 166. О послушнике С. Не должно бежать от служения ближним
Паки и паки миром Господу помолимся; о свышнем мире и спасении душ наших и благом стоянии сестер в церкви и о прочем благопотребном всем нам.

На днях пришел С., сын некоей старицы вашей, с письмом от вас. Наш о. игумен хотя неохотно, а согласился, чтобы мы приняли его в скит на усмотрение. Если С. будет весть себя порядочно, то и может жить у нас; только что-то волосы на голове его такие мудреные, каких редко можно увидеть. Впрочем, самое дело лучше покажет, что и как. Ливенские жители привыкли говорить: толкач муку покажет.

Как твое здоровье, матушка N? а я о себе скажу, что переживаю дни не без тяготы и понуждения. Поневоле приходится вспоминать Евангельское слово: нудится Царствие Небесное и нуждницы восхищают оное. Разбойнику и после слов Спасителя: "днесь со Мною будеши в раи", перебили голени, и он висел на одних руках, страдая несколько часов, а часы висения на руках с перебитыми ногами были не легки, как это всякий понять может.

Слова эти ввиду всерадостнаго праздника Рождества Христова как будто бы неуместны, но светлый праздник Воскресения Христова предваряется Страстною неделею. И вообще в воскресные дни служба наполнена большею частью воспоминанием страданий Христовых. Поэтому простые люди не без причины часто говорят: Христос страдал и нам повелел. И о пророке Моисее писано, что лучше благоизволил страдать с людьми Божиими, а некоторую особу все помыслы смущают бежать от людей Божиих. — Но святый Давид, испытавши все, взывал ко Господу: камо пойду от духа Твоего и от Лица Твоего камо бегу. И сам Господь во Евангелии глаголет: иже не приимет креста своего и в след Мене грядет, несть Мене достоин, и паки: больше сея любве никтоже имать, да еще кто положит душу свою за други своя.

Пришли исповедываться, я и заканчиваю письмо.

— 167. Приветствие с Новым годом
Поздравляю тебя со вступлением в Новый год. Сердечно желаю

тебе и всем в N живущим мирнаго и душеполезнаго жития во дни сия. В Новый год приходил ко мне разный народ с поздравлениями, и одна приезжая особа рассказала следующее: в Новый год пришли ученики к учителю с поздравлением и он их приветствовал так: дети! и я поздравляю вас с Новым годом и в новый год желаю вам быть поумнее. Ученики учителю простодушно отвечали: и вам того же желаем. Простодушный ответ детей очень пришелся кстати. Полезно для всех учащих и учащихся после старых ошибок вперед быть поумнее и стараться поступать благоразумнее. Но как-то эта наука скоро не дается. Требует много терпения и понуждения; прежде всего внимания и смирения, покорности и послушания заповедям Божиим и повиновения старшим.

Некогда один господин спросил покойнаго нашего 80-летняго отца архимандрита Моисея, что всего труднее в монастыре? Опытный старец отвечал: у нас труднее всего "послушаться" (и должно быть, когда дело касается до чаепития). Вот я сорок лет, живя в монастыре, угождал больному чреву чаепитием, но оно все болит да болит и нисколько не успокаивается, а еще более раздражается. Не вотще св. Иоанн Лествичник написал: чем более будешь угождать телу, тем более оно свирепствует и тем более тебя будет безпокоить. — Воздержные люди большею частью бывают здоровы, а невоздержные большею частью бывают больны. Первые, если по особенному Промыслу Божию бывают и нездоровы, то, по крайней мере, находят утешение в покойной совести, не упрекающей их в невоздержании, от котораго бывает разслабление и в прочем, относящемся к духовной жизни. Хорошо бы глаголющему сия хотя в настоящий новый год и вперед быть поумнее.

— 168. Не должно смущаться тем, что грешники благоденствуют, а праведники бедствуют

В прежнем году ты все была больна; хоть бы в новом была поздоровей. А то N пишет, что ты все страдаешь от боли в ноге, так что и праздник Р. Х. с большим трудом была в церкви. Не вотще сказано в Писании о недомыслимых судьбах Божиих: не якоже путие ваши, путие Мои но елико отстоят востоцы от запад, тако путие Мои, от путей ваших.

7 января, пред получением письма от N, при малом досуге, раскрыл я алфавит духовных св. Димитрия Ростовскаго, и открылось в 3 части место, где сказано, что все святые проводили жизнь в скорбях и печалях, тогда как многие из грешных благоденствуют. — На что взирая и св. Давид глаголет: яко возревновах на беззаконныя мир грешников зря; и прор. Иеремия взываст: почему путь нечестивых спеется. Слышим на сие ответ в Св. Писании: ублажиша людие, им же сия суть: но блажени людно, им же Господь Бог их. Господь бо лучше нашего знает, что для нас полезнее. О себе скажу, что и я по утрам ощущаю большую тяжесть, как бы пуды на мне висят. А делать нечего — податься некуда.

— 169. За суетою житейскою не с чем предстать на Суд Божий

Давно не писал тебе под тем предлогом, что ты находишься в N, а туда написать не надумался да и не совсем было досужно. Паче обычнаго в настоящую зиму я зарепортовался от множества посетителей, а может быть, и оттого, что мало-помалу слабость телесная прибавляется, а при телесной слабости прибавляется и слабость душевная, по сказанному: немоществует тело, немоществует и душа, а я плохо прибегаю к Царице Небесной под предлогом недосуга. Если же хорошенько разобрать, то и окажется, что это бывает по недостатку усердия. С ранняго утра и до поздняго вечера молва и молва и толки только о житейском, а заботы и попечение о духовном и небесном остаются все в стороне. А вот того и смотри, что смерть придет. С чем явиться на Суд Божий. Одна только надежда на милосердие Божие и на молитвы молящихся о мне грешном. А сам я нищ, и наг, и убог от дел благих. Одни же слова в резон не принимаются, по сказанному: Царствие Божие не в слове, а в силе, т. е. нужно делом исполнять то, что нам предписано.

— 170. Пред наступлением Св. Четыредесятницы
Возлюбленные о Господе!
Пречестнейший б. о. И. и пречестнейшая матушка N и все сестры в N общине живущия и к общине принадлежащия!

Вот уже кончается сырная неделя, когда все православные, готовясь вступить в Святую Четыредесятницу, просят друг у друга прощение, в чем по немощи человеческой бывают виноваты друг пред другом волею или неволею. — Я у всех вас прошу прощение, чем кому, может быть, ненамеренно я досадил. Сказано негде: вси бо есмы человецы и всуе всяк человек.

На сырной неделе хотел было я отдохнуть немного, но не дали. Провожал, провожал приезжих да и устал более прежняго, да и нервы мои стали как будто слабее прежняго. А кого ни примем, всякий хочет толковать побольше. От этого и дело не спорится, да и я отягощаюся и изнемогаю.

Помолитесь обо мне немощном и грешном, чтобы мне и другим не досадить и своей душе не повредить. Все только чужия крыши стараюсь покрывать, а своя храмина душевная стоит раскрытою. Помолитесь, чтобы Господь ими же весть судьбами не лишил милости Своея вечныя.

Приветствую N и N:юху и советую им держаться бодраго духу в наступающие великопостные дни.

Когда Василий Великий был еще настоятелем монастыря, в то время Григорий Богослов писал ему так. Назирай юность: когда тропарь, обретается в церкви; когда же аллилуия, друхлует. То есть когда пелся тропарь, пища была с маслом, а когда пелось аллилуия, пища была без масла. От такой пищи малодушные и унывали. Мир всем вам!, и духови вашему! и нашему! многогр. и. Амвросий.

— 171. Смерть — благий конец страждущих

Получил я письмо от N от 23 марта с известием, что мать А. после болезненных страданий мирно почила о Господе. Царство ей небесное! Ежели она при кончине своей сподобилась видеть милость Господа своего и нашего, то нет никакого сомнения, что она и всегда будет наслаждаться лицезрением сладчайшаго нашего Искупителя, столько к нам грешным милостиваго. — Лики праведных и преподобных будут радостно приветствовать почившую о Господе.

Трудно переносить тяжкия и болезненныя страдания и томления и другия скорби, но отрадный и утешительный сему последует конец. И со стороны прискорбно видеть страждущих, в различных болезнях и других скорбях, но благий конец всерадует и веселит, особенно близких.

— 172. Совет о том, как поступать с порубщиками леса

Желаю тебе радоваться о Воскресшем Господе!

Возмогай в державе крепости Его.

Не вотще повторяются часто во дни Св. Пасхи псаломския слова: сей день его же сотвори Господь, возрадуемся в онь и возвеселимся.

Слышу, что ты скорбишь много о том, что вам много стужают N лесные татие; не только рубят ваш лес, но еще и угрожают разными угрозами. Противу таких угроз противопоставим псаломское слово: Господь просвещение наше и Спаситель наш, кого убоимся; Господь защититель живота нашего, от кого устрашимся. Аще ополчится на нас полк, не убоится сердце наше: аще возстанет на нас брань, на Него уповаем. И паки: живый в помощи Вышняго в крове Бога небеснаго водворится. Яко на Мя упова и избавлю и: воззовет ко Мне и услышу его: с ним есмь в скорби, изму его и явлю ему спасение его.

Все это пишу тебе для того, чтобы ты не унывала и паче меры не скорбела и много не устрашалась от угроз лесных татей, приходящих во множестве с топорами.

У нас года два назад был подобный случай: монастырския дачи смежны с казенными лесными дачами, где по местам в караулках живут по одному солдату. Один караульный, заметив порубку, отправился туда на лошади с копьем, ружьем и, кажется, с пистолетом. Подъехав тихо, нечаянно наткнулся прежде на лежащие топоры. — Мужики почему-то еще не начинали рубить, а вдали стояли и толковали о чем-то. — Сметливый солдат слез тихо с лошади и переложил их топоры в другое место, потом сел на лошадь и подъехал к ним с выговором: зачем они рубят казенный лес; а мужики, разумеется, отвечали ему по-своему и хотели его прогнать или схватить. Солдат был один, а мужиков шестеро. — Караульный, как вооруженный, не испугался и, заметив, что один мужик стал заходить сзади, то, чтобы не убить совсем этого дерзкаго, сделал выстрел ему прямо в ноги. Ружье было заряжено дробью, и дробь эта влепилась мужику в ноги. Мужик этот долгонько поболел, а остался жив и выздоровел. И теперь эти мужики побаиваются ездить в этот участок и рубить лес. — Я пишу все это для того, так как у ваших караульных есть ружья, то заряжали бы их дробью и в крайней нужде и необходимости не стреляли бы иначе, — как только в ноги, тогда человек останется жив. Разумеется на угрозы отвечать угрозами чрез начальство, и тогда хоть немного, да смирятся бунтовщики эти; также не нужно много и скорбеть, если окажется малая порубка. Весь ваш лес не порубят.

— 173. Об утверждении общины и о том, что скорби должно переносить терпеливо

Наудачу пишу тебе в N может быть, письмо мое тебя там и застанет. Если ты была у П. или в консистории, то всячески узнала, что община... утверждена... со всеми недвижимыми имуществами.

Теперь благовременно по многим причинам для N общины просить другого священника, если не прямо, то как бы в помощь о N, так как последнему предложат разъезды в N или ради земли, или ради помещения там N, чтобы более не являлся в N и не куролесил. А нам с тобой предложит возмогать о Господе и в державе крепости Его и не очень принимать к сердцу неудобных встреч и обстоятельств. Молитвы великих странников да покроют нас. Они милостивы и сострадательны, и, сбивающимся с пути могут указать настоящую дорогу, да еще молочным кулешем подкармливают, хотя ложки их и не совсем аккуратны. Помни этот кулеш, когда неприятную похлебку ешь. Как ни мерекай туда и сюда, а нигде не избежишь труда. Не ложно слово Самого Господа: "в мире скорбни будете". Значит, в целом мире нигде скорбей не избежим. Поэтому и предписывается другое Евангельское слово Господа: "будите мудри яко змия, и цели яко голубие; и в терпении вашем стяжите души ваша; претерпевый до конца, той спасен будет". И еще: "больше сея любве никтоже имать, да аще кто положит душу свою за други своя". И апостол пишет: "любы николиже отпадает". Еже буди всем нам получити милостию и человеколюбием Господа нашего Иисуса Христа.

Приписка о. Амвросия. Аминь! Аминь! Аминь! многогр. и. Амвросий. Молись о мне недостойном и неисправном, всех учу, а сам делать ничего не хочу, а только смотрю, что под столом.

— 174. Искушения неприятны, но полезны

... Как-то ваши дела идут и к какому концу грядут? Впрочем, как бы они ни шли, не мимо идет слово Писания, глаголющее: в терпении вашем стяжите души ваша; и — претерпевый до конца, той Спасен будет. Не приидох бо, глаголет Господь, воврещи мир на землю, но меч. Св. Иоанн Лествичник, объясняя слова сии, говорит: чтобы разлучить боголюбивых от миролюбивых, и смиренномудрых от славолюбивых. А из г. Ливен приезжающие к нам часто повторяют слово, значение котораго я не совсем ясно понимаю: "толкач муку покажет". Должно быть, когда толкут человека-христианина, то и покажется, какая в нем мука, первой руки или второй, или третьей. И св. Иаков, брат Божий, пишет, что человек неискушен неискусен. В паремиях преподобным читается: якоже злато в горниле искуси их.

Искушения неприятны, а полезны; да и податься от них некуда, по сказанному: в мире скорбни будете. Значит, в целом мире безскорбнаго места не найдешь; везде к одному заключению придешь, что потерпеть нужно. Другаго средства к избавлению нет.

Здоровье мое постоянно слабое, а потому-то дела мои не спорятся, заметно, что еще становится слабее. Письмами я так завален, что не успеваю прочитывать.

— 175. Монах, если не крестится крестом, не может быть монахом

...Слышу, что опять у тебя открылась болезнь в ногах, а болезнь причиняет страдание, а страдание требует терпения, без котораго не приобретается спасение наше, по сказанному в Евангелии от Самаго Господа: в терпении вашем стяжите души ваша и претерпевый до конца, той спасен будет.

Правда, что начальнику при болезни телесной неудобно начальствовать. Но Господь лучше нашего знает, что для нас полезней, здравие или болезнь.

Недавно, мне прислали напечатанныя записки одной замечательной монахини, в которых между прочим сказано, что Господь в видении сказал этой монахине: "как христианский младенец, если не родится водою и духом, не может быть христианином, так и монах, если не крестится крестом, не может быть монахом".

Подлинником посылаю тебе эту брошюру, из которой видно, что до дверей Царствия Небеснаго без труда и неудобств добраться невозможно: потому и повелено нам поступать осторожно, как сказано у апостола: должны есмы мы сильнии немощи немощных носити и не себе угождати. — Блюдый себе, да не и ты искушен будеши. Друг друга тяготы носите, и тако исполните закон Христов. Еже буди всем нам получити и улучити. Аминь. Наступает Новый год. Кто может, да потщится жить по-новому в обновлении духа, да будет нова тварь: и о мне грешном и обетшавшем да помолится, дабы избегнуть апостольскаго упрека: научая иного, себе ли не учиши.

Всех N обитателей поздравляю с новолетием, и у всех прошу молитв святых о моей худости и неисправности.

— 176. О том, что христиане не вдруг достигают совершенства

Так как вы не скоро получаете мои письма, то заблаговременно поздравляю тебя и и всех сестер общины с наступающим всерадостным праздником Светлаго Воскресения Христова и приветствую всех вас радостным христианским приветствием: Христос Воскресе! Христос Воскресе! Когда будет повторяться сие знаменательное приветствие, то прошу помянуть меня грешнаго и в церкви, и в трапезе, и по кельям.

Написал я общее поздравление для сестер некоторых монастырей, посылаю оное и вам. Если по вашему усмотрению

123

непригодно будет читать оное в самый праздник Пасхи Христовой, то можно прочитать оное сестрам в другое время. Означенные в письме немощи обретаются повсюду. Везде найдутся недугующие ею. Христиане не вдруг достигают совершенства, а пока не достигнут онаго, безпокоимы бывают тою или другою немощию или страстию. Потому-то и сказано в Евангелии: "нудится Царствие Божие и нуждницы восхищают оное". Прошу всех вас помолиться о мне грешном, глаголющем и не творящем, да не вменит мне всеблагий Господь в тяготу неделательное глаголание. Тесно мне отвсюду. Не следовало бы глаголати неделающему. Но и совсем замолчать не знаю как.

О здоровье своем не знаю, как вам и сказать. Милостию Божиею переживаю день за день, только по утрам с трудом разламываюсь, как скованный, чувствуя охлаждение и недомогание во всем теле. Слава Богу за все. Слышим и читаем: "воздастся коемуждо по делом его", — за произвольное нерадение о должном исправлении невольное недомогание и тягота, по сказанному: "много раны грешному, уповающаго же на Господа милость обыдет".

Милость Твоя, Господи, да поженят нас во вся дни живота нашего, и еже вселитися нам в дом Господень в долготу дней, в нескончаемой вечности. Аминь.

— 177. Не должно уединяться, а нужно заботиться о сестрах

... Каково-то твое здоровье? И каково внешнее положение дел? И каково внутреннее расположение души? И что чувствуешь, когда бываешь в обращении с людьми и когда находишься наедине в тиши? Должно быть, уединяться не спеши, а прежде позаботься об обители и сестрах, которых совсем оставить не малый страх, — и усердно позаботиться о них показывает знамение истинныя любви, о которой апостол пишет так: аще предам тело мое на сожжение, любве же не имам, никая ми польза есть. Любы долготерпит, милосердствует, не ищет своих си. Аще Сын Божий послушлив был до смерти крестныя, то, что скажем мы о себе, егда приидет помысл, смущающий нас уединением и оставлением забот об обители и о сестрах. Повторяю, что оставить все это немалый страх. — Преп. Максим исповедник говорит, что страх должен растворяться любовию, а любовь страхом, а без этого бывает или ненависть, или презрение. Обоюдное же растворение их же, страха и любви, составляет истинную добродетель.

Помолись о мне, глаголющем и нетворящем.

— 178. Приветствие с Пятидесятницею. Случай с монахом, переставшим приобщаться Св. Тайн

В навечерие Св. Пятидесятницы благожелательно приветствую тебя праздничным приветствием с церковным возглашением: Пятидесятницу празднуем и Духа пришествие, и предложение обещания, и надежды исполнение, и таинство елико, яко велико же и честно. Вся подает Дух Святый, точит пророчества, священники совершает, некнижные мудрости научи, рыбари богословцы показа, весь собирает собор церковный. Единосущно и сопрестольне, Отцу и Сыну, Утешителю, слава Тебе.

Кто бывает в храме Божием, тот может возглашать: во, дворех Твоих воспою Тя Спаса мира, и преклонь колена, помолюся Твоей непобедимей силе, вечер, и утро, и полудне, и на всякое время благословлю Тя Господи.

А седящий в келье и большею частию лежащий как и что воспоет?

Прошу обитателей N обители помолиться о лежащем человеке, да ими же весть судьбами Всеблагой Господь помилует и меня грешнаго и недостойнаго.

P. S. В нашей обители 80-летний иеромонах начитался Библии и перестал было приобщаться Св. Таин и пробыл в таком положении более пяти лет. Ничьи убеждения не могли его разуверить в ложном мнении. Одному брату пришла благая мысль отнять у него Библию, и это отъятие очень помогло делу, разумеется с помощию Божиею. — При ослабевшей памяти он не мог более возражать и согласился приобщиться и — чрез несколько месяцев мирно скончался. Имя его Виталий. Помолитесь о нем.

— 179. Нужно повременить с удалением от настоятельства. В судебном деле руководствоваться словами Спасителя "аще кто хощет судитися"

Мир тебе и Божие благословение и всякое утверждение в терпении и долготерпении, в нем же имамы великую потребу, да благодушно переносим вся встречающаяся и вся приключающаяся. Потерпи, подожди еще мало, сестра и мати; милостив Господь, повремени, облегчится крест твой, Богом на тебя возложенный. Сами, твердо знаешь, сказанное самим Господом во Евангелии: "больше сея любве никтоже имать, да аще кто положит душу свою за други своя", и паки: "милости хощу и не жертвы". Недавно мне подарили малую книжицу, в которой я прочел замечательное место из Златоуста, где он пишет так: "заметь различие добродетелей: милосердие без девства возводило имеющих его на небо, а девство без милосердия не могло сделать этого. Девство- дело доброе и вышеестественное; но и это доброе, великое и возвышенное дело не быв соединено с человеколюбием, не может ввести даже в преддверие брачнаго чертога (Беседа о пророке Илии), и паки сказано в Писании: блажен, иже имать семя в Сионе, т. е. чада духовная в Горнем Иерусалиме. Это не раз я тебе писал и теперь повторяю тоже с тем намерением, чтобы облегчить скорбение твое при затруднительных обстоятельствах. В трудностях своих поминай к утешению своему апостольское слово: кийждо приимет мзду по своему труду. Силен Господь утешить нас малодушествующих утешительным окончанием дел, которыя совершаются теперь со многими препятствиями.

Слышу, что ты опять уехала на суд с кирпичным подрядчиком; не знаю, как и чем кончилось у вас судебное дело, а только вспоминаю при сем не вотще сказанное в Евангелии слово: аще кто тя поймет по силе поприще едино, иди с ним два. И аще кто хощет судитися с тобой и взяти твою одежду, отдай ему и срачицу. Везде потребно терпение и долготерпение, а для сего потребно милосердие, человеколюбие и снисхождение к ближнему, одним словом, потребна любовь, которая долготерпит. Поэтому возмогай о Господе, боголюбивая сестра, и в державе крепости Его. (Конец утрачен.)

Слышу, что последствие бывшей с тобою болезни доселе продолжается, и ты от этого немного унываешь и упадаешь духом и недалека от роптания, по причине некоторых случаев и обстоятельств по обители. При скорбном и затруднительном положении к успокоению своему да поминаем слова богодухновеннаго пророка Давида, глаголющаго: "многи скорби праведным и от всех их избавит я Господь", и паки: "по множеству болезней моих в сердце моем утешения твоя возвеселиша душу мою". Препод. Исаак Сирин в 61-м слове пишет: "сего ради оставляет Господь вины смирения и сокрушения сердца притрудною молитвою на святыя, да к Нему приближаются смирением, любящия Его; и множицею устрашает их страстьми естества, и поползнути и в срамных и скверных помышлений, множицею же и поношенми и досажденми и человеческими заушенми; овогда же недуги и немощми (телесными): а иногда нищетою и скудостию нужныя потребы, и овогда убо боязнми болезни лютыя, и оставлением и бранию явною диаволию, ими же тех устрашати обыче; овогда же различными страшными вещми. И сия вся бывают да имати будут вины, еже смирятися, и да не случится тем дремание и нерадение. Тем же нуждне, приполезно суть человеком искушение". До зде св. Исаак.

Слыша сия вся, мужайся, сестра и мати, и да крепится сердце твое и молись о мне грешном и немощном, дабы и аз немощной неповинен был бы дреманием нерадения, им же присно содержим есмь.

Л... пишет, что ты хотела было полечиться у какого-то фельдшера, но он отказался лечить заочно. Если желаешь, можешь попробовать полечиться корнями большой крапивы. Теперь весна, вели этих корней нарыть, вымыть и высушить,.или хотя провялить, не на солнце, а под навесом. Потом изрезать эти корни, положить в кувшин и оттопить в вольном духе в печке, как обыкновенно делают декокт. — И пить этого отвара стакана три в день, или пить хоть вместо кваса. Отвар этот очищает кровь. Если болезнь твоя простая, обыкновенная, то лекарство может помогать; а когда болезнь произошла от особенных причин, тогда внешния лекарства помогать не могут; тут уже нужно просить и ожидать помощи свыше за молитвы молящихся о нас.

И у меня грешнаго по временам к вечеру стали делаться головныя нервныя боли и от усталости и слабости желудка. Делать нечего! Надобно потерпеть и покориться Всеблагому Промыслу Господа, хотящаго всем спастися и в разум истины приити...

(Окончание не отыскано.)

126

— 180. Не унывать в скорби и не забывать о пище (1881 г.)

Мужайся о Господе и да крепится сердце твое в постигшем искушении обитель вашу.

Читаем в псалмах: мир мног любящим закон Твой, и несть им соблазна. Знаю, что ты от всего сердца любишь закон Божий. Поэтому крепись и мужайся против случившагося соблазна в обители. Правда, что нелегко понести подобный соблазн, как говорит о сем и св. апостол Павел: кто соблазняется и Аз не разжизаюся. Хотя и трудно переносить подобныя обстоятельства, но малодушествовать ни в каком случае не следует. Помню, что тебе послана была мною книга писем Иоанна Златоуста к блаженной Олимпиаде. Из этих писем видно, какой соблазн происходил в Константинопольской церкви во время гонения Иоанна Златоуста. Как много было тогда соблазнившихся и повредившихся душевно, но несмотря на это, св. Златоуст убеждал блаженную, Олимпиаду не малодушествовать и не печалиться паче меры. А я слышу, что ты настолько предалась и предаешься безмерной печали, что несколько уже дней совсем не употребляешь пищи, так что и желудок твой стал ссыхаться. Это неблагоразумно и несогласно с волею Божиею предаваться такой вышемерной печали, когда имеем апостольскую заповедь радоваться в различных искушениях, как пишет св. Иаков, брат Божий. То же самое сказано и у ап. Павла. Всегда радуйтесь, непрестанно молитеся, о всем благодарите. Сия бо есть воля Божия. И нам следует придерживаться воли Божией, а противное отвергать и не предаваться оному. Ангел покаяния св. Ерму говорил, что печаль оскорбляет Духа Святаго и неприлична рабам Божиим, то есть печаль неуместная, или вышемерная. А ты уже пресытилась печалию, пора и отложить оную и взяться за благонадежие. И простой опыт свидетельствует, что после сильной бури в море бывает велия тишина. Будем мы надеяться и ожидать подобнаго.

Если бы было мне возможно, немедленно отправился бы в N и насильно заставил бы тебя есть и пить. Но слабость не допускает меня. И это письмо диктую тебе сидя на кровати. Потому что ноги мои почти не терпят никакой обуви. А приходящие с открытаго воздуха производят насморк, приносимый холодом. Но ты по крайней мере послушайся моего грешнаго посланного совета. Как получишь это письмо, садись и ешь селедку, или икру с очищенными солеными огурцами и запивай квасом или пивом: также не мешало бы подбодрить пустой и тощий желудок и виноградным, как советовал св. апостол Павел слабому желудком Тимофею. Время всякой вещи, говорит премудрый Сирах. Болящему и скорбящему неблаговременно и неуместно поститься. Повторяю, как получишь это письмо, немедленно вели Е. подавать тебе все по предписанному. Жаль, что издалека не могу угостить тебя по лесному, а то было бы это благовременно. Я уже писал тебе, что и в старой Тихоновой обители было подобное искушение, но настоятель принял оное благодушно и с мужеством, и дело, по времени, помощию Божиею, хотя не вдруг, а уровнялось и пошло по-прежнему. Будем надеяться и ожидать хорошаго исходу относительно и обители, также относительно и собственнаго душевнаго положения и расположения, по псаломскому слову св. Давида, взывавшаго ко Господу: по множеству болезней в сердце моем, утешения Твоя возвеселиша душу мою.

Господи заступи, спаси и помилуй и сохрани нас Твоею благодатию.

Приписка о. Амвросия. Мать! давно было сказано, чтобы не унывать, а на милость и помощь Божию уповать! Что говорят, слушай, а что подают, кушай, особенно теперь понуждайся покушать, а то вредно.

— 181. Утешение в скорби

Слышу, что скорби настолько тебя отяготили и до такой степени причинили тебе болезнь, что ты опять решилась особороваться св. елеем. — И хорошо сделала. Елей означает милость. Милость же Господня пребывает от века и до века на боящихся Его; и несть лишения боящимся Его; и паки: многи скорби праведным и от всех их избавит я Господь. Правда, не легко перенести, когда по псаломскому слову, человек мира моего, на него же уповах, ядый хлебы моя, возвеличи на мя запинание. — И в другом месте: яко аще бы враг поносил ми, претерпех убо: и аще бы ненавидяй мя, на мя велеречивал укрылбыхся от него. — Ты же человече равнодушне и знаемый мой иже купно наслаждался еси со мною брашен, в дому Божии ходихом единомышлением, — и что твориши, забывая сказанное в Писании: обратится болезнь его на главу его; и паки: воздастся комуждо по делом его; и паки: несть тайна, яже не открыется. Умякнуша словеса их паче елея, и та суть стрелы.

Но, боголюбивая сестра, кто как хочет, а мы да изволяем благое, моляся псаломским словом благонадежно Господеви: скорби сердца моего умножишася, и ненавидением неправедным возненавидеша мя. Сохрани душу мою и избави мя, да непостыжуся, яко уповах на Тя. Незлобивии и правии прилепляхуся мне, яко потерпех Тя, Господи. — При этом полезно поминать и незлобие Самаго Господа, как Он молился о распинателях Своих: Отче! остави им грех их, не ведят бо что творят. Если и мы так будем поступать, то получим и в скорбях отраду душевную, как свидетельствует псаломское слово: по множеству болезней в сердце моем утешения Твоя возвеселиша душу мою. Еже буди получити нам неизреченным милосердием Божиим.

Очень желаю, чтобы письмо мое застало тебя оправившеюся от болезни и умиренную в духе.

— 182. Назидания сыплются на нас со всех сторон: только надо не отвергать их

Встретивши праздник Рождества Христова, поздравляю тебя с Новым годом. Сердечно желаю тебе всего новаго, хорошаго, полезнаго и душеполезнаго, назидательнаго и спасительнаго. —

Назидания со всех сторон на нас так и сыплются, только остается не отвергать, а принимать великодушно, или хоть терпеливо переносить. — Нездоровится нам телесно; ободряет нас св. апостол Павел, глаголя: елика внешний наш человек тлеет, толика внутренний обновляется по вся дни. Поносят нас и обвиняют на стороне, в это время да вспоминаем Евангельския слова Самаго Господа: блажени есте, егда поносят вам, иждену и рекут всяк зол глагол, на вы лжуще Мене ради. Возрадуйтеся в той день и взыграйте, яка мзда ваша многа на небеси, и мзда вечная. На земле же все, временно и кратковременно и скоропреходяще. Скоро все проходит как приятное и отрадное, так и прискорбное и болезненное.

Ежели мы избрали для себя путь благочестия, то должны помнить и не забывать Апостольское слово: вси хотящии благочестно жити о Христе, гоними будут.

Правда, что неприятно и прискорбно видеть неожиданно случившееся разстройство в обители вашей. Но если сравнить это разстройство ваше с Тем сильным разстройством, какое было в Константинополе во время гонения на св. Иоанна Златоустаго, когда св. Олимпиада терялась в недоумениях, то при таком сравнении разстройство N против Константинопольскаго окажется очень маловажным. При таком сравнении есть для нас и утешительная мысль: св. Златоуст получил свою великую мзду От Бога, а св. Олимпиада не только успокоилась от своих недоумений, но и возрадовалась и не перестает радоваться радостию неизглаголанною.

Понудимся и мы потерпеть болезненное и прискорбное. Есть старинная пословица: стерпится — слюбится. А дело обители вашей силен Господь привести в должный порядок.

Я владыку вашего поздравлял с праздником и просил его, чтобы он ложные доносы принимал с разсмотрением, не доверял бы клеветам. Самое дело вернее слов.

— 183. Не должно бежать от настоятельства, чтобы не оказаться подобным Ионе, который хотел бежать в Фарсис, а попал во чрево китово

Мир тебе и Божие благословение и всякое утверждение в истине. N от твоего имени пишет, что ты написала было прошение об увольнении тебя от начальства. Но невидимка опрокинула стаканчик лампадки и залила маслом это прошение. Так дело это и осталось.

Знаю, сестра, что тебе очень трудно и от обстоятельств и от резких и неуместных выходок, которыя сильно влияют на слабые твои нервы, и потому ты все хочешь подражать пророку Ионе, который от лица Божия побежал в Фарсис, да попал во чрево китово. Также помни, что и на берегу безмолвия ранний червь может подтачивать тыкву твою и зной огненных стрел вражиих опалять главу. От лица Божия никуда не можем уйти. Всякому христианину назначается свой крест и указуется свой путь, и в Евангельском учении проповедуется, что послушание есть главная добродетель христианская. И настоятельство есть так же послушание. Св. ап.

Павел пишет и о Самом Спасителе, что Он был послушлив до смерти, смерти же крестныя. А вообще ко всем нам св. ап. Петр глаголет: возлюбленнии, яко чада послушания трезвящеся совершение уповайте на приносимую вам благодать откровением Иисус Христовым, не преобразующеся первыми неведения вашего похотении. И Сам Господь во Евангелии глаголет: не приидох да творю волю мою, но волю пославшаго Мя Отца, и к Верховному Апостолу рек: Петре! любиши ли Мя паче сих! паси агнцы Моя. Из этих слов сама ты, сестра, можешь понимать, чем более может выражаться любовь ко Христу. Поэтому не уклоняйся от возложенной на тебя трудной обязанности заботиться о юных сестрах, об их устроении и спасении, поминая слово, сказанное: больше сея любве никтоже имать, да кто душу свою положит за други своя (Иоан. 15, 13). И апостол пишет: кийждо приимет мзду по своему труду. Силен Господь укрепить слабые твои нервы, а за резкия и неуместныя выходки смирить виновнаго в свое время. Так же если воля Божия будет, то и безмолвие в свое время подается желающим. Выше воли Божией нет ничего, и послушание паче жертвы, послушание паче поста и молитвы. Всем назначено послушание, и младшим и старшим. Послушание для всех полезно и спасительно. (Конец утрачен .)

— 184. Должно помнить слова: вси, хотящии благочестно жити, гонимы будут

Мужайся, и да крепится сердце твое. Если решились мы для спасения души своей идти путем благочестия, то да не забываем апостольских слов: "вси, хотящии благочестно жити, гонимы будут", если не по-древнему различными муками, то по-новому различным поношением. Но чтобы мы в этом не малодушествовали. Сам Господь подкрепляет и утешает нас, глаголя во Евангелии: "блажени будете, егда поносят вам и рекут всяк зол глагол, на вы лжуще Мене ради. Радуйтеся и взыграйте, яко мзда ваша многа на небеси".

Если же еще по немощи нашей не можем, при поношении, радоваться, то по крайней мере да не скорбим паче меры. Если же от слабости нерв не можем побороть и одолеть скорбных и оскорбляющих мыслей, то всячески да соблюдаем себя от ропота. Когда-же и до сего доходило дело, то да познаем немощь нашу и да смирим себя пред Богом и людьми и покаемся. — Познание своей немощи и смирение тверже всякой иной добродетели.

Св. ап. Павел пишет о себе так: "за премногия откровения да не превозношуся, дадеся ми пакостник плоти". Александр ковач много ран телесных нанес апостолу Павлу, возмутив против него целый город язычествующий.

Как и чем объяснить то, что возлюбленный наперстник Христов, Иоанн Богослов, обязанный проповедывать Евангелие, вместо того принужден был неподобною женщиною топить городскую баню и нес эту тяготу в продолжении шести лет. Но за такое притеснение апостола Господь сотворил такое чудо, что весь город обратился к христианской вере, чего проповедию, может быть, нельзя бы было сделать в продолжении 10 лет и более. Зная и памятуя это, и мы да подклоняем или преклоняем выю нашу, когда возлагается на нас тягота скорбных обстоятельств или поношения или какого стеснения, имея надежду, что впоследствии выйдет что-либо полезное для тех, о ком поручено нам заботиться в духовном и внешнем отношении. Дивны дела Господни и неисследимы путие Его. Не напрасно и не вотще взывал св. Давид к Господу: "по множеству болезней в сердце моем, утешения твоя возвеселиша душу мою". Да веруем и да надеемся мы, что, за понесенныя скорби силен Господь утешить и нас, каждаго в свое время и по устроению каждаго. Преп. Петр Дамаскин пишет: великий дар Божий открывается и в том, что Господь ищет спасения нашего и устрояет оное всеми способами.

Молись о мне грешном, глаголющем и не творящем.

— 185. Приветствие с Новым годом (1882 г.)

Вступивши в Новый год, благожелательно приветствую тебя со всем новым, хорошим и успокоительным против того, что было в прошлом году.

Владыку вашего я поздравлял с праздником и Новым годом, объясняя нечто и о N общине. В ответ, от него получил следующее: "с своей стороны, при помощи от Господа постараюсь водворить мир в среде сестер и должное повиновение начальнице".

Поздравляю тебя с приближающимся днем рясофорнаго твоего пострижения и сердечно желаю тебе подражать Той, о Ней же сказано в псалмах: рясны златыми одеяна и преукрашена и которой теперь церковь воспевает присно: Радуйся благодатная! Прежде же было сказано: тебе же самой оружие пройдет душу. А апостол пишет: сам же искушен быв, может и искушаемым помощи. Сама Владычица наша Пресвятая Дева Богородица столько испытала скорбей, болезней сердечных, как никто другой, и теперь помогает всем скорбящим, прибегающим к Ней. (Хорошо бы и полезно тебе мазать левый бок и грудь, от лампады Ея, маслом позеленевшим, поминая сказанное: милость же Господня от века и до века на боящихся Его).

На этих днях мне прихворнулось паче обычнаго. От приходящих простудил лицо в испарине. Простуда перешла на больную внутренность, и сделалось вроде желудочной лихорадки, и теперь еще не совсем прошло, а приходящие и приезжающие требуют свое, можно, не можно — принимай. Не примешь, на душе непокойно. Вот тут и разумевай, пожалуй, и недоумевай, только повеленное твори. Но не всякий может, как Архангел Гавриил, повеленное в разуме прием.

Приветствую о Господе всех N чудотвориц.

Мир тебе! и молись о мне грешном.

— 186. Наставление пословицами

...Слышу, что ты желала бы слышать от меня что-либо человеческое, а тексты Св. Писания сама знаешь.

Ежели Сын Божий ничего от Себя не говорил, но якоже приях

131

заповедь от Отца, что реку и что возглаголю, после этого что может сказать тебе от себя человек грешный и недугующий телом и душою. Пожалуй, по желанию твоему слушай. Сидор да Карп в Коломне проживает, а грех да беда с кем не бывает. Если бы не хмель — не мороз, то он и дуб перерос. В пресном молоке, как в дураке, толку мало.

Иное дело сливки и сметана, и особенно из них хорошо сбитое масло и хорошо очищенное и хорошо соблюденное. За битаго двух небитых дают, да еще не берут. Чего недосмотришь, карманом доплатишь. Что стерпится, то после слюбится. Адамовы лета с начала света. Сделал Адам ошибку, и пришлось ему после много потерпеть; так бывает и со всеми делающими ошибки. Слово не воробей — вылетит, не поймаешь. Нередко от неосторожных слов бывает более бед, нежели от самых дел. Человек словесным потому и называется, чтобы произносил слова разумно-обдуманныя. Вот я тебе наговорил целую кучу человеческих слов, не знаю, выберешь ли ты из них что-либо для себя толковое и пригодное к делу. (Окончание не доставлено.)

— 187. Без скорбей никто не пребывает, а особенно в настоятельстве

Поздравляю тебя со всерадостным праздником Воскресения Христова. По милосердию Воскресшаго Господа духовною радостию да растворяются и в продолжение целаго года имеющие быть тебе скорби и неприятности, особенно настоятельские. Совсем без скорбей и простые люди и простые послушники и послушницы не пребывают; кольми паче послушание настоятельское сопряжено со многими скорбными неудобствами. Ты хочешь сделать так, а выходит попущением Божиим иначе. А Господь все попускает к пользе нашей душевной, к испытанию нашего терпения и смирения и покорности воле Божией, потому что без сих трех ничего мы полезнаго и душеспасительнаго не приобретем. Правда, что тяжело бороться с немощами человеческими, и терпеть недостатки окружающих нас; но за то понесением такой тяготы доказывается исполнение, закона Божия, как свидетельствует апостол: друг друга тяготы носите, и тако исполните закон Христов...

О здоровье своем не знаю как и сказать тебе. Писал тебе о тяготах. И я, особенно последния три недели, чувствую какую-то тяготу в теле, так что по утрам с трудом разламываюсь, чтобы взяться за обычное многоглаголание с посетителями; и потом так наглаголешься, что едва добредешь до кровати, в час или более. Вот ты суди и рассуди прю мою с человеки праведными и неправедными. На лбу ни у кого не написано, кто он таков, а говорит, что ему потолковать нужно, и не хочет знать, что мне недосужно. Да и от немощи и усталости это очень натужно. Есть пословица: как не кинь, все выходит клин. Не принимать нельзя, а всех принять нет возможности и сил недостает.

По-пасхальному приветствую N многовещанную и м. казначею,

132

иногда аки рыбу безгласную, а иногда поющую и возвышающую глас. По-праздничному приветствую и всех жительниц N. Есть нескладная пословица: гусь да гагара — неладная пара; а часто в озере вместе плавают. Есть и другая пословица: нескладно, да ладно.

Приписка о. Амвросия: хоть так — да ладно да будет! Многогр. и. Амвр.

— 188. О смерти монахини Ладыженской и о своих заботах

И недосужно мне, и не совсем здоровится, а спешу уведомить тебя о смерти Б. швеи монахини Евдокии А. Ладыженской. Вчера 21 мая в 6 часов вечера мирно скончалась без особых страданий от чахотки, которая началась еще в феврале месяце. Несмотря на болезнь ея, Евдокия усердно занималась вышиванием ризы: за ея усердие и вы поминайте усердно душу покойной.

В настоящее время в Оптине уже несколько дней находится N настоятельница с двумя сестрами. С собой завезли и саратовскую монахиню А. Народное стечение и приезд многих мешает скоро отпустить их. Также мешает и переменчивая у нас погода. То очень тепло, то вдруг очень холодно, а чрез это я и захватываю простуды. Но никто не хочет и слушать, что мне нездоровится. А почти все толкуют, почему их не принимаю скоро. Вот тут и управляйся как хочешь и как знаешь. Не раз и вспомнишь простую русскую пословицу: "Бей в решето, когда в сито не пошло". А пословицу эту не мешает заметить и запомнить и тебе, мать, когда придется в деле не успевать, когда думаем сделать так, а выходит иначе. Тогда пословица эта пригодна наипаче.

Благожелательно приветствую о Господе N многовещанную и других сестер, которыя живут аки рыбы безгласныя, хотя изредка перушки и поднимают. Но перо не палка, и воробей не галка, и сорока не ворона. Впрочем, у всех есть своя оборона. Когда найдет уныние, прочитывай этот набор слов, как немец русскому говорил: "Экой ты дров". Хотел назвать дубиной, да не сумел.

— 189. О том, что не следует огорчаться, если не все идут в монашество по призванию

Слышу, что ты скорбишь о том, что на сестер, живущих в общине вашей, мало оказывается таких, которыя поступили в обитель по призванию, а большая часть поступивших или по стеснению родителей, или по другим причинам.

А в Евангелии читаем, что и из званных мало обретается избранных, т. е. имеющих настоящее благое произволение к благочестивой жизни, как сказано: мнози бо суть звани, мало же избранных. Но, несмотря на это, Господь ободряет нас, глаголя: не бойся малое стадо, яко благоизволи Отец ваш (Небесный) дати вам царство; и повелевает не восторгать прежде времени плевелы среди пшеницы, и оставлять обоя расти до жатвы, когда пшеницу соберут в житницу, а плевелы предадут огню неугасающему. Иное дело, когда

133

сами плевельныя сестры ушли из обители, о чем читаем свидетельство апостольское: неверный, аще отлучается, да разлучится.

Также слышу, что нога твоя по-прежнему разболелась и не дает тебе покоя. Недавно я раскрыл Добротолюбие, и открылась 94-я глава блаженнаго Диодоха, в которой он толкует слова апостола: сладце убо похвалюся паче в немощех моих, да вселится в мя сила Христова. Под немощами апостол разумеет возстание врагов креста Христова, чрез которое тогдашние святые много терпели бедствий и скорблений, и выставляет апостол причину, — да не превозносятся превосхождением откровений, но паче да пребывают во смирении частых ради уничижений. Ныне же понеже мир Церквам множится о Господе, под немощами должно разуметь лукавые помыслы вражеския и телесныя подстрекательства, или недуги и болезни, которыми должны искушаться подвижники благочестия. В притчах сказано: его же любит Господь, наказует, биет же всякаго сына, его же приемлет. Подобает убо со благодарением терпети совет Господень: тогда бо нам вместо втораго мучения вменяются частые недуги, и брань к бесовидным помыслам. Как тогда наводил, так и ныне враг наводит исповедникам благочестия различныя страдания со многими досаждениями и уничижениями, да и на них исполнится псаломское слово: терпя потерпех Господа и внят ми.

Все это пишу я тебе, во 1-х, для того, чтобы ты не думала теперь оставлять порученное тебе дело, а при болезни и сопротивлении непокоривых занималась устроением новой обители, да получишь многую и великую мзду от Господа, как свидетельствует Слово Божие: аще изведеши честное от недостойнаго яко уста моя будеши. И паки: больши сея любве никтоже имать, да аще кто положит душу свою за други своя.

Во 2-х, для того, чтобы ты проходила свое послушание без скуки и отягощения или отвращения, памятуй апостольское слово: ко всем долготерпите, всегда радуйтесь.

— 190. Без скорбей не достигнешь вечнаго покоя
Возмогай о Господе, и в державе крепости Его да крепится сердце твое. В болезнях телесных и огорчениях душевных и в разных внешних обстояниях помози, Господи, все это переносить благодушно и с покорностию воле Божией. И о прежних святых пишется, что они не просто вошли в вечный покой, но, по сказанному во псалмах, проидохом сквозе огнь и воду, и извел ны еси в покой. Видно, иначе нельзя достигнуть онаго покоя, как потерпеть да подождать, да потрудиться о себе и о других, так как без любви к ближнему невозможно спастись. На днях среди недосуга развернул я книгу свят. Амвросия, и открылось место, где сказано, что брачная одежда означает любовь. А любовь, по апостольскому слову, долготерпит, милосердствует, не ищет своих си. Правда, что не легко возиться с сопротивляющимися. Но и на такие случаи имеем псаломское свидетельство, побуждающее нас к терпению и незлобию: с ненавидящими мира, бех мирен, егда глаголах им, боряху мя туне.

Л... писала мне, что ты отправилась было в (...) посоветоваться с доктором, который лечит травами, но задержалась в К. Здешние доктора убеждали тебя пить кумыс, но не думаю, чтобы ты на это лечение согласилась. Кумыс татарское шампанское. Лучше по нужде выпить простаго панскаго, то есть виноградного, как советовал апостол Павел св. Тимофею: ктому не пий воды, но мало вина стомаха ради и частых недугов твоих.

...Приветствую N многовещанную, и N поющую и тон задающую, и пытливую... чтобы не допускали много к своему уху. Слабыя уши не могут без вреда многаго переносить. Приветствую и прочих сестер.

— 191. Больному монаху подлечиваться можно

...Каково-то твое здоровье, и насколько помогло тебе леченье, — травяное, водяное и молочное. — А мое тело так искапризничилось, — ничего не приберем в лад, особеннаго из лечебнаго, которое всегда мне мало помогало, а более разстраивало. Впрочем, по слову святоотеческому, кому леченье помогает, лечиться смиреннее. А совсем не лечиться — никакой добродетели не составляет, только показывает меру веры. Впрочем, из многих опытов заметно, к кому из монашествующих привяжется болезнь, как ты не лечись, совершенно не вылечишься, — все остаются болезненные припадки, смиряющие и отягощающие монаха. А из всего этого выходит, что больному монаху подлечиваться можно, а о совершенном выздоровлении следует отложить всякое житейское попечение. — Замечательныя слова Ефрема Сирина на славянском наречии: боли болезнь болезненне, да мимо течении суетных болезней болезни.

— 192. Сила Царствия Божия в христианском терпении

Знаю, что ты любишь почаще получать от меня письма, а мне недосужно их писать. На досуге же наговорил бы тебе много. Но Царствие Божие не в слове, а в силе. Сила же эта заключается более всего в христианском терпении, как Сам Господь свидетельствует во Св. Евангелии: в терпении вашем стяжите души ваша. И — претерпевый до конца, той спасен будет. Слова эти более всего обличают меня самого. Словами учу других, а делами сам отстою от сего учения. Поэтому и слово мое безплодно бывает, нерастворенное самим делом. Ежедневно толкую от утра до поздняго вечера, а плода от этих толков не видно. И приходится часто вспоминать слова покойнаго о. игумена Антония, который говаривал, что признак учеников Христовых есть тот, — аще любовь имут между собою, а признак моих учениц — аще вражду и несогласие имут между собою. И прибавлял: вот приезжали ко мне дочки с великими скорбями; а все эти скорби стоят того, чтобы наплевать да ногой растереть.

Вчера утром курчавый С. ушел от нас опять в прежний монастырь. Ему оттуда присылали пригласительныя письма. — Когда я у него спрашивал, почему от нас уходит, он отвечал, что чаю ему недостает. Когда же я ему возразил: ведь я тебе говорил, чтобы ты, когда будешь иметь недостаток в чаю, приходил и просил у меня, — он отвечал: уж я там привык. Невольник не богомольник.

— 193. О неохоте пострига в мантию

Прежде всего поздравляю тебя с приятным возвращением восвояси. Затем поздравляю с всерадостным праздником Рождества Христова. А затем поздравляю и с Новым годом. Хотя и говорится, что год на год не приходится, а все-таки всегда дела идут как водится. Всегда один прочный совет: "Ванька, а Ванька! Смака, барин знаит пярязнаит, а все-таки твярдит". Этот с барином Иван — пример и нам. Каждый тверди свой урок и помни, что говорит пророк: блажен, иже не иде на совет нечестивых.

Не было печали, но лукавые врага накачали, представляясь то в виде Ефремки, то в виде зубастой крокодилки, и наводят неохоту принять пострижение в мантию. Но сказано, что все козни вражии упразднятся. Да упразднится и это искушение вражие милостию и помощию Божиею, за молитвами молящихся о нас. И простое стрижение овец бывает полезно и необходимо. Весною остригут овцу, а к осени вырастает на ней новая шерсть и более твердая. Постригут монаха в мантию. К осени, то есть к старости, расположение души его уже бывает более твердое и благонадежное к получению милости Божией вечной и нескончаемой. Разумеется, если эта духовная овца не будет подражать козам, без толку лазить по плетням и колокольням и шататься по распутиям. Все знают, что козел, когда не пустят его вперед стада, то идет позади стада один, не хотя смириться. (А за такое несмирение не бывает от него ни шерсти, ни молока) и идти наравне с другими, оправдывая собою слово Писания: несмь, якоже прочии человецы. Не хочет внять словам псалмопевца: се что добро, или что красно, но еже жити братии вкупе.

Прости, что, разглагольствуя, я так далеко уклонился от праздничнаго поздравления. — Желаю тебе и всем сестрам встретить и провести всерадостный праздник Рождества Христова, равно и новый год в мире и утешении духовном.

Господи, помилуй нас, Господи, яко же веси, помози.

— 194. Под видом безвременной свободы враг приводит к рабству

...Слышу о тебе, начальственная мать, что ты не перестаешь унывать, с тех пор как начала горевать, получивши весть о пострижении. Знай, что горе, как море. Чем более человек в него входит, тем более погружается. Подумай сама, какой безопаснее воин, вооруженный или невооруженный, и какой крепче монах, постриженный или непостриженный. Искуситель имеет обычай все извращать и в настоящее время стал всех обольщать какою-то мнимою свободой. А безвременная свобода, по слову св. Исаака Сирина, приводит к горькому рабству. Враг не хочет, чтобы мы повиновались Богу и по воле Божией служителям Божиим, а добивается чрез мрачные и тонкие внушения того, чтобы хоть не явно и не ясно, а повиноваться ему. А какого ожидать добра от врага всякаго добра, и ищущаго погибели всех..

Вкратце тебе скажу: оставь всякое раздумье и как можно чаще

призывай молитвы и помощь св. Олимпиады, которая была искушаема тем же искушением. Св. апостол Павел пишет: сам быв искушен, может и искушаемым помощи.

Св. равноапостольная Нина, когда послана была на проповедь в Иверию, не стала раздумывать, что это за страна, и что там за люди живут, и как там быть и действовать, а просто пошла с верою и упованием на помощь Божию и сею помощию совершила дело Божие. В годовую память сей угодницы Божией 14 января, отслужи ей молебен и отложи всякое житейское попечение. По псаломному слову: возверзим печаль свою на Господа, и Той препитает нас телесно и душевно. Ежели мнимся мы любити закон Божий, то да слышим св. Давида, глаголющаго ко Господу во услышание всех: мир мног любящим закон Твой, и несть им соблазна.

Ежели настоящая жизнь наша есть не что иное, как подвиг, а подвиг не бывает без борьбы, а в борьбе человек без помощи Божией бывает немощен и несилен, то и должны мы, вместо того чтобы унывать, к Победителю темных сил взывать: побори борющия мя. И паки: Боже в помощь мою вонми, Господи помощи ми потщися. Да возвратятся вспять, и постыдятся мыслящии ми злая.

Приписка о. Амвросия. Мир тебе! и милым гусеняткам! которые бывают иногда милы, иногда же и гнилы.

— 195. О слабом своем здоровье. Убеждает к пострижению смешным сравнением

...Уведомляю тебя о себе, что милосердием и долготерпением Божиим жив есмь, телесно, а душевно Бог весть. Помолись, чтобы Господь сподобил по-христиански концы свесть. Болезненныя прижимки во всем теле есть, и от холоду и от невольнаго голоду. Много вещей есть, да многое нельзя есть. Слабый желудок и неисправныя кишки не дозволяют. Впрочем, по старой привычке, а все-таки понуждаюсь есть, хотя после и приходится большую тяготу понесть, от головной боли и от рвотной доли. А кроме того и приезжие и приходящие докучают; сидеть по долгу в хибарке скучают. Вот так мы день за днем и живем, и несправедливыми слывем, в приеме приходящих и приезжающих. А виновата моя немощь и неисправность пред Богом и людьми. Вероятно, при пострижении твоем будут посторонния монахини. В память знаменательнаго для тебя дня можешь подарить им по чайной ложечке, какую кому, по твоему усмотрению.

Молитвы молящихся о нас да помогут тебе принять пострижение в мире и утешении духовном. Знай и твердо веруй, что безопаснее воин вооруженный, хотя последнему и кажется иногда, что ему легче так быть. На земле все делается и совершается при посредстве какого-либо орудия. Есть смешная, но верная пословица: без струмента и вошь не убьешь. Потребен ноготь. Вот я серьезное и заключил смешным, чтобы тебя серьезную сколько-нибудь развеселить. — Потому что, как я уже тебе писал, всех веселящихся по-христиански жилище в горнем Сионе (Пс. 86).

— 196. О четырех добродетелях и о четырех душевредных вещах

Сегодня третьи твои имянины, а четвертыя имянины N в предположении уже отпраздновали... Твоя духовная храмина, как четырьмя углами, утверждается четырьмя твоими молитвенницами... Стой же сия храмина твердо и не шатайся, ни вспять, ни на десно, ни на шуе не озирайся. А зри прямо к востоку, от онуду же пришедый Господь глаголет о Себе: не приидох, да творю волю Мою, но волю пославшаго Мя Отца.

К сказанной четверице прибавляю еще две четверицы. Евангельское учение утверждается четырьмя евангелистами, а жизнь христианская четырьмя главными добродетелями, — мужеством, мудростиию, целомудрием и правдою.

Не умолчу и о неполезной и душевредной четверице, яже есть: уныние, малодушие, нетерпение и уклонение, которыя лишают нас полной власти, могут лишить и благой части, если будем им поддаваться, хотя бы и под благовидным предлогом. Благо только то, что делается по воле Божией и за святое послушание. А своя воля лишь мучит, и тогда только научит, когда будем оставлять оную.

О! если бы я сам исполнял то, что говорю и пишу тебе, — благо бы было. Помолись о глаголющем и нетворящем.

После всего сказаннаго, тебя поздравляю и милости Божией тебе желаю; равно и всем живущим с тобою, толковитым и безтолковым гусенятам. Есть старинная пословица: в семье не без урода. Так бывает среди всякаго народа.

— 197. Внешнее здоровье желательно соединить с внутренним душевным покоем

...Хорошо бы, новая матушка ...ина, если бы у тебя наружно была приятная и назидательная мина, и при этом душевная тишина хранима. Хотя это и нелегко и притрудно и не всегда удобно, но зато и нам и другим полезно. Правда, что полезное редко сходится с приятным, и чаще неприятное скорее приносит пользу, нежели приятное; потому что от приятнаго люди скоро забываются. Ежели и сладкаго меду лишнее поесть, то стошнит. Тогда потребуется лечиться холодным полынным настоем. Не без причины св. апостол Павел написал: вся испытующе, добрая содержите. И простая человеческая поговорка есть: самое дело лучше укажет, как нужно действовать.

Молитесь о себе и о сестрах, и о мне грешном, глаголющем и не творящем.

— 198. Хотя и трудно, да жить надо

Поздравляю тебя с возвращением из N восвояси. Сердечно желаю тебе тут жить-поживать, да добра наживать. При этой жизни не раз придется вспомнить поговорку: спросил бы зимою у гуся, не зябнут ли у него ноги? А гусь, хотя нередко ноги поджимая переменяет, а все-таки так или сяк зимы переживает. Зато уж, когда придет весна, с самодовольством по озеру плавает.

Постараюсь выслать для тебя и для сестер несколько малых книжиц — выписки из Ефрема Сирина. В последней главе описывает, как он видел рай. С этой главы и нужно начинать чтение этой книги. Тогда и прочия главы будут более удобоприемлемы.

Во-вторых, поздравляю тебя с наступающею Св. Четыредесятницею Великаго поста. Не знаю, как мы будем проводить оный. А меня что-то устрашает развоевавшийся мой катар желудка и кишок. Недоумеваю, чем тогда и угождать его капризным требованиям.

Господи, помилуй нас! Господи, яко же веси, помози немощи нашей, душевной и телесной.

— 199. Не должно неразсудно предаваться печали

Поздравляю тебя с приближающимся праздником Благовещения Божией Матери. Не без причины Православная Церковь велегласно воспевает: Благоветствуй, земле, радость велию. Хвалите небеса Божию славу. Благовествуй и ты своим N эту радость с хвалою Божией славы. Да и сама неразсудно не предавайся печали, твердо помня, что это твое главное искушение, которым враг старается отравлять твою душу и делать чрез это препинания разныя на твоем пути. Св. Иоанн Лествичник пишет, что безвременная и неуместная печаль, и особенно вышемерная, делает душу дымоватую. А сама знаешь, что как видимый дым разъедает очи телесныя, так невидимый мысленный дым и мрак печали повреждают очи душевныя. Вот, например, находит на тебя неразсудная печаль, по той причине, что духовное начальство принудило тебя принять монашеское пострижение. Разве печаль эта настоящая и правильная? Ведь чрез начальство духовное выражается воля Божия относительно подчиненных. Кроме того сама знаешь, что монах есть воин. А какой воин удобнее может сражаться с врагами, — вооруженный ли, или выходящий на брань только с голыми кулаками? Подумай об этом хорошенько и благоразсудно и не предавайся неразсудно искусительной твоей печали. Старайся возмогать против нея о Господе в державе крепости ея, по молитвам молящихся за нас.

Также, ради портящагося пути, заблаговременно поздравляю тебя с приближающимся днем пустыннаго твоего Ангела. Молитвы ея да помогут тебе душеполезно проводить церковные и келейные твои затворы. А молитвы других твоих духовных покровительниц да помогут тебе душеполезно и назидательно окормлять своих гусенят — твоих духовных овчат. Св. апостол Павел повелевает, глаголя: вы, духовнии, исправляйте таковаго духом кротости: блюдый себе, да не и ты искушен будеши. Друг друга тяготы носите, и тако исполните закон Христов (Гал. 6, 1, 2). И паки: должны есмы мы сильнии немощи немощных носити, и не себе угождати: кийждо же вас ближнему да угождает во благое к созиданию (Рим. 15, 1, 2). И от Самого Господа имеем заповедь возлюбить ближняго, как самих себя. Все управляется мановением Божиим. Если всеблагому Промыслу Божию угодно было дать нам дело — заботиться о гусенятах, паче же о гусевских неопытных сестрах, то отрекаться и уклоняться от сего дела нам невозможно без особеннаго указания Божия. Глаголет бо Господь чрез Пророка: аще изведеши честное от недостойнаго, яко уста Моя будеши. (Конец не доставлен .)

— 200. Жалуется на здоровье, наставляет заботиться о подчиненных (1883 г.)

Мы молитвенно вспоминали тебя в пустынныя твои имянины...

Память у меня так ослабела, что забываю и то, что было вчера и третьяго дня. А если явятся некоторые с какими-либо разспросами, то забываю и то, что помнил.

Старость, слабость, безсилие, многозаботливость и многозабвение, и многие безполезные толки не дают мне и опомниться. Один толкует, что у него слабы голова и ноги; другой жалуется, что у него скорби много, а иной объясняет, что он находится в постоянной тревоге. А ты все это слушай, да еще ответ давай, а молчанием не отделаешься, обижаются и оскорбляются. Недаром повторяется иногда поговорка: толкуй больной с подлекарем. Больному желается объяснять свое положение, а подлекарю скучно слушать; а делать нечего — слушает, не желая еще более раздражить и растревожить больного толкуна.

От простой людской поговорки перейдем к апостольской заповеди св. Петра: пасите еже в вас стадо Божие, посещающе не нуждою, но волею, и по Бозе, и усердно (5 гл., 2 ст.). Хотя сам я и плохо исполняю эту заповедь, а желал бы, чтобы ты лучше моего исполняла оную, потому что ты покрепче меня и поусерднее. А я как помню себя, от самой юности недуговал леностию и разслаблением, и только Всеблагий Господь Всесильным Своим промышлением, как браздами и уздою, востягивал ленивыя на благое челюсти моя. Слава и благодарение вечное неизреченному милосердию Божию, не хотящему смерти грешника, но еже обратитися ему и живу быти.

— 201. Нужно служить и Богу и ближнему по заповеди Христовой

Помози тебе, Господи, умудряться во спасение в церковном затворе; а вне затвора умудряться в начальственное управление сестрами и делами обители. В Евангельском учении сказано: сие творите, и онаго не оставляйте. Помози тебе, Господи, и то и другое исполнить, как следует, по сказанному в Евангелии: возлюбиши Господа Бога от всея души и ближняго яко сам себе

Как будет дальше, а теперь будто у тебя пока идет Божественное впереди, а затем уже человеческое. А у меня шло и доселе идет все напротив, — сперва угождение человеческое, на которое тратится почти все время, а потом уже на Божественное недостает ни досуга, ни времени, ни сил. Да и в малый остаток сего времени заботы не оставляют меня, а мешают молитвенному настроению. Вчера в Фомино Воскресенье после ранней обедни в таком расположении читали мне акафист. Вдруг под окном является странник в сером кафтане или свитке, шапка похожа на священническую по верхнему дну, а по виду на монашескую; на левой руке висел костыль загнутый. Пока я изредка посматривал на него, он стоял отворотившись лицем; а как стал я посматривать на него чаще, то он спрятался за дерево, а потом и совсем ушел.

Одна тульская мастерица шелками вышила мне на материи небеснаго цвета три разных дерева: на крайних деревах вышиты кукушка и горлица, а внизу скоро идущий странник с посохом и с катомками, и впереди его бегущий суслик. — Когда получу эту картину, перешлю ее тебе. Также пришлю и две иконы, как получу от живописца...

— 202. Советует, при взгляде на посылаемую картину, возбуждать в себе мысли утешительныя, а не унылыя

Посылаю тебе обещанную картину, вышитую на материи шелками, — скороходящаго странника с бегущим впереди сусликом и сидящими на деревах кукушкой и горлицей. Сама вели сделать впереди стекло, а сзади загородить тонкой дощечкою, чтобы дорогая вещь не испортилась от какой-либо причины. Смотря на эту картину, можешь придумывать себе разныя толкования: как кукушка кукует, как горлица воркует, как суслик бегает или, стоя на задних лапках, свистит и как скороходящий странник спешит своих присных навестить.

Но скажу тебе: придумывай толкования такия, которыя разполагают к утешению, а не такия, какия наводят уныние, от которых, по псаломскому слову, находит дремота душевная. Не без причины апостол заповедует ко всем: долготерпите, всегда радуйтесь, непрестанно молитеся, о всем благодарите: сия бо есть воля Божия .

Горе мне грешному. Тебе пишу апостольское слово о непрестанной молитве, а сам нахожусь в непрестанной молве. А другое апостольское слово гласит: в премудрости ходите ко внешним, искупующе время . Вот я и не умею, как покупать и улучать такое время, чтобы согласно поступать Евангельскому слову: сие творите, и онаго не оставляйте. И паки апостол пишет: научая иного, себе ли не учиши. Поневоле вспомнишь слова Петра Дамаскина: спасение наше находится между страхом и надеждою. То есть не должно отчаяваться, да и слишком обнадеживаться не следует, а держать себя на средине, памятуя псаломское слово: работайте Господеви со страхом и радуйтесь Ему с трепетом.

— 203. Господь крепость людем Своим даст

Возмогай о Господе и в державе крепости Его, памятуя псаломское слово: Господь крепость людом Своим даст. Господь благословит люди Своя миром. И паки: мир мног любящим закон Твой и несть им соблазна.

Правда, что и людям Божиим, и мнящимся любить закон Божий нельзя обойтись без неких треволнений и потрясений душевных от окружающих обстоятельств, сопряженных со многими неудобствами и встречающимися неприятностями. Поэтому люди Божии для нашего воспоминания и укрепления оставили в Писании о себе такое свидетельство: проидохом сквозь огнь и воду, и извел ны сей в покой. От тяжких и лютых скорбей аки огнем горела их внутренность; а со вне поливали, как водою, разными неприятностями и поношениями. Водою очищается всякая нечистота, а огнем очищается самое золото. И о святых сказано: яко злато в горниле искуси их, и яко всеплодие жертвенное прият я... Не знаю, матушка N, в каком ты находишься положении и расположении. А что в настоящую, пору приходит мне на мысль, то и пишу тебе. Может быть, духоносныя слова Св. Писания потребны тебе в настоящую пору к душевному твоему подкреплению и утверждению. Бывают такия минуты и с праведниками Божиими, то есть требующия подкрепления. — Пророк Илия, заклавший безбоязненно несколько сотен студных жрецов пред лицом всего Израиля, вскоре убоялся угроз одной безстудной женщины и бежал в пустыню, умоляя Бога о принятии души его. Без помощи Божией человек как человек ничто же более, человек яко трава. А с помощию Божиею один человек, как пророк Илия, воюет против целого народа.

Поэтому, по слову св. Давида, возверзим печаль свою на Господа и той нас препитает. Юнейший бых, ибо состарихся (т. е. от юности до старости) не видех праведника оставлена, ниже семене его просяща хлебы. Впрочем, для испытания нашего и в обителях попущаются Промыслом Божиим лишения и недостатки на время, но потом восполняются. Тем и другим обучаемся во всем предаваться Промыслу Божию и всесвятой воле Его. В начале письма хотел написать тебе извинение и попросить прощение, что долго молчал, и только сбирался писать тебе, но от недосуга не мог; а написалось иное.

Не знаю, пригодным ли окажется написанное, но сказано негде, еже писах, писах.

— 204. Пред наступлением Великаго поста

Сегодня Православная Церковь отправляет службу Страшнаго Суда и отселе начинается сырная неделя, последния дни которой, по простому слову, называются днями прощеными, чтобы простившись с миром вступить в пост Святой Четыредесятницы. Прошу у тебя и у всех гусенят прощения в своей неисправности, ради которой пред многими виноват, более же всего грешен пред самим Господом и не знаю, как и с чем явлюсь на Суд Божий. А время это заметно приближается, потому что слабость и болезненность усиливаются, переодевания и переобувания утроились, жара и холода равно не выношу; в меру только один семнадцатый градус тепла, а выше и ниже дурно влияет. Вот тут и умудряйся около одного градуса вертеться, и как один этот градус удержать, когда постоянно, подходят натуральныя печки и своими толками умножают жар.

В пост Святой Четыредесятницы мужественные хоть на время уединяются, а я слабый и в пост и не в пост равно нахожусь в молве народной и не знаю вкуса в уединении, тогда как на каждой вечерне читаем в псалме: един есмь аз дондеже прейду.

Также не уединяющиеся пользуются церковною службою, а я за грехи мои и этого лишен; не вотще сказано в Писании: комуждо воздается по делом его не только в будущей жизни, но и в настоящей, по слову апостольскому: кийждо еже сеет, тожде и пожнет.

Кукушка на подушке с соловьем и канарейка в марте месяце прилетят поздравлять тебя с пустынными имянинами. Уведомление опоздано, чтобы посадить птиц на трех деревах, а будут сидеть оне на одной обширной березе. Впрочем, не опоздано сделать, чтобы кукушка имела во рту зеленую ветвь, соловей виноградную кисть, а канарейка — письмо.

— 205. Снова о молве своей и совет об избежании клеветы человеческия (1884 г.)

Мир тебе и Божие благословение и всякое утверждение в истине! Бог да благословит церковный затвор твой и вхождение твое и исхождение твое! Ты, хотя по временам находишься в затворе, а я постоянно нахожусь на народном сборе и разборе дел человеческих, большею частию временных и суетных, предоставив вечное свое спасение Единому милосердию Божию. Хоть бы на время желал бы куда уйти или уехать, но болезненное пополнение не выпускает из келлии, в двери которой с двух сторон стучат и докучают принять и потолковать о нужном и не нужном, а слабость моя преклоняет принять. Вот и не знаешь, как дело это понять.

Заблаговременно поздравляю тебя со днем пустыннаго твоего уединеннаго Ангела, молитвы которой да помогут тебе и в церковном затворе и в разборе дел сестринских и дел обительных и в окружающих обстояниах, яже требуют псаломской молитвы: избави мя от клеветы человеческия и сохраню заповеди Твоя. Еще слабый молится, чтобы его не клеветали, а мужественный молится, чтобы Бог помог ему других не клеветать ни словесно, ни мысленно.

К концу марта или раньше прилетят поздравлять тебя кукушка, соловей и канарейка, мастерица пишет, что она уже готовы и расправляют крылья лететь, пока не наступила еще сырая погода.

— 206. Настоятелю должно ограждать обитель молитвою

Встретивши светлый и всерадостный праздник Воскресения Христова, сердечно желаю тебе в мире, радости и утешении духовном провести продолжающиеся дни Святой Четыредесятницы, которая означает возстание. Поэтому и тебе следует возстать теперь от затвора твоего, как сказано было апостолу Петру в темнице: возстани и вступи в плесницы твоя и иди, занимайся предлежащим делом — делом спасения вверенных (тебе) и делом обительным. Правда, что и молитва в этом много помогает, как царь Давид более надеялся на молитву в ограждение царства своего, нежели на оружие, но не оставлял совсем и оружия. Всякое дело хорошо в свое время и в своем месте. Так и начальнице обители следует поступать; более нужно надеяться на молитвенное ограждение, но совсем не оставлять и присмотра за сестрами и благовременнаго наставления и вразумления, чтобы не закрался как-нибудь хищный волк и не похитил хотя единую из дремлющих овец. — А гласа пастырской свирели и волки боятся.

Молись и за меня грешнаго, глаголющаго и нетворящаго и обличаемаго от собственных словес. А сказано, что Царствие Божие не в слове, а в силе, то есть в исполнении всего повеленнаго от Господа. Поневоле приходится взывать с подобными мне: согрешихом, беззаконновахом, неправдовахом; ниже соблюдохом, ниже сотворихом, якоже заповедал нам Господь. Остается одно; взывать подобно мытарю: Боже милостив буди мне грешному!

Все это время я провожу с немалыми болезненными прижимками; переодевания и переобувания не только утроились, но кажется, и учетверились. День и ночь в том и время проходит, а нужным и полезным некогда и заняться, все время провожу в одном безчинии и многоглаголании, которым мнюся других утешать, а приходится свою душу огорчать. Одержим есмь слабостию и душевною и телесною и не могу круто поступать, а для некоторых это требовалось бы, к которым очень идет русская поговорка: обычай бычий, а ум телячий. Прости, что много лишняго наговорил; благоразумному молчанию не научился я.

— 207. Молитва Иисусова более келейного правила

Вчера вечером получил я письмо от N, которая по твоему поручению пишет, чтобы разрешить тебе оставить обычное твое правило на всю твою поездку в N. Бог да благословит оставить обычное правило и постоянно держаться молитвы Иисусовой, которая может успокаивать душу более, нежели совершение большаго келейнаго правила, когда исполняет оное, то подстрекаем бывает тщеславием и возношением, когда же почему-либо не может исполнить своего правила, то смущается. А держащийся постоянно молитвы Иисусовой одинаково пребывает в смиренном расположении духа, как бы ничего не делающий и возноситься ему нечем.

В Добротолюбии означен чин премудрых подвижников, которые ежедневно совершали малое обычное келейное правило, а остальное время дня и ночи употребляли на молитву Иисусову. Но ты, по привычке, вдруг перейти к этому не можешь, по крайней мере не смущайся, когда неудобно бывает тебе совершать все твое правило, и особенно не заставляй перечитывать одно и то же, когда враг наводит забвение, а иногда оное бывает от усталости и изнеможения, как объясняет Григорий Синаит, что при совершении долгаго правила бывают парения и препарения мыслей.

Вернее и полезнее укорить себя за невнимание и смириться. Сказано, что от дел не оправдится всяка плоть, а токмо верою Иисусовою.

Еще в письме сказано, что ты просишь разрешить оставить навсегда чтение 4-х кафизм псалтири, которыя ты обязательно читала. Бог да благословит оставить. Господь ни от кого не требует подвигов сверх сил и возможности. Ты стала жаловаться на слабость головы, и притом ты настоятельница, обязанная смотреть за поведением сестер и за внешними делами и потребностями обители; как же возможно тебе совершать большое правило келейное? Древние отцы и пустынные довольствовались чтением 12 псалмов утром и вечером, а остальное время употребляли на рукоделие, чтение духовных книг и молитву Иисусову. Повторяю, ты по привычке поступать так не можешь, по крайней мере не смущайся, когда не можешь вполне совершать обычное твое правило, а укори себя и кайся мысленно Господу Богу, а потом в свое время и пред духовным отцем, что по немощам телесным и по обязанностям настоятельницы не могла совершать вполне обычнаго своего правила и будешь успокаиваться.

К оставлению навсегда 4-х кафизм есть прибавление, чтоб я взял на себя обязательство вычитывать эти 4 кафизмы. Ежели ты и крепче меня и то не находишь возможности вычитывать их, где же мне слабому и едва живому и в безпрестанной молве находящемуся выполнять это обязательство. Лучше и вернее обоим нам смириться под крепкую руку Божию и укорять себя за неисправность и каяться пред Богом в своих немощах. Святый Лествичник приводит слова псалмопевца: не постихся, не бдех, ни на земли легах, но смирихся — и спасе мя Господь; и Сам Господь глаголет во Св. Евангелии: аще хощеши внити в живот, соблюди заповеди. А из заповедей, есть одна, которую мы легко нарушаем, забывая, что, нарушение это обращает жизнь нашу в лицемерие, заповедь эта — не судить, и не, осуждать, как Сам Господь глаголет: лицемере! изми прежде бревно из очесе твоего и проч. Может быть, за тобой и нет этого греха, но пришло мне в голову, я и написал.

— 208. Надо простить кающуюся сестру и принять в обитель

N писала мне, что одна сестра, долго жившая в обители, по искушению вражию вышла из обители. А при выходе ты, убеждая ее остаться, сказала: "истину тебе говорю, Евангельское слово, что если будешь опять проситься, — не приму". Теперь эта сестра, опомнившись и увидевши свою ошибку, усердно просится опять в обитель. А ты, опираясь на свое слово, не принимаешь ее, несмотря на ея раскаяние и обещание все терпеть. Евангельская заповедь Самаго Господа — семдесят крат седмерицею прощать согрешившему против нас, выше твоего Евангельскаго слова. На Усекновение Предтечи поется в стихирах об Ироде, что лучше было бы ему, солгавшу, жизнь получити, нежели истинствовавшу главу Предтечи усекнути. Так и нам не следует отсекати жизни монашеской этой сестры. Себя же укорим за неосмотрительное слово и при исповеди покаемся в этом.

— 209. Нѣкоторыя отъ малодушія бѣгутъ съ труднаго пути

Слышу, что нѣкоторыя сестры ушли изъ обители. Видно, не хватило у нихъ терпѣнія на узкомъ и притрудномъ пути спасенія. Общая у всѣхъ насъ немощь: всѣ желаемъ получить спасеніе, но съ отрадою и покоемъ; а о спасительномъ пути проповѣдуется, что многими скорбями подобаетъ намъ внити въ Царствіе Небесное. Поэтому и заповѣдуется во Святомъ Евангеліи: въ терпѣніи вашемъ стяжите души ваша, и — претерпѣвый до конца той спасенъ будетъ.

Ежели сестры эти придутъ въ Оптину, то постараюсь убѣждать ихъ, чтобы возвратились въ обитель, если только согласятся; а тебѣ совѣтую не отвергать ихъ, если возвратятся въ обитель. Варсонофій Великій пишетъ: ежели видишь юнаго текуща, разумѣй, что старецъ прельстилъ его, то есть старый осьмотысящелѣтній искуситель. Этотъ врагъ нашъ и душевный искушаетъ всѣхъ насъ кого чѣмъ можетъ — одного грѣхомъ, другаго нетерпѣніемъ, а третьяго осужденіемъ, четвертаго ропотомъ, словомъ, кого чѣмъ можетъ... Святый апостолъ Павелъ согрѣшившихъ убѣждаетъ каяться, а мнящхся стояти, предостерегаетъ не падать, глаголя: мняйся стояти да блюдется, да не падетъ; и паки: вы сильніи немощи немощныхъ носите и не себѣ угождайте, но исправляйте таковыхъ духомъ кротости, блюдый себе, да не и ты искушенъ будеши. Сей апостолъ перечисляетъ, какія онъ скорби въ жизни терпѣлъ, глаголя: бѣды отъ разбойникъ, бѣды отъ сродникъ, бѣды отъ языкъ, бѣды во градѣхъ, бѣды въ пустыни, бѣды въ мори, бѣды во лжебратіи. Кромѣ внѣшнихъ, нападеніе еже по вся дни, и попеченіе всѣхъ церквей. Кто изнемогаетъ и азъ не изнемогаю, кто соблажняется, и азъ не разжизаюся (отъ скорби) (2 Кор.). Все это выписываю тебѣ для того, чтобы ты не унывала и не малодушествовала, когда объидутъ подобныя затрудненія. Имѣемъ двѣ главныя заповѣди: возлюбиши Господа отъ всея души, а ближняго яко самъ себя; и первая заповѣдь безъ второй не исполняется. Поэтому и сказано въ старчествѣ: отъ ближняго животъ и смерть; кто любитъ ближняго и заботится объ немъ, тотъ получитъ жизнь вѣчную, а кто презираетъ ближняго, о томъ и не знаю что и сказать.

Благожелательно привѣтствую всѣхъ гусенятъ бѣловатыхъ и сероватыхъ. Есть простая послоцица: бѣла овца, сѣра овца — одинъ духъ овечій. Плохо бываетъ, когда овца избалуется, то бываетъ по проказамъ не хуже козы, а козлищамъ назначеніе шуія, отъ чего да избавитъ насъ Всеблагій Господь.

— 210. О мудрости зміиной и кротости голубиной

Письмо твое — отъ 17 мая, въ которомъ объясняешь, что ты никогда не была попрошайкой, а нужда заставила тебя просить! Прежде за тебя другія просили, а теперь нужда и самую заставила просить.

Не безъ причины повторяется поговорка: нужда мудрена! Нужда научитъ, какъ калачи ѣсть. Мнѣ случилось слышать отъ одного опытнаго человѣка, который говорилъ, что всѣ вещи человѣческія, которыя видимъ, изобрѣла или нужда, или прихоть. Что дѣлается по нуждѣ, то бываетъ или одобрительно, или по крайней мѣрѣ извинительно; а что дѣлается по прихоти, то не всегда бываетъ извинительно, кольми паче не всегда одобрительно. Во Святом Евангелии Сам Господь глаголет: будите мудри яко змия, и цели яко голубие. Мудрость змиина, по изречению толковников, состоит в том, когда бьют змию, то она более всего хранит голову, так и христианин в напастях и трудных обстоятельствах должен более всего хранить веру, во-вторых, мудрость змиина состоит в том, когда змия хочет скинуть с себя старую кожу, то пролазит сквозь тесную скважину, а иначе с себя старую кожу скинуть не может; так и христианин, если желает совлещися ветхаго человека, то должен проходить тесный путь по Евангельскому учению. Целость же голубиная состоит в незлобии и прощении обид или досад и подобнаго.

— 211. Древних христиан враг искушал мучениями, а нынешних болезнями и помыслами

Слышу, что хвороба к тебе опять пристала, и спина болит и внутренность не в порядке. Я уже не раз тебе писал о содержании 94-й главы блаженнаго Диодоха, что древних христиан враг искушал разными мучениями, а христиан настоящаго времени враг искушает разными помыслами и разными недугами телесными. И блаженный Диодах советует нам в это время помнить псаломское слово: терпя потерпех Господа и вмят ми; и апостольское слово: его же любит Господь наказует, биет же всякаго сына его же приемлет. — Есть и поговорка, которою обыкновенно утешают себя скорбящие в затруднительном положении: терпел Моисей, терпел Елисей, терпел Илия, потерплю и я.

О себе скажу, что и мне нездоровится паче обычнаго.От постоянной молвы и беспрестанных толков от утра до вечера крайне уставал и чувствовал жар и в этом положении простудился и теперь чувствую боль во всем теле и внутри, и требуется держаться совета блаженнаго Диодоха, относительно терпения. И блаженный Екдикт пишет: дом души — терпение; пища души — смирение. — Когда пищи в доме недостает, тогда душа выходит вон, то есть из терпения. — На словах об этом рассуждать легко, а на деле исполнять не всегда легко и не для всех. Козельский гражданин имел обычай, при случае, говорить: елико отстоят востоцы от запад, толико дело от слова.

Благожелательно о Господе приветствую всех гусенят беловатых и сероватых. Призывая на всех мир и благословение Божие и испрашивая ваших молитв святых и простых, какия кто может приносить о моей худости и неисправности, остаюсь с искренним благорасположением. Многогр. и. Амвросий.

— 212. И в новом году должны быть новыя скорби

Пишу тебе в начале новаго года. Сердечно желаю жить по-новому, не оставляя и стараго хорошаго и полезнаго и душеспасительнаго.

Перваго числа приходили меня поздравлять с новым годом вдруг несколько человек, я им отвечал и вас с новым счастьем. Один человек, из пришедших, прибавил — "и с новыми скорбями". Да и справедливо сказано, что ни в старые годы, ни в наступлении новых христианину невозможно избежать от скорбей, по сказанному: многими скорбми подобает нам внити в Царствие Небесное. — А апостол объясняет, как это бывает, глаголя: скорбь соделывает терпение, терпение же искусство, искусство упование, упование же не посрамит. Вся же жизнь наша с трудом и подвигом, терпением и долготерпением имеет главную цель, чтобы быть непосрамленным в день второго пришествия Господня, егда достойные восприимут достойную мзду, аз же и подобные мне немощные по силе немощи нашей молимся, дабы быть помилованными в страшный и нестерпимый день сей, ныне Многомилостиваго, а тогда Грознаго Судии живых и мертвых. Господи, помилуй нас! Господи, помози немощи нашей, праведныя любяй и грешныя милуяй.

— 213. В скорбях должно полагаться на волю Божию (1889 г.)

Письмо твое получил, в котором объясняешь, что все хвораешь и скорбишь о нездоровьи своем. Также имеешь скорбь и о недостатках обители. И третья скорбь у тебя о нездоровье N, уехавшей в N и живущей, от тебя далеко. Во всем этом должно предаваться всеблагой воле Божией и всеблагому промыслу Божию о нас. А сами мы ничего не можем сделать своею заботою, а только напрасно беспокоим себя и отягощаем душу свою.

Касательно нездоровья скажу, как и сам я постоянно нездоров и нахожусь всегда в каком-то расслаблении с ревматическими болями во всем теле и слабости в желудке и кишек. Находясь в таком положении, отраду нахожу в том, когда размышляю, что великий светильник Православной Церкви и святый Иоанн Златоуст находился всегда в болезненном положении. Несмотря на это, занимался делами Церкви и написал толкование на Евангелия и на все апостольския послания и наконец терпел великия гонения со всех сторон. И в самых гонениях не оставлял попечения о Церкви. Других больных исцелял, а сам умер в лихорадочном положении. Правда, что больному настоятелю неудобно заниматься делами обители. Поэтому при неудобствах и полезно поминать святаго Златоуста, как он и в болезненном положении не оставлял заниматься делами Церкви.

Наступает сырная неделя и прощеный день, прошу у тебя и у всех N сестер прощения в моей неисправноети и вас всех прощаю.

Призывая на всех вас мир и благословение Божие и испрашивая у всех вас святых молитв о моей худости и неисправности, остаюсь с искренним благожеланием. Многогр. и. Амвросий.

— 214. На безмолвие и уединение должно поступать, по особому призванию Божию (1890 г.)

Христос посреди нас. Боголюбивая раба Христова, пречестнейшая матушка настоятельница N.

Письмо твое получил, в котором объясняешь, что помысл

уединения тебя измучил, лишает тебя сна и пищи, не дает тебе никакого покою!

На безмолвие и уединение поступают по особому промыслу Божию, как, например, сказано было Арсению Великому: молчи, бегай и спасешься. А ты такого призвания свыше не получала, а думаешь это сделать по своему только желанию и при том с примесью вражескаго искушения и наконец, с ослушанием, а ослушание и непослушание такой грех, который и мученичеством не заглаждается. Вероятно, сама читала, как один монах не послушал своего отца, ушел от него и впал в руки мучителей и получил мученическую смерть — мощи его, как мученика, христианами поставлены были в церкви. Когда диакон возглашал, оглашеннии изыдите, мощи сами выходили из церкви, пока не призван был его старец и не простил его.

Один прозорливец видел в видении пустынника-странноприимца, больнаго и послушника. У послушника на шее была золотая гривна или цепь. Прозорливец спросил, почему такая честь больше всех послушнику? Ему в ответ сказано: пустынник хотя и много трудился, но по своей воле и по своему желанию, а послушник жил в отсечении своей воли и своих желаний и благих. Ты думаешь в уединении обрести покой, но весьма ошибешься. Святый Григорий Богослов ради гонений и смут оставил должность епископа и в уединении испытал великое томление.

Антония Великаго в уединении бесы избили так, что он два дня был, как мертвый. Поэтому святый Иоанн Лествичник советует лучше иметь борьбу с людьми, нежели с бесами, потому что люди хотя иногда ожесточаются и не покоряются, а потом опять смягчаются и повинуются. А бесы никогда не перестают против нас злобствовать и неистовствовать.

Наконец грозное слово в Евангелии против тех, которые скрывают талант свой. Тебе дано дарование и способность начальственнаго управления, а ты хочешь все это бросить и уйти. За это как бы после не услышать от Господа: лукавая раба и ленивая, подобаше тебе дати сребро мое торжником, и пришед аз, взях бы свое с лихвою. Возьмите от нея талант и дадите имущему десять талантов. И неключимую рабу вверзите во тьму кромешную. Страшно подпасть такой беде под благовидным предлогом.

После всего сказаннаго советую тебе потерпеть еще на настоятельстве, которое есть послушание, как всякое другое послушание, пока окрепнут сестры в обители и не окажется ли способная заменить тебя; тогда, аще воля Божия будет, можешь позаботиться и о безмолвном уединении. Теперь же, ежели одно желание уединения тебя так томит, что лишает сна и пищи, то явно показывает, что это вражеское искушение, преждевременное и неуместное.

Ты в уединении желаешь приблизиться к Богу, а в Лествице сказано, что истинный послушник стоит одесную Распятаго. И опять о близких к Богу сказано, что они должны приносить Богу дары, как сказано в псалмах: все, иже окрест Его, принесут дары, то есть спасение других душ.

Подумай хорошенько и сообрази все написанное и не спеши на безмолвие и на уединение, а с терпением и покорением ожидай на то воли Божией и благоприятнаго времени.

Благожелательно приветствую о Господе всех гусенят беловатых и сероватых. Призывая на всех вас мир и благословение Божие, и, испрашивая ваших святых молитв о моей худости и неисправности, остаюсь с искренним благожеланием многогр. и. Амвросий.

— 215. Если не можешь иметь полного духовнаго отношения, держись исполнения заповедей Христовых
(С No 215 по 238 к благочинной Т. монастыря монахине А.
(1870-1890 гг.)

Поздравляю тебя с светлым и всерадостным праздником Воскресения Господа нашего Иисуса Христа и приветствую тебя утешительным христианским приветствием: Христос Воскресе! Сердечно желаю тебе сей Светлый праздник встретить и провести в мире, радости и утешении духовном.

Письмо твое получил с оказией в исправности. Пишешь, что у тебя, была лихорадка. Вот и я целую неделю вожусь с лихорадкой, потому много писать сегодня не могу, а отвечаю тебе вкратце.

Если не можешь иметь полнаго духовнаго отношения, то держись исполнения Евангельских заповедей Христовых, и этого будет для тебя достаточно. Еще держись совета Варсонофия Великаго: аще оставиши волю свою созади, на всяком месте обрящеши покой. Наконец держись древняго церковнаго слова: спасаяй да спасет душу свою. Внимай себе и будет с тебя. А другие — как хотят. Дела, которыя не от тебя зависят, предоставляй собственной воле каждаго, и предавай все это суду Божию.

— 216. Без терпения нельзя успокоиться
Сестра о Господе! Слышу чрез о. А., что ты безпокоишься о моем здоровье. По милости Божией оно понемногу начинает поправляться. Но после бывшей болезни я не так давно стал выходить на воздух. Притом очень затруднен тем, что очень много наехало посетителей; а я еще не совсем оправился от своей болезни, нуждаюсь в отдыхе и покое.

Советую тебе, более всего вооружай себя к терпению и понесению разных приключений и неудобств, а иначе нельзя успокоиться.

— 217. Самооправдание — общая немощь
Прости, что вскоре не мог отвечать на последнее письмо твое, в котором пишешь о неожиданном столкновении с сестрою, по-видимому, для тебя самою близкою. Не вотще в Писании сказано: "и ближнии отдалече мене сташа". Да и без Писания опыт показывает, что оскорбленное самолюбие и самих близких далеко друг от друга поставляет. Что делать? у всех нас немощь одна — желание быть всегда правыми; и желание этой правости и другим досаждает, и

людей делает виноватыми пред судом Божиим; потому что, как говорит св. Исаак Сирин, самооправдание в законе Евангельском не назнаменано, т. е. не означено, вернее, не допущено; а сказано прямо и ясно: аще кто тя ударит в десную ланиту, обрати ему и другую. Основываясь на Евангельском законе, все святые и духоносные отцы единогласно утверждают, что на всякое искушение победа — смирение с терпением. Смиримся и понудимся потерпеть и мы и обрящем покой душам нашим, по наставлению Самого Господа, глаголющаго: "научитеся от Мене, яко кроток есмь и смирен сердцем и обрящете покой душам вашим". К тому же помяни слова блаженныя памяти о. Иг. А., им некогда тебе сказанныя: "пока мы находимся на земле, нигде без скорби пребыть не можем; хотя бы залезли на облака, и там от скорбей не уйдем, по свидетельству Самого Господа: "в мире скорбни будете. Но дерзайте, рек Господь: Аз победих мир". Слова эти показывают, чтобы мы не отчаявались в скорбях, но надеялись на помощь Божию, которую всегда и должны призывать, или вернее сказать, испрашивать от Господа. Придержись также совета Варсонофия Великаго: аще смиришися и оставиши волю свою созади, то на всяком месте обрящеши покой. Скорбныя искушения понуждайся переносить по возможному благодушнее, памятуя свои обеты монашеские и призывая Божию помощь.

Приветствую о Господе келейную твою Марию, и обеим вам желаю мирнаго и терпеливаго пребывания.

— 218. Печаль — тягчайшее из искушений

Поздравляю тебя с наступающим великим праздником Рождества во плоти Господа нашего Иисуса Христа, а также и с приближающимся Новым годом, и желаю тебе знаменательныя сии христианския торжества встретить и провести в мире и спокойствии душевном, радости духовной и во всяком благоденствии.

Получивши от тебя скорбное письмо, тотчас же хотел тебе отвечать, но мне помешали. А мысли были для ответа тебе самыя приличныя, так как я в то время читал третье письмо св. Златоуста к Олимпиаде диаконисе. Поэтому советую тебе прочесть это письмо и воспользоваться духовным назиданием угодника Божия св. Златоуста. В этом письме он объясняет примерами, что для людей страшнее всех несчастий смерть, но печаль тяжелее и смерти, так как в печали находящиеся часто желают смерти: и насколько тяжелее печаль всех других искушений, настолько и большее воздаяние получат переносящие с терпением печаль.

Не унывай и ты, а терпи, вооружаясь благою надеждою и благим упованием получить милость Божию и за самую печаль, и за причины, производящия печаль, т. е. за укорение со стороны, как от меньших, так и от старших лиц. Также оставь думать, что ты не на месте. Вот м. И. почти три года ездила искать себе новое место, но нигде не нашла, а приехала к нам с объяснением о неудачных своих поисках; заболела воспалением в легких, и через 9 дней мирно почила о Господе, за три часа до смерти приняв пострижение в мантию в полном сознании и в чистой памяти. Утром причастилась Св. Таин, а вечером скончалась. Прежде два раза была приобщена и особорована св. елеем. Пример покойной м. И. ясно показывает, что много и о многом заботиться не должно, а следует позаботиться о самом главном, о приготовлении себя к смерти.

— 219. Вооружайся терпением

Письма твои получил; но до сих пор не отвечал тебе по всегдашней немощи моей телесной и по недосугу. И сегодня много писать тебе не могу. Пока вооружайся терпением противу находящих трудностей, всегда поминая при сем слово Самаго Господа: в терпении вашем стяжите души ваши; и претерпевый до конца, той спасен будет. И паки Господь глаголет: "в мире скорбни будете". В каком бы конце мира человек ни жил, скорбей по этому слову Господню не избежит. Поэтому не унывай, а на милость Божию уповай!

— 220. Напоминанием о смерти о. К. внушает быть в мирном настроении

Получил от тебя два серьезных письма и отвечать на оныя доселе не мог; сперва о. К. заболел в великий четверг, а потом мирно почил о Господе 30-го апреля, в 12 часов дня. Был особорован и приобщен Св. Таин. Кончил жизнь очень тихо и до самой смерти был в хорошей памяти.

Неожиданная кончина о. К. да послужит тебе полезным уроком. Он незадолго до смерти смущался и недоумевал, принять ли ему или не принять М. начальство. Промысл Божий скоро разрешил этот вопрос, отозвавши о. К. в иную жизнь, поэтому и ты паче меры не скорби и не говори, что более не могу терпеть и выносить неудобства затруднительных обстоятельств, а лучше по возможности старайся терпеть и охранять душу свою в возможно мирном устроении. Читаем в Евангелии ясное и определенное слово Самаго Господа: в терпении вашем стяжите души ваша, и паки: претерпевый до конца, той спасен будет. Как угодно будет Господу решить твою участь, животом или смертию, предоставь это всеблагому Его Промыслу, только во всяком случае старайся быть в мирном устроении, против всего и против всех. Господь Судия нелицемерный. В свое время разсудит все правосудно и воздаст комуждо по делом его. А наше главное дело, пока находимся в этой жизни, терпеть все, смиряться и просить, от Господа помощи и помилования и будет хорошо.

— 221. Главная наша забота должна быть о спасении. О книге "Цветник"

Давно собирался отвечать тебе на письмо твое, но не приходилось и по немощи и по крайнему недосугу.

Писала ты мне, что на тебя благотворно повлияла кончина вашей матери казначеи, и ты тут ясно поняла, что прежде всего и более всего нужно заниматься делом своего спасения, а остальным заниматься по возможности и насколько будет удобно, а главная забота наша должна быть о том, чтобы себя прежде исправлять и собственное дело, которое должно быть напутствием нашим в будущую жизнь.

Кончина покойной м. казначеи явно показывает, что она так жила и так вела свои дела. В Святом Писании сказано: умер праведный, остави раскаяние, т. е. праведный не только назидает благочестивою жизнию, но и самою кончиною своею мирною побуждает знавших и видевших ее к раскаянию и исправлению своей жизни.

Нет ли в вашей библиотеке старинной книги, называемой "Цветник" священноинока Дорофея. Если есть, то советую прочесть эту книгу со вниманием. Книга эта полезная и преполезная, только 31-я глава, кажется, испорчена раскольниками, в которой говорится, что чрез молитву Иисусову чрез три года вселяется Св. Троица. Эта глава, во-первых, не согласна и с содержанием всей книги, а во-вторых, несогласна и с учением других св. отцов, из которых ни один не говорит об определенных сроках вселения благодати в человека и порознь лиц Св. Троицы. Эту главу и можешь оставить без значения. Русский подвижник, священноинок Дорофей, прежде всего и более всего побуждает к чтению духовных и божественных книг, и увещавает жить по Евангельским заповедям Господним с верою, терпением и воздержанием, часто повторяя, что претерпевый до конца, той спасен будет. Мир тебе! и молись о мне!

— 222. Устроение нашей жизни в руках Божиих

Пишешь, что ваш благочинный говорил в трапезе сестрам, что у вас назначается новая казначея, поэтому ты думаешь отпрашиваться от должности благочинной и по причине слухов о чуме приехать к нам. Когда-то еще новую казначею назначать, а между тем тебе временно вверено управление монастырем. По этой причине тебе теперь неблаговременно и неудобно отказываться от благочиния и проситься ехать к нам. Когда же уяснятся обстоятельства, тогда по соображению и нужно будет действовать, как приличнее и как полезнее будет. Будущее Бог Один знает и потому утвердительно нельзя сказать, как устроятся обстоятельства. Люди предполагают, а судьбою людей располагает Один Бог.

О страхе же, наводимом слухом чумы, скажу. Если мы всегда будем в памяти содержать Евангельское слово Господа: будьте готовы на всякое время, яко не весте ни дни, ни часа в он же Сын человеческий приидет; тогда страх этот потеряет свою силу. Готовиться же к смерти всегда полезно. Что у вас будет и как будет, можешь опять написать. Только более всего старайся иметь мирный дух, предавая все и всех Суду Божию.

Св. апостолы Петр и Иаков советуют нам радоваться в различных напастях. Если так не можем, то хотя зазрим себе яко немощных и малодушных..

Мир тебе! Умудряйся потерпеть и понести смущающия тебя встречающияся неприятности. Креста нигде не избежишь.

153

— 223. В тяжелых обстоятельствах надо потерпеть

Письмо твое получил. О твоем затруднительном положении скажу вкратце: потерпи еще, смиряясь пред Богом и людьми, пока Промысл Божий укажет средства и обстоятельства к выходу из такого положения. Но потерпеть что-либо везде придется. Потому что положительно сказано в Св. Евангелии: в терпении вашем стяжите души ваша. Не без причины покойный наш о. архимандрит Моисей говаривал или, вернее, повторял апостольское слово: "нова небесе, новы земле по обетованию чаем, в них же правда живет"; а между нами грешными какой правды искать.

Всеблагий Господь да ниспошлет тебе благословение свыше и да посетит душу твою миром.

— 224. При решении вопроса о переходе в другую обитель должно, по молитве, смотреть на состояние своего сердца

Поздравляю тебя с наступающим великим праздником Рождества Христова. Рождейся от Девы Спаситель мира да сподобит тебя радостное сие христианское торжество встретить и провести в возможном здравии телесном, в спокойствии душевном, и в мирном ко всем расположении, и, в утешении духовном; а затем желаю тебе в благодушии вступить в новый год, и провести оный в благополучии и с пользою душевной.

Что лично тебе было сказано, то же самое и теперь повторю. Тесно тебе тут, но нельзя надеяться, чтобы отрадно было и там, разве к этому прибавить малороссийскую пословицу: хоть гырше, да инше. Поэтому сама смотри и соображай и сравнивай то и другое, чтобы после не малодушествовать, когда встретится и там не отрадное. Прежде всего советую тебе отслужить молебен Спасителю, Божией Матери и Всем Святым и после посмотри на свое сердце, в каком оно будет положении; если мысль при переходе покойнее и более есть приклонение к переходу, то можешь написать туда так: если начальство назначит, то противиться не буду. Если же при мысли о переходе, сердце будет очень тревожно и исполнено страха и боязни, то изъявлять согласие опасно. В таком случае можешь прямо написать, что ты не согласна. Мир тебе!

— 225. Поздравляя с саном игуменьи, объясняет значение сего сана

Если вчера состоялось твое посвящение в сан игумении, то поздравляю тебя и от всей души желаю милости от Господа, и всесильной помощи Его, и вразумления в деле управления порученной тебе обителью. Сан игумена и игуменьи произведен от слова: игемон — простой правитель, а для отличия от простых правителей духовные начальники названы игуменами и игуменьями. Потому и правление их должно быть не простое, а духовное, согласное с словами апостола Павла, глаголющаго: аще живем духом, духом и да ходим. Не бываем тщеславии, друг друга раздражающе, друг другу завидяще. И паки: вы духовнии исправляйте таковаго духом кротости, блюдый себе, да не и ты искушен будеши. Полезно помнить эти апостольския слова, чтобы во время надобности и во время потребное стараться придерживаться оных.

Хотя начальникам и недосужно читать святоотеческия книги, а следует их почитывать, среди недосугов улучая и уделяя на то хоть несколько времени. Чтение это может укреплять нас душевно, и умерять внутреннее наше расположение, возмущаемое встречающимися неприятными обстоятельствами: полезно присоединять к прежним апостольским словам и следующия: друг друга тяготы носите, и тако исполните закон Христов.

За молитвами почивших отцев наших Господь да устроит о тебе полезное и спасительное и покроет от злого обстояния.

Призываю на тебя и на вверенную тебе обитель сестер мир и благословение Божие, остаюсь с искренним благожеланием.

— 226. При утеснении со стороны начальствующих должно помнить слова пр. Марка подвижника, что неудобную вещь не пытайся разрешить любопрением

Получил от тебя письмо без числа. Одно это уже показывает, что ты находишься в тревожном положении. А когда прочитал, что старшее лицо обращается с тобою нехорошо, то еще более открылось, что положение твое очень затруднительное, а помочь этому не знаю как; разве только предложить тебе совет Марка подвижника, который в своем законе духовном в главе 12-й говорит так: "не покушайся вещь неудобну разрешить любопрением, но имиже духовный закон повелевает, сиречь терпением, молитвою и единомысленною надеждою". В запутанных обстоятельствах неудобно сказать что-либо определенное, а только скажу: ничем не нужно спешить, ограждать себя смирением и терпением, как заповедует Сам Господь: "в терпении вашем стяжите души ваши" и "претерпевый до конца, той спасен будет". В делах своих, особенно серьезных и важных, потребна осмотрительность, и осмотрительность не малая, растворяемая прилежною молитвою к Богу и Пресвятой Богородице, Святителю Николаю, великомученице Варваре и священномученику Фоке. Такая молитва может укреплять твой дух и придавать тебе бодрость и мужество. Помози тебе Господи не малодушествовать, и благоразумно устраивать свои дела. Не напрасно сказано, в псалмах: Господь крепость людям Своим даст. Господь благословит люди Своя миром. Слова эти часто повторял покойный о.игумен Антоний.

— 227. Если Господь не попустит, никто нас обидеть не может

Письмо твое получил. Пишешь, что получивши икону Святителя Николая от неизвестнаго лица, ты было успокоилась от своих скорбей и даже недели две радовалась. Но услышавши о М. толках, ты опять смутилась. Старайся успокоить себя тем, что если Господь не попустит, то никто обидеть нас не может, кто бы он ни был.

155

Благодари Бога и за то, что митрополит к тебе благосклонен и милостив, а меньшие пусть потолкуют и перестанут. Касательно встречающихся неприятностей всегда содержи в памяти Евангельское слово Самаго Господа: "в терпении вашем стяжите души ваша" и "претерпевый до конца, той спасен будет". Обносится общий мудрый совет: ни в каком случае не отчаяваться и не унывать, а на милость Божию уповать и начинать делать и исправлять возможное, а не все вдруг, как бы тебе хотелось по причине всеобщей обветшалости. Главное — не малодушествуй и не унывай, а старайся, с помощию Божиею, делать возможное; по воле ли Божией или по суду Божию попала ты в эту обитель — это все равно; потому что и воля Божия двояка и суд Божий двояк, и Един есть Судия живых и мертвых, и всем нам подобает предстать пред судищем Христовым. Всеблагий Господь да помилует всех нас. Мир тебе!

— 228. Скорбныя обстоятельства не противны воле Божией

Вчера получил письмо твое, в котором объясняешь о неудобствах твоих в новом месте. Что делать? Не сама туда просилась, а послали, поэтому нужно покоряться и творить волю пославшаго согласно с волею Божиею. Вероятно, тебя послали для исправления. Но испорченное исправляется не вдруг и не спеша, а постепенно с великим разсмотрением и благоусмотрением. Как ни притрудно твое положение, но оно не противно тому, что говорится в слове Божием. Сам Господь глаголет во Святом Евангелии: в мире скорбни будете; и — претерпевый до конца, той спасен будет. Апостол пишет: кийждо приимет мзду по своему труду; и паки: аще без наказания есте, прелюбодейчищи убо есте, а не сынове, и паки: верен Бог, Иже не оставит вас искуситися паче, еже можете; но со искушением сотворит и избытие.

Помози тебе Господи умудряться, во-первых, во спасении, а потом и в других обстоятельствах.

Приветствую о Господе м. З. и призываю на обеих вас и на обитель вашу мир и благословение Божие.

— 229. Кляуз бояться не должно — ложь всегда останется ложью

Возмогай о Господе и в державе крепости Его! Неложно апостольское слово верен Бог, Иже не оставит вас искуситися паче, еже можете, но со искушением сотворит и избытие!

В последнем письме твоем объясняешь стеснительное твое положение от разных обстоятельств, особенно от кляуз о. П., который хвалился, что тебя вытеснит, а выгнали его. Поэтому можно надеяться, что и словесные толки и письменныя показания могут обрушиться на его голову. Зло всегда забегает вперед, но не одолевает. — Каин родился прежде Авеля, и Исав прежде Иакова, но победа осталась на стороне последних, хотя Исав и гнал Иакова, а Каин убил Авеля, но гонимые блаженствуют, а гонители отвержены

Богом. Будем верить и надеяться, что и нас Господь не оставит, только нужно со смирением потерпеть и не роптать. Не ложно Евангельское слово Самаго Господа: в мире скорбни будете, но дерзайте, яко Аз победих мир.

Также не безпокойся и о том, что училище из монастыря переведено совсем или на время. Кроме безденежья это случилось и от самых обстоятельств, которыя по времени покажут, какому нужно быть училищу в монастыре, или совсем ему не быть.

От притязательных кляуз отписывайся как можешь. Ложь останется ложью и никогда правдою быть не может, а оклеветанные рано или поздно всячески оправданы будут.

Прибегай почаще в молитвах к Царице Небесной и угоднику Божию Святителю Николаю, они тебя не оставят в скорбях и обстояниях. Также нужно помнить и не забывать Евангельския слова Самаго Господа: в терпении вашем стяжите души ваши, и — претерпевый до конца, той спасен будет.

— 230. Бог не попустит, свинья не съест

Мир тебе и Божие благословение и всякое утверждение в истине!

Возмогай о Господе и в державе крепости Его. Сказано в псалмах: Господь крепость людям Своим даст. Господь благословит люди Своя миром.

Письмо твое получил, содержание котораго — продолжение искушений и наветов, чрез о. К.; но есть старинная мудрая поговорка: Бог не попустит, свинья не съест; и в псалтири сказано: солга неправда себе. К. хочет одолеть тебя неправдою, но обманется в неправде своей по псаломским словам. Неправда эта солжет ему и самого может подвергнуть великому бедствию не только в будущей жизни, но и в настоящей. Фараон притеснял Израильтян, но сказано, что он погряз в воде, как олово. К. консистория не всемирная историям. И история только после пишет правду о всех.

Не бойся частых следствий и дознаний, которые могут послужить только к твоему оправданию. Когда разсмотрят все ложные доносы К., тогда могут сотворить, ему и другое какое-либо наказание и обсечь ему крылья, которыми он теперь без толку машет от злаго расположения, хотя досадить другим. Но досада эта может обратиться на главу его самого.

Несомненно веруй неложному апостольскому слову: верен Бог, Иже не оставит вас искуситися паче, еже можете, но со искушением сотворит и избытие.

В трудныя минуты утешай себя тою мыслию, что не сама ты заехала в ту местность, а послана начальством, чрез которое обозначается воля Божия. Понуждайся терпеть и старайся делать возможное и получишь милость Божию не только в будущей жизни, но и в настоящей.

— 231. Без лихорадки дурныя соки из тела не выходят, без неприятностей и зло из обители не устраняется

Письмо твое получил. Пишешь о непрекращающихся и продолжающихся скорбях и разных для тебя неприятностях со стороны досаждающих. Но советую тебе не малодушествовать, а уповать на милость и помощь Божию, которая сильна нас защитить от всех козней вражиих и от наветов действующих по духу мира. Зло всегда забегало вперед, но не одолевало, и в числе избранных учеников Христа Спасителя нашелся предатель. Но только противляющиеся истине получили свое достойное воздаяние, а другим повредить нисколько не могли. Ежели и ты будешь мужественна и с надеждою на помощь Божию переносить встречающияся неприятности и скорби, то они тебя оправдают, а не повредят, только нужно не спеша действовать.

В твоем прискорбном положении нужно твердо помнить и не забывать, что не дают награду за отраду, а только за скорби и за подвиги.

Подвинемся и мы с помощию Божиею, елико возможно, исправлять порученное нам дело обители; а исправление это без болезни и скорби и без труда быть не может. Когда в теле человеческом заведутся испорченные соки, то они не иначе изгоняются, как лихорадкой или горячкой. А сама знаешь, что болезни эти не легки, а только после бывает хорошо, когда кто себя достодолжно выдержит. Вот и в вашей обители дурные соки изгоняются и нужно выдержать или лихорадку, или горячку, пока они изгнаны будут. А ты как главный член обители, вот тебе и приходится более других ощущать болезненную страдательность. Не без причины сказано в Евангелии: в терпении вашем стяжите души ваши; и — претерпевый до конца, той спасен будет. Понудимся и мы потерпеть и получим милость Божию и спасение вечное и безконечное со всеми терпящими и претерпевшими скорби.

Мир! Мир! и Мир!

— 232. Скорби не убивают, а спасают, если терпеливо и с надеждою на Бога переносить их

Скорбное письмо твое получил. Пишешь, что ты готова сейчас же бросить все и бежать куда-либо. Погоди, прежде дождись конца, может быть, будет и не так, как ты предполагаешь.

Напрасно ты думаешь, что люди от скорбей погибают. Напротив, из Святаго Писания видим, что скорби приближают людей ко спасению, если кто не малодушествует и не отчаявается, а вооружается терпением со смирением и преданностию воле Божией. И ты еще подожди, как и чем кончится дело.

Молись поусердней Царице Небесной, Святителю Николаю, Иоанну воину и священномученику Фоке. Молитвы их сильны защитить тебя от чрезмерных нападений; в меру потерпи, памятуя апостольское слово: скорбь соделывает терпение, терпение — искусство, искусство — упование, упование же не посрамит.

— 233. В скорби от врагов читать псалмы 3, 53, 58 и 142, а при безотчетной скорби 101

Письмо твое и икону преподобнаго Агапита врача получил, благодарю за усердие.

Ты пишешь, что рапорт твой о том, что при сдаче монастыря ты не получила всей суммы — возбудил против тебя многих людей, которые теперь враждебно могут относиться к тебе. Но надейся на милость и помощь Божию и веруй, что силен Господь избавить тебя от всех козней человеческих и вражеских. Сказано в псалмах: Господь разоряет советы языков и отметает мысли людей; совет же Господень пребывает во век.

Выписываю тебе псалмы, которыми молился святый Давид, когда был в гонении от врагов: 3-й, 53-й, 58-й, 142-й. Выбери из этих псалмов приличныя для тебя слова и почасту прочитывай их, обращаясь к Богу с верою и смирением. А когда будет бороть тебя уныние или томить душу безотчетная скорбь — прочитывай 101-й псалом.

В заключение письма скажу, не будь скора в словах, а прежде внимательно обдумывай то, что нужно говорить людям, возстающим против нас, или людям великим.

— 234. Еще о чтении псалмов в напастях

Письмо твое получил, но на второй неделе поста не успел ответа тебе написать, вот и третия неделя уже приходит к концу. Опять скажу тебе, что по-моему мнению нужно еще подождать и потерпеть, пока воздействует промыслительная сила Божия, разоряющая неправильные советы и отметающая мысли людей неблагонамеренных; так как один совет Божий пребывает во веки. Чтобы в твоем положении получить милость и помощь Божию, читай ежедневно Псалом 36-й: Не ревнуй лукавнующим, ниже завиди творящим беззаконие. И хорошо бы этот псалом читать по слову святаго Давида — вечер, утро и полудне. И еще два псалма — Господь просвещение и псалом — Живый в помощи.

Ежели во имя Святой Троицы будешь исправно читать эти псалмы ежедневно по три раза со смирением и усердием, предавая себя всеблагому Промыслу Божию, тогда изведет точию повинися Господеви и умоли Его. Полезно также читать псалом — Терпя потерпех Господа и внят ми.

Не вотще сказано в Святом Писании, что многими скорбями подобает нам внити в Царствие Небесное, ради получения котораго и поступили мы в монастырь.

— 235. Не благословляет уходить на покой из страха пред противниками

Мир тебе и Божие благословение и всякое утверждение в истине!

Ты скорбишь в скорбных обстоятельствах, а брат Божий св. апостол Иаков советует, нам радоваться во искушениях различных, потому что чрез это испытывается и утверждается наша вера.

Пишешь, что на твою келью нападали разбойники и не могли ничего сделать. Явно, что Промысл Божий хранит тебя и внушает, чтобы и вперед надеялась ты на милость и помощь Божию. Не помню, где сказано, что и благочестиво живущему человеку, ежели он не имеет скорбей, считается год за день, а если благочестивый человек переносит большие скорби, тогда вменяется ему день за год.

Не вотще сказано у апостола: все хотящие благочестно жити, гонимы будут; и паки — многими скорбми подобает внити в Царствие Небесное; и сам Господь глаголет во Святом Евангелии: в терпении вашем стяжите души ваша и — претерпевый до конца, той спасен будет. Во всяком случае не могу посоветовать тебе подавать самой на покой. Ежели уже раз Господь избавил тебя сверх всякаго чаяния от подобных притеснений, то силен Он и опять избавить тебя. А о воротилах несправедливых царственный пророк Давид глаголет: видех нечестиваго превозносящася и высящася яко кедры Ливанские: и мимоидох, и се не бе, и взысках его, и не обретеся место его.

Во время скорби читай 32-й псалом, Господь и избавит тебя и прежде всего будет умиротворять твой дух. Впрочем, если бы попущением Божиим и удалось противникам улучить свою волю, и тогда будет правильнее и благонадежнее, по сказанному: Блажени изгнани правды ради. Но видно, что они и сами опасаются и не дерзают на это, а хотят угрозами тебя изгнать, чтобы сама ушла. Поэтому и не советую тебе, чтобы ты сама решилась исполнить волю и желание противников твоих; вернее предаваться во всем воле Божией, и силен Господь избавить нас, как древле избавил неповинную Сусанну от ея противников и клеветников.

— 236. Велика награда терпящим несправедливыя клеветы

В письме твоем пишешь, что по болезни твоей и болезни м..З. и по непрестанным клеветам неудобно тебе оставаться более в Л. монастыре, так как боишься умереть в тревожном состоянии — не мирном духе, и тебе нравится. О. монастырь. Пожалуй, можешь подать прошение в Синод, что по болезни желаешь остаток дней твоих провесть на покое. Но при этом вспомни слова о. игумена Антония: тогда будет покой, когда пропоют над нами — со святыми упокой. Велико воздаяние тем, которые до конца терпят несправедливыя клеветы. Недавно у меня была одна вдова священника, который от злых доносчиков перенес много несправедливых следствий, заболел и умер. В 40-й день явился во сне жене с золотым крестом в руках. Поэтому на двух выбирай себе, что найдешь удобнее, или терпеть до конца в обители, или проситься на покой.

— 237. Должно попытаться защищаться, прежде чем уходить на покой

Скорбное твое письмо получил и тотчас отвечаю.

Прежде всего отслужи молебен Спасителю, Божией Матери и

всем святыми поезжай к С., испрашивая его совета, нельзя ли устроить, чтобы прислали следователя из Петербурга, который бы мог обличить ложь и клевету и уяснить справедливое, т. е. в каком положении прежде был Л. монастырь и в каком теперь находится. Если найдут это неудобным, то попросить, нельзя ли перевесть тебя в начальницы в другую губернию. Если же невозможно будет достигнуть ни того, ни другаго, тогда уже можешь подать на покой, во исполнении Евангельскаго слова: Аще гонят вы во граде — бегайте в другий.

А чтобы тебе не малодушествовать паче меры в скорбях твоих, старайся помнить и не забывать, что многими скорбми подобает нам внити в Царствие Небесное. Также утешай себя Евангельскими словами: Блажени изгнани правды ради, яко тех есть царствие небесное. Блажени есте, егда поносят вы, иждену и рекут всяк зол глагол, на вы лжуще Мене ради. Радуйтеся и веселитесь, яко мзда ваша многа на небесех.

Да будет по воле Божией о нас!

— 238. О молитве за врагов

Вчера получил от тебя два письма вдруг, и при немощи и недосуге спешу отвечать тебе.

Все описанное тобою показывает, что следует оставить человеческия меры и прибегнуть за помощию к Единому Богу. Лучше молись Богу так, как покойный старец Леонид советовал: спаси Господи и помилуй возлюбленнаго отца моего М. П. и за его молитвы помоги мне грешной. Многие примеры показывают, что такая молитва умиротворяла противных и враждующих лиц. Может быть, и к тебе переменится Вл. в своих отношениях, тогда и обстоятельства твои могут измениться к лучшему.

На всякий случай можешь написать к иг. А., будет ли она согласна принять тебя на покой, ежели потребуют обстоятельства. Если воля Божия будет, то и поступишь на покой, только и тогда нельзя избежать каких-либо скорбей и неприятностей, потому что в Евангелии сказано, что Господь подаст успокоение только труждающимся и обремененным.

— 239. Об искушениях диавольских и о борьбе с ними
(С No 239 по 276 к одному лицу)

Сестра о Господе! Описываешь ты, какия с тобою были вражеския искушения: сперва тоска и страх; потом скорбь до изступления ума, что не застала брата; потом помысл высокоумия, что достигла меры безстрастия; потом опять несытая любовь к родным и опять помысл высокоумия с самонадеянностию, что без помощи Божией, своею силою, ты можешь устоять; а когда с омерзением отвергла этот помысл, то тут же услышала вражескую похвалу, т. е. помысл горделивый и тщеславный стал внушать, что ты уподобилась уже святым. После этого чувствовала какой-то покой, и хотя тайный голос предупреждал тебя, что под этою тишиной кроется обольщение вражие, но тебе все сильнее стало казаться, что ты пришла в меру совершенства и что естество души твоей так бело, как снег; а когда вспомнила, что, по слову Петра Дамаскина, душа, приходящая в преспеяние, видит свои грехи, как песок морский, и когда в недоумении стала молиться Господу и Царице Небесной, чтобы вразумить тебя, какая это сила действует в тебе? — то и увидела, что эта сила — в виде валявшагося безобразнаго растрепаннаго мужика.

Теперь сама ты видишь, что вся эта противоречащая путаница есть действие врага, который борет и десными и шуиими, то тоскою и страхом, то высокоумием и самонадеянностью; а когда отвергают его внушения, то опять шепчет: "благоже, благоже сотворил, победил, соделался велик". Тебе сильно казалось, что действительно пришла в меру совершенства, а, сама пишешь, что голова пустая, душа, как разграбленная храмина, что с трудом привыкаешь к устной молитве, а четочнаго правила ни разу не выполнила, потому что как только за него берешься, начинает, тебя сильно ломать. Откуда же взялось твое совершенство? Видим, что, тут явное противоречие, которое прежде всего, врачуется искренним покаянием и чистосердечным исповеданием "кому следует".

Св. Иоанн Лесствичник говорит, что неоткрываемые духовному отцу помыслы в дела происходят (ст. 26, отд. 21) и что, напротив, открываемые язвы в горшая не простираются, но паче врачуются. Из собственнаго опыта видим, что человек крайне немощен и бессилен в духовной борьбе без помощи Божией. В борьбе этой, говорит преп. Марк подвижник, мы имеем одного помощника, таинственнаго, в нас сокровеннаго со времени крещения — Христа, Который непобедим. Он будет споборствовать нам в сей борьбе, если будем не только призывать Его на помощь, но исполнять, по силе своей, Его животворныя заповеди. Повергай себя в руце превеликаго Его милосердия. Также непрестанно прибегая к Заступнице нашей Владычице Присно-Деве Марии, поя по часту церковную песнь: не имамы иныя помощи, не имамы иныя надежды, разве Тебе, Владычице, Ты нам помози, на Тебе надеемся и Тобою хвалимся, Твои бо есмы раби да не постыдимся.

Гордым и самонадеянным помыслам о совершенстве противопоставляй крайнее смирение пред Богом и людьми, выставляя себе прямо на вид, что ты и устной молитвы еще не научилась и келейнаго, правила не исполняешь. Откуда же вдруг явилось совершенство?

Что брата не видала, видно, на это не было воли Божией, потому что оно было бы тебе неполезно. Если не видавши его скорбела до изступления ума, то что бы было, если бы виделась? И такая привязанность, конечно, не согласна с обетами, данными при пострижении.

А то, что тебе кажется, что начальница тебя вышлет из обители, и что ты пленяешься этим помыслом — и это обольщение вражие; потому что тебя еще никто не гонит; а только эта мысль тебя отводит от настоящаго монашескаго дела. Когда погонят, тогда видно будет.

— 240. Не нужно отлагать время смирения и покаяния до переселения в любимое место (1867 г.)

Козни вражии против тебя не умаляются, а только изменяются в другие виды. Многокозненный враг ухищряется то возносить тебя до небес, то низводить до бездны. Но да упразднит Всеблагий Господь козни его ходатайством и заступлением Пречистой Его Матери и всех святых, благоугодивших Ему.

Ты давно все желала скорбей и попрания, и уничижения от людей в отдаленном известном месте, куда тебя помысл не престает тянуть разными изветами. Но вместо этого тебе попущено терпеть досаждения и искушения от бесов в том самом месте, где живешь. Думаю, что тебе случилось это потому, что действовала ты вопреки сказаннаго в молитве Господней, в которой, во-первых, молимся так: "да будет воля Твоя", а потом в конце: "не введи нас во искушение, но избави нас от лукаваго". Не знаю, понимала ли ты смысл этих слов? Св. Исаак Сирин в 5-м слове объясняет их так. Видимыя скорби от людей, от обстоятельств и от болезней тела должно терпеть и переносить со смирением и благодарением, покоряясь Всесвятой воле Божией. О душевных же искушениях должно молиться Господу, "чтобы не подвергнуться оным". Помолимся, говорит сей святый, не внити во искушения о вере. Помолимся не внити "во мнении ума твоего, во искушения с бесом хулы и гордыни. Помолимся не внити по пущению Божию в явное искушение диаволово, злых ради помышлений, яже помыслил еси во уме твоем, их же ради и попущен еси (в сие искушение). Помолимся не отступити от него ангелу целомудрия твоего, да не будеши ратован горящею бранию греха, и отлучатися от него (т. е. от ангела). Помолимся не внити во искушение раздражения на кого-либо или во искушение двоедушия и сомнения, ими же душа возводится к великому затруднению. Искушения же (скорбныя) тслесныя вседушне подъяти уготовляйся, и всеми удесы твоими пройди сквозь тех, и очи твои слез исполни, да не отступит храняй тя ангел от тебя. Кроме бо искушений сих Промысл Божий незрится, и еже к Богу дерзновение невозможно есть стяжати, и премудрости духа невозможно есть научитися и божественному вожделению в души твоей утвердитися невозможно есть. И еще сей святый прибавляет, глаголя: "и паки помолимся не внити во искушение явное диаволово за киченне твое, но за еже любити тебе Бога, да сила Его споспешествует тебе, и тобою победит враги своя, да искусится любы твоя к Богу, и прославится сила Его в терпении твоем. Тому слава и держава во веки веков. Аминь".

По словам св. Исаака Сирина, рассмотри свое положение и расположение и устроение душевное и приведи себе на память то: когда Антоний В. в видении узрел повсюду распростертыя сети вражии и с удивлением и ужасом воскликнул: кто может миновать и избежать всех сетей сих, то услышал Божественный ответ: смирение избегнет их, и не прикасаются ему. Оставь обманчивую мысль, что ты в отдаленном месте будешь смиряться и будешь переносить всякое попрание и уничижение, а лучше смирись в настоящее время и в настоящем месте, где живешь, и считай себя мысленно под ногами всех, т. е. считай себя достойною всякаго попрания и уничижения и досаждения. Равно, презирай устрашения вражии, будто бы он силен тебя вринуть в такую напасть, что ты будто бы отвергнешься Распятаго Господа. Все эти плетения вражии, если бы и было попущено ему, могут кончиться какими-либо нелепыми мнениями и несправедливыми толками от человека. Но ты наперед помни псаломское слово: уготовихся и не смутихся, и, призывая Божию помощь и заступление Владычицы нашей Пресвятой Девы Богородицы, уготовляйся понести всякия наваждения и досаждения, и какое бы то ни было стеснение со стороны высших или низших, по ухищрению вражию. Смирение и терпение на все победа, содействием Божиим. Повторяю: не отлагай потерпеть попрание и уничижение в отдаленном месте, но начни терпеть все тут и теперь, по сказанному: ныне начах. Многоразличныя внушения вражии считай наравне с хульными помыслами и старайся презирать их, молясь псаломским словом: Боже в помощь мою вонми, Господи помощи ми потщися, да постыдятся и посрамятся ищущии душу мою, да возвратятся вспять и постыдятся хотящии (мыслящии) ми злая. Когда же будут враги внушать похвалу и гордостное возношение, то продолжай следующий стих, глаголя: да возвратятся абие стыдящеся глаголющии ми: благоже, благоже (Пс. 69). Также приличное и в приличное время произноси из 39-го псалма, начинающегося так: терпя потерпех Господа, и внят ми и услыша молитву мою, и проч. по избранию до конца. Иногда же против гордых помыслов молись, как молился некто из древних отцев, глаголя: Господи, чужда есмь всякаго блага и исполнена есмь всякаго зла: помилуй мя, единым милосердием Твоим. И повторяй это много раз, если возможно с земным поклонением. Главное же старайся удержать веру и упование спасения, что Господь хощет всем спастися и в разум истины приити. Враг же немощной только силится удалить человека от спасительнаго пути разными нелепыми внушениями и устрашениями и возможными искушениями, чтобы как-нибудь поколебать человека, и отвратить от истиннаго пути, и хотя он иногда, аки лев рыкая, ходит иский кого поглотити, но святый апостол Петр увещевает противиться ему твердою верою и упованием на Господа, что Он не оставит нас и силен упразднить и разрушить все козни вражии, как слышим, часто, в тропаре мучеников, которые, имуще крепость от Господа, мучителей низложиша и сокрушиша демонов немощныя дерзости.

Также презирай и лукавыя внушения вражии: "не пиши об этом старцу, да не явишися тщеславна, и он может говорить, что ты велика, и будет тебя ставить в пример другим". В какой пример? Разве в пример путаниц? Кто путается, тому потщеславиться нечем, и особенно некстати то мнение, что путающийся твердо стоит, и навык великому деланию. Великая путаница — делание не великое.

Пока довольно с тебя. Сам Господь да вразумит тебя на все душеполезное и спасительное, и Пречистая Его Матерь да защитит от злых и коварных козней вражиих.

— 241. Не должно под предлогом страха быть избранной в начальницы думать о переходе в другое место.

Пишешь, что у тебя опять возродилось желание перейти в Арзамас. Считай это желание за искушение вряжие, так как оно внушается тебе как бы с насилием. Если бы на это была или будет воля Божия, то это может устроиться само собою. У Господа Бога всяких средств много. По воле же вражией ни в каком случае действовать не должно ни под какими благовидными предлогами. Враг тебя устрашает тем, что будто тебя в К. могут сделать начальницею. На подобныя внушения старинные люди отвечали так: бабушка сказала надвое, либо сделают, либо нет. И скорее последнее, потому что у нас с тобою нет начальнических достоинств. И это внушение просто вражие наругание, которым он вместе с этим и смущает тебя. Хотя и бывают такие случаи, что людей путающихся на молитве или в молитвенном подвиге Промысл Божий иногда устрояет на начальство для того, чтобы привести их в правильное и непрелестное положение, но делом Промысла Божия, Который все устрояет к благу и к пользе нашей духовной, не должно устрашать себя, а оставлять это на всеблагую волю Господню, с верою и преданностию покоряясь мановению Божественнаго о нас Провидениям, и между прочим строго исследуя свой помысл и ухищрения вражия, не скрывается ли тут тонкий какой-либо тщеславный помысл, который должно всячески отвергать, потому что тщеславие грубое и тонкое всячески приносит вред человеку. Враг по-видимому, устрашает тебя начальством; но если как должно разсмотреть это устрашение, то и окажется явно вражие ухищрение, которым тонко он путает тебя, чтобы породить в душе твоей, желание, к начальству. Так и считай это устрашение, и старайся презреть его.

Рукоделье оставлять тебе не следует, а только должно заниматься им в приличное время, не оставляя четочнаго правила и другаго молитвеннаго вычитывания, от которых враг тебя отвлекает, потому что все благословенное составляет существенную пользу монаха: от того исполнять это бывает тяжело, и как бы неудобно, и как бы все и всё этому мешают. Причины и тяжести таких неудобств есть ухищрение и отвлечение вражие, так как все благословенное ему не нравится, Ты же, зная это, понуждайся исполнять по благословению назначенное; равно не оставляй и устной Иисусовой молитвы.

Пишешь, что по временам ты очень ослабеваешь до малодушия, а иногда и до отчаяния. Знай, что главныя козни вражии две: бороть христианина или высокоумием и самомнением или малодушием и отчаянием. Святый Лествичник пишет, что один искусный подвижник отражал козни вражий их же оружием. Когда они приводили его в отчаяние, то он говорил себе и врагам: как же вы не так давно хвалили меня и приводили в высокоумие, — и чрез это отражал злой умысел вражий. Если же враги опять переметывались на другую сторону, и начинали хвалить, и подавать поводы к

165

высокоумию и самомнению, то старец тут отвечал: как же вы не так давно приводили меня в отчаяние: ведь это одно другому противоречит. И таким образом сей подвижник с помощию Божиею отражал козни вражии их же оружием, благовременно употребляя одно против другаго. Также у тебя бывает иногда мысль возставать мужественно против врагов, и спрашиваешь: справедливо ли это? Противоположное сему малодушие показывает, что несправедливо. Не нашей меры возставать против злохитрых врагов, а всего вернее со смирением прибегать всегда к помощи и заступлению Божественному, призывая на помощь Самого Господа и Пречистую Его Матерь, как советует св. Лествичник: именем Иисусовым отражай ратники. Мир тебе.

— **242. Главная причина искушений — высокоумие. Перечисляет, искушения, коих причина самообольщение (1868 г.)**

Говоришь, что если угодно Богу и Царице Небесной, чтобы тебе перейти туда, то тебе подастся к тому случай, и я тебя благословлю. А я тебе скажу, что если на то будет воля Божия, то тебя туда переведут без всяких усилий с твоей стороны. У Господа Бога средств много устроить это, если это полезно тебе, но никак не следует ни в этом, ни в другом чем-либо исполнять волю врагов душевных, смущающих тебя всякими внушениями и предположениями, которым ты доверяешь на том основании, что это тебе кажется

Вся стужающая тебе мысленная брань или путаница происходит от этого доверия вражеским внушениям, которым ты приписываешь какое-то значение или вероятие или которое ты хочешь уловить, вместо того, чтобы презирать их, призывая противу них помощь Божию. Главная же причина мысленной твоей брани, великое твое высокоумие, которое во всем проглядывает.

Не высокоумие ли это, что, получив некоторое временное успокоение от брани, ты поверила, что это хранение ума. Св. Иоанн Лествичник говорит: Елико отстоят востоцы от запад, толико хранение ума выше хранения помыслов и несравненно труднее онаго. А мы с тобою и помыслов своих не умеем хранить как должно, то откуда же возьмется у них хранение ума? Твое спокойствие было не хранение ума, а явная подсада вражия. Тебе казалось, что ограждена твердою стеною, что издали целый полк врага хочет проломать эту стену, что он потом заревел и убежал. И все это было одно наругание бесовское, потому что после, без всякой стены и безо всяких усилий оставил смрад у тебя под самым носом и ушел А ты еще задала себе вопрос: какая у него могла быть цель? И что это значит? Очень просто: бесовское наругание, попущенное ради твоего высокоумия; а цель его всегдашняя — смутить и отвлечь человека от смиреннаго молитвеннаго состояния. И благоухание иногда и иногда смрад — все это прелесть вражия, по слову св. Симеона Новаго Богослова. Враг возводит тебя до небес и низводит в бездну, и то и другое ради твоего высокоумия. Пишешь: "не могу вместить попечения о временной жизни, оно как цепью оковало дух мой". Не страшное ли это высокоумие? Сказано: попечение лукаво даде Бог сыном человеческим, да не в горшее уклонятся. Вспомни из жития пр. Макария, что ему говорил бес: он не пьет, и не ест, и вовсе не спит — одного только смирения у него недостает. Еще пишешь, что тягостно быть с келейными тебе. Зачем же набрала их? Если можешь жить одна без келейных, то можешь и отпустить их летом. У тебя есть стремление к уединению. Если N оно вредно, то почему же тебе оно, будет полезно? Ты, живя и среди людей, не знаешь куда деться от мысленной брани; что же было бы с тобою на уединении? Опять, что тебе приходило сильное желание умереть и не боялась смерти, все это обольщение вражие. Еще пишешь, что на тебя возложен великий сан. Никакого сана не возлагали на тебя. Сан — священство, игуменство; а что ты произнесла сугубые обеты покаяния и смирения, в этом никакого сана нет. Говоришь: "желанием желаю непрестанно чистым умом и, сердцем славословить Господа". Другими словами, нечистый желал бы быть чистым. Все это очень высоко; а достигается то, чего желаешь, покаянием и исполнением заповедей Божиих и смирением. Если, по словам св. Лествичника, и вошедши на всю лествицу добродетелей, человек должен молиться о помиловании, то тем более мы, грешные и немощные, сознавая, что страсти и грехи тянут нас к земле, должны каяться и смиряться; а паче меры за высокое не браться, потому что с высоты падают, и возносяйся поневоле смирится.

— **243. Много требуется разсуждения, чтобы познать различие добраго от злаго. О "прелестной" радости. Сиди в келлии, и та всему тя научит**

Слава и благодарение Господу, что всесильнаго ради ходатайства и молитвенного предстательства Владычицы нашей Пресвятой Девы Богородицы мрачные твои помыслы хотя несколько прояснились. Хотя желание о переходе в Арз. не оставляет тебя, но иногда мысль тебе противоречит, и тайное внушение в сердце говорит, что это намерение и желание пустое. Сама пишешь, что внушение очень тихо и покойно; а напротив, когда разгорится в тебе желание удалиться из обители, то чувствуешь ожесточение, мрак, памятозлобие и ненависть к ближним и леность к молитве. Проразумевай же из сего, что желание это с шуией стороны и есть внушение врагов и ненавистников рода человеческаго, ищущих вечной нашей погибели. Св. Григорий Синаит пишет: "много требуется разсуждения, чтобы познать различие добраго и злаго... Явлены суть действия благодати, которых бес хотя и преобразуется подать не может: ни кротости, ни тихости, ни смирения, ни ненавидения мира, ни сласти и страсти утоляет, — это суть действия благодати. Действие же бесовское есть дмение, и высокомудрие, и страхование, и всякое зло".

Отчасти ты сама испытала это, собственным опытом, потому будь осторожна и рассудительна: доброе удерживая, а лукавое отметай. Сама пишешь, что иногда находит на тебя какая-то мучительная, необузданная, растрепанная, свирепая радость диавольская, которая тебя ужасно утомляет, и что всякая скорбь душевная отраднее этой безобразной радости. Сама теперь видишь, что эта радость с противной стороны; но вместе знай, что эта растрепанная радость находит не без причины, а видно, было когда-нибудь, что ты по неопытности и неосторожности принимала обманчивую и прелестную радость за настоящую.

Посидеть дома в обители и в своей келлии нынешний год и никуда не отлучаться советую и я тебе. Бог весть насколько еще продлится жизнь твоя, и потому, особенно в последнее время, не должно презирать тайных внушений совести нашей, возбуждаемых Ангелом Хранителем, данным нам при крещении. Не вотще древними отцами говорится: сиди в келлии твоей, и та всему тя научит. Особенно же прилично это сидение человеку слабому силами, как телесными, так и душевными. Тут уже странствия и труды телесныя неуместны и не вовремя. Старики и старухи в детское училище уже не ходят, так как это неприлично, да и неблаговременно, ради ослабевшей их памяти и сил телесных. Старым и слабым прилично смиряться и готовить себя искренним покаянием ко исходу в вечность.

— 244. Диавол ничего не может сделать человеку, если он сам добровольно не согласится прежде на какой-либо грех

Мужайся, и да крепится сердце твое. Среди докучливых, а иногда устрашающих искушений вражиих утешай себя апостольскими словами: "верен Бог, Иже не оставит вас искуситися паче, еже можете, но со искушением сотворит и избытие", и часто повторяй это слово для укрепления себя. Также презирай суетныя, но злыя внушения врага, угрожающаго тебе погибелью. Самыя угрозы его показывают тебе надежду, что он не может тебе ничего сделать, покрываемой милостию Божиею. Если бы он мог что-либо сделать, то не стал бы угрожать. Ангел покаяния св. Ерму сказал, что враг диавол совершенно бессилен и ничего не может сделать человеку, если сей добровольно не согласится прежде на какой-либо грех. Поэтому, когда враг докучает тебе студными и скверными помыслами, прибегай ко Господу, молясь псаломскими словами: Господи! Изгонящий мя ныне обыдоша мя. Радосте моя! Избави мя от обышедших мя. Особенно не тревожься хульными помыслами, которые явно происходят от зависти вражией. Со стороны же человека поводом к оным бывает или горделивое самомнение, или осуждение других. Поэтому в нашествии хульных помыслов прежде всего укоряй себя за осуждение других и гордое мнение за настоящее или прошедшее, нисколько не беспокоясь тем, что слышим неизреченныя хулы вражии. А благовременно иногда произноси против оных слова св. Иоанна Лествичника: "иди за мною, сатана! Господу Богу моему поклонюся и Тому Единому послужу, а болезнь твоя и слово сие да обратится на главу твою, и на верх твой хула твоя да взыдет в сем и в будущем веце". Наконец необходимо тебе в настоящее время иметь в виду и твердо помнить совет Исаака Сирина; он пишет в 56-м слове: "когда человек, заботясь об очищении внутреннем, милостию Божиею будет приближаться к первой степени духовнаго разума, т. е. разумения твари, тогда враг от зависти сильно вооружается на него хульными помыслами. И ты, говорит он, да не станеши в стране сей без оружий, да не вскоре умреши от подседающих и прельщающих тебя. Да будут же тебе оружие слезы и частое пощение. И охраняйся не прочести догматов еретических; сие бо есть вооружающее на тя яко наимножайше дух хулы. Егда же насытиши чрево твое, да не возбесстудствуеши испытати, что от божественных вещей и разумений, да не раскаешися. Во чреве наполненне разума таин Божиих несть". Внимая сим словам сего великаго отца, старайся иметь посильное воздержание в пище и в питии и сокрушенное и смиренное пред всеми сердце, чтобы приобрести спасительный плач о прежних и настоящих согрешениях и чрез то сохранить себя безвредно в настоящем твоем искушении от духа хулы. Знай, что враг, если не может кому сделать вреда, то по злобе своей силится по крайней мере смущать его, досаждать ему разными помыслами и злыми внушениями.

Когда за работою, по послушанию, стужают злые помыслы, оставь работу и положи 33 поклона, смиренно призывая милость и помощь Божию.

— 245. Если хочешь избавиться от гордости и самомнения, то прежде всего требуется покорность воли Божией

Пишешь, что накануне дня св. Архистратига Михаила вражий помысл обещал тебе, что в самый праздник этот получишь все дары духовные, а вместо того в этот день нашла на тебя мрачная тоска, и в сильной степени стал тебе стужать помысл о самоубийстве. Вот дары бесовские, прелесть вражия! Помысл шепчет тебе, что никто из святых и желающих спастися не был борим этой мыслию. Неправда: и великие старцы были ею боримы; в Молдавии был весьма подвижный и безмолвный старец, который всю жизнь страдал этою мыслию. В этой злой вражеской брани надо чаще повторять: воля Божия да будет со мною. Яко же Господеви изволися, тако да будет. Господне же изволение спасти и помиловать всех верующих. Еще можем иногда отвечать врагу так: иди за мною, сатана! Господеви Богу моему поработаю вся дни живота моего. Яко Тому подобает всякая слава, честь и поклонение, со безначальным Его Отцем и пресвятым и благим и животворящим Духом во веки веков. Аминь.

Слава и благодарение Господу, что по этой брани вскоре дал тебе некоторое успокоение. Но потом опять тебя стали смущать разные путаные помыслы. Просишь меня, испросить тебе ту благодать от Господа, чтобы в полном сознании считать себя хуже и грешнее всех в обители; и тут же пишешь, что если тебе дадут келейную, то удалишься, и что молилась Царице Небесной, ежели Ей угодно, чтобы ты окончила жизнь здесь, чтобы тебе не давали келейной. Да ведь это ты сама сделала такое условие; сама решила. Если хочешь избавиться от гордости и самомнения, то прежде всего требуется покорность воле Божией. Если хочешь, чтобы все было по воле Божией, то терпи все и не вымышляй вражеских условий, не лезь сама в вражескую сеть. И смотри сама, какое безразсудство: от одной келейной побежать и удалиться в обитель, переполненную сестрами, где меньше 4-х и не живет в одной келье. Я и прежде тебе писал и говорил, и теперь повторяю, что совершенное уединение не только не полезно тебе, но и опасно. Видишь сама, какия лютыя брани вражеския испытываешь в своем уединении! Что за беда, если дадут тебе келейную? Чрез нее, может быть, получишь еще облегчение в своих бранях. Ответственности за нее не бери на себя, а возьми с тем, чтобы жила на своем иждивении и сидела в передней да молчала; на этих условиях и бери, — а молоденькой, за которую тебе нужно отвечать, не бери. Если дадут тебе такую, которая не по тебе, то ты не безгласная, можешь сказать, чтобы дали другую.

Никаким видениям не верь. Св. Григорий Синаит говорит: "Никогда же да приимеши, аще что видиши чувственно, или умно, или извнеуду, или внутрьуду, или аще и образ Христов, или ангелов, или святаго зрак, или свет умом мечтается, или воображается, яко и сам ум о себе естеством имать мечтательное, и удобь зраки соделати может, во яже желает, не у опасне сему внимающим, иже и сам на себя наносит вред: и сама же та память благих или злых воображати внезапу ума чувство и к мечтанию возводити обыче, идеже и мечтатель бывает таковый о себе, а не безмолвник. Сего ради внимай, да не приложиши веровати чесому... но пребывай негодуя к тому, присно блюдя ум свой безвиден, невоображителен. Должен есть новоначальный внимати сердечному точию действу яко непрелестну, иная же вся не приимати до времени мира страстей. Бог бо не негодует на иже опасно себе внимающаго прелести ради, аще сице и не приимет еже от Него, кроме вопрошения, и многа испытания, но паче похваляет, яко премудра... Нужда, не мала достигнута истины явственне, и чисту быти от сопротивных благодати, яко во образе истины обыче диавол в новоначальных паче показывати прелесть свою, преобразуя лукавая своя яко духовна". Вот что говорит св. Григорий Синаит; помни это, и твердо этого держись. Пишешь, что как-то почувствовала, что сверху свет блеснул, что от слов молитвы Иисусовой блеск бывает и т. д. Ничему этому не верь; все это мечтательность, которую должно отвергать. Во всех твоих искушениях старайся удерживать молитву. Если не можешь произносить полную, т. е. всех слов молитвы Иисусовой, то можешь повторять: "Иисусе, Иисусе", это не возбраняется и святыми отцами не отвержено. "Именем Иисуса бей ратники", говорит Лествичник. Велика сила этого Имени.

— 246. Не верь тому, что стяжала нечто духовное. Не верь чувственным видениям

Потребно нам иметь более всего смирение искреннее пред Богом и перед всеми людьми, и более бояться и остерегаться самомнения и тщеславия, и самаго тонкаго, что мы стяжали нечто духовное. Особенно бойся верить внешнему и внутреннему свету и искусительным блистаниям. Малейшее в нас сомнение показывает уже что это с противной стороны. А другие признаки, погрубее, явно уже доказывают, что это не вино духовное, а уксус вражий, который вскоре после показывает свое действие в различных страстях.

— 247. Молитва каждаго должна быть сообразна с его мерою

...Пишешь, что молилась псаломскими словами: искуси мя, Господи, и испытай мене и т. д., и после этого испытала сильное нападение вражие. Вперед так не молись; эти слова Давидовы к тебе нейдут. Молитва каждаго должна быть сообразна с его мерою; должна быть смиренна и разумна. А ты сама не понимала о чем молишься; просила Господа испытать тебя, а когда после необдуманной твоей молитвы Господь попустил испытание, то и оказалось, что ты ни к чему не годна еще и немощна.

Пишешь, что, потеряв молитву сердечную, ты осталась точно обезоружена. Я тебе уже писал, что во всех твоих искушениях и во всех необыкновенных действиях, бывающих с тобою, ты не должна оставлять молитвы. Не можешь молиться сердечною молитвою, молись умом или устами: как бы ни молиться, не оставляй только молитвы. При пострижении говорится постригаемому, что он должен всегда имя Господа Иисуса во уме, в сердце, в мысли и во устех своих имети. Заметь, не только в сердце, но и в уме, в мыслях и в устах. А в тебе заметна неуместная настойчивость на своем, чтобы непременно была у тебя сердечная молитва, и когда ея нет, то и вовсе остаешься без молитвы. Пишешь, что когда с трудом старалась найти место сердечное, то стало тебя бороть осуждение ближних. Это и показывает, что молитва твоя еще неправильная, потому что плод истинной молитвы — смирение и любовь к ближнему. Пишешь, что враг шепчет тебе, что ты лучше всех... Подобныя внушения от него, к нему и относи: самыя же дела показывают, насколько ты хороша...

В заключение скажу, что во искушении, особенно когда бываешь наедине, всего полезнее тебе молиться устною молитвою, как заповедует и св. апостол: выну приносяще хвалу Богу сиречь плод устен исповедающих Господеви.

— 248. Диавол склоняет нас ко греху благовидными внушениями (1869 г.)

...Пишешь о кончине вашей м., и тут же пишешь, что тебя помысл все влечет вон. Разве хочешь подобно ей умереть где-нибудь на дороге? Говорят, что на нее напали разбойники. Но св. Варсонофий В. говорит, что чувственные разбойники суть рабы разбойников мысленных. Нападение первых показывает, что человек скраден вторыми. А мысленными разбойниками окрадается тот, кто принимает злыя внушения, смешивая с ними свою волю; внушения, этих мысленных татей всегда беспорядочны и несообразны с делом, по слову Евангелия, не входяй дверьми во двор, но прелазя инуде, той тать есть и разбойник... Тать не приходит, разве да украдет, и убиет, и погубит. Св. авва Дорофей, объясняя козни диавола, пишет: он не столько неискусен в делании зла, и знает, что человек не хочет согрешить и потому не внушает ему какие-либо явные грехи и не говорит ему: иди, сотвори блуд, или пойди укради; но находит в нас одно мнимо благое пожелание или одно самооправдание и тем, под видом добраго, вредит. Так он благовидными внушениями извлек м. из обители и тебя смущает тем же образом и вообще путает тебя пожеланиями своей воли.

Описываешь в своем письме, как помысл понуждал тебя молиться, чтобы Господь ввел ум твой в сердце. Но ни у кого из святых отцов не видим, чтобы кто-либо из них молился подобною молитвою.

Полезнее молиться со смирением так: Господи! якоже веси помилуй мя! Имиже веси судьбами устрой о мне полезное! Нам заповедано Господом молиться: Отче наш! да будет воля Твоя. Но нигде не сказано, чтобы можно было молиться так: да будет воля наша! А у тебя во всем, даже в молитве, проглядывает, что хочешь непременно, чтобы было по-твоему или по внушению вражию. Господь да сохранит нас от всякаго зла и особенно от прелести вражией, которой явный признак — беспорядочное смущение и внушение самомнения и вслед за тем студные помыслы, или пожелания мирския, или чувство гнета и раздражительности.

— 249. Ощутила благоухание от иконы, видела от нея огненное пламя — оставляй такия вещи без значения

...Пишешь, что испытала опять вражескую брань, и когда приложилась к храмовой иконе Божией Матери, то ощутила от нея благоухание; а в прежнее время однажды почувствовала, как огненное пламя вышло от этой иконы. По совету пр. Марка подвижника должно такия вещи оставлять без значения, не доверяя им, потому что, как пишет пр. Симеон Новый Богослов, оне бывают тоже и от прелести вражией. При том ты слышала слово, что Царица Небесная избавляет тебя от хульных помыслов, а потом все-таки на тебя напали такие же помыслы. Будь осторожна и не соглашайся ни с какими внушениями мнимо благими.

— 250. Бесовская правда вреднее лжи, ибо внушается с коварством для смущения христианина

Хотя враг, по-видимому, и правду говорит тебе, что я ничего опытом не прошел, а объясняю вещи только потому, как читал в духовных книгах; но эту мнимую бесовскую правду нужно тебе отвергать, во-первых, потому, что Сам Господь заповедует нам испытывать Писание, глаголя во Евангелии: испытуйте писания, яко вы мните в них имети живот вечный. И пр. Нил Сорский советует не делать ничего такого, на что не находим свидетельства в Св. Писании, ни в писаниях святоотеческих, хотя бы нам это казалось и очень полезным. Во-вторых, должно бесовское правдоподобие отвергать потому, что бесовская, по-видимому, правда вреднее самой лжи, как и самое хорошее питье, растворенное ядом, вреднее испорченной воды. Бес, как бы что ни внушал правдоподобнаго, внушает это с коварством, чтобы смутить и спутать человека христианина; и бесовское правдоподобное внушение растворено всегда ядом злобы и зависти. По этой причине и апостол Павел отверг, по-видимому, справедливые слова пытливого духа, как означено это в Деяниях (гл. 16, 16). В-третьих, должно отвергать бесовския внушения касательно духовнаго отношения и потому, что ничем вражии помыслы так не угашаются, как исповеданием оных духовному отцу. А что худшие исправляют иногда лучших себя, этому видим пример в Прологе, как обыкновенный диакон исправлял в ошибках по неведению такого святаго пресвитера, которому в служении видимо предстоял ангел Божий чистоты ради его. Правду сказать, что мне не следовало бы учить лучших себя ради непотребства моего духовнаго; но мне жаль тебя, когда вижу, что враг тебе очень досаждает своими злыми кознями; и этою жалостию побеждаюсь и убеждаюсь объяснить тебе такия вещи, которыя выше меня. Ты пишешь, что не можешь равнодушно смотреть на м. игумению и потому удаляешься всячески, чтобы не являться ей на глаза. Это нехорошо и не полезно тебе; лучшее усердием и с верою помолиться Господу Богу о ней, как умеешь; тогда, может быть, и изменит в ней Господь неправое понятие о тебе, если это нужно будет, потому что, по слову апостола, вси хотящии благочестиво жити — гонимы будут.

Наконец пишешь, что гордость и самонадеянность иногда очень беспокоят тебя. Оберегайся этих злых страстей. Из примера св. царепророка Давида видно, что гордость и самонадеянность вреднее прелюбодейства и убийства. Последния привели пророка к смирению и покаянию, первыя довели ело до падения, как объясняет он в одном псалме, говоря: рех, неподвижуся во век. По падении же своем совсем иное говорил: червь есмь, а не человек, поношение человека, и уничижение людей.

Прочитай в 1-й книге Петра Дамаскина главу: о еже како стяжати кому истинную веру.

— 251. Лукавыя помыслы должно приписывать не себе (1869 г.)

Я тебе указывал прочитать в 3 ч. Добротолюбия 1-й книге св. Петра Дамаскина главу: "о еже како может кто стяжати истинную веру". Там сказано о лукавых: никто может разумети ниже глаголати, что о них или обрести, точию изобретатель злобы диавол

И ниже: аще помысл изнемогши и попустит мало, да не страшится, ниже отчаевается, ниже да приписует своей душе глаголемая от злоначальника...

Прочти еще раз со вниманием всю главу и будь покойна... Что я тебе писал в последнем письме, этого нельзя было не сказать тебе, для утверждения твоего на будущее время, и чтобы ты разумевала козни вражии; но смущаться и тревожиться не следует, а понимать злобу вражию и ей, а не себе, приписывать вражеские помыслы. Повторяю: будь покойна.

Вкратце скажу тебе кое-что по содержанию перваго твоего письма. Писала ты, что иной раз тебе кажется, будто в тебе умерло все, и что ты сама себя не можешь понять. В таком случае прочитывай в 1-й части Добротолюбия из семи глав св. Григория Синаита (в конце) последнюю (7-ю) "о прелести, идеже и о иных многих предметах", и особенно обрати внимание в самом конце на вопрос и ответ: "что сотворит кто, еда преобразуется бес во ангела светла?", а в средине этой главы заметишь сказанное, что совет тогда достоверен, когда основан на Слове Божием и на святоотеческом писании.

Еще писала ты, что по временам нападают на тебя помыслы гордые и самонадеянные; но в этом же письме, описывая душевное свое состояние, говоришь, что ты подобна разломанному зданию без окон и без дверей и т. д. Это самое и вспоминай, когда будут приходить гордые помыслы, и сама себе говори: разграбленной, раззоренной чем гордиться?

— 252. О видимом явлении пляшущаго беса и о причинах сего явления

Описываешь новое искушение, желая знать причину, чем ты подала такой повод врагу, что он явился пред тобою видимо и плясал некоторое время, хвалясь, что он изобрел на тебя новое и сильное ухищрение к твоему удовлетворению. Думаю, что это новое ухищрение состоит в том, что он успел обокрасть тебя недостатком терпения и любви к ближнему, возбуждая в тебе гнев и недовольство против других, начиная со старшаго лица, с сожительствующей с тобою сестры, так что и ко всем прочим явилось в тебе чувство не только не любовное, но как бы и памятозлобное и ненавистное. Такое окрадение вражие и не совсем мирное чувство к другим было причиною и того, что ты в последний раз приобщалась с такими разсеянными и развлеченными чувствами, как никогда, по твоим словам, не приобщалась; потому что Церковь Православная повелевает приступать к приобщению с чувствами мирными, чуждыми всякаго сетования и недовольства на других, как читаем в начале молитв к Св. Причащению: первое примирися тя опечалившим, таже (т. е. потом) дерзая таинственное брашно яждь.

Гневному окрадению, думаю, предшествовало другое незаметное окрадение, но вместе и довольно вредное. Вообще тебе скажу, что причину попущения на нас искушений вражиих св. апостол объявил ясно сими словами: да не превозношуся, дадеся ми пакостник плоти. Телу апостольскому досаждали палочныя биения — три краты четыредесять разве единыя, а нам враг досаждает разными своими злокозненными выходками. Это, кажется, началось еще в нашей

174

обители, и, как показалось мне, по той причине, что ты не на то обратила внимание в указанном тебе месте на 93-й странице из книги Восторгнутых класов, где Марк подвижник пишет, что у кого начнется внутреннее действие молитвы, тот не должен обращать внимание ни на скорби телесныя, ни даже на дивныя творения Божия, как говорит апостол: кто ны разлучит от любви Христовой: скорбь ли, или теснота, или гонение, или гладь, или нагота, или беда, или меч. И продолжая глаголет: яко ни смерть, ни живот, ни ангелы, ни начала, ни настоящая, ни грядущая и проч. И св. Исаак Сирин говорит: истинно держащемуся молитвы и старающемуся соблюдать действия ея, если бы и весь мир ругался, он не обращает и не должен обращать на это внимание.

Господи, помози немощи нашей, якоже веси. Заступи, спаси, помилуй и сохрани нас, Боже, Твоею благодатию.

— 253. Враг внушает гневливость, чтобы сделать людей неспособными к молитве и ко всякому доброму делу

В письме от 7 декабря пишешь, что у вас с N какая-то неладица; тебе кажется, что она много переменилась против прежняго, а ей кажется, что ты переменилась в обращении; далее сама ы говоришь, что, хоть изредка, на тебя находит сильное возмущение и раздражение. Это обеим вам искушение от врага, который не терпит, если где водворяется мир и взаимная любовь; особенно где люди заботятся преимущественно о молитвенном подвиге, тут-то враг и старается водворить с обеих сторон гневливость, которая делает человека неспособным не только к молитве, но и ко всякому доброму делу. Итак, блюдите себя, призывая всесильную помощь Божию; вооружайтесь против козней врага, ищущаго нанести вам душевную тщету, и всячески старайтесь удерживаться от гневливаго расположения, поминая апостольское слово: мир имейте и святыню со всеми, ихже кроме никтоже узрит Господа.

— 254. Когда нападает страх вражеский уместно читать слова псалма 26-го и других подобных (1870 г.)

:Ты жалуешься на страх вражеский, который у тебя бывал в некоторые дни, начиная с самаго вечера, а в продолжение ночи оканчивался нелепыми и неприятными весьма для тебя мечтаниями. Когда будешь ощущать такой страх и вражеское нападение, то полезно тебе, по примеру древних отцев, произносить (так, чтобы твои только уши слышали) устами псаломския приличныя к тому слова, наприм.: Господь просвещение мое и спаситель мой, кого убоюся; и весь 26-й псалом. Также: обышедше обыдоша мя, и именем Господним противляхся им. Обыдоша мя яко пчелы сот, и разгореша яко огнь в тернии, и именем Господним противляхся им. Еще: суди, Господи, обидящии мя, и побори борющия мя и проч. Еще: Боже, в помощь мою вонми, Господи помощи ми потщися, и подобное.

На самом опыте увидишь, как велика сила богодухновенных

псаломских словес, которыя опаляют и прогоняют врагов мысленных, как пламень.

— 255. Врага разсуждениями не победишь, а смиренною молитвою, о порядке духовной жизни и о любви к ближнему

Пишешь, что тебя иногда занимает мысль, как денница из светоноснаго ангела обратился в сатану. Сама ты знаешь, что от гордости. Но помни, что тебе теперь крепче должно держаться молитвы и не увлекаться никакими ни помыслами, ни разсуждениями, хотя бы они с шуией стороны происходили, хотя бы по видимому с десной. Молитва со смирением непобедимое оружие на врага, а разсуждениями его не победишь.

Слышанные N слова, чтобы тебе не смотреть в бездну, чтобы не закружилась голова, это самое и могут означать, чтобы тебе не внимать никаким внушениям и представлениям вражним, хотя бы благовидным, хотя бы неблаговидным, они означают глубокую бездну, от которой у кого не закружится голова? Поэтому всего лучше презирать всякую внушаемую чепуху вражию и держаться единственно единой молитвы Иисусовой, с верою, и с смирением, и упованием, что Сам Господь лучше нас покроет и защитит и силен все нужное нам подать. Св. Лествичник говорит: именем Иисуса Христа бей ратники; несть бо сильнее на них оружия, ни на небеси, ни на земли. И в Деяниях Апостольских сказано: несть бо иного имени под небесем даннаго, о нем же подобает нам спастись. Тебе враг внушает искать высоких дарований. Ты приими это внушение по-своему, т. е. с полезною мыслию, по свидетельству Св. Писания, из котораго видно, что нет выше дарования, как дарование смирения, как и Сам Господь говорит: смиряяй себе вознесется. Этого дарования ищи, к этому дарованию стремись. После смирения второе дарование — очищение от страстей, особенно от главных, от славолюбия, от сугубаго сластолюбия и тонкаго любоимания. За очищением души от страстей, милостию Божие, последует воскресение ея и соединение с Господом если только душа, оставив всех и все, прилепится всем сердцем и всею любовию к Единому Господу. Но испытавши любовь сию, Иоанн Богослов ясно показывает главный ущерб любви и недостаток ея, о исправлении котораго всячески должно заботиться. Он говорит в 1-м послании своем: Аще кто речет, яко люблю Бога, а брата своего ненавидит, ложь есть (гл. 4, ст. 20). Хотя тут выставлен самый грубый недостаток любви, но желающим приблизитися к Богу должно заботиться искоренять в себе и самое нерасположение к ближнему, ради чего и дана нам заповедь: благословлять гонящия ны. И прибавил апостол: благословите, а не кляните. И наконец заключил: аще возможно еже от вас, со всеми человеки мир имейте, ни единому же воздающе злом за зло (Рим. 12, 17-19). Чтобы достигнуть тебе такого настроения духа, молись почаще о главном лице, с которым ты благодушно не можешь встретиться, и оно от тебя убегает. Попущением Божиим это искушение обеим вам к испытанию, к познанию своей немощи и к смирению, чтобы понимали мы, что значат апостольския слова: не высокая мудрствующе; а смиренными ведущеся.

— 256. Враги шумом и гулом мешают внутренней молитве — надо молить Бога избавить от сего

Ты пишешь, что враги душевныя воздвигли на тебя такую брань, что мешают тебе обычно совершать внутреннюю молитву, производя около тебя шум и гул, как бы пляску целаго хоровода; почему и спрашиваешь меня скудоумнаго, что тебе делать и как поступить в таком случае? Надобно подражать угодникам Божиим, как они поступали в подобных случаях. Читаем в житии Арсения Вел., что он иногда, возставая от внутренней молитвы, гласно молился с воздетыми руками: "Господи Боже мой! Не остави мене, яко ничтоже благо сотворих пред Тобою николиже: но помози и сподоби положити начало!" В краткой сей молитве угодника Божия выражается, во-первых, великое смирение, и самоукорение и самоуничижение. Во-вторых, показывается, что угодник Божий не без причины так молился, а видно, за строгую жизнь борим был помыслами возношения, от мысленных врагов, которые никого не оставляют в покое, а всех борют, чем кого могут. Особенно нам немощным потребно следить за помыслами возношения, которые для нас в брани духовной вреднее всего, как объясняет это преподобный Марк подвижник: "Аще быхом о смиренномудрии прилежали, то не быхом требовали наказания: вся бо злая и лютая, случающаяся нам, за возношение наше случаются. Аще бо апостолу, да не превознесется, аггел сатанин попущен бысть, да ему пакости деет; кольми паче нам превознесшимся сам сатана попущен будет попирати ны, дондеже смиримся" (Восторгн. класы, слово о пощении и смирении). Святый же Лествичник, с другой стороны ограждая нас от вреда со стороны брани вражией, поставляет для нас яко некую твердыню блаженное смирение, глаголя о сем в 25-м слове так: "почему в то время ум наш, заключив себя в ковчег смирения, от душетатцев некрадом пребывает, и только топоты игры татей сих слышит, но ни единым из них не может быти искушен. Поелику смирение есть такое сокровищное хранилище, которое для хищников неприступно" (отд. 4). Нелишним считаю приложить к сему и другое место сего богомудраго отца: что значит возноситься, и что значит не возноситься, и что значит смиряться? "Первый судит весь день; второй хотя не судит, но и себя не осуждает, третий же, не заслуживая осуждения, всегда сам себя осуждет" (ст. 25-я, отд. 19). И паки он же глаголет: Видел я истинное смирение и не приметил в нем и тени клеветы, т. е. и мысленнаго порицания других, кольми паче гнева на других; потому что нельзя на ближняго разгневаться, если кто прежде не вознесется мыслию над ним, как объясняет это некто из богоносных отцев.

По сим свидетельствам угодников Божиих, поверяя наше смирение, или недостаток онаго, или примечая окрадение возношением, искренно и со смиренномудрием да повторяем пред

Господом означенную молитву блаженнаго Арсения, возставая на оную, когда безпокоимы будем от досаждеющих нам мысленных врагов наших. Если же когда и сия молитва совершенно не будет успокаивать нас, то да подражаем и в другом действии блаженному Арсению.Он иногда посаждал около себя учеников своих, жалуясь на брань вражию. Можешь и ты иногда посаждать около себя сестру П., в случае нужды. Пусть сидит около тебя с молитвою или стоя да прочитывает сколько-нибудь из Евангелия.

Вот сколько Господь вложил в омраченный ум мой и сколько дозволило мое скудоумие я написал тебе. К сказанному считаю нелишним приложить и сие. К преп. Сисою В. пришел один брат и говорит: Отче! за молитвами вашими я содержу непрестанно память Божию, т. е. молитву. Старец отвечал: Это не велико; а вот дивно, если кто помощию Божиею искренно может считать себя хуже всякаго человека, хуже всякой твари.

Прочти в Лествице со вниманием ст.24 и 25 и в последней степени особенно заметь отделения 5, 7, 8,10, 11, 12 и 13. Да тут и все хорошо.

— 257. Монах, имея только необходимое для самаго себя, не погрешает, отказывая просящему

Пишешь о работнице скончавшейся и спрашиваешь, не искушение ли это тебе, что помысл внушает тебе жалость о ней и понуждает заботиться о ея поминовении, так что из пяти рублей, которые у вас были, вы отдали два священникам, чтобы ее поминали? Отвечаю: конечно это искушение. Св. Писание говорит: благотвори ближнему елика рука твоя может. И преп. Варсонофий В. говорит, что если монах, имея только необходимое для самаго себя, откажет просящему, то не согрешит. А вы разве живете выше учения Варсонофия Великаго? Вы постоянно сами нуждаетесь: вам ли думать о денежном благотворении ближним? Если вы отдадите последнее, что вам самим нужно, то враг, который всегда вас борет заботою о ваших недостаточных средствах, еще более будет вам стужать этим. Хорошо ли вам чрез непосильное благотворение самим ввергать себя в смущение и заботливость, и попечения, когда мы имеем Евангельскую заповедь: не пецытеся! Разсуждение, по учению св. отцов, выше всего. Если вы ощущаете жалость к умершей, то вам, при вашем положении, приличнее, не денежныя благотворения за нее делать, а, если хотите, самим за нее келейно молиться, чтобы Господь якоже Сам весть помиловал душу ея. И думаю, что если так будете делать, то и жалость и усердие ваше — все это пропадет скоро. К тому же сверх всего скажу, что вам обеим неприлично и неполезно разузнавать, кто как жил и как умер. Для чего вам чужим сором порошить и затмевать себе глаза душевныя и сердечныя. Господь глаголет во Евангелии: блажени чистии сердцем, яко тии Бога узрят. А кто занавозит чужим сором очи сердечныя, хоть бы под предлогом жалости, и по этой причине не может зреть Бога: кто таковаго одобрит? Не скорее ли пожалеть о нем?

178

— 258. Как писать о смущающих вопросах

...У тебя есть какой-то вопрос, да не знаешь, как это написать. Если при этом вопросе у тебя простое и покойное желание написать, то можешь написать вопросительно: бывает ли в человеке такое-то и такое-то состояние? И относится ли оно к числу правильных или неправильных? И по какой причине к числу последних? Если желание написать это смешано с помыслом понудительным и смущающим до тревожности, то лучше это оставить, во всяком состоянии направляясь к заповедям Божиим и сохраняя себя от возношения и прелести вражией всегда и во всем.

Если кто и спутается в молитвенном подвиге, то, для избежания конечнаго вреда, Промысл Божий устрояет их на начальство, а не немощная и велехвалящаяся, по пустому, сила вражия. Их дело и занятие: только смущать и путать и вредить тому, кто от малодушия или возношения поддастся на их злокозненныя внушения. Но, Господи, заступи, спаси, помилуй и сохрани нас Твоею благодатию.

— 259. Молитва прежде всего требует смирения

Прочти сама в 4-й части Добротолюбия краткое сказание об образе внимания молитвы св. Каллиста, патриарха Константинопольскаго. Объясненное тобою действие не противно сему сказанию. А в описании различных молитвенных действий сибирскаго старца Василиска есть глава, в которой сказано, что старец ощущал молитвенное глашение во всех членах своих и как бы какое-то звонцание, как выразился простосердечный старец. Но как у многих молитвенников молитвенное действие сердечное бывает различно, то преп. Марк подвижник неведущим преподает такой совет и такую предосторожность: "иное действие есть благодати, младенцу неведомое, и иное злобы, истине уподобляемое. Добро же есть на таковая не взирати, прелести ради, ниже проклинати, истины ради, но вся упованием приносити Богови: Той бо весть обою полезное" (о мнящихся от дел оправдатися, гл. 28). Держись и ты этого правила, ограждаясь неведением и предоставляя все времени и рассмотрению по воле Божией, уповая, что силен Господь сохранить тебя от прелести вражией, если только ты сама не подашь к тому повода самомнением, возношением и самонадеянностью от окрадения, чрез которыя ты подверглась душевной беде, как сама это замечаешь, и пишешь, что не могла сознать себя грешною и хуже всей твари, когда готовилась к исповеди и причащению Св.Таин. Бойся этой беды, т. е. от самомнения, возношения и самонадеянности, чрез которыя прелесть вражия приходит и обладает человеком. Преп. Исаия отшельник пишет: если человек подвергался когда-либо какому-либо греху, то он до самой смерти не может быть без попечения относительно сего греха, хотя бы и мертвых воскрешал. Св. Симеон Новый Богослов, после высоких видений и откровений, всегда пересчитывал грехи свои, не только делом совершенныя, но и в мысли бывшия, говоря так: я грешник в том-то произволением, я грешник окаянный в том-то волею, и подобное. А ты пишешь, что сердце твое упорствовало сознать себя грешною. Явно, что тут предварило незаметное вражие окрадение самомнением и возношением. В таком случае с сокрушенным сердцем должно припадать ко Господу и молить благость Его, чтобы избавил и уврачевал душу и сердце от таковаго омрачения и ослепления. И самая сильная брань бесовская, может быть, утверждается на затаившемся или таящемся самомнении и возношении; или попущается для того, чтобы не возноситься. Ежели всякая добродетель без смирения не может состояться, то кольми паче молитва прежде всего требует смирения, так как молящиеся имеют дело с гордыми бесами, которые, будучи сами бедны и ничего не имея, обещают другим богатство, показывая чужия ассигнации. Начальник их сатана не постыдился предлагать Самому Господу царство мира. На что Господь сказал ему в ответ, рек: иди за мною сатано; писано бо есть: Господу Богу твоему поклонишися, и Тому Единому послужиши. Повторяй и ты тоже в свое время. Также знай, что молитва требует безгневия. Означенный Каллист патриарх говорит: молитва разумеется, яко пременяет смущение. Знамение же ея есть, аще коснуся кому, яко ктому несмущается, аще напутствует его и весь мир.

Ты спрашиваешь, хорошо ли сделала, занявши для странницы 5 р. и отдавши ей новые сапоги П., которыя ей самой были нужны. Отвечаю: нехорошо, очень нехорошо, и очень неосновательно. Вперед так не делай ни по какому поводу. Нигде не написано, для милостыни занимать деньги и делать такое благотворение, за которым неминуемо следует смущение для тебя или для других. Я, кажется, тебе писал слово и совет Пимена В., что монах не солжет, если откажет просящему, что нет у него, когда не имеет излишняго, сверх своей потребности; а иначе он должен со смущением добывать себе то, что неразсудно отдал другому. Твое положение требует великой осмотрительности и здраваго обсуждения.

— 260. Корень хулы — гордость (1871 г.)

На последнее твое письмо вкратце отвечаю, что состояние, о котором спрашиваешь, не подлежит сомнению, потому что имя Господа Иисуса впереди других наименований божественных произносится. А только вещь весьма сомнительная та, что ты не можешь сознавать себя грешнее и хуже других. Чувство это явно горделивое, от котораго и рождаются и укрепляются хульные помыслы и хульные глаголы, как свидетельствует св. Лествичник, говоря: корень хулы есть гордость. Если желаешь смирить себя, то помни всегда слово одного святаго глаголющаго, что самая исправная жизнь человека христианина подобна только купели, а заповеди Божии подобны неизмеримому морю, как глаголет псаломник Господу: заповедь Твоя широка зело. Если сравнить великое море с малою кадочкою воды, то и нечем будет возноситься возносящемуся. Не вотще говорит и апостол: вси согрешиша, и туне оправдаеми благодатию Христовою. Чтобы смирить себя, приими в помощь и

180

слова пр. Григория Синаита, написанныя в 115-й главе, и почаще повторяй их себе. Знай, что кроме смирения и слез невозможно избавиться от хулы.

Еще писала ты, что приходил какой-то человек, от котораго слышался смрад и зловоние, и после возстала на тебя сильная брань, а ты его неосторожно пустила в свою келлию; и спрашиваешь меня, кто это такой?! Просто человек, одержимый различными страстями, но думаю, подосланный к тебе подущением вражиим. Ты испытала эту брань; а сестра N испытала сильную и долгую брань после того, как мирская женщина посидела на ее кровати. Вперед обе будьте осторожны в приеме мирских людей, презирая все благовидные к тому предлоги, как я говорил тебе и лично! Время всякой вещи, говорит премудрый Сирах. Время принимать людей и время не принимать.

Св. отцы научают предъизбирающаго молитву другим деланиям, что такой должен оставить и обычную дружбу прежних своих посетителей; а иначе не может иметь успеха в своем делании, оставляя беседу с Богом и беседуя с людьми о вещах и предметах суетных, а иногда и неполезных и зловредных. Не вотще апостол и св. Лествичник глаголют единое слово: разумей да разумеет.

О чтении отеческих книг не заботься, когда внутреннее чувство к тому не преклоняется. Глаголет некто стяжи Бога в себе, и не востребуеши книги.

— 261. С девушкою поговори сперва в церкви

...С девушкою, о которой спрашиваешь меня, можешь сперва поговорить в церкви, после службы, если, разспросивши ея, увидишь, что она живет по Бозе и по совести и основательная дедушка, то можешь принять ея и в келлии, что бы ни было. Если же увидишь в ней неосновательность, то не следует ея принимать.

— 262. Девушке давай святоотеческия книги и избегай споров

...Девушке, о которой спрашиваешь, лучше всего можешь читать отеческия книги, а поменьше толковать. Сперва можно дать ей авву Дорофея, а потом Марка подвижника. Принимать же можешь с условием, только не говори: если будет тебя слушать. А говори так: если хочет принимать отеческое учение, то может приходить, а если учения святых отцев не хочет принимать и если будет продолжать спорить, то чтобы не приходила, потому что такия пустыя споры и у тебя отнимают понапрасну время, и тебя разстраивают, и ей самой безполезны...

Еще о ходящей к тебе девице. В обращении с нею держись опытнаго святоотеческаго совета: утопающему не давай руки, а подавай только жезл, если в силах будешь извлечь его из глубины, то хорошо; если же сил твоих недостанет, то оставь в его руках жезл твой, а себя сохраняй от потопления. Разумей глаголемое. Если ты от беседы с нею разстраиваешься, то как можно удаляйся, всячески

181

воздерживаясь от беседы спорливой. Кто не хочет слушать слов Св. Писания, того спорами не убедишь, а лишь себе повредишь и разстроишь. Апостол говорит; аще кто хощет спорлив быти, мы таковаго обычая не имамы, ниже Церкви Божия. Мир тебе.

— 263. От спорливаго характера толку в духовной жизни не жди

...Когда ты меня спрашивала об известной девице, то о матери ея не написала мне ни слова, что тоже просится к тебе, между тем если бы прежде написала мне то, что пишешь теперь, то дело было бы яснее. Впрочем, я не зная еще всех обстоятельств, я тебе писал, чтобы с этою девицею поговорить сперва в церкви, чтобы узнать ея и весь смысл моих писем более клонился к тому, чтобы ея в келлию не принимать. Теперь же, так как обнаружилась путаница от матери, оказывается, что тебе не следует принимать к себе ни матери, ни дочери; если же мать будет наговаривать на тебя м. игуменьи, то нужно тебе это потерпеть: пусть будет, что будет и что Бог даст. Пишешь, что тебе жаль самую девицу, потому что она "жаждет спасения" но со спорливым характером едва ли можно ожидать, чтобы был толк. В духовной жизни нет ничего хуже и вреднее спорливости. На время она иногда и притаивается, а после опять обнаруживается в прежней силе; а если дело затянется, то после труднее бывает развязаться. Пусть эта девица читает авву Дорофея; и если желает, то, как учит этот преподобный и богоносный отец, того пусть и держится.

— 264. В Оптину девице можно приехать, а в свою келью не помещай (1871 г.)

...Известная девица, если пожелает, может быть у нас в Оптине. А касательно ея желания поступить в монастырь с тем, чтобы ты взяла ея к себе в келлию, то ты сама знаешь, что ей негде поместиться у тебя; и если тебе принять ея к себе, то твоя жизнь должна разстроиться.

— 265. Искушения врага не от тайных ли и неведомых грехов? Со смирением молись об очищении от них

Вражий гул продолжает тебе досаждать, и враги всячески ухитряются уязвить душу твою стрелами гордости и возношения.

И ты, разумея хитрость вражию и вместе пагубу и вред сих страстей, т. е. гордости и возношения, старайся смиряться пред Богом и людьми, и с самоукорением исповедуй немощь свою Господу, да подаст тебе всесильную помощь Свою и избавление. Рек бо Сам Господь: без Мене не можете творити ничесоже. И чрез пророка глаголет: аще не Господь сохранит град, всуе бде стрегий. И св. Лествичник от лица страстей, т. е. гордости и возношения, говорит: аще человек выну будет укорять себя искренно и чистосердечно пред лицом Божиим, то презрит нас, яко паутину.

Нет ли или не кроются ли в душе твоей какия-либо затаенныя

немощи, ради которых враги доселе крепятся и надоедают тебе до изнеможения? Если и не можешь ничего такого отыскать, то все-таки молись со смирением Богу псаломскими словами: грехопадения кто разумеет? от тайных моих очисти мя и от чуждых пощади рабу твою. У всех св. отцов единогласный ответ и совет в подобных случаях: во всяком искушении победа — смирение, самоукорение и терпение, разумеется при испрашивании помощи свыше. Молись о сем и Царице Небесной и всем угодникам Божиим к каким ты имеешь особенную веру, чтобы помогли тебе избавиться от прелести бесовской. Прежде всего рассмотри душевное расположение, мирна ли ты со всеми, не осуждаешь ли кого.

— 266. При молитве должно быть и смирение (1872 г.)

...Враг сильно нападает на вас. Это оттого, видно, что обе вы помолиться любите, а смирения потребнаго для сего должно быть, не стяжали. И выходит, что молитвою вы врага только раздразнили; а не имея нужнаго смирения, не имеете против него потребнаго оружия. Преподобный Филофей Синайский в 13-й главе говорит: "многое смирение нам потребно предлежащим к хранению ума о Господе, первее пред Богом и перед людьми... понеже с гордым бесом брань имамы". И преп. Исихий пресвитер в 20-й главе говорит, что подвизающемуся во всякое мгновение времени подобает имети при молитве внимание и смирение: яко с гордыми бесами противными имеет он брань, да помощь Христову в руце сердца имать, зане Господь гордых ненавидит. Прочтите сами указанныя две главы во 2 ч. Добротолюбия. Прежде всего рассмотрите свое сердце, не таится ли в душе, мысль и мнение, что хоть немножко, да лучше других живете. Такая мысль явно обнаруживает в нас горделивое самомнение, за которое, по слову св. Исаака Сирина, и попускается блудная брань и мучительство от бесов с этою бранью. Преп. Марк подвижник в слове о посте и смирении говорит: "Если бы мы старались о смиренномудрии, то не было бы нужды в наказании нас; ибо все злое и скорбное, случающееся с нами, приключается нам за возношение наше. Если на апостола, чтобы он не превозносился, попущен был ангел сатанин, да пакости ему деет: тем более на нас, когда превознесемся, сам сатана попущен будет попирать нас, пока мы не смиримся".

Матери и сестры, умудряйтесь во спасении общими силами, особенно помните, что гнев правды Божией не соделывает.

— 267. Объясняет апостольския слова: яко чада света ходите

Всем нам полезно помнить апостольское слово: яко чада света ходите; плод бо духовный есть во всякой благостыни и правде и истине. — И то же самое слово в другом месте апостол повторяет с другой стороны: станите убо препоясани чресла ваши истиною, и оболкшеся в броня правды, и обувше нозе во уготование благовествования мира. — Под словом истины должно разуметь

183

заповедь о любви к Богу: возлюбиши Господа Бога твоего всем сердцем твоим и всею душою твоею, и всем помышлением твоим, и от всея крепости твоея. — Под словом "правда" разумеется заповедь о любви к ближнему: возлюбиши ближняго твоего яко сам себе. А так как эта заповедь не всегда бывает удобоисполнима, то апостол и заповедует нам облещися в броня правды, т. е. не гневаться, не осуждать, не завидовать, терпеть обиды, укоризны и уничижения, любить врагов, добро творить ненавидящим, молиться за творящих напасть и изгоняющии ны. — Словами же "плод благостыни" и "благовествование мира" означается доброта, простота в отношении к ближнему, и всякая благожелательность и дружелюбие по сказанному: мир имейте и святыню со всеми. Взыщи мира и пожени и. — Или как поет ныне Церковь: простим вся воскресением.

— 268. При искушении от диавола прибегай к твердыне смирения

Еще пишешь, что гул продолжается. Что делать? надо терпеть. — Св. Иоанн Лествичник пишет, что даже и смиренные люди слышат топоты душевных татей, но ни единым из них искушены быть не могут, потому что ум их, заключив себя в ковчеге смирения, от душетатцев не крадом пребывает. Прибегай и ты в сем искушении к твердыне смирения, которая для хищников неприступна. Мир тебе.

— 269. Страху вражию не поддавайся

Пишешь о своих заботах, и страхах, и предположениях относительно будущаго. — Положись на волю Божию, тверди себе, что будет то, что Богу угодно будет, и что всеблагий Господь Божественным Своим Промыслом. всячески устрояет о нас благое, полезное и спасительное. — Страху же вражию старайся не поддаваться; а когда усилятся тревожные помыслы, отвечай им так, — с нами Бог, и прочее. "Аще бо паки возможете, и паки побеждени будете: яко с нами Бог. И иже аще совет совещаете, разорит Господь: яко с нами Бог. И слово, еже аще возглаголете, не пребудет в вас: яко с нами Бог. Страха же вашего не убоимся ниже смутимся: яко с нами Бог. — Господа же Бога нашего Того освятим, и Той будет нам в страх: яко с нами Бог. — И аще на Него надеяся буду, будет мне во освящение: яко с нами Бог. — И уповая буду на Него, и спасуся Им: яко с намиБог".

— 270. Грешно говорить, что отрады не будет ни в сей жизни, ни в будущей

...Пишешь о расстроенном положении N...ны

Что делать? Она неправа тем, что слишком заботится о внешнем. Но когда человек находится в искушении, надо потерпеть ему, как и самой тебе внушает благой помысл. — Сама видит, что лучше бы было любви прервать дремоту и выслушать N, потому что любовь не только выше нашего покоя, но и самой молитвы; за что и наказана была вскоре стужением бесовским.

Пишешь, что, верно, ни в этой, ни в будущей жизни не найдем отрады и милости. — Так думать и так говорить нехорошо, особенно тебе, испытавшей на себе много явной милости от Господа. Кто не имеет отрады здесь и переносит это терпеливо, тот вполне может надеяться, что там, т. е. в будущей жизни, получит отраду, великую и несказанную. — Мужайся и крепись и уповай на помощь и милость Божию.

Передай N...не приветствие о Господе и благожелание — не заботиться паче меры о потребностях внешних, а искать прежде Царствия Божия: а сия вся приложатся нам по неложному обещанию самого Господа. Мир вам!

— 271. О страхе внезапной смерти и о частом причащении Св. Таин

Пишешь, что ты боишься внезапной смерти. Надейся на Бога, что сохранит тебя от сего. Еще пишешь, что желала бы чаще приобщаться Св. Таин; но этого у вас не дозволят. Можешь делать так: когда сделаешься нездорова, можешь выставить причиною болезнь свою и просить, чтобы тебя приобщили в келлии. Мир тебе и духови твоему.

— 272. О помысле иметь свою келлию (1881 г.)

...Касательно келлии: иметь оную или не иметь, тревожащия тебя помыслы об этом считай лютым искушением вражеским, чтобы смущать тебя и отвлекать от настоящаго дела. Будет воля Божия и полезно будет иметь тебе свою келлию, силен Господь устроить это, а неполезнаго добиваться не следует. Всеведущий Бог лучше нашего знает, что нам полезно, полезное и устрояет. Мы же с своей стороны должны твердо помнить апостольское слово: любящим Бога вся поспешествуют во благое. И стараться во всяком положении и месте и при всяких обстоятельствах держаться благого и прежде всего благой надежды, веруя слову св. Лествичника, что иногда Бог и противными благодетельствует человеку. Сказано в псалмах: мир мног любящим закон Твой и несть им соблазна. Поэтому если нас что-нибудь смущает или блазнит, то должны мы упрекать себя в недостатке любления закона Божия и смиряться и просить помилования и помощи от Господа. Мир тебе и молись о мне грешном.

— 273. Нельзя водиться одним желанием без разсуждения

...Искусители и предводитель их навел было на тебя великое искушение, и то явствует из того, что и далеко сущие родные твои подвиглись утешать тебя и успокаивать. Впсрд паче всего остерегайся малодушествовать и не спеши, а будь осмотрительна, как недавно сделала ошибку. Не приискавши удобной келлии объявила всем, что переходишь. Недаром сказано в Отечнике, что разсуждение выше всех добродетелей, а ты водишься одним желанием без разсуждения, не разсматривая вперед, удобно ли будет исполнение этого желания, и забывая Евангельское слово Самого Господа, глаголющаго: "иже хощет по Мне идти, да отвержется себе, и возмет крест свой и по Мне грядет". Крест означает скорби и неудобства настоящей жизни. Мир тебе! Умудряйся во спасение. Несть бо наша брань к крови и плоти, но ко властем тьмы!!! Но тьма тьмою и останется. А мы да взираем ко свету.

— 274. О духовном странничестве. Враг смущает попечением о собственной келлии

Пишешь, что ты во вражеском искушении утвердилась на мысли странствовать. Но утверждение это не твердо. Странствовать тебе не по силам по твоему слабому здоровью, и по званию твоему оно тебе неприлично и несообразно и даже неудобно и неисполнимо. И кроме того странничество духовное не в том состоит, чтобы странствовать по свету, а в том, чтобы, живя на одном месте, проводить странническую жизнь, не имея собственнаго угла, как Сам Господь свидетельствует о своем странствии, глаголя: лиси язвины имут и птицы небесныя гнезда; Сын же человеческий не имать где главы подклонити.

Предводитель душевных врагов наших искушает тебя и смущает и путает попечением о приобретении собственной келлии. Но ведь на все нужно ожидать воли Божией; равно и относительно келлии нужно положиться на волю Божию: благоволит Господь иметь нам свою келлию, добро и благо; не благоволит -нужно потерпеть и покориться всесвятой Его воле. Всеблагий Промысл Божий всегда устрояет о нас то, что для нас полезнее. Мы же по неведению часто стремимся к противному. Убийца искони грозил убийством, но сказано, что не у прииде час сей. Един Господь ведает, как попустится ему устроить это злодейство, или совсем не попустится. Мученики, предаваясь воле Божией, одни умирали мученическою кончиной, а другие по воле Божией просто умирали в темнице. Предадимся и мы воле Божией и всеблагому Промыслу Господа, да устроит о нас благое и спасительное, яко же весть, и якоже будет Ему благоугодно.

— 275. Смертный исход сластолюбиваго человека тяжек, а трудолюбиваго легок (1884 г.)

Скорбишь о преждевременной смерти племянника и о тяжко страдальческой кончине сестры твоей. Пишешь, что у тебя не выходят из памяти тяжкия предсмертныя страдания сестры, которая, по твоему мнению, жила в мире хорошо. На это представлю тебе пример, думаю, и самой тебе известный. Один палестинский монах, возвращаясь из Иерусалима, видел славное погребение одного градоначальника; а, пришедши в свою келлию, нашел святаго своего старца растерзанным от льва...

И преподобный Марк подвижник пишет, что если человек склонен к отрадной жизни, то исход его бывает не легкий, а тяжкий по причине приклончивости к сластолюбивой жизни, как сказано в 20-й главе о законе духовном: сластолюбивое сердце — темницею и узами бывает душе во время исхода; трудолюбивое же сердце дверь

186

есть отверстая. Как бы ни получить милость Божию — трудно ли, легко ли, лишь бы получить, а легко получают лишь одни смиренные, как свидетельствует о сем Сам Господь в Святом Евангелии, глаголя: научится от Мене, яко кроток есмь и смирен сердцем, и обрящете покой душам вашим. Иго бо Мое благо и бремя Мое легко есть.

Покойный наш старец, о. Макарий, недавно явившись во сне своей ученице, томимой недоумением, сказал: "терпи, борись и понуждайся идти тесным путем". Слово краткое, но многознаменательное и для всех нас необходимое до конца жизни нашей. Исполняя это, молись за себя и за меня грешнаго. Мир тебе.

— 276. Враг старается нанести подвижникам хотя бы пред смертью какую-нибудь греховную рану, дабы воспрепятствовать им в переходе в будущую жизнь

Недавно, среди недосуга, раскрыл я толкование псалмов Василия Великаго, и открылось место: Боже. Боже мой, спаси мя от гонящих мя, и избави мя. Да не когда похитит яко лев душу мою, не сущу избавляющу, ниже спасающу (Пс. 7). Св. Василий Великий пишет, что слова эти относятся к подвижникам, которых всячески враг искушает, особенно пред смертию, чтобы нанести им какую-либо рану или хоть положить какое-либо пятно, чтобы при исходе их иметь свое знамение к удержанию и препятствию в переходе в будущую блаженную жизнь.

Полезно нам молиться сими псаломскими словами: Боже, Боже мой, спаси от гонящих мя, и избави мя.

— 277. Совет утратившей теплоту и утешение молитвы и обуреваемой блудными помыслами

Письмо твое я получил. Пишешь, что на тебя нападают блудные помыслы, а от молитвы ты не имеешь того утешения, какое было прежде, и теплоты не ощущается. К молитве понуждай себя попрежнему, не унывай и не охладевай. Хотя и бываешь иногда побежденною в помыслах, но опять же с новым жаром ревности и усердия обращайся к Богу и в смирении духа и упования на Его милость продолжай обычныя молитвы домашния и церковныя, предавая всею себя воле Божией. Береги совесть свою и очи; имей страх Божий; чаще помышляй о смерти, о Страшном Суде и о том, что если теперь не управишь себя в Богоугодной доброй жизни, то после уж и совсем ослабеешь к добру. Противу блудных помыслов вооружайся воздержанием в пище и сне; старайся всегда находиться в труде и при деле, а паче всего имей во всем и всегда смирение и самоукорение, не осуждай никого. Смирение в том и состоит, чтобы никого не осуждать, и не укорять, и иметь одежду и обстановку в келье простую. Испрашивая на тебя мир и благословение Божие, остаюсь с искренним благожеланием.

— 278. Не должно брать на себя непосильный труд лечить от духовных болезней

Ты все заботишься о каком-то, будто неполученном мною, твоем письме, в котором было писано что-то, для тебя нужное. Чтобы успокоиться, опять напиши об этом. Я вчера разбирал твои письма, и их у меня целая куча, важных и неважных. А важнее всего то письмо, в котором ты пишешь, что ты по жалости и по мнимой любви взялась не за свое дело лечить сестру, которая больна не телесною болезнию. Я тебе говорил лично, и теперь повторяю: вперед не берись за подобныя дела. Ежели Пимен Великий по смиренномудрию и по охранению себя уклонялся от подобных дел, имея на то дарование от Господа, — ты кто такая, что дерзаешь на сии вещи непрошеная. Паки повторяю: не дерзай вперед на такия вещи, если не желаешь подвергнуться сильным искушениям и навлечь на себя, во 1-х, невыносимую брань плотскую, во 2-х, нападение и стужение от мысленных врагов, а в 3-х, гонение и от людей. Что за надобность самому себе навлекать такия страшныя искушения. Преп. Симеон Евхаитский советует уклоняться от одержимых злыми духами, так как бывали случаи, что чрез них враг путал и духовных людей. Несмотря на мнимую жалость и на мнимую любовь, под которыми тонко скрываются самомнение и высокоумие, а ты сама должна знать, какия горькия плоды проистекают от этих страстей. Послушай писание глаголющее: мерзок пред Господом всяк высокосердый. Посмотри и на апостола Павла, что он говорит. Не повелевает ли он предать таковаго сатане во измождение плоти, да дух (его) спасется в день Господа нашего Иисуса Христа. Вот пример истиннаго человеколюбия. А ты заботишься избавить человека от измождения плоти, чтобы доставить ему временное спокойствие, прикрываясь, может быть, и мнимою пользою душевною. Но дело это выше тебя. Ты не священник или иерей, который искусной исповедью имеет духовную власть помогать таким людям; но и в таком случае не всегда последует совершенное исцеление. Это зависит только от воли Божией и от мановения Самаго Господа, Который о всех промышляет и устрояет полезное, и душеполезное, и спасительное. Люди же не только не сильны сами собою что-либо сделать, но и не всегда понимают, что душеполезно для человека. Хотя иногда и мнимся мы усердствовать и жалость являть к ближнему, но весьма часто не понимаем ни других, ни себя; а лишь вовлекаемся в это тонким самомнением и высокоумием. Пусть эта больная понудится исповедывать новому вашему духовнику то, о чем тебе объявляла; а после видно будет, возъимеется ли надобность приехать к нам. Если хочешь иметь действительную жалость к таким людям, то можешь посоветовать им, чтобы искренно исповедывали свои грехи духовному отцу и не стыдились ничего утаивать, так как наказание бывает человеку не только за грехи, но больше за недостойное причащение Св. Таин. Самой же, по своему усердию, тебе выслушивать такие грехи очень, очень не полезно, ради искушений, о которых сказано выше.

Пока устроится у вас новое начальство, живи, хоть и с трудом, где придется; а там, может быть, Господь поможет устроиться лучше, если постараешься воздержаться от самочиннаго, непрошенаго усердия в отношении ближних. Прости же и остави.

— 279. Уныние бывает и от тщеславия и от непосильнаго рвения

Пишешь, что тебя беспокоят два помысла: один говорит, чтобы пойти в Троекурово, а другой, чтобы никуда не ходить из своей келлии и обучать себя внутреннему бдению. Спрашиваешь, котораго тебе придерживаться помысла. Ни того, ни другого. Живи в Севске и обучай себя пока наружному бдению, имея страх Божий, и пожалуй, посильное внутреннее внимание. Снам твоим не доверяй. Замечаешь, что у тебя бывает уныние от большой суеты и от упущения правила, а также от большаго понуждения и трудов. Прибавлю к этому: бывает уныние и от тщеславия, когда что не по-нашему делается или другие толкуют о нас не так, как бы нам хотелось. Еще бывает уныние от рвения непосильнаго. Мера во всем хороша. Есть возраст духовный, как и наружный возраст. Как девятилетние не могут браться за то, что в пору двадцатилетним, так бывает и в духовной жизни: непосильным и неразумным рвением можно себе духовно живот надорвать. А если Господь кого и сохранит от сего, то по крайней мере всуе приимет труд и скорбь. Тише едешь — дальше будешь, сказано опытными. Вредно нерадеть о должном, но небезопасно ретиться выше своей меры. Трех более всего держись: страха Божия, смирения и всегдашняго покаяния.

— 280. Жить по-монашески — в терпении и смирении

Поздравляю тебя с пострижением в рясофор — это первая степень монашескаго образа. Сердечно желаю тебе пожить отселе по-монашески, в терпении и смирении, и во страхе Божием, и хранении совести, как требуют заповеди Божии, начиная с искренняго покаяния пред Богом и духовным отцем. Начало же из начал — терпение находящих скорбей — терпеть укоризны не только от старших, но и от младших, сознавая свои вины, за которыя и нужно потерпеть, со смирением и благодарением, чтобы загладил Господь и простил согрешения наши.

Повторяю, понудь себя к смирению и терпению пред начальницею, сознавая вины свои, а если безвинно, то и еще полезнее потерпеть.

— 281. Внешними неудобствами душа очищается. Преждевременное уединение вредно

Письмо твое получил, в котором объясняешь свою скорбь касательно неимения своей кельи и касательно неудобств жить в чужих кельях в многолюдстве. С одной стороны, справедливо: так, в такой тесноте, как ты живешь, действительно жить неудобно, но с другой стороны, скорбь твою, — до изнеможения душевнаго, нельзя одобрить, ни назвать правою. Если мы желаем наследовать царствие Того, Который во время земной жизни не имел где главы подклонити, то основательно ли поступаем, малодушествуя до изнеможения касательно внешних неудобств. Тогда как ими-то и чрез них-то очищается грешная душа наша как в горниле. Хотя я лично тебе говорил, как много ты себя повредила неразсудным желанием, но, и теперь замечаю, что ты доселе доверяешься руководству влекущаго желания, по-видимому, мнимо благаго, но все-таки неразсуднаго и противоречащаго отеческим писаниям, в которых говорится, что желающий уединенной жизни наперед должен обучиться среди людей терпению, смирению, незлобию и долготерпению от поношений и уничижений и от неудобств, и прибавлено, что иначе не бывает. Святый Лествичник говорит, что безмолвие тела есть благочиние чувств внешних, а безмолвие души есть благочиние помыслов. Этому безмолвию и старайся обучаться. Сестрам, где ты живешь, можешь сказать так: если вы желаете, чтоб я у вас жила, то побольше молчите и без крайней надобности не разсказывайте разных розсказней и не делайте неуместных вопросов. Будем лучше помолчаливее жить, внимая каждая своей совести со страхом Божиим. Если же иначе, то я долго не могу у вас пробыть.

К матери казначее будь почтительна, но при случае говори откровенно, что ты бестолкова и пред начальственными лицами только можешь путаться. Просто откланивайся только. Наконец пишешь, что ты желаешь молиться и молиться: молись, про себя, ища одной только милости и воли Божией в церкви ли бываешь, вне ли церкви, идешь ли, сидишь ли, лежишь ли, молись: Господи помилуй, якоже веси, якоже волиши.

— 282. От ближняго живот и смерть

Как тебе быть в теперешней твоей келлии, с безграмотною схимницею, с сборщицею, с неимеющею произволения к монашеству, и со слепою, — как тебе держать себя в этом обществе, об этом определеннаго наставления не могу тебе дать, а смотри сама, и разсуди, и ищи только своей душевной пользы, и заботься о том, чтобы не потерпеть в чем душевнаго вреда. Умудряйся среди настоящих твоих неудобств. Велят читать что-нибудь, что-нибудь и прочитай, — хоть авву Дорофея, только без всяких толкований и поучений.

"Вот что пишет авва Дорофей", — и читай, а от себя ничего не прибавляй. Помни слова, сказанныя в старчестве: от ближняго живот и смерть. Про мои же письма публично объявлять нет надобности; можно промолчать, когда можно. А скажу вкратце: умудряйся приобретать жизнь, и избегать смерти, живя с теми, с кем живешь, стараясь иметь заповеданное апостолом, т. е. благость, милосердие, сострадание и любовь, которая есть исполнение закона; а как? — послушай того же апостола: друг друга тяготы носите, и тако исполните закон Христов.

— 283. Снам не верь. Жалость и усердие не бывают без тяготы и скорби

После праздника получил от тебя два письма. Посылаю тебе на твои нужды десять руб. Сукно можешь употребить по усмотрению; а поминай только, на чтении псалтири и в келейных и церковных молитвах, Иоанна и Софию со чады. От их усердия тебе посылаются деньги. Если будет усердие, можешь прилагать и имена детей их: девиц Н., О., отроков И., Дм., М., младенцев С., Ек., Н. А главное, поминай родителей их, насколько достает расположения душевнаго к тому. Сну своему не верь; это явно искушение от врага, так как выставляет тебя паче всех иных. Также не верь тому, что будто ты загребла обеими руками. Мало ли чего можно загребать руками. Касательно же непонятнаго искушения скажу тебе, что оно попустилось за, то, что, до усердию своему, ты приняла участие в с. Анне; — за это и должна понести тяготу ея искушения. Много бы нашлось людей изъявлять жалость и усердие даром. Но так как приходится чрез такое усердие несть и тяготу, и скорбь, и искушение, то не у многих продолжается такое усердие. Для избавлений молись так: Господи! за молитвы сродника ... преподобнаго Иоанникия помози мне окаянной.

Сестрам К... и Е... можешь отвечать: так как теперь в обители нашей обстоятельства мудреныя, а вы малодушны и непостоянны, и ходите во многия келлии, то и не могу я принимать в вас близкаго участия, чтобы самой на себя не навлечь скорби и неприятности. Когда м. Н. приедет, то, можешь поискать себе и другую келлию, более удобную. Вперед знай да ведай, как являть жалость и к кому.

— 284. Лучше грешник кающийся, чем праведник возносящийся

19 июля 1866 г. Пишешь, что лучше не грешить, чем каяться. Не грешить хорошо, а согрешившему похвально покаяться. Если удержишься на первом — хорошо; а не удержавшись, другаго средства нет умилостивить Бога, как покаяться. А что ты объяснила, в этом и запинаться не следовало бы, — и запинание твое указывает на ложный стыд. Еще скажу: Богу приятнее грешник кающийся, чем человек не согрешивший, но превозносящийся. Лучше согрешивши покаяться, нежели, не согрешая, гордиться этим. Фарисей удержался от греха, но за возношение и осуждение мытаря лишился пред Богом своей праведности, а мытарь, и много согрешивший, чрез смиренное сознание и понесение укоризны от фарисея, получил не только прощение грехов, но и восхитил оправдание фарисея. Иди и ты путем мытарева смирения; это путь самый безопасный.

— 285. Если наше прошение к Богу не исполняется, это не значит, что в Евангелии не все верно сказано; на это есть свои причины (1867 г.)

Меня очень огорчило твое самомыслие безразсудное касательно Евангелия, что будто бы в Евангельском учении могло быть что-

191

нибудь сказано и не так. Причину выставляешь, что твое желание и прошение давнишнее не исполняется, вопреки будто бы сказаннаго в Евангелии: просите и дастся вам. Поэтому дура ты из дур, и безразсудное твое мнение есть не что иное, как прелесть из прелестей вражиих, началом которой была твоя же горделивость, которая хотя и прикрывалась до времени личиною внешняго смирения, но наконец показала великий свой рожон. Подумай сама. Как велика гордость: если прошение наше не исполняется, то выходит, что в Евангельском учении, может быть, что-нибудь не так. Это меня тем более огорчает, что помнится мне, я уже писал тебе о сем слово св. Лествичника, степень 26, отделение 60, где он говорит: "все чего-либо у Бога просящие и не приемлющие, конечно, по которой-нибудь из сих причин того не получают: или что прежде времени просят, или не по достоинству и с тщеславием, или потому, что получивши просимое возгордились бы, или потому, что по исполнении их желания впали бы в нерадение". И св. Исаак Сирин в слове 33 говорит: "не всяко желание добро, от Бога впадает в сердце, но одно пользующее (т. е. только действительно полезное). Овогда бо желает человек блага, и не помогает ему Бог; впадает бо и от диавола подобное некое желание сему; и то непщуется быти в помощь (но ошибочно), и множицею несть веры его, и сам диавол вред ему ухищряет, и понуждает человека взыскать сего, не у еще достигша жительства того, или чужде есть образа его, или паки не есть время, в не мощно ести сие исполнити, или подвигнути, или несть доволен вещию, или разумом, или телом, или время не подает нам руки, и всяким образом аки личиною онаго благаго, или смущает его, или вредит в тело его, или скрывает сеть во уме его". После всего скажу: смирись, оставь безумие свое, — и за грех этот в продолжение 40 дней клади по 15 поклонов с молитвою: "Господи, прости безумие и прегрешение мое!"

— 286. Гордым Бог противится, смиренным же дает благодать

Просишь скоро уведомить тебя, дадут ли что-нибудь на уплату долга вашего за келью обещанныя благодетели, а иначе вы с сестрою должны уступить кому-нибудь половину кельи и принять товарку. Отвещаваем на сие: были и есть такие благодетели, которые могут уплатить до полутораста рублей, о чем я уже извещал тебя в одном письме, говоря так; если можете с сестрою пешком прийти к нам, то получите больше, а если на лошадке или на двух приедете с сестрою или с кем-нибудь, то получите меньше, потому что из тех же денег нужно заплатить и за извоз. Но ты на письмо мое отвечала горделиво, что пешком придти не можешь, потому что слаба, и более ничего не писала. Советую тебе осмотреться и посмотреть на себя со всех сторон со светильником Евангельскаго учения; а то в тебе проглядывает не малая горделивость. Сама же ты должна знать, что гордым Бог противится, смиренным же дает благодать. Тебе мать игуменья запрещает подавать советы сестрам, в каких бы то ни было случаях, а ты об этом запрещении разсуждаешь с горделивым негодованием.

Лучше смирись и покорись в простоте сердца запрещению матери игумении, так как сказано: несть власть, аще не от Бога, противляйся власти, Божию, повелению противляется. Напомню тебе и то, что ты за ревность твою неблаговременную и неуместную довольно наказалась, и потому нужно смиряться и покоряться воле Божией, выражающейся устами начальствующих. Повторю: смиряйся, и тогда можешь получить означенныя деньги через почту или лично в конце августа, если разсудишь пожаловать к нам.

— 287. Перешедшия в другой монастырь всегда испытывают тоску

Живя в тамошнем монастыре, не удивляйся тому, что иногда тоска отягчает душу твою. Все, переходящия в другой монастырь, это чувствуют, куда бы они ни перешли.

Особенно остерегайся ропота, на кого бы то ни было. Ропот хуже и вреднее всего. Полезнее и покойнее винить во всем и за все себя, а не других. Особенно же должно остерегаться ропота на Промысл Божий, чрез Матерь Божию все благое и душеполезное нам устрояющий. Только мы, человеки, по малодушию своему, часто безумно мятемся и безразсудно скорбим за устрояемую нам пользу душевную.

— 288. Враг более всего возстает против молитвы. Качество молитвы определяется ея концом

Касательно умной и сердечной молитвы, к которой ты так расположена, скажу, что враг наш душевный не возстает так ни против какой добродетели, как против молитвы, в особенности умной и сердечной, всеми способами подвизает человека на гнев и на немирствие против других, которые по своему неразумию, а вместе по наущению вражию мешают нам проходить внимательную жизнь. Блаженный Илия Экдик пишет: егда помолишься, якоже подобает, ожидай онех, яко не подобает, т. е. гневнаго возмущения (Добротол., ч. 4)

Патриарх Каллист в 14-й главе о молитве пишет: аще хощеши уразумети, како подобает молитися, взирай на конец внимания, или молитвы, и не прельщайся. Сея бо конец, возлюбленные, умиление есть всегдашнее, сокрушение сердца, любы ко ближнему. Сопротивное же явственно есть: помысл похоти, шептание клеветы, ненависть ко ближнему, и елика сим подобна (Добротол. ч. 2).

Преп. Исихий пресвитер пишет в главе 20-й: подобает подвизающемуся внутрь, во всякое мгновение времени имети четыре сия: смирение, крайнее внимание, противоречие и молитву. Смирснис, яко с гордыми бесами противными имеет оно брань, да помощь Христову в руце сердца иметь, зане Господь гордых ненавидит. Внимание же, да присно сердце свое творит ни единаго помысла имети, аще бы и благ являлся. Противоречие же, да егда скоро уразумеет пришедшаго, абие со гневом противословит лукавому (псаломскими словами): отвещаю, глаголет, поношающим ми слово: не Богу ли повинется душа моя. По противоречии же абие молитву да возопиет ко Христу с воздыханием безмолвным. И тогда сам подвизаяйся узрит врага разрушающася, или прогоняема поклоняемым именем: "Иисус", яко прах от ветра, или яко дым исчезающий с мечтанием его. — И в главе 31-й: подобает бо нам, во общежитии пребывающим, добровольным изволением и добрым сердцем всю волю свою отсекати пред настоятелем, и тако Богу споможествующу, благообуздываемы и сами не како бываем и невольны. Хитрость же в сем имети подобает да не желчию смущаемся, и ярость нашу безсловесне и чрезъестественне движим, и тако не дерзновенны на невидимую брань обрящемся. Обыкла бо есть воля наша, не отсекаема нами добровольне, гневатися на начинающих принуждение оную отсекати: и от сего убо ярость злящаяся подвигшися, погубляет разумение брани, еже едва со многим трудом стяжати возможно. Растлительно бо ярость есть естественно, аще на помыслы подвигнется бесовские, растлевает и погубляет их: аще же паки на человеки возмутится, растлевает и тако, благие помыслы в нас. Ярость, аще случится, вижду, яко растлевает все помыслы, аще лукавые, аще ли и правые. Оружие бо от Бога, и лук нам дадеся, аще не удерживается во обоих. Хотя же и различне действует, но губительна есть. Аз бо вем и пса дерзка равно с волки растлевающа овцы (Добротол., ч. 2).

Ревнующему о молитве следует всегда помнить слова Самаго Господа: не всяк глаголяй Ми, Господи, Господи, внидет в Царствие Божие, но творяй волю Отца Моего, Иже на небесех. Воля же Отца Небеснаго объявлена в Евангельских заповедях, исполнение которых есть единственный незаблудный путь спасения. На сем пути должно иметь три признака: смирение, милость и любовь, которые различаются только одними названиями; свойство же их одинаковое. На сию троицу добродетелей весь полк бесовский ниже противовзирати может (Добротол., ч. 2, Каллиста и Игнат., гл. 73).

Препод. Марк подвижник в слове о покаянии говорит: правое дело для начинающих, средних и совершенных есть: молитва, очищение помыслов и терпение постигающих нас скорбей. Без сих трех нельзя совершать и прочия добродетели. Да и самая молитва без очищения помыслов и без перенесения скорбей совершаться не может. В этой триплетенной верви, если где одна нить ея прерывается, там прерываются и другая нити. — То же самое выражает и апост. Павел в 1-м послании к Солунянам, в гл. 5-й: долготерпите ко всем, всегда радуйтеся, непрестанно молитеся, о всем благодарите, сия бо есть воля Божия. — А ап. Иаков объясняет, когда мы должны радоваться, т. е. когда впадаем в различныя скорбныя искушения, которыми испытывается наша вера, а вместе очищаются наши согрешения.

По крайнему недосугу хотел написать тебе вкратце, а по важности предмета коротко нельзя было написать.

Помози тебе, Господи, утвердиться, сестра, в молитвенном подвиге и стяжать молитву истинную, а не кое-какую храмлящую, как обличает нас Иоанн Богослов в своих посланиях: аще кто речет, яко люблю Бога, а брата своего ненавидит, ложь есть. И сию заповедь имамы, да любяй Бога, любит и брата своего.

— 289. О перемене места не думай

О перемене места ты не думай, кольми паче не скорби, а лучше Царицу Небесную благодари, что хоть в таком месте устроила тебя проводить остаток дней своих. Когда же будут тебя беспокоить неудобства, или болезненныя страдания, или что-либо подобное, тогда старайся не упускать из памяти слово Св. Писания: многими скорбями подобает нам внити в Царствие Небесное.

— 290. Держись страха Божия, хранения совести и соблюдения заповедей (1873 г.)

Держись страха Божия, хранения совести и соблюдения заповедей Божиих; тогда тебе видно будет, как нужно будет поступать в маловажных случаях, соображайся с местными обстоятельствами. В чем окажешься виновною пред Богом и пред людьми, в том приноси покаяние и смиряйся, не дерзай никого судить или осуждать, но во всяком неприятном случае стараясь возлагать вину на себя, а не на других, или за грехи свои, или что ты дала повод к скорби своею неосторожностью и неискусством.

— 291. Всякое послушание считай порученным от Господа чрез людей (1884 г.)

В письме своем описываешь свои немощи и просишь моего грешнаго совета, чтобы тебе исправиться. — Старайся поступать во всем по заповедям Божиим и помни, что Господь присутствует и зрит твое расположение сердца. Послушание исполняя, считай, что оно тебе поручено от Господа, чрез человека, и от усердия исполнения его зависит твое спасение. Считай всех лучше себя, а себя укоряй и всячески зазирай и не стыдись за свои немощи кланяться и просить прощения у ближняго, когда что имеешь на кого. Почитай каждый день, как бы он был для тебя последний, и мыслями своими чаще поставляй себя на суде Божием. Твори молитву непрестанно в сердце: "Господи Иисусе Христе, Сыне Божий, Богородицею помилуй мя грешную".

— 292. По праздникам не работай. Покойников не бойся (1886 г.)

По праздникам не следует работать; довольно будних дней. Покойников не бойся, ведь ни один не встал. Этот страх от врага душевнаго; твори молитву постоянно Иисусову: "Господи Иисусе Христе, Сыне Божий, помилуй мя грешную", и не бойся, преодолевай свой страх, и Бог тебе поможет.

— 293. Больным облегчается молитвенное правило

Пишешь мне о своем болезненном состоянии, что ты изнемогла

до крайности, а между тем общая трапеза не может тебя удовлетворить, вследствие чего часто ропщешь. И несмотря на такое изнеможение, ты наложила на себя подвиг ходить ко всем службам церковным и кроме того ежедневно прочитываешь в келлии акафист, Евангелие и псалтирь по главе; вследствие чего тебе нет времени отдохнуть и нет усердия к послушанию. При твоей болезненности можешь к церковным службам в будни совсем не ходить, потому что и здоровым можно оставаться только до Шестопсалмия, кто имеет послушание. Келейное правило, которое ты на себя наложила, советую совсем оставить и употреблять это время на отдых, тогда и к послушанию будет более охоты, и дух будет спокойнее.

Не забывай, что послушание выше поста и молитвы, а от ропота старайся воздерживаться по мере сил.

Продолжай исполнять заповеди отца П. и по праздникам отнюдь не работай. Возверзи печаль свою на Господа, и Той тя пропитает.

— 294. Самовольное старчествование и высокоумие доводит до искушений (1864г.)

В письме, присланном с м. казначеего, и в другом пишешь что-то о высоком, о внутреннем поучении, об умной молитве, что молитва у тебя сама собою действует и вовремя! Что-то это не похоже на настоящее делание и предвещает более опасность, нежели успех духовный. Духовная наша мера с тобою еще очень мала: ретишься к высокому и пишешь мне о высоком, а о низком умалчиваешь, говоря только как бы мимоходом, что с тобою случаются иногда скорби, а какие, не объясняешь. Прямее сказать: ты иногда охотница старчествовать и поучать келейных, и тут тебе случаются иногда досаждения и укоризны, что ты по-своему без дальних объяснений называешь случающимися скорбями, умалчивая о неблагословенном своем учительстве, за которое мало того, что бывают укоризны и досаждения со стороны, но иногда попускается и сильная плотская брань. Поэтому нужно прежде самих себя вразумлять и обучать должному, без сомнения и ослепления, потому что ты бежала от м. П., как бы избегая похвалы, тебе приписуемой, а потом сама стала домогаться сего непрошеным учительством келейных, хотя ты сего доселе не заметила. Страсть славолюбия и любочестия тонка и многообразна, неуловима и неудобопримечаема. Препод. Марк подвижник пишет, что некоторыя иногда, видимо, смиряются для того, чтобы уловить похвалу. Ты выход свой из келлии м. П. называешь искусством, а на самом деле оказывается в этом большое неискусство. Ты человек маленький, никому нет надобности понимать твоих целей, а всякий старший и младший понимает и толкует теперь о тебе по-своему. Хотя О... о твоем отце духовном говорит справедливо, что он человек многогрешный, но тебе слушать это молча не должно. Феодор Едесский пишет: всякаго хулящато твоего отца духовнаго заусти, т. е. всякому такому заграждай уста; пусть так толкует где хочет и с кем хочет, но ты сего толковать перед тобою не попускай, повторяя: "толкуйте об этом, где хотите, но предо мною неприлично вам этого говорить, да и вам самим это без душевнаго вреда и ответственности не обойдется". Если не послушают, проси себе, по этой причине, у м. игуменьи другую келью. Ты желаешь построить себе келлию. Если есть деньги, то строй и проси о месте м. игуменью прямо, когда м. казначея не оказывает содействия. Тебе не хочется иметь место для келлии далеко от церкви, тогда как лезешь в число подвижных, забывая, что все древния подвижники избирали себе некоторыя неудобства, для утруждения своего понуждения. Где назначат место, там и должно строить, если есть деньги.

Ты о многом меня спрашиваешь, а забываешь то, что я тебе говорил лично. Помню, что я тебе не советовал проходить умную молитву, а творить сию молитву по твоей мере устно, как пишет св. апостол Павел: выну приносяще жертву хвалы, сиречь плод устен, исповедающих Господеви; умом же призывать Божию помощь лишь тогда, когда найдут скверныя помыслы, и устно сотворить молитву бывает неудобно, по причине близкаго присутствия других или идет церковная служба.

Ты же так увлеклась своеразумием и своечинием, что, презирая совет и действуя по-своему, дошла будто бы до самодвижной молитвы сердца, во время сна. Это бывает у редких и из святых людей, которыя достигли крайняго очищения от страстей. Люди же еще страстныя, как поведал нам некто, сам это испытавший, прислушиваясь в полусонии к подобному внутреннему движению, как твое, услышали — что же? Услышали "мяу" — кошачье, хитро произносимое наподобие слов молитвы. Сестра! Надобно смириться. Мера наша еще очень маленькая. Как бы не попасть в сети врага, и особенно в тонкую прелесть, потому что подверженные прелести вражией бывают неудобоврачуемы. Скорее всякаго грешника можно обратить к покаянию, нежели прелестнаго вразумить. А ты уже и пишешь, что не понимаешь, в чем состоит покаяние. Прочти в книге Марка подвижника, в русском переводе, сперва слово 5-е, советы ума своей душе, потом слово 3-е о покаянии, приличном равно как начинающим и средним, так и совершенным; и затем там место, где сказано, что покаяние не совершается (не оканчивается) до гроба, и имеет три свойства, или части: очищение помыслов, терпение находящих скорбей, и молитву, т. е. призывание Божией помощи против злых прилогов вражиих. Три эти вещи одна без другой не совершаются. Если одна часть где прерывается, то и другая две части там не тверды бывают.

— 295. О благоразумном молчании (1883 г.)

Сама ты написала, что скорбишь о своем излишнем глаголании и ревнуешь о благоразумном молчании; а с компаньонкой и поневоле должна будешь лишнее говорить. Конечно, нужно взять только кого попроще, чтобы могла послужить твоему слабому благородию. Впрочем, я хорошо не знаю м. Г... Поэтому сама смотри, как лучше и полезнее. Есть старинная пословица: ум хорошо, а два лучше, а три хоть брось. Но это человеческое замечание. Господь же глаголет во Св. Евангелии: идеже бо еста два или трие собрани во имя Мое, ту есмь посреде их. Посмотри на свое чувство внутреннее повнимательнее: как будет покойнее и ближе к твоему устроению, так и сотвори. Один мудреный юродивый толкует: "гусь да гагара — неладная пара". Впрочем, у нас на скотном дворе умер столетний старец Пахомий, который и среди множества людей умел сохранять глубокое молчание. Случалось, что некоторыя станут приставать к нему с разными вопросами, он встанет и пропоет им: "Ангел вопияше благодатней", и опять сядет молча, почесывая в голове или роясь в своей сумке, как будто бы что-то отыскивает. Если, бывало, кому что-либо скажет, то помни и не забывай. На многих сбывались слова его.

Я все это видел и никак не научился благоразумному молчанию, — под разными благовидными предлогами, увлекаясь многоглаголанием, в котором как сказано, несть спасения. Хочу все исправиться, а старая привычка не допускает. Помолись о мне грешном, чтобы положить начало.

— 296. Не так живи, как хочется, а как Бог велит. Неприятности от других — по внушению диавола, не терпящаго внимательных молитвенников (1883 г.)

Лучше подражай примеру старинных людей, которые обыкновенно говаривали: не живи, как хочется, а живи, как Бог приведет. В первом письме ты писала, что тебе очень хорошо; а вскоре во втором пишешь, что тебе очень не хорошо. Не напрасно св. апостол Павел написал, что все хотящий благочестно жити, гоними будут. И Сам Господь глаголет во Евангелии: будите мудри яко змия, и цели яко голубие. Змия, когда бьют ее, старается всячески сохранить голову. И христианин, когда поражают его, должен хранить главное — веру и незлобие. Некто из святых сказал: "ежели кто поистине любит Бога, тот не будет возмущаться, хотя бы и целый мир досаждал ему". А ты от нужды скорбей и стесненнаго положения стала преклоняться и на то, что, пожалуй, хоть бы и назначили куда-нибудь на начальство, напр., хоть в Н... В К... тебе тесно от скорбей и уничижений; а в Н... не легко будет и не свободно от забот житейских.

Волею и неволею, а нельзя не заботиться о делах обители и о поведении сестер. Впрочем, да будет о нас по воле всеблагаго Господа, хотящаго всем спастися и в разум истины прийти. Не напрасно слышим повторяемое слово: ин суд человеческий, и ин суд Божий. Всеведущий Господь лучше нашего знает, что для нас полезнее, полезное и устрояет. В молитве Господней заповедано нам молиться так: Отче наш... да будет воля Твоя. Правда, что положение твое в своей обители стесненное, и неприятное, и неудобное. Но есть простая пословица: побежишь от волка, нападешь на медведя. Остается одно, — потерпеть и подождать, внимая себе и не осуждая других, и молясь Господу и Царице Небесной, да устрояет о тебе полезное, якоже им угодно. Я прежде писал, и теперь опять повторю то же, что все эти нападения на тебя, со стороны других, происходят по ухищрению вражию, чтобы воспрепятствовать тебе заниматься внимательно молитвою. Покойный о. игумен Антоний, брат о. архимандрита Моисея, говаривал: внимательная молитва молящагося — врагу нож по горлу. Ты сама заметила это на твоей келейной, которая ни с того ни с сего придирается к тебе и не хочет делать то, что нужно, при всем том, что тебя любит. Кольми паче тебе нужно разуметь это относительно других, что не все и не все они это по злобе делают, а более по внушению и наущению исконнаго врага, который хочет отлучить тебя, от внимательной молитвы и вместе с тем от любви к ближним. А любовь эта, по слову апостольскому, долготерпит, милосердствует и николиже отпадает от блага расположения к собратиям, искушаемым от общаго врага нашего, частию же и от своей немощи. Если твердо это будешь помнить, то не будешь безполезно смущаться. Несколько лет назад у нас был один князь, который учился молитве у одной опытной молитвенницы. Она говорила ему так: когда ты мирен и покоен, молись "Господи! помилуй мя грешнаго"; когда же помыслы будут приноситься на других по какой-либо причине, то молись так: "Господи! помилуй нас" и успокоишься. Делай и ты так. Тогда и меньше будешь беспокоиться; и будешь разуметь, что все мы подлежим ошибкам и заблуждениям, и нередко, под благовидными предлогами, как сказано в Евангелии: "приидет час, да всяк иже убиет вы, мнится службу приносити Богу". Не мудрено, что и досаждающие тебе так мудрствуют. Поэтому и потребно нам снисходить ближним нашим по Евангельской заповеди о любви. Ежели кого мы любим, тому мы во многом снисходим и многое прощаем. С другой стороны и по другой причине прощаем, как свидетельствует авва Дорофей, когда находимся в благом устроении, как сама ты с удивлением заметила, что не сердилась на свою келейную, когда она тебе противилась. При этом поминай и Евангельское слово: блажени есте, егда поносят вам, и ижденут и рекут всяк зол глагол, на вы лжуще Мене ради.

— 297. Начальствование не всем и не всегда мешает спасаться. В человеке бывает тайное добро, видимое одному Богу. Как говорить с неискренними людьми (1883 г.)

Сообразно с твоим устроением душевным и настроением духовным писано было тебе, что начальство, добровольно принятое, может помешать твоему безмолвному настроению и старанию удержать неослабную молитву. Также и сказано тебе в видении, чтобы не увлекаться земными и суетными попечениями. А ты в своем письме, просто запросто, выразилась, что начальство мешает делу спасения; тогда как сама знаешь, что многое множество лиц начальственных получили не только спасение, но и славу Божию. Да и писано было тебе, что если кто спутается на молитвенном подвиге, то Промыслом Божиим устроятся на начальство, чтобы не подвергся совершенной прелести вражией. Исправь свою ошибку и вперед разумевай, — что говорится кому-либо в частности и что говорится вообще ко всем. Также, — иное есть, что творится по воле Божией, и совсем другое, что творится по избранию собственной нашей воли. И в сонном видении тебе было сказано, что пора тебе разумевать. Тебе желательно, по примеру киевскаго старца Парфения, ежедневно читать 300 раз — "Богородице Дева радуйся". — Можешь это делать. Только не смущайся, если по какой-либо причине не удастся тебе исполнить это предназначение. Самоукорение в своей неисправности полезнее благовиднаго смущения. Пишешь, что в день Ангела матушка игуменья была у тебя в гостях и своею исходною молитвою удивила тебя. — Вот тебе урок разумевать, по слову аввы Дорофея, что у инаго есть такое тайное добро, которое перед Богом ценнее всей нашей жизни. Человек может видеть только видимое. Господь же зрит самыя глубины сердечныя. Преподобный Макарий Египетский, увидев человека грешащаго, сказал сам себе: "он хоть и согрешил, но сумеет покаяться; а если ты согрешишь, то покаяться не сумеешь". И таким разумением поставил себя ниже грешащаго. Вот как древние св. отцы умудрялись смиряться и удерживать себя от суждения и осуждения. Спрашиваешь, как тебе обходиться с людьми неискренними и у которых при разговоре нередко бывает задняя мысль. — Зная это, отвечай, соображаясь с настроением того, кто с тобою говорит. Преподобный Исаак Сирин, пишет: "с недугующим завистию глаголи со охранением", чтобы завистливый, по своему устроению, не перетолковал и благая слова в худую сторону. Наперед придумай несколько общих выражений и ими отделывайся от неискренних толкунов. Большею частою говори, — не знаю, а во избежание лжи говори, — не знаю, как вам сказать; я не вслушалась, хорошо не поняла. А иногда: это не по моей части, это выше меня; я в подобныя дела не вхожу. — А если издали увидишь, что тебе приходится встретиться с таким человеком, удвой шаги и отвечай: мне недосужно. Если будешь осторожна, то Бог научит и вразумит, как обращаться с такими людьми. Старших и равных предваряй приличным поклоном, а младшим отвечай приличным поклоном. Страх Божий и хождение в присутствии Господнем вразумит и научит нас достодолжному обращению с другими. Полезно нам всегда помнить, как мыслила блаженная Феодора, которая, при противном обращении с ней других, говорила себе самой, что ты недостойна любви ближних". В заключение письма скажу о виденном тобой во сне, какая толпа искусителей — врагов окружила тебя, и сказано было, что пора тебе разумевать, что эти искусители также окружают и искушают и других, и что по их искушению и внушению бывают разныя путаницы и неприятности, и оскорбления друг другу. Когда будешь это знать и уразумевать, и понимать, тогда и будешь не разсудно огорчаться на других, а снисходительно смотреть на все человеческия путаницы. Не без причины св. Лествичник написал, что Господь, от поступающих в монастырь, конца ожидает, каков будет.

Благополучнаго конца да сподобит Господь и нас немощных.

— **298. Чистота душевная в том, чтобы стараться не видеть злобы человека (1883г.)**

Спрашиваешь, как тебе быть и держать себя, потому что всюду видится тобою одна личина? — Сама объясняешь, что тебе очень помогает в таких случаях умеренность речи. Отвечать кратко, благоразумно и осторожно в подобных выражениях: не знаю, что вам сказать; иногда: это не по моей части; иногда: это меня не касается; или: это выше меня, а иногда отвечать молча одним поклоном и проходить, как будто не разслушала или не поняла. А сверх всего этого потребно держаться совета св. Исаака Сирина: "стараться не видеть злобы человека". В этом состоит чистота душевная. Все предстанем судилищу Христову и не знаем, какой кто получит конец, и в единонадесятый час пришедших Господь приемлет покаяние и таковым повелевает первым раздавать награды; а прежде пришедших упрекает, что в них око лукаво, яко Аз благ семь. Всех Господь хощет спасти, вразумить и исправить, чтобы имели смирение и любовь и не выставляли свои заслуги, потому что все туне спасаемся благодатию Христовою. Потребно всем нам помнить и не забывать Евангельское слово Самаго Господа: егда сотворите вся повеленная вам, глаголите, яко раби неключими есмы. Ежели очень уже неудобно будет жить в новопомещенной келье ради многолюдства живущих близь и шумящих, то повремени, помолись Богу, можешь у матушки игумении попросить келью более удобную. Даст, — хорошо, а не даст, — понуждайся потерпеть, смиряясь и считая себя недостойной лучшей кельи. При этом хорошо помнить, что Лот, когда в Содоме с многолюдством жил, праведным был; в Сигоре же, обеспечившись удалением от всех, тяжко согрешил. Опять скажу о твоих деньгах у родных, что хорошо бы их устроить так, чтобы получать их на содержание безмятежно и много не думая и не заботиться о них. Совершенное нестяжание по настоящему времени невозможно. С помощью Божиею умудряйся устраивать себе так, чтобы возможно было держаться внутренняго подвига, который, по апостольскому слову, состоит из четырех частей: ко всем долготерпите, всегда радуйтеся, непрестанно молитесь и о всем благодарите. Сия бо есть воля Божия. Начинать должно с последняго, т. е. с благодарения за все. Начало радости — быть довольным своим положением.

— **299. От себя и от бесов в другой монастырь не уйдешь (1883 г.)**

Писала ты, что в своем монастыре терпишь скорби, и желала бы перейти в другой монастырь. — Но от себя и от бесов куда можно уйти? Скорбишь, что тебя от должностей отставили. — Но в этом случае должно видеть Промысл Божий о тебе. Который чрез это доставляет тебе свободу и возможность упражняться более и более в молитве. Поэтому не скорбеть должно об отставлении тебя от должностей, а благодарить за сие Благодетеля Бога. А что от встретившихся тесных обстоятельств ощущаешь скорбь, это самое должно показывать тебе, что еще не очищен в тебе внутренний человек. А это самое должно наклонять тебя к смирению, которое при молитве крайне необходимо. Скорби же везде должны встречать человека; и тем более враги наши душевные наносят оныя людям, чем более замечают их стремящихся к богоугождению, и в особенности желающих упражняться в молитве, которая для них несносна.

Милосердый Господь да вразумит тебя и да укрепит в постигших скорбях, а аще будет Его святая воля, да облегчит оныя, насколько для тебя это полезно и потребно.

— 300. Если не хочешь нести скорбей, не берись изгонять бесов. Гневайся не на людей, а на бесов, искушающих людей (1881 г.)

В последнем письме пишешь, что ты одну бесноватую насильно подвела к мощам, в храме вашем находящимся в частицах, и бес устами этой женщины грозил тебе за это навести скорби и досады. И после этого сама удивляешься, почему мать игуменья и сестры к тебе не хорошо относятся. Явно, что по вражиим искушениям. Поэтому на врага и сердись, сколько тебе угодно, а не на сестер и мать игуменью, искушаемых от врага. Вперед, если не хочешь нести скорби, не берись помогать одержимым бесами; а старайся жить в монастыре страннически, себе внимая и помалчивая и не входя ни в какия дела. Тогда и уразумеешь самым делом апостольское слово: любящим Бога вся поспешествует во благое. Сказано в псалмах: многи скорби праведным; многи раны грешному. В каком бы положении христианин ни находился, не может избежать скорбей и болезней.

Тебя блазнит то, что, может быть, по козням вражиим, мать игуменья не заставляет теплить лампаду пред мощами. — Апостол Павел был повыше матери игуменьи, да и тот о себе пишет: восхотех единою и дважды прийти к вам, и возбрани мне сатана. Поэтому ничему не удивляйся, а считай это попущением Божиим. И ни на что не блазнись, а лучше последуй совету св. Лествичника, который пишет так: если хочешь иметь гнев и злопомнение, то имей их не на людей, а на бесов, искушающих людей. — Также оставь и неуместную ревность, почему то или другое не делается по порядку, как тебе думается; а лучше, как выше сказано, внимай себе, и довольно будет дела этого для тебя, по сказанному: кийждо бо от своих дел прославится или постыдится.

— 301. Келья высит, люди искушают, а не искушен — неискусен. Видение, бывшее монахине относительно неосуждения ближних. О Марфе и Марии (1882 г.)

Между прочим, относительно других выражаешься так: "Горько мне видеть и сознавать, что кругом меня даже редко-редко слышится речь о Боге, а все какое-то пустое или намеренное хитрословие, или лесть, соединенная с предательством и человекоугодием". На это тебе скажу, что и между такими людьми жить полезнее, нежели в одиночестве и в удалении, считая это безопасным. Лот, когда жил в

Содоме, был праведен, а когда удалился в Сигор и считая это место безопасным, то тяжко согрешил. Не напрасно написано в Отечнике: келья высит, а люди искушают. Чрез претерпение же искушений человек делается искусным. А о противном пишет апостол: неискушен — неискусен. Да и кроме того заповедь Евангельскую имеем, — не спешить судить, нездраво рассуждать и неправо осуждать. Недавно приехала в Оптину из-за Киева монахиня ревностная, строгая по жизни, но склонная судить и осуждать, под благовидными предлогами, других, особенно с ней живущих. Она сказывала мне, какое было ей видение. Вижу, говорит, во сне, будто бы множество разнообразных птичек, весьма приятных по виду, садились мне на правое плечо и на руки и по всему правому боку, и даже лезли под ряску. Видеть их мне было очень приятно. Но в то же время с другой стороны стали садиться на меня птички черныя по виду, цветом как галки, грачи или вороны, и мне их неприятно было видеть. И вдруг слышу какой-то голос говорящий: "для Бога дороги и эти, как и первыя. И оне могут исправиться и быть подобными первым. Поэтому не суди и не осуждай". С этими словами я проснулась, и мне казалось, что еще ощущала некоторых птичек под платьем; поэтому не вдруг перестала себя ощупывать.

Все сказанное да научит нас с тобою не спешить судить и осуждать, потому что видимыя нами люди внутри не всегда таковы, какими кажутся снаружи. Нередко человек начнет говорить по обычной немощи человеческой, и, неокончивши еще разговора, уже начинает сознавать, что он говорит не то, что следует; а пришедши в келью, горько раскаивается в сказанном или сделанном. — Преподобный Марк подвижник пишет: от дел и словес, и помышлений праведник един, а от покаяния праведницы быша мнози.

Оставаться с собой и Богом — это хорошо, если действительно так. В псалме на каждой вечерне читаем: един есмь аз, дондеже прейду, т. е., живя среди многих, полезно уединяться и с собою одним оставаться. Это помогает избегать многих сетей вражеских, если при этом не будем плохо разуметь о ближнем. Ты резко отозвалась о сестре, для которой, по мнению твоему, будто бы существует одна только обрядовая часть религии. Нельзя совсем осуждать и эту часть; потому что читаем в тропарях многих святых, что деяние есть восход к видению; а еще более потому, что дарования даются людям различныя, как говорится в Евангелии: овому дадеся пять талант, овому же два, овому же, един, комуждо против силы его. И усугубившия пять и два равно вошли в радость Господа своего. Марфа и Мария, сестры Лазаревы, были сестры родныя, но дарования имели различныя. Мария приседела при ногу Иисусову, слушая Его Божественные глаголы; а Марфа готовила обед, чтобы учредить Христа пришедшаго. А если бы она обе сидели при ноге Иисусову, кто бы приготовил обед для учреждения Христа? И сверх того нигде не писано, чтобы одна только Мария вошла в Царствие Небесное, а Марфа осталась вне. Св. авва Дорофей, удерживая нас от строгаго суждения других, говорит так: может быть, в брате или сестре, которых осудить понуждает нас помысл, есть одно добро, которое пред Богом ценнее всей нашей жизни.

Наконец, пишешь, что для тебя грустно и тяжко сознавать, что Господь у всех как бы на последнем плане. — На это тебе скажу: ежели мнение пророка Илии не оправдалось, взывавшаго ко Господу: алтари Твоя раскопаша, пророки Твоя избиша: остахся аз един, и ищут души моей; и сказано было ему от Господа: оставих седмь тысящ мужей, не преклонивших колена пред ваалом: то наше с тобою мнение может оказаться еще ошибочнее. И апостол предостерегает: мняйся стояти да блюдется, да не падет.

— 302. Внимай себе и своему спасению (1882 г.)

Бывшее тебе видение означает то, чтобы ты в затруднительном твоем положении не унывала и не малодушествовала. Белая одежда означает, что нужно держаться всегда истиннаго и искренняго покаяния, растворяемаго нелицемерным смирением. Елей и помазание елеем означает милость Божию. А где милость Божия, там и всесильная Его помощь. Ободряйся бывшим видением и не малодушествуй среди окружающих неудобств, держась благаго совета внутренняго гласа: "не занимайся ничьими здесь делами; пусть все как хотят". А ты внимай себе и своему спасению, ожидая решение о себе от всеблагаго Промысла Божия. Как Господу угодно, так Он и да устроит о нас полезное. Никогда не выпускай из памяти следующей Евангельской заповеди Божией: не судите, и не судят вам. Не осуждайте, да не осуждени будете. Любите враги ваша, добро творите ненавидящим вас, и молитесь за творящих вам напасть и изгоняющия вы.

— 303. Что значат слова: "стяжи друга Господа" (1882 г.)

В последнем письме твоем спрашиваешь, — что значат слова: "стяжи друга Господа". Слова эти означают, чтобы стараться быть истинной ученицей Христовой, чтобы удостоиться услышать, что удостоились услышать от Господа истинные ученики Его: вы друзи Мои есте, аще творите елика Аз заповедаю вам. Не ктому вас глаголю рабы, яко раб не весть, что творит Господь его: вас же рекох други, яко вся, яже слышах от Отца Моего, сказах вам. Сия заповедаю вам, да кто душу свою положит за други своя (Иоан. 15, 14, 15, 17, 13). Заповедь же Господня полагать душу за ближняго состоит, по Евангельскому слову, в том, чтобы любить врагов, благотворить ненавидящим нас, благословлять клянущих и молиться за творящих нам напасть и изгоняющия ны; также и в том, чтобы, по силе нашей и возможности, защищать ближняго от врагов видимых и невидимых, и чем можно и как можно помогать ему. Апостол Павел пространнее объясняет свойства любви к ближним: любы долготерпит, милосердствует; любы не завидит, любы не превозносится, не гордится, не бесчинствует, не ищет своих си, не раздражается, не мыслит зла (и не помнит зла), не радуется о неправде (ближних), радуется же о истине

204

(их): вся любит (т. е., все покрывает любовию), всему веру емлет, вся уповает, вся (печальная) терпит. Любы николиже отпадает (1 Кор. 13, 4-8).

К этому присоедини и Нагорную проповедь Господа в 5-й, 6-й и 7-й главе от Матфея. Помни и сказанное в псалме: вси путие Господни милость и истина, т. е. должно ближнему оказывать милость и всякое снисхождение, а от себя самих требовать всякой истины, — исполнения заповедей Господних.

Старайся подражать и той преподобной матери, которая, видя в себе зависть и ненависть и слыша разныя клеветы, говорила себе самой: я недостойна любви их. А когда находит на тебя смущение по этим причинам, повторяй псаломское слово: мир мног любящим закон Твой, и несть им соблазна.

Пишешь, что ты не ладишь с своей келейницей. Знай и помни, что через нее враг старается искушать тебя. Блаженный Экдик пишет: егда помолишися, якоже подобает, ожидай тех, яко же не подобает. Хорошо помолившагося враг старается после подвигнуть на гнев под благовидными предлогами. Помни это и будь осторожна.

О начальственном избрании оставь это на волю Божию. А кто станет лукаво тебе говорить об этом, отвечай: "есть пословица, — бабушка надвое сказала, либо будет это, либо нет". А искренно толкующим об этом отвечай: "что будет, то будет; а будет то, что Бог даст".

Ревнуя о молитве, почаще прочитывай "Семь Слов Макария Египетскаго", по прежним переводам. Там ты увидишь и узнаешь, что молитва без любви и смирения, и терпения не прочна. Хотя вовремя и подаются молитвенныя действия, но, по недостатку любви и смирения и терпения, скоро отнимаются.

— 304. Страсти в нас — для нашего смирения. Должно молиться о даровании "ока благого". Объяснение видения. О разговоре в Церкви и как прекратить его (1882 г.)

Пишешь о своих немощах душевных. Св. Исаак Сирин в 58-м слове пишет, что Господь оставляет страсти в человеке к пользе его душевной, чтобы не возносился, а смирялся. И св. Иоанн Богослов пишет в 1-м послании: аще речем, яко греха не имамы, себе прельщаем и истины несть в нас. Аще исповедаем грехи наша, верен есть и праведен, да оставит нам грехи наша, и очистит нас от всякия неправды (гл. 1.ст. 8 и 9).

В прежнем письме еще писала, что многие обращаются с тобою по политике. Хотя, может быть, это и правда, но полезнее для нас на все смотреть не с подозрением, а с простотою, подражая св. Давиду, который о себе говорит: уклоняющагося от мене лукаваго не познах. Чтобы стяжать такое спасительное непознание, должно усердно молить Господа, чтобы помог и даровал нам иметь око благое, о котором в Св. Писании сказано: око благо не узрит лукава. В числе девяти плодов духа полагается благость, т. е. снисходительное и неподозрительное обращение с другими. Некто из святых пишет, что

205

все мы находимся под эпитимиями, т. е. за слабость нашу и за грешныя немощи наши все мы находимся под запрещением Божиим. Не похвалится всяка плоть пред Богом.

В последнем письме пишешь, что одна послушница нанесла тебе несправедливое и нисколько не заслуженное оскорбление, и ты в горести сердца плакала, а внутренний голос говорит тебе: "держи ум горе и твори неослабную молитву, — все пройдет". Так в подобных случаях и поступай. Тогда и будет проходить все прискорбное и оскорбительное.

Еще писала ты, что видела сон, в котором представлялось тебе, что будто бы ты находишься на Афонской горе и нарвала целый букет благоуханных розовых цветов. — Под такими цветами можно разуметь святоотеческия писания тех преподобных мужей, которые, живя на Афоне и в других местах, делом исполнили Божественныя заповеди и словеси и по любви духовной к нам оставили свои спасительныя наставления, чтобы и мы слабые черпали из них, и собирали как благовонные цветы, и услаждали оными духовную свою гортань от горести, ею же сопротивник наш нас напои. — Виденный тобою в сновидении юный монах, вышедший из одного Афонскаго храма, может означать твоего Ангела Хранителя. Поэтому и слова, сказанные им: "здесь гуляй, но знай, — не смей заниматься суетными помыслами мира сего, твори молитву в уме", должно помнить и не забывать, и самым делом исполнять. Гора Афон называется жребием Божией Матери. Поэтому виденный тобою сон может означать также и то, что ежели ты желаешь причисленной быть к жребию Божией Матери, то должна подражать жизни и правилам получивших спасение на горе Афонской, под покровом Божией Матери, как показывают и самыя слова, сказанныя тебе вышедшим из Афонскаго храма: "здесь гуляй и не смей заниматься суетными помыслами, твори молитву в уме". Также, можно прибавить, и во время псалмопения и в других читаемых молитвах.

Объясняешь еще, что ты, побеждаясь немощию человеческою, в церкви разговариваешь с любимою тобою монахинею, которая и тебя любит. — Вне церкви объясни этой монахине, что тебя совесть очень упрекает за разговоры в церкви, и попроси ея, чтобы она вперед не начинала разговоров и тебя бы останавливала, когда ты, забывшись, начнешь о чем-либо говорить. Тогда и исполнится на вас слово Писания: брат от брата помогаем, яко град тверд и огражден.

— 305. Объяснение сновидения (1882 г.)

Два письма твои получил. В первом от 28 ноября пишешь, что ты видела себя в храме пред Крестом Христовым большаго размера. На груди у тебя была икона Божией Матери, похожая на Владимирскую, и ты стояла в мантии босыми и слабыми ногами, а поклонившись кресту, и уже легкою поступью, пошла на правую сторону. Спрашиваешь, что это значит: во 1-х, может означать то, что мы, по слову апостольскому, должны всегда носить Христа в душе своей, как пишет он: не судих бо ведети что в вас, точию Иисуса

206

Христа, и Сего распята (1 Кор. 2, 2). Во 2-х, всем внутренним расположением и усердною молитвою всегда должны прибегать к заступлению Царицы Небесной, как первой и главной ходатаице о нас пред Сыном Своим и Богом. В 3-х, что ты стояла в мантии босыми и слабыми ногами, а поклонившись кресту, пошла легкою поступью на правую сторону, — может означать то, что недостаточно изуть сапоги земнаго пристрастия, но потребно приобрести духовную обувь, в которую обутые могут безвредно наступать на змию и скорпию и на всю силу вражию. В чем состоит эта духовная обувь, апостол свидетельствует, глаголя: обуваю нозе во уготование благовествования мира. А еще прежде пророк Давид написал: мир мног любящим закон Твой, и несть им соблазна. Если нас смущает и малое немирство на кого-либо или соблазняемся чем-либо в некоторых, то этим показывается, что мы еще не приобрели означенной духовной обуви и кроме того еще не любим закона Божия, как следует. Выражение, — гадко мне видеть теперь низкия поклоны моих ненавистниц, смешны их гримасы и негодование, — показывает оскудение в нас духовной любви, которая все покрывает, всем оказывает милость и снисхождение в их недостатках. Стяжавшия духовную обувь твердо помнят апостольское слово: радуйтесь, егда впадаете во искушения различна, также и слово Евангельское: блажени есте, егда поносят вам. К сему приложим: афонские преподобные, кроме присномолитвенности, исполнения келейных правил по силе и ожидания ежеминутных искушений, имели смирение и самоукорение. Смирение их состояло в том, что они считали себя хуже всех и хуже всей твари, а самоукорение в том, что во всяком неприятном и прискорбном случае возлагали вину на себя, а не на других, что не умели они поступить, как следует, и оттого выходила неприятность и скорбь, или попущалось искушение за их грехи, или к испытанию их смирения и терпения и любви к Богу; так рассуждая, они не позволяли себе кого-либо судить, кольми паче уничижать и презирать.

— 306. Живя вместе с другими, отличайся от них не наружно, а смирением (1883г.)

Пишешь, что ты стала равнодушнее к окружающим тебя неприятностям и пренебрежению других, а между прочим прибавляешь, что крайне обидно бывает, когда слышишь, что самыя, по-видимому, и расположенныя к тебе, тайно вооружали против тебя самую твою родительницу. — Обидное с равнодушным не вполне сходится. Что делать, когда мы еще несовершенны, а некако еще немоществуем. Чтобы обидное много не тревожило нас, надобно помнить и не забывать, как уже тебе было писано, что исконный искуситель возмущает одних против других, и особенно против тех, которыя держатся молитвы. Если твердо будешь это помнить, то менее для тебя будет обидно постороннее обращение, хотя бы с пренебрежением.

Пишешь, что твой Ангел Хранитель, в лице моем, в каком-то

храме, подводил тебя к ликам древних преподобных и, заставив к ним приложиться, сказал: "подражай им, но иди тише по стопам их, чтоб не знали другие". Св. Иоанн Лествичник пишет: живя обще с другими, не отличайся от них наружно, а только отличайся одним смирением. — И св. Исаак Сирин в слове 56, на стран. 316 пишет: "добрее есть вознепщеванну быти тебе невежде, за малость разума твоего к прекословию, а не от премудрых, за безстудие. Обнищай за смирение, а не бывай богат за бесстудие. Обличи силою добродетелей твоих противноучащих тебе, а не словопрением словес твоих; и кротостию и тишиною устен твоих уста загради и умолкнути сотвори непокоривых бесстудне. Обличи невоздержныя благородствием жития твоего: и чувствами бесстудныя — удержанием очию твоею".

Ты пишешь, что в простые дни исходишь в трапезу, чтобы не видеть там беспорядков и ссор; также, чтобы не заставлять келейную готовить в общей кухне и во избежание столкновения ты две недели питалась одним чаем с хлебом и как бы почувствовала себя несколько крепче. Но всегда делать так неудобно, — можешь подвергнуться засорению желудка, от чего бывают головные боли. Потребно, хоть вперемежку, употреблять хоть холодный обед или ужин: картофель или огурцы с квасом, если можешь, процеженный горох с очищенными огурцами, а иногда горячий картофельный суп или горячую кашку. Пишешь, что игуменья ради пожара запретила тебе дровами готовить пищу в камине. — В нашей стороне один мудрец придумал готовить суп и кашку углями в железной печке под самоварной трубой. Печка эта менее самовара; в нее входит только одна кастрюлька; и стоит очень дешево. Если хочешь, пожалуй, можно прислать по почте. Умеющие готовить варят суп в полчаса.

— 307. При ощущаемой духовной радости должно остерегаться не впасть в прелесть вражию (1883 г.)

Касательно ощущаемой тобою радости и виденнаго тобою сна (не написала ты, видела ли ты при этом изображение креста на чем-либо) и сказанных тогда слов, что любящия Господа должны говорить только о духовном и необходимом, а не о человеческих вещах, пребывая в молитве, приведу тебе псаломское слово: работайте Господеви со страхом и радуйтеся ему с трепетом. Что значит — работать Господеви со страхом, — объяснил преп. Агафон Великий пред своею смертию, когда спрашивали его, неужели и ты боишься, отче? На что он отвечал: "я старался всякую заповедь Божию исполнять по своей силе; но я человек, — почему могу знать, угодно ли мое дело Богу или нет. Ин суд человеческий, и ин суд Божий". Сими словами св. Агафон явно показал, что работающему Господеви должно иметь и смирение и осторожность, чтобы как-нибудь не сделать какой-либо ошибки, которая в будущем веке не может быть уже поправлена.

А что значат слова, — и радуйтесь ему с трепетом, — объясняет св. Иоанн Лествичник в 7-й степени: "отвергай рукою смирения, как недостойный, приходящую радость, да не обольстившися ею, волка вместо пастыря приимешь". Простое сказать, при ощущаемой радости должно остерегаться, чтобы не впасть в прелесть вражию. Как удержать в этом святую средину, должно всегда помнить совет преп. Марка подвижника: добро есть на таковая не взирати прелести ради, ниже проклинати истины ради, но вся упованием приносити Богови: Той бо весть обою полезное (в Добротолюбии гл. 28 о мнящихся от дел оправдитися). Также помнить предостережение Григория Синаита в последней или 7-й главе о безмолвии в Добротолюбии: что сотворит кто, егда преобразуется бес во ангела светла.

Пишешь, что в одно время тебе казалось, что ты очень любишь Господа. А Господь во Евангелии глаголет: любите враги ваша, добро творите ненавидящим вас, благословляйте кленущия вы, и молитесь за творящия вам напасть и изгонящия вы, и проч. Старайся всегда поверять свои чувства, согласны ли они с Евангельским учением и учением св. отцев. Препод. Нил Сорский пишет о себе, что он никогда не принимал того мнения или мысли, хотя бы они казались очень ясны и удобопонятны, пока не найдет на них свидетельство в учении Евангельском, или апостольском, или святоотеческом.

Еще пишешь, что ты всегда имела и имеешь потребность в прислуге. На всякий случай хорошо бы приучаться делать тебе самой около себя потребное. Также не мешало бы поучиться, чтобы уметь варить что-либо для себя, чтобы не всегда иметь нужду в помощи других. Тебе все толкуют о начальстве; но думай, что это может случиться только по двум причинам: или по особенной воле Божией, или потому, если правильно не устроишься и не удержишься на молитвенной стези, как пишет о последней причине смиренный Никита Стифат в Добротолюбии. По духовному же твоему настроению тебе прилична более безмолвная жизнь, для которой прислуга пригодна, но не всегда, — иногда и мешать может. Но всеблагой Промысл Божий лучше нашего знает, что для нас полезнее, полезное и устрояет.

— 308. Молись за обижающих (1884 г.)

Господь молился за распинающих, а первомученик Стефан молился за убивающих, чтобы не вменилось им в грех, глаголя: не ведят бо, что творят. Делай и ты тоже, и получишь милость и помощь Божию, и упокоишься. Ты не раз писала, чтобы избавить тебя от Б... личности. Но думаю, что ты Лазаря наизусть поешь. Когда ты была в Оптине, этой личности тут не было, и потому не могла ты ее видеть, а видела какую-нибудь другую. Когда приедешь и увидишь, тогда и можно начать избавление. Собственным своим опытом ты испытала и испытываешь, как тяжело нести притеснение по одному подозрению. Помни это и не забывай, и остерегайся действовать без испытания и исследования.

Повторю: ободрись и перестань малодушествовать, и особенно остерегайся гнева, который правды Божией не соделовает. Молись и перечитывай мои письма, в которых не раз тебе было сказано: ежели не исполняем заповеди Божией, — любите враги ваша, добро творите ненавидящим вас, благословляйте клянущия вы и молитесь за творящих вам напасть и изгонящия вы: то, чем различествуем от язычников, которыя только любящих любят! Ежели хочешь гневаться, то гневайся и негодуй на невидимых поджигателей, которыми ты была окружена, как видела в видении. Они-то всех стараются путать и запутывать под благовидными предлогами, как хищныя и злобныя волки в овечьих кожах. Поэтому будь благоразумна, и осмотрительна, и осторожна, чтобы не спешить огорчаться, чему последует душевредный гнев и негодование и проч. и проч.

— 309. Во всяком деле нужна постепенность. Слова других и собственныя чувства должно проверять рассмотрением и молитвою (1884 г.)

Ты преждевременно заботишься избавиться от Б... особы. Есть старинная русская пословица: поспешишь, людей насмешишь. Вдруг отстранять ее нет никакой надобности и потребности; да и будет очень неловко, и душеприказчикам не понравится. А самое дело лучше укажет, как нужно будет поступить. Взять тебе вдруг все дело на себя одну будет тяжело, и многое попечение будет мешать молитвенному настроению. Во всяком деле нужна постепенность и последование примеру святых отцов. В монастыре казначей, благочинный, келлиарх, эконом назначены преподобным Феодором Студитом. Мы не можем быть премудрее сего святаго отца, который сумел управлять тысячью братий. Повторяю, придержимся лучше постепенности и рассмотрению на самом деле. Самое же дело таково: Каин родился прежде Авеля, и Исав прежде Иакова, и Хам не оставлен, а перевезен через потопныя воды. И Евангельское слово Самого Господа: оставите обоя расти до жатвы.

И еще скажу. Собственный твой опыт должен научить тебя, что не следует скоро доверять тому, что люди говорят, равно и вдруг родившемуся чувству, по этой или другой причине; а следует проверять это, во-первых, рассмотрением, а во-вторых, и молитвою. Представляя и то лицо, должно молиться: Господи Иисусе Христе, помилуй нас и устрой о нас полезное и спасительное. После и видно будет, что и как.

Молодая твоя келейница, как пишешь! А я всегда советую настоятельницам являться к духовным лицам вдвоем с какою-либо старшею сестрой скромной, которая бы не передавала разговоров начальнических. Впрочем, как будет удобно.

— 310. Начальница не всякому слову должна верить. Щегольство не должно быть в общине (1884 г.)

Ты, между прочим, еще поучишься, что начальнице не следует всякому слуху верить, и особенно тем лицам, в которых заметна зависть, и ревность, и недоброжелательство, должно начальнице иметь чистое намерение, во всем действовать по Богу и по-Божьему, и молить прилежно Господа и Царицу Небесную, чтобы вразумили и

210

помогли в этом. Также нужно помнить и не забывать, что в монастырь приходят не только неопытныя, но и немощныя и с прежними привычками, для исправления которых и поступают в монастырь. Все это нужно начальнице разсматривать, и знать, и помнить, и, соображаясь, действовать по потребности.

Я все забывал тебе написать, что желание мое такое, чтобы в общине щегольства не заводилось, в избежание чего следует всем сестрам носить, по крайней мере, верхнее платье из тонкаго сукна, называемаго мухояром. Для примера можно и самой начальнице носить мухояровую рясу. — Покойный Киевский митрополит Филарет во всю жизнь свою носил мухояровые подрясник и рясу, разумеется, из хорошего мухояра.

— 311. Где действуют по Богу, там и Бог подает Свою помощь (1884 г.)

На земле людей безстрастных очень мало; а где страсти человеческия действуют, и особенно в главных лицах, там правильнаго порядка видеть невозможно. Впрочем, где главныя лица по возможному исправны и действуют по Богу, там и в подчиненных, хотя бы и страстных, может быть порядок, во исполнение псаломских слов: браздами и уздою челюсти их восстягнеши, не приближающихся к Тебе, то есть удаляющихся от Господа. Но где действуют по Богу, там Бог и подает свою помощь.

Пишешь, что у тебя будет много старших. Какия бы ни были старшия, а начальница выше всех. Приличный почет кому нужно отдавай, а должнаго порядка требуй и бразды правления из рук не выпускай; как и сама писала прежде мне, чтобы без ведома и без благословения начальницы ничто не делалось. Разумеется, сперва нужно спросить о всяком деле, как оно тут делалось и делается, и хорошее утверждать, а нехорошее изменять, если ты разумеешь лучше. На самом деле все будет виднее.

— 312. В скорби читать 1-й псалом 2-й кафизмы. Молитва всегда сильнее псаломскими словами (1884 г.)

Вчера одна монахиня разсказывала мне следующее: ей являлся во сне старец, покойный игумен Антоний, и сказал: читай псалом второй кафизмы (должно быть, первый псалом). Она спросила — для чего же читать. — Старец отвечал: его нужно читать в нашествии скорбей.

Действительно, эта монахиня находится в подозрении у игумении, что будто бы она идет против начальницы и ищет игуменства, и такое мнение составилось из простых толков. Думаю, что и тебе теперь полезно читать этот псалом. Он содержит смысл весьма знаменательный. И молитва всегда сильнее псаломскими словами, нежели собственными нашими.

— 313. На одном месте и камень обрастает (1884 г.)

В прежнем письме писала ты, что весной собираешься уехать

куда-то из обители. Один выезд не удался. Советовал бы я тебе не делать других попыток, чтобы не случилось подобнаго. Тогда еще больше будет нареканий и больше придется терпеть неприятностей. Вернее и лучше терпеть на одном месте. Есть русская пословица: на одном месте и камень обрастает. А в старчестве сказано: сиди в келлии своей, и келлия всему тя научит.

— 314. Желающий иметь покой в Господе должен поступать по Его заповедям

Ты писала, что тебе было внушение внутренняго гласа: "покойся в Господе". Спрашиваешь, что могут означать слова эти. Думаю, что, во-первых, они означают то, что желающий иметь покой в Господе должен стараться исполнять все заповеди Господни, по сказанному от святаго Давида пророка: ко всем заповедям Твоим направляхся, всяк путь неправды возненавидех.

При таком направлении хотящему иметь покой в Господе необходимо понуждаться, чтобы любить врагов, благословлять клянущих, добро творить ненавидящим и молиться за творящих напасть и гонящих его. Ежели на это не будем понуждаться, то не можем иметь совершеннаго покоя в Господе. И насколько будем в себе допускать самооправдания и обвинения других, настолько будем лишаться мира душевнаго, по сказанному в псалмах: мир мног любящим закон Твой, и несть им соблазна.

Пишешь, что тебе мать игуменья сказала: ты сама не знаешь, к чему тебя соблюдает Господь или Промысл Божий. И не нужно испытывать, а предаваться во всем воле Божией, — как Господу угодно будет, так о нас и да устроит.

— 315. В серьезной болезни не должно отлагать елеосвящение

Слышу, что вы больны серьезно, а по совету докторов отлагается таинство елеосвящения, — тогда как таинство это необходимо в тяжких болезнях. Св. апостол Иаков пишет в послании своем: "болит ли кто в вас, да призовет пресвитеры церковныя, и да молитву сотворят над ним, помазавше его св. еллем во имя Господне, и молитва веры воздвигнет его, и аще грехи сотворил есть отпустятся ему". Таинством елеосвящения прощаются забвенныя и недоуменныя грехи. Слышу, доктора вам толкуют, что вы можете смутить сестер обители, если будете собороваться, а, напротив, сестры все желают, чтобы вы особоровались, и аз грешный советую вам особороваться св. еллеем, не отлагая.

Как слышу, как и думаю, так и пишу вам, а вы сотворите полезнейше.

— 316. Мы, новыя монахи, совершенно изменили древний порядок относительно свиданий с родными (1864г.)

В последнем письме твоем пишешь, что брат твой болен и ты

желала бы его видеть. Видеть бы приятно, да не всегда полезно, и сопряжено это со многими неудобствами. Уже мы, новые монахи, совсем изменили древний порядок. Пимен Великий и его братья не захотели видеться и с пришедшею к ним матерью. Не ложно слово Господне: иже оставит отца или матерь, и братию и проч. — сторицею приимет в веце сем, и в век грядущий живот вечный наследит. Впрочем, оставь это дело до Фоминой недели, тогда виднее будет из обстоятельств, на что нужно будет решиться. Молись Богу, чтобы Господь устроил полезное и для брата по Своей святой воле.

— 317. Для умиротворения нужно дома смиряться, а не в далекий путь искаться (1864 г.)

Чтобы умиротвориться, незачем в далекий путь пускаться, а лучше смириться дома, — это будет прочнее. Одни царственныя особы, ради умиротворения, уезжают в дальнюю сторону. Потребно понудиться к смирению и самоукорению. Благоразумному разбойнику и голени перебили, — он, ради получения обещаннаго Господом Царствия Небеснаго, все терпел, а мы с тобою как хотим получить милость Божию? Осмотрись, сестра! В Киев ходят на богомолье, а не по домашним претензиям.

— 318. Наставление сборщице (1866 г.)

Не унывай, сестра, а всячески старайся себя воздвигнуть к бодрости, чтобы хоть по возможному проходить свое послушание. Собирай, сколько можешь собрать; теперь время мудреное и не для сборщиков. Приятнее собрать побольше, но тут примешивается и тщеславие; а как мало, то и потщеславиться нечем. Причина, почему ты одурела и ослабела к сбору, частию заключается в прежней путанице и частию и в старости твоей. Воздвигай себя самоукорением, а вместе проси и помощи Божией со смирением, исповедуя прежнее заблуждение, чтобы могла ты, елико возможно, проходить свое послушание в монашеском духе.

— 319. Сборщики и сборщицы, в чем нуждаются, могут приобретать из сборных денег (1866 г.)

Спрашиваешь меня, чрез Поликсену Васильевну, не сшить ли Дуняше подрясник и купить ей платок. — Сказано: служащие алтарю, от алтаря питаются. Так и сборщики и сборщицы, — денег брать не должны, а в чем нуждаются, могут приобретать из сборных денег. Главная сборщица как сама хочет, а о помощнице всячески должно позаботиться, т. е. что обносилась и в чем нуждается следует ей сделать из одежды, обуви и даже из белья.

Мир тебе и Дуняше, помощнице твоей.

— 320. Болезнь телесная посылается к пользе душевной (1878 г.)

А что здоровье твое стало трухляво, нечего делать, надо потерпеть; посылается это к смирению нашему и вообще к пользе нашей душевной. Кто болезнь телесную принимает и переносит, как должно, о том сказано, что елика внешний человек тлеет, толико внутренний обновляется. А мы душевно обновляемся только в тот день, когда не покропочемся. — Апостол о себе говорит: егда немоществую, тогда силен есмь; а с нами бывает более так: немоществует тело, немоществует и душа. — Но и в немощи нашей помянет нас Господь, аще понудимся, елико возможем, смиряться.

— 321. Молись за сестру (1867 г.)

Оставь все человеческия мнения и недоумения и молись за сестру по совету аввы Дорофея: "помози Господи, якоже веси, рабе твоей, такой-то, и меня грешную помилуй. Хощеши бо всем спастися и в разум истины приити".

Да не беспокоит тебя то, что мать твоя пред смертию имела некоторое оскорбление. Это может послужить ей в очищение согрешений.

— 322. Каждый сам за себя Богу ответит (1869 г.)

Господь да простит тебе прошедшее и да утвердит в будущем — более смотреть свои немощи и свою неисправность и не заботиться о внешнем поведении других. Кийждо сам о себе отдаст ответ Богу. Больному как телом, так равно и душою, неразсудно ревновать о других.

— 323. Не других должно исправлять, а самих себя (1869г.)

Вкратце тебе скажу, что ты не вовремя взялась исправлять нравы других и защищать мнимыя свои права. Других ты не исправишь, а себе можешь повредить несказанно. Если мы желаем получить милость Божию и прощение грехов своих, а затем наследовать Царствие Небесное, то должны внимать тому, что говорит к нам Господь, а не то, что внушают нам душевныя враги наши и к чему побуждает нас горделивое самолюбие наше. Господь же глаголет к нам во Евангелии: "научитеся от Мене, яко кроток есмь и смирен сердцем и обрящете покой душам вашим. Иго бо Мое благо и бремя Мое легко есть". Иго же вражие, как сама испытываешь, и тяжело, и зело люто, и весьма мучительно. Поэтому оставь злой путь сей и держись пути праваго. Приветствую сестриц твоих.

— 324. Схима есть второе крещение

Не захотела ты в Оптине принять тайную мантию, теперь советую тебе, в день своего Ангела, принять тайно схиму. Смотри опять не отказывайся, — схима есть второе крещение, очищающее и орошающее грехи. Если встанешь, что, однако, ненадежно, то будем тебя уважать, а ты смиряться. Ты хоть и бодришься, но болезнь свое показывает и доказывает; поэтому не усумнись прямо принять тайную схиму, которая прикроется явною мантиею.

— 325. Болезнь телесная невольно обращает нас к будущей жизни

Слышу, что тебя видимо облекли в ризу спасения и во одежду веселия. Возмогай о Господе и в державе крепости Его упованием и надеждою на неизреченное милосердие Божие. Пришедый грешныя спасти, да спасет и нас немощных, и грешных, и неисправных. Не вотще глаголет апостол: не похвалится всяка плоть пред Богом. И паки: никтоже от дел оправдится; туне бо спасохомся, верою и упованием на милосердие неизреченное Распеншагося за ны Сына Божия. Точию присно да помним главную его заповедь: в терпении вашем стяжите души ваша. Заповеди сей исполнение особенно требуется в болезненном положении, когда и слабость телесная, и малодушие внутреннее безпокоят и отягощают человека. Должно благодарить Господа за благое Его промышление о нас грешных чрез болезнь телесную, при которой человек волею или неволею принужден бывает помышлять о будущей жизни и о том, как предстать нам на Суд Божий. Всеблагий Господь ничего от нас не требует, как только одного искренняго покаяния, и чрез оное вводит покаявшихся в Царствие Свое небесное и вечное, по сказанному в Евангелии: покайтеся, приближибося Царствие Небесное. Еще буди всем нам получите неизреченным человеколюбием Божиим.

— 326. Можно прямо постригаться в схиму, а не сначала в мантию (1874 г.)

Советую тебе отвергнуть и презреть помысл, смущающий тебя, что ты прямо приняла схиму. Посылаю тебе книгу преп. Феодора Студита. В завещании преподобнаго, на странице 337-й ты сама можешь видеть, что древлесвятые отцы обыкновенно постригали прямо в схиму; а уже позднейшие отцы начали сперва постригать в мантию.

Господь да простит тебе согрешения твои, — только не отрекайся почаще приобщаться Св. Таин Христовых — в этом великая помощь и милость Божия.

— 327. В болезни преданность воле Божией особенно необходима (1874 г.)

Возмогай о Господе и в державе крепости Его. Преданность воле Божией и всегда потребна и полезна для нас, но в болезни она еще более необходима. Тогда только мы можем быть спокойны и можем удержать веру и упование на милосердие Божие, спасающее грешников кающихся и вместе смиряющихся подобно мытарю, который не прогневался и на фарисея, уничижившаго его. Гнев никогда правды Божией не соделовает, кольми паче вредно гневное расположение болящему. Всегда полезно помнить и произносить ко Господу псаломское слово: благо ми, яко смирил мя еси. А в другое время: достойно и праведно сия вся стражду грех моих ради.

— 328. Не всякие видимо благое желание от Господа (1861 г.)

Уединение тебе не только не будет полезно, но и может усилить душевный твой вред со стороны прелести вражией. Святый Исаак Сирин в 30-м слове пишет: не всякое доброе желание бывает от Бога, но впадает подобное желание и от диавола, и сие несть пользующее, но враг поставляет сеть. Ты во всю жизнь свою увлекалась мнимо благим и неразсудным желанием и оттого повредила себя душевно и телесно. Св. Симеон Новый Богослов, пиша о первом образе молитвы, говорит, что повредившиеся прелестию вражиею, ради сожития с другими, не впадают в помешательство ума, которому подвергаются уединенные. Св. Лествичник пишет, что безмолвие есть благоустроение нрава и благочиние чувств и помыслов. О сем безмолвии позаботимся, и живя с другими, по слову апостола, не высокая мудрствующе, но смиренными ведущеся.

— 329. Об уединенной и совместной жизни (1864 г.)

В прежнее время и в пещерах жили люди толковые: знали и твердо помнили, зачем они там жили, то есть чтобы удержать не только язык от зла, но и ум от лукавых и скаредных помышлений. Везде обносится слово опытных: чего не видишь, того и не бредишь. Прежния разумныя пещерныя жители жили в пещерных местах для того, чтобы стяжать истинную любовь к Богу и искреннюю любовь к ближним, памятуя всегда апостольское слово: мняйся любить Бога, а ближняго своего ненавидяй — ложь есть. Еще видим в отеческих писаниях, что тогдашния люди, уединяющиеся — совершенныя, жили по одному, а не достигшия еще совершенства жили вдвоем и втроем, для познания своей немощи и для снискания кротости и терпения и смирения. Хотя иногда и тяжким кажется сожитие с другими, для неукрощеннаго еще самолюбия, но весьма полезно для обнаружения наших немощей: а то уединенному часто кажется, что он живет хорошо и исправно, и чрез то удобно впадает в самомнение и обольщение. Лучше видеть свои немощи и недостатки и чрез то навыкать смирению и самоукорению, нежели обольщаться мнимым исправлением и чрез то впасть в гордость, за которую и ангелов согнали с неба. Впрочем, матери, не для того древния подвижники жили вместе, чтобы укорять и досаждать друг другу с намерением, а терпеть это и переносить разумно со смирением, если бы кто из них по немощи человеческой и по наветам вражиим когда-либо уклонился в непристойное обращение и оскорбление живущаго с ним. Так и вы, матери, старайтесь жить разумно, каждая смотри свою пользу душевную, а другая сама о себе пусть да попечется. Впрочем, и это слово примите разумно, не толкуя превратно: "ты сама о себе пекись, какое тебе до меня дело". В Евангелии сказано коротко и ясно: аще кто ударит тебя в десную ланиту, обрати, ему и другую. Бог да поможет нам исполнять словеса сия.

— 330. Советует не отказываться принять келейное пострижение (1871 г.)

Несмотря на то, что ты серьезно больна, никак не соглашаешься принять тайное пострижение, как делают это другия серьезно больные, из опасения, чтобы не перейти в вечность без пострижения, проживши довольно лет в монастыре; а желаешь получить мантию видиму, т. е. длинную, церковную. Не знаю, дождешься ли ты этого. Из жития Киева-печерскаго преподобнаго Моисея Угрина видно, что он тайно пострижен в темнице проходящим иеромонахом. Разве ты выше этого преподобнаго? Советую тебе молиться этому угоднику Божию, чтобы он предстательством своим у Господа помог тебе избавиться от немощей душевных, ради которых посылаются и болезни тслесныя. Знай, что желать видимой мантии больному человеку есть явное тщеславие. Впрочем, я не убеждаю тебя к тайному пострижению, так как это дело совершается и должно совершаться по добровольному желанию разумеющих оное. Ибо образ монашеский есть образ покаяния и смирения, а не повод к тщеславию, высокомерию. На мытарствах и за простое тщеславие будут очень истязывать, кольми паче за тщеславное вышение длинною мантиею. Хорошо тому, у кого большое смирение, а не тому, у кого длинная мантия. Мантия длинная и короткая, обе не имеют рукавов, чем означается то, чтобы носящий их не делал ничего по ветхому человеку, тлеющему в похотех прелестных, от чего всех нас да избавит всеблагой Господь милосердием Своим.

— 331. Покорись необходимости в неудобных обстоятельстеах (1881 г.)

Не огорчайся много, что тесноты ради свели тебя с Р...скаго трона. Может быть, это для того случилось так, что тесен путь, вводящий в жизнь вечную и блаженную. Покорись необходимости, предаваясь воле Божией. Силен Господь пропитать нас и устроить о нас полезное и душеполезное. Поживи сколько будет возможно у м. N, а после видно будет: что и как. Господь питает и птиц небесных, которыя ни сеют, ни жнут, а гнездо устрояют себе там, где находят удобнее. На толки человеческия не обращай большаго внимания, а только старайся сама поосторожнее говорить.

— 332. О брани плотской (1866 г.)

Тебя беспокоит неуместная брань плотская. Где должна бы быть для тебя польза духовная, тут враг ухищряется воздвигнуть для тебя соблазн. Презри это, потому что нелепость из нелепостей такое внушение вражие. Пишешь, что в этой борьбе кажется тебе, кто-то стоит подле тебя. Подобныя всщи бывают, когда человек при исповеди или совсем забыл какой-либо грех немаловажный, или не умел чего-либо исповедать как бы следовало. Молись Царице Небесной и Ангелу Хранителю, чтобы помогли тебе вспомнить и исповедать это. Тогда стоящее мечтание пройдет. Так же нужно смиряться пред Богом и людьми, считая себя хуже всех. По причине брани плотской нахожу неуместным тебе ехать лечиться в Москву. Этим борьба сия еще более усилится. Лучше потерпеть страдания от болезни к очищению грехов своих. — Это вернее.

— 333. В болезнях потребно терпение со смирением

Хронические болезни, как телесныя, так и душевныя, не удобно лечатся, но у Бога все возможно, только потребно терпение со смирением. Притом должно объяснять свои немощи и поступки определенно, так и объясняй; если что другое почувствовала — так и передавай, — тогда врачевание лучше пойдет Божиею помощью, только не должно малодушествовать, а терпеливо ожидать измены от десницы Вышнято.

— 334. Не думай, что мне тебя не жаль

Ты все толкуешь нелепицу, что мне тебя не жаль.Если бы так было, зачем бы я стал бранить тебя много раз. Что ты не хлопочешь о средствах, когда ты думала все воздухом питаться. А вот теперь дело и дошло до великаго недоумения, даже и до слез; и твое самоукорение опять тебе говорит, что мне тебя не жаль. Ведь такое увертливое; не скоро сознается в своей ошибке, а всегда найдет сказать что-нибудь хоть побочное. Впрочем, не унывай, а лучше надейся на всеблагой Промысл Божий: силен Господь пропитать нас.

— 335. Не вини других — ищи успокоения в чистой совести

Никто тебя ни в чем не обвиняет, только ты перестань винить других и успокоишься. Никакого толку нет в том, чтобы винить других; если совершенно права, то и будь покойна. Чистая совесть сама себе успокоение, — зачем нам искать в других правоты или вины. Каждый от своих дел или прославится, или постыдится.

— 336. Всяк сам за себя отвечает

Все прочитал, и все оставим на суд Божий и предадим забвению, заботясь только о своем спасении; так поступая, можем обрести и мир душевный, оставляя свои претензии на других. Если они не так действуют, то они за свои действия будут отвечать. Мы же позаботимся о себе — и довлеет нам.

— 337. Учись понимать монастырскую жизнь. В болезнях невольных милость Божия сокрыта (1867 г.)

Учись понимать и монастырскую жизнь, когда поймешь, тогда можешь понуждаться и на самое дело, от котораго укореняется мир в душе, премогающий всякия неудобства. В болезнях невольных милость Божия сокрыта, говорит преп. Марк подвижник.

— 338. Не надо малодушествовать, но за все благодари Бога

Мир тебе и Божие благословение и всякое утверждение в добром и спасительном и прежде всего в мире душевном и всяком мужестве, и долготерпении, и удалении от всякаго малодушия, зело отягчающаго немощных душою и телом, для которых нет ничего полезнее, как Бога благодарить за все случающееся приятное и неприятное и никого не винить, кроме себя самих за многое и во многом повинных; других же винить — нисколько нас не успокоит, а еще более смутит.

— 339. Есть спасение и вне монастыря, но с большим трудом

Есть спасение и кроме монастыря, но с трудом великим. Хотя и в монастыре спасение не без труда, но зато и кроме спасения в монастыре может человек достигать и совершенства христианскаго, если только достодолжно потрудиться смирить себя и покорить не только воле Божией, но воле и начальствующих по Бозе и даже меньшим, в чем нет нарушения заповедей Божиих.

— 340. Спокойствие духа враг дать не может

Спокойнаго духа враг не дает, а только может примолчать на время и притихнуть ради подсады, чтоб внушить тщеславныя и самомнительныя помыслы, что будто бы человек начал уже приобретать духовный успех или духовныя чувства; тут-то и нужно поминать грехи свои.

— 341. Многия трудности нашей жизни от нас самих (1868 г.)

Жалуешься на трудную жизнь. Зато сказано в Писании утешение: кийждо приимет свою мзду по своему труду. Но у нас много трудностей и от мудренаго нашего самолюбия, которое малодушно, любит отраду и пространство и покой и желало бы легко наследовать Царствие Христово, Который и на Кресте молился за распинателей Своих. Мы все это забываем, потому и малодушествуем часто. Старайся потерпеть, сестра, и Бог тебя не оставит.

— 342. Не удивляйся и не ужасайся гонениям (1869 г.)

Мир чадцу болезнующему и скорбящему и Божие благословение и всякое утверждение в добром и благом.

Не удивляйся и не ужасайся. Апостол пишет: все хотящии благочестно жити гоними будут, если не от людей, так от бесов; и Господь глаголет: враги человеку домашние его. Терпи все и смиряйся, тогда будет и хорошо и спокойно.

— 343. Читай чаще псалмы: "Живый в помощи Вышняго" и пр.

Заучай псалмы сии и читай их почаще: 1) Живый в помощи Вышняго, 2) Терпя потерпех Господа и внят ми и услыша молитву мою, 3) Боже, в помощь мою вонми. — Читай их, научайся предаваться Промыслу Божию и обучайся терпению встречающагося.

— **344. Оставивший монастырь неблагонадежен для семейной жизни (1876 г.)**

Пишешь, что получила письмо от Варвары И., в котором она пишет, что один человек, который некоторое время жил в Киновии, близ Троицко-Сергиевой Лавры, а теперь оттуда вышел и снял с себя монастырское платье, сватается за девушку, которая Соф. Ник. В. И. поручает тебе передать об этом мне и желает знать мое грешное мнение: выйти ли этой девушке за означеннаго человека или нет. — Выйти-то можно, да будет ли от этого толк. В Евангелии сам Господь глаголет, что озирающийся вспять несть управлен в Царствие Божие. И хотя бывали примеры, что люди выходили из монастыря и вступали в брак, но не было примера, чтобы такия люди бывали благополучны в своей жизни. Поэтому связывать свою судьбу с судьбою такого человека весьма неблагонадежно; и я с своей стороны никому не могу подать на это моего совета, так как хороших последствий и благополучия от подобнаго брака ожидать нельзя. Впрочем, в письме ко мне, которое я получил чрез тебя же, сама В. Ил, мне об этом ничего не пишет и не упоминает об этом обстоятельстве.

— **345. Веди себя с родными так, чтобы добровольно отпустили тебя в монастырь**

Достопочтеннейшая о Господе N.

Много почт собирался отвечать тебе на письмо твое, но все не приходилось, то по немощи, то по недосугу; и теперь не могу сам писать, а пишу по диктовке, хотя и хотелось написать своеручно. Не предавайся грусти в наступающем твоем положении. Христианская жизнь требует благодушия и терпения, как Сам Господь сказал: "в терпении вашем стяжите души ваши". С маменькой твоей старайся поменьше спорить, — менее будешь раздражаться, и ей менее досаждать. Этим исполнишь пословицу смысла слов батюшки отца Макария: веди себя так, чтоб тебя отпустили свободно в монастырь; а вторая пословица слов его будет заключаться в том, если поискуснее и осторожнее будешь обращаться с посторонними и приезжими. Если будем хранить страх Божий в сердце, то он будет сохранять нас от всякаго вреда душевнаго. — Поститься тебе неудобно, а употребляй пищу умеренно во славу Божию. Раздражительность постом не укрощается, а смирением и самоукорением, и сознанием, что мы достойны такого неприятнаго положения. Также и молиться в каждый час по определенному назначению тебе неудобно, а молись какое подаст Бог время и удобство, и опять со смирением, без гнева и негодования на других; а если бы это случилось по немощи, то прежде всего молись, да укротит Господь сердце твое, прося с тем вместе всякаго блага тем людям, на которых, по немощи, смущаешься. Ты спрашиваешь, нужно ли тебе открывать о своем желании братьям? В этом случае старайся поступать смотря по обстоятельствам,сображаясь с тем, что будут говорить братья об устройстве тебя. При удобном случае можешь сказать им, что, надобно же тебе устроить жизнь свою сообразно с твоим желанием и настроением духа. Если будут назначать тебе часть земли — не отказывайся. И вообщепредавайся Промыслу Божию и моли благость Его да, ими же весть судьбами, устроить тебя на пути спасения.

В чем по немощи увлечешься, не малодушествуй и не смущайся, а старайся поправить это самоукорением и исповеданием сперва сердцеведцу Богу, а по времени и духовному отцу. Случающияся увлечения да научат тебя уклонению и осторожности, и охранению себя, чрез страх Божий. Предайся воле Божией и ожидай с терпением решения своей участи.

— 346. Хульныя помыслы борят за возношение и осуждение

Достопочтеннейшая о Господе N.

Поздравляю тебя с наступающим праздником Рождества Христова и Новым годом. Желаю тебе торжество Церкви встретить и проводить во всяком благополучии и радости о Господе, и чтобы Он с новолетием устроил тебе новый спасительный путь жизни, вопреки препятствиям и неосновательному страху твоему и всем наветам вражиим.

Что касается до представляющихся неудобств во время свадьбы брата, — лучше было бы на это время отстраниться и уехать.

А хульныя помыслы известно за что борят: 1-е, за возношение, 2-е, за осуждение. Смирись, не думай о себе, что ты лучше других, не зазирай никого, а себя за согрешения и поползновения укоряй, то и хульныя помыслы утихнут. Впрочем, во всяком случае не смущайся; — невольныя хульныя помыслы св. отцы не считают грехом, а их причины — грех.

Не беспокойся много о устройстве своей судьбы. Имей только неуклонное желание спасения и, предоставив Богу, жди Его помощи, пока не придет время. Испрашивая на тебя благословение Божие и поручая покрову Его, остаюсь многогр. и. Амвросий.

— 347. Не колеблись исполнить желание относительно поступления в монастырь

Достопочтеннейшая о Господе N.

Письмо твое от 20 июня получил и в ответ на оное могу сказать тебе только то, что ты сама себе противоречишь. Когда тебя не пускали, ты рвалась и томилась, теперь же тебя отпускают, а ты придумываешь разныя изветы, чтобы остаться. Если теперь еще останешься и будешь медлить, то как бы после не пожалеть. Но, впрочем, рассуди сама и постарайся так, как признаешь за лучшее. Молись Богу, чтоб Он управил путь твой.

О. Пимен, слава Богу, здоров теперь, а после кончины о. архимандрита немного поболел. Матушке твоей N передай от меня поклон.

Испрашивая на тебя мир и благословение Божие, остаюсь с искренним благожеланием.

— 348. Жить по-монастырски надо в кротости и смирении (1862 г.)

Поздравляю тебя с облачением в монастырское платье и желаю тебе пожить по-монастырски — в кротости и смирении, — чтобы смотреть свои немощи и неисправности, а других не судить. Кто судит и осуждает, тот то же самое после натворит, от чего избави нас Боже.

— 349. Планы неопытнаго в монастырской жизни (1864г.)

Пишешь, что ничего не желаешь, а только, чтобы быть всегда одной, видеть свои грехи, никогда не разсеяваться мыслями, во всем отсекать свою волю и т. д.

Да, немного ты хочешь. Другими словами, — желаешь вдруг сделаться безстрастною. А о будущем, как бы тебе ни последовало сильнаго искушения, очень не заботься. Живи в настоящем хорошо.

— 350. Дети обязаны почитать своих родителей (1864 г.)

Вообще о почтении к старшим сказано в Писании: старцу пакости не твори. Кольми паче дети обязаны всячески почитать своих родителей, стараясь успокоить их всем, что не противно заповедям Божиим. Келлию, где ни приищете в монастыре, для меня все равно; лишь для вас было бы покойно и удобно по возможности. К зиме и по тесноте или недостатку келлий в монастыре и за ценою не следует стоять; а проводивши зиму, там будет видно, так как летом тепло. Старица слаба, надобно бы позаботиться и о духовном завещании; попроси у кого-нибудь формы для того и спиши копию, если придется.

— 351. Малодушие и отчаяние от горделивости по наветам вражиим

Смущение и недоумение до малодушия и отчаяния. Причина всему этому горделивость твоя, и неразумие твое, и неведение духовной брани. — Враг всегда так делает: где человеку может быть духовная польза чрез отношение духовное. Тут он старается сделать препятствие, внушая неразумеющему скверныя помыслы и тому подобныя движения, и делает все это по злобной зависти своей к пользе человеческой. Тебе следовало разумевать кознь вражию и покаянно объяснять это смирением, а иногда презирать, стремясь к предлежащему делу, а ты смущаешься до малодушия, утешая тем врага. Умужествись о Господе.

— 352. Исправление бывает не без труда (1865 г.)

Едва удосужился я прочитать длинное и искреннее твое исповедание. Отныне положим начало благое исправление, которое бывает не без труда и понуждения в терпении со смирением. Но унывать не должно, и не должно думать, что вдруг можно исправиться от злых навыков, но постепенно с Божией помощию.

— 353. Безмолвие телесное и безмолвие духовное и как они приобретаются

В последнем письме пишешь о крайнем безмолвии и уединении. На это скажу тебе, что и всякое дело делается не вдруг, а постепенно, кольми паче безмолвие и уединение не вдруг можно усвоить, а нужна большая постепенность. Прежде всего знай, что, по слову св. Лествичника, безмолвие телесное означает благочиние чувств телесных, т. е. очей, слуха и языка, равно и чрева, а безмолвие внутреннее состоит в благочинии помыслов, чтобы отвергать не только страстныя помыслы, но и гневныя и осудительныя, равно тщеславныя и подозрительныя. Начинать нужно с Божией помещию с благоразумнаго молчания. На вопросы отвечать кратко и кротко по потребности; по кельям без надобности не ходить, и о ненужном не толковать; где придется быть, особенно беречься судить и осуждать, кольми паче никому ничем не досаждать. А если по немощи, по старой привычке согрешишь в чем и напутаешь, приноси в этом покаяние сперва пред Богом, а потом и пред духовным отцом.

— 354. Порицая друг друга, лишаемся взаимного мира (1884 г.)

Поздравляю тебя со днем Ангела и сердечно желаю, чтобы за молитвами святителя Евмения Всеблагий Господь подал тебе иметь твердое разумие и не смущаться разными толками. — Обычныя немощи человеческия: младшия толкуют про старших, а старшия про младших; и все же забываем апостольский совет или, вернее, заповедь: облецытеся, яко избрании Божия святи и возлюбленни, во утробу щедрот, благость, смиренномудрие и долготерпение, прощающе друг другу, аще кто на кого имать поречение; и мир Божий да водворяется в сердцах ваших. — Мы же, порицая друг друга по неразумию нашему, лишаемся сего блаженного мира. А в псалмах сказано, что в мире место Его, т. е. Божие, и апостол пишет: пребывай в любви, в Бозе пребывает. Любовь же сия долготерпит, милосердствует, не завидит, не превозносится, не гордится (то есть не уничижает никого), не бесчинствует, не ищет своих си, не мыслит и не помнит, любы николиже отпадает.

Если все сказанное будем только прилагать к нам самим, зазирая себя в недостатках своих, то получим от сего великую пользу и возвеселим Ангела Своего Хранителя и святителя Евмения.

— 355. Оставляющия монашество уподобляются Иуде предателю (1869 г.)

Чадце мое неблагодарное и неразумное. Да весть малодушие твое, что никто из человек не имеет права дозволять, кому бы то ни было, оставить воспринятый им путь благочестивой жизни. Потому что, воспринявшие монашество и оставившие оное, уподобляются Иуде предателю, который ни у кого не просил на это дозволения, а самоизвольно предал, и сам терпит горькую участь свою во аде. У кого есть еще сколько-нибудь смысла, тот не должен решаться подражать такому жалкому и злополучному человеку, а лучше пусть потерпит временныя неудобства и временную малую скорбь, чтобы получить вечную милость Божию велику.

— 356. Надо быть потверже

Напрасно ты все так к сердцу принимаешь. Потверже быть и покойнее, и полезнее. Теперь назад ворочаться уже нельзя, а лучше все случающееся потерпеть и получить милость Божию. Господь тебя да простит!

— 357. В новой келье желает обновления душевнаго и телеснаго (1870 г.)

Поздравляю тебя с новосельем. Сердечно желаю тебе, по возможности, успокоительнаго жития, елико возможно есть в юдоли сей плачевной, в ней же плачевным житием со смирением достигаем радости неизменной и нескончаемой, юже да сподобит нас Всеблагий Господь получити терпением и долготерпением; так как и праведным много скорби и грешным много раны и уязвления, то кроме смиреннаго претерпевания переносить все это неудобно. Помолимся Господеви, да подаст нам помощь Свою и веру, и мужество, и благое произволение к исполнению Божественных заповедей, и молитвеннаго келейнаго правила, и прежде сего хождения на церковныя службы, со страхом Божиим, и вниманием, и благоговением, во сретении сестер и матерей благопокорным, и благоприличным обращением, и подобающим поклонением, памятуя Евангельское слово: "якоже хощете, да творят вам человецы и вы творите им такожде". Просто — в новой келье желаю тебе обновления духовнаго и успокоения душевнаго. Так ли это будет, уведомь меня.

— 358. Исповедание грехов с негодованием на других не полезно

Царствие Небесное даруется всем милостию Божиею, не без скорбей и праведным, то как же мы грешныя не хотим ничего скорбнаго понести, желая получить оное. Исповедать все полезно, с самоукорением, а с негодованием на других какая польза и от полных объяснений? Без смирения и добродетели не приносят пользы. Купи дров и живи пока тут без разъяснений, когда не видно другаго места покойнее, как я и лично говорил тебе: авось расплатимся. Всеми силами старайся пожить мирно. Бог весть, что означают два месяца. Господь тебя да простит, и будущее наше да утвердит по воле Своей святой. Чадце! покорись воле Божией, и враг отбежит от тебя, смущающий тебя ...скою службою. Стой, где можно будет, в церкви и твори Иисусову молитву, как мытарь, и поможет тебе Господь. Знай, что хулу, внушаемую врагом на кого-либо, вполне повторить грешно и вредно, и оскорбительно. Бог простит.

— 359. Материальныя средства не дают успокоения (1876г.)

Напрасно ты думаешь, что средства материальныя дали бы тебе успокоение. Нет, эта мысль ложна. Есть люди со средствами в глазах твоих, но беспокоятся более, нежели ты. Постарайся лучше смириться и тогда обрящеши покой, как Сам Господь обещал чрез Евангельское слово.

Если кто присылает тебе что-либо, принимай это, как от руки Божией, и бедностию не стыдись. Бедность не порок, а главное средство к смирению и спасению. Сам воплотившийся Сын Божий благоизволил в бедности пожити на земле. Помни это и не стыдись. Бог тебя простит, и меня прости, что горячо принял твои слова. Мне все равно: бедные и богатые, — ты их оставь, и я не буду толковать. Успокойся и Божию помощь призывай.

— 360. Время заняться своим внутренним умиротворением, которое от материальнаго избытка не зависит

Како ты и в каких водах пребываешь? Что творишь, что говоришь и что помышляешь: полезное ли или не полезное? В первом да утвердит тебя помощь Божия и от последняго да избавит. Время уже оставить малодушие и пора заняться душою своею, как следует, стараясь стяжавать все спасительное в терпении и умиротворении внутренняго своего расположения. Напрасно ты думаешь, что богатство или изобилие, или, по крайней мере, достаточество было бы для тебя полезно или успокоительно. Богатые еще более тревожатся, нежели бедныя и недостаточествующия. Бедность и недостаточество ближе и к смирению и ко спасению, если только человек не будет малодушествовать, а с верою и упованием возложится на всеблагий Промысл Божий. Доселе питал нас Господь, и вперед силен сотворить сие. Посему возверзим печаль свою на Господа.

— 361. Терпи неудобства

Когда будет тебе стужать дурной запах, то говори себе: во аде хуже запах, да с разными мучениями без конца; а за нетерпение этого запаха меня силен Господь избавит от адского, с его бесконечными мучениями.

— 362. Получивший прощение грехов своих и наследовавший Царствие Небесное может вспоминать их с благодарностию к милосердию Божию (1878 г.)

Господь тебе да простит малодушие твое и другое прочее. Когда больной выздоровеет совершенно от болезни, тогда он не может вспоминать с неприятностию о своей болезни. Так и грешник, получивши прощение грехов и наследовавши Царствие Небесное, не может уже там с неприятностию вспомнить грехов своих, а, напротив, с благодарностию к милосердию Божию.

225

— 363. Сын Божий жил в убожестве — и мы не должны унывать от бедности (1872г.)

Воплотившийся Сын Божий, ради спасения нашего, не благоизволил жить на земле, в доме богатых и славных, а родился в убогом вертепе и воспитывался в доме простого древодела. Мы же, поступивши в монастырь, ради получения спасения, чрез прощение грехов своих, како мудрствуем?.. не вопреки ли образу Сына Божия. Сего ради укорим себя и смиримся и тогда обрящем успокоение.

— 364. Все простое ближе к Богу

Чадце уединенное N!

Мир тебе и Божие благословение и всякое утверждение во всем добром, благом и спасительном! Разсмотри прежде мое письмо, писанное тебе по поводу оскорбления твоего, что позвали тебя на чай с простыми. В нем увидишь, что все простое ближе к Богу, а мудреное и высокое отдаляет нас от Бога. Я писал тебе с намерением указать средство, духовное, как успокаивать себя, когда взбунтуется наше оскорбленное самолюбие. Все прошедшее тебе Господь да простит и да утвердит тебя на будущее время. Знаю, что тебе жить не безтрудно, но труд сей и неудобства временныя; блаженство же в Царствии Божии за сие вечно и бесконечно. Потерпи, чадце, уповая на милость и помощь Божию. Имя твое N, а сказано, что надежда не посрамляет. Гр. Амвросий.

— 365. Перемена места не спасет от тоски. Спасешься смирением (1872 г.)

Рукоделия чужаго лучше не бери, а ходи в церковь и дома занимайся чтением и молитвою; от уныния же можешь заняться своим рукоделием не на срок, и это после за что-нибудь продашь. Господь доселе промышлял о тебе, и далее силен это сотворить, подая потребное к жизни. Переходить в другое место — эту мысль выкинь из головы; куда ты ни пойди, тоже и в другом месте будешь с твоим обычным расположением, склоннаго к тоске духа твоего. Это-первое; второе же, где ты ни живи, от даннаго обета и ответственности по оному избавиться невозможно; свидетели тому и ангелы. Лучше всего понуждаться по силе на исполнение должнаго и в случае неисправности стараться каяться в том, со смирением, без самооправдания. Тогда силен Господь и нам немощным явит Свою милость и даровать наследие в Царствии Небесном, по сказанному во Евангелии: "нудится Царствие Небесное и нуждницы восхищают оное". Особенно же пред м. игуменьею понуждайся смиряться и не толкуй ея поступков и обращения с тобою так превратно или горделиво, что будто бы она поступает с тобою по памятозлобию; я думаю, что просто, во-первых, как начальница, а во-вторых, соображаясь со множеством сестер, желающих ездить в Оптину. Так полезнее и покойнее думать, а вместе смиреннее и Богу приятнее. Сонныя мечты, устрашающия тебя О-гою, более происходят от твоего недовольства и гневнаго расположения духа, а не от того, от чего ты думаешь. Ближе всего в ней гнездится тщеславная ревность, чтобы ты более с нею занималась, нежели с другими. Такая глупость чаще всего встречается. А ты старайся подобныя вещи презирать; услугу потребную принимай, а на другое не обращай внимания. Впрочем, дальше виднее будет, а может быть, и без того будут перемены.

— 366. Великая мука ожидает нас, если отвергнемся данных обетов!

Теперь не хотим потерпеть малой и маловременной скорби, а как там после смерти стерпим скорбь безконечную, мучение невыразимое, если отвергнемся обетов, недавно нами данных! Верю всему, что тебе трудно, очень трудно и от болезни, и от плохой прислуги, но ведь вдруг все исправить нельзя; потерпи несколько, а между тем поищем возможности избавиться от N досаждающей. Ее и теперь можно отослать, но с кем же останешься одна в большом доме. Пока говори ей, что держать ее не будешь, если будет чудить.

— 367. Дела наши делаются не без Промысла Божия (1887 г.)

Письмо твое получил, в котором объясняешь безотрадное твое положение, по причине постригающихся прежде тебя, по твоему мнению, и менее достойных. С одной стороны, жаль тебя, что ты так скорбишь, а с другой стороны, я считаю это дело и промыслительным для тебя, чтобы ты после снисходительно думала о имеющих находиться в подобном положении, и по опыту знала, как горько такое положение, и здраво об этом судила и разсуждала. Верховным апостолам попущено было искушение: Петру отречение от Христа, а Павлу гонение на христиан, чтобы после милостивы были к согрешающим. Напрасно и несправедливо ты думаешь, что дела делаются только чрез одних людей, без участия Промысла Божия. Кроме властей земных, на земле есть еще и Царь Небесный, Дух Святый, всем управляющий. Держись за эту мысль, и ты успокоишься, молясь за тех, на кого скорбишь и кого презираешь. Впрочем, никого презирать не следует. Мы не знаем, какой кто получит конец. О презирающих других читается в паремиях: вздохнут и рекут: како сии, презираемые нами, обретошася в сынех Божиих.

Ты имеешь, тайное, а явное можешь получить в свое время; поэтому, оставив все внешнее, позаботься о внутреннем спасении.

— 368. Теория похожа на придворную даму, а практика на медведя в лесу (1889 г.)

Главное твое безпокойство произошло оттого, что матери не захотели исполнять одного твоего желания, прибавить два года, чтобы получить тебе явное пострижение в мантию. Тебе кажется, что стыдно против других, когда младших и худших постригают. А такое обстоятельство нисколько не мешает спасению, а еще больше содействует оному. А в Шамординской общине все младшия, и младшими все дела управляются. Кроме того, можешь ли ты понести общежительной пищи, общей со всеми в трапезе, которая нередко бывает довольно грубая.

Преосвященный Феофан не так давно писал своей дочери духовной, у которой много планов и предположений, а она письмо это переслала ко мне. В этом письме сказано: теория похожа на придворную даму, а практика на медведя из лесу. Но чтобы без толку не толковать, испытаем твое предположение на самом деле. Потерпи до весны, а весной приезжай на месяц или более и поживи в Шамордине, ходя в трапезу наряду с другими, а потом и потолкуем. Тогда сама увидишь, можешь или не можешь в юной общине жить без значения и на грубой пище.

— 369. Для избежания скорби молись за обижающих. Читай Евангелие (1889 г.)

Для избежания скорби, тебя отягощающей, потребно и необходимо молиться за ту особу, на которую скорбишь. И молиться так: "спаси Господи и помилуй возлюбленную мать мою (имя), и за ея молитвами помоги мне окаянной и грешной". Молиться так имеешь Евангельскую заповедь от Самого Господа, глаголющаго: любите враги ваша, благотворите ненавидящим вас, благословляйте клянущия вас и молитесь за творящих вам напасть и изгонящия вы. Без такой молитвы нельзя избавиться скорби и успокоиться. А когда будешь молиться так с верою и усердием, то и особа эта к тебе может перемениться на лучшее.

Советую тебе почаще и подолгу читать Евангелие, особенно от Иоанна. Читать так, чтобы только твои уши слышали, понимаешь — не понимаешь, читай. Благодатное слово Евангельское сильно прогонять скуку и уныние и успокоит тебя; только читай побольше и подольше, признавая такое искушение попущением Божиим к испытанию тебя и к обнаружению внутренняго затаеннаго залога, чтобы постараться об исцелении затаившейся болезни душевной Евангельским средством, указанным Самим Господом, глаголющим: научитеся от Мене, яко кроток есмь и смирен сердцем, и обрящете покой душам вашим. Господь и чрез апостола глаголет: Мне отмщение, Аз воздам; то есть предоставь все Господу, и Господь воздаст, так как ты и не сильна воздать, хотя бы и хотела.

— 370. Принимать ли начальствующей сестер от пострига?

Сестра о Господе и чадо духовное, мать N!

Письмо твое, от 28 февраля, получил 7 марта и зараз отвечаю тебе. Пишешь, что я сержусь на тебя, что долго не отвечаю. Нисколько я на тебя не сержусь, а болезнь и крайний недосуг не позволили мне писать тебе. И теперь пишу вкратце по тем же причинам.

Поздравляю тебя с облачением в мантию и милости Божией желаю. — Спрашиваешь: принимать ли тебе сестер от пострига? Скажи им, что, если вы не боитесь скорби, то я не отказываюсь; но только вперед говорю, что вас будут подозревать в наговорах мне и будут ненавидеть, вот вам и пример, одну я взял с охотой, и теперь все ее гонят.

Спрашиваешь еще, водяныя или духовыя устраивать в церкви печи. Водяныя неудобны и два раза нужно в сутки топить; а лучше устроить духовыя наваго изобретения, но не Амосовския, от которых иконостас портится.

Благожелательно о Господе приветствую мать игумению Н.

Призывая на обеих вас и на обитель вашу Мир и благословение Божие, остаюсь с искренним благожеланием.

— 371. Должно искать славы не своей, а Божией. Об отношении м. Казначеи к м. игумении и о Бисмарке (1891 г.)

Держись более средняго тона; так будет благонадежнее и вернее. Письмо твое получил, в котором описываешь борьбу твою с помыслами, тебя огорчающими. Ты более всех трудишься, а другия этого не хотят ценить, и первая мать игумения, которая с своей стороны мне пишет, что готова всячески тебя успокоить и сочувствует тебе в твоей борьбе, но не имеет возможности заставить других, чтобы ценили твои труды и хлопоты по обители.

Предлагаю тебе два средства к твоему успокоению.

1) Мать N по болезни своей никак не согласилась бы принять настоятельство, а решилась принять его лишь ради того, чтобы вывесть тебя из затруднительнаго положения, в котором ты находилась в N монастыре, как сама ты все это мне объяснила. Помни это и не забывай. Когда это будешь помнить, то менее будешь претендовать на игуменью, когда она, по должности своей и обязанности, подает свой голос; так как и невозможно всегда молчать игумении. А матери казначеи следует иногда при других и промолчать, до времени, когда делаются м. игумениею о чем-нибудь вопросы, хотя бы после эти дела пришлось заканчивать матери казначеи.

Так требует порядок духовный. Наедине м. игумении все можно говорить, а при других с осторожностью нужно заявлять свое ведение и значение, чтобы не соблазнять посторонних, которые могут говорить, что казначея берет верх над игумениею. Есть мудрая пословица: "тише едешь, дальше будешь".

2) Пример Бисмарка должен тебя успокоить в твоей борьбе. Бисмарк был только канцлер, но значение имел более, нежели император не только в Пруссии, но и во всей Европе, и пока держал себя в пределах умеренности, до тех пор и продолжалось это значение, а как Бисмарк начал заявлять неумеренныя претензии, то значение это потеряло свою силу. Ежели человек сам не ценит своих трудов, тогда оценивает их не только Бог, но и люди; в противном случае противное и бывает. Лучше всегда и во всем трудиться Бога ради и ради славы Божией, а не ради славы своей. Слава земная маловременна и скоропреходящая, а слава от Бога вечна и

бесконечна. Последняго и должны мы держаться, чтобы не потрудиться вотще и бесполезно.

— 372. О плотских движениях на молитве. Об умной и устной молитве (1887 г.)

Письмо твое получил. Пишешь, что старцы тебя совсем оставили. Не думали тебя оставлять, но недосуг не дозволяет тебе писать часто. Пишешь, что во время молитвы у тебя бывают плотския движения и скверныя хульныя помыслы. Должно быть, ты во время молитвы держишь внимание ума внутри очень низко. Сердце человека находится под левым сосцом, и ежели молящийся человек держит внимание ума ниже, тогда и бывает движение плоти. Держи больше устную молитву, тогда и избавишься от подобных движений; от устной молитвы никто не впадал в прелесть; а умную, сердечную молитву без наставления проходить опасно.

Такая молитва требует наставления, безгневия, молчания и смиреннаго самоукорения во всяком неприятном случае. Поэтому безопасней всегда держаться молитвы устной, так как мы скудны в терпении, смирении и безгневии; потому и требуется молитва особенно во время смущения и за себя и за оскорбивших: Господи Иисусе Христе, Сыне Божий, помилуй нас грешных. Более писать недосужно. Держись смирения и самоукорения, и поможет тебе Господь.

— 373. Об искушениях при молитве Иисусовой

Тебя враг смущает разными недоумениями. Отцы святыя советуют не страшиться, призывая имя Божие, тем более что не самочинно, а по благословению начала ты дело сие. А чего не понимаешь, оставляй без особеннаго значения, не отвергая и не принимая, как советует преп. Марк подвижник духовным младенцам, как, например, то, что ты видела Христа распятаго внутри сердца и Спасителя, седящаго в темнице в красной одежде, и какой-то непонятный свет. Это и подобное тому предоставляй все воле Божией, говоря себе, Бог един весть полезное и спасительное. Прочитай в Добротолюбии все места о прелести и остерегайся обозначенных признаков прелести. Остальное предоставляй все воле Божией. Пишешь, что, когда творишь молитву, смотришь на сердце. Отцы святыя советуют, во время молитвы смотреть внутрь сердца, а не сверху и не сбоку, и особенно, если внимание ума нисходит ниже сердца, тогда возбуждается плотская страсть. Пишешь, что на праздник Иоанна Богослова ты от изнеможения ушла из церкви в келью и лежа на постели увидела бегущаго врага во всем его безобразии. Вперед, если изнеможешь в церкви, сиди или лежи, но не уходи. Вообще знай, как и сама ты читала в книгах отеческих, что ни против чего враг так не возстает, как против молитвы Иисусовой. Поэтому, как начала ты держаться молитвы Иисусовой, то и не оставляй ее, а продолжай, уповая на милость и помощь Божию. Силен

Господь и Царица Небесная сохранить нас от зол и бед, наносимых врагами душевными.

Еще пишешь, что некоторыя сестры у вас относятся к афонским старцам. Но ты их не знаешь, и они тебя. Поэтому и не может быть удобно такое отношение. Еще в письме твоем сказано, что у тебя дня три было сильное плотское волнение... Вероятно, осудила кого или попущено было к смирению и испытанию.

— 374. Писать ли родным? (1866 г.)

Спрашиваешь, как тебе быть с родными: получила совет оставить их, а между тем ни от кого не имеешь помощи и не знаешь, писать ли им или не писать? Я тебе говорил, чтобы оставить излишнюю заботливость о родных и близкую связь с ними, а не то, чтобы вовсе не писать им. По времени можно им писать. В теперешних же твоих обстоятельствах можешь не просить прямо, а спросить их, что вот прошло 5 месяцев, как ты живешь кое-как; как они сами там живут, — воздухом, что ли, питаются, и платят ли за что-нибудь, или без денег все имеют. — Если бы от других ты получила потребное, то могла бы и не напоминать им; а теперь почему же не сделать такого вопроса.

Ты все заботишься о мелочной точности правила. Заботься больше о качестве молитвы и душевном мире; а в остальном больные должны более смиряться. — Мир тебе и духови твоему и пребыванию твоему.

— 375. Не благословенные труды не полезны. О сношениях с родными. Надо творить не свою волю, а волю Божию (1867 г.)

В письме пишешь, что на сырной неделе ты пребывала в таком, по твоему мнению, благоугождении Господу, что и на полчаса тебе было тяжело заняться чем-либо, кроме памяти о Господе и чтения св. книг. На первой же неделе поста, после такого твоего духовнаго утешения, наступила сильная плотская брань, а потом томление душевное. Спрашиваешь меня: от чего это могло случиться? Причины сему сама ты выставляешь в письме своем. Первая: безрассудное сомнение и смущение, что не вынесешь поста, как должно, а потом ропот на Господа. Св. Исаак Сирин пишет, что все немощи человеческия терпит Бог; человека же ропщущаго не терпит, чтобы не наказать его. Вторая причина возставшей на тебя этой брани — самочинный пост. Пока жила ты сама по себе, что ты ни делала, по нужде все сходило с рук: Господь снисходил безтолковому твоему усердию и безрассудству. Если же иметь духовное отношение к кому-либо, то уже не следует по своей воле проходить или брать на себя безрассудныя подвиги, вопреки полученнаго благословения, или совета; и этим не только нельзя угодить Богу, но такое самочиние не остается безнаказанным, а навлекает на человека искушение. Описываешь, как прежде в подобном случае пост тебе помог, и просишь благословить тебе взяться опять за то же, если брань не отойдет. — Св. Иоанн Лествичник пишет: "кто одним воздержанием брань сию укротить покушается, тот подобен плывущему одною рукою и хотящему выплыть из моря"; а вот указано в другом месте им настоящее средство: "если сопряжешься с послушанием, то тем самым от нея (т. е. брани плоти) разрешишься; если стяжешь смирение, то тем отсечешь главу ея". А у тебя пост соединен с высокоумием и преслушанием: какая же может быть от того польза? При слабом твоем здоровье безрассудныя и самочинныя подвиги могут только до конца разстроить тебя и сделать ни к чему не потребною; а от брани можешь получить облегчение только смиренным покаянием и смиренным призыванием помощи Божией, при послушании и умеренном воздержании. Повторяю: что прежде сходило с рук, когда жила сама по себе, теперь уже не идет. Духовное отношение к кому-либо нельзя соединять с своею волею, — выбирай любое, одно из двух. Уксус и молоко порознь хороши и на своем месте полезны; а слить их вместе, выйдет бурда ни к чему не годная. Так и самочиние и своеволие с духовным отношением и послушанием не совместны, а надо держаться одного из двух.

Далее: после всего, что тебе было писано мною, ты упорно стоишь на своем, — не хочешь писать родным, а между тем, по причине твоего молчания, они не только огорчаются на тебя, но и тебе денег не высылают и между собою не могут кончать дела, так что чрез тебя выходит общая неприятность. Ну не безрассудная ли и не упрямая ли ты. Писала ты мне не раз о какой-то доверенности; но ни разу не объяснила толком, какого рода доверенность от тебя требуется. Как прежде писал я тебе, так и еще повторяю, что дельную и основательную доверенность следует послать, если того требуют семейныя ваши обстоятельства. Ты оправдываешь себя тем, что обещала не писать родным. Древния отцы от всего родства отреклись, но зато ни у кого ничего не просили, а питались травами и зельями или от труда рук своих. Если ты не можешь подражать им, никого ни о чем не просить, работать и питаться от труда своих рук, или, пожалуй, если можешь питаться воздухом, и при этом быть мирною, не роптать и никого не укорять и не обвинять; если можешь все это сделать, тогда и держись за свое обещание. А если не можешь, то сознайся в своей немощи и в неразсудном обещании и смиренно проси у Господа прощения: "Господи, солгала я окаянная, обещала, чего не могу исполнить! Прости мя грешную"! Спрашиваешь: кому лучше угодить, — Богу или людям. Но ты, упорно держась за свое безрассудное обещание, людям досадишь, а Богу этим не угодишь. Безрассудно не только обещался, но и клялся Ирод, — а исполнивши клятву, все-таки называется беззаконным. А сели бы покаялся, что безрассудно поклялся, то нарушением своей безрассудной клятвы оправдался бы пред Господом, чрез покаяние и смирение. — Если безрассудное обещание, будучи исполнено, никого не спасет, то тем более находящияся в духовном отношении, если упорно нарушают данный им благонамеренный совет, в этом не могут оправдаться тем, что обещали безрассудно то и то.

Еще пишешь, что всегдашняя твоя мысль — как бы угодить Господу. Сама ты не видишь, в каком искушении находишься и как у тебя все извращается. Людям, много согрешившим, не об угождении Господу надо думать, а сперва о покаянии и получении прощения и помилования. Если же хочешь угодить Господу, то знай, что нельзя Ему угодить безрассудством, и упорством, и ропотом на всех, даже на Самаго Господа, а должно угождать Ему смирением, и смиренным покаянием, и покорностию, и рассуждением, — или же, если кто сам не может рассудить здраво, то послушанием к тому, к кому относится. У тебя же во всем впереди своя воля. Читаешь ежедневно, молитву Господню: да будет воля Твоя; а между тем настроена так: да будет воля моя. И на Господа ропщешь, что не исполняет по-твоему, о чем св. апостол пишет: просите и не приимлете, зане зле просите. — Не замечаешь ты, что ты стремишься исполнять волю общаго нашего врага, который чрез безрассудныя подвиги хочет разстроить последнее твое здоровье, доколотить тебя и вместе с тем поставить тебя в такое положение, чтобы ты ни от родных, ни от чужих не имела помощи, чтобы не могла жить в монастыре, — и таким образом сделав тебя ни к чему не потребною, ввергнуть в ропот и отчаяние. Вот чего хочет враг рода человеческаго. Подумай — и постарайся, чтобы вместо мнимаго твоего благоугождения Господу ты не угождала врагу, ищущему твоей погибели. Повторяю, ты находишься в большом искушении.

Двойное келейное правило исполнять тебе дозволено только в таком случае, когда, по совершении всего, остается еще сила и время; а при немощи довольно совершить и однажды.

Вообще замечу тебе, что ты все разветвляешь путь благочестия. Путь сей — простой; а у тебя выходит все как-то и сложно и мелочно; ты все заботишься о мелочных подробностях и правилах, Я уже и говорил и писал тебе, и опять повторяю, что, по словам св. Иоанна Дамаскина, больные и слабые, касательно внешних трудов и подвигов, должны трудиться сколько могут, соображаясь и с немощию своею, и с силами своими, а затем главное для них правило состоит в благодарности и смирении, т. е. чтобы посылаемыя им болезни и немощи сносить не только без ропота, но и благодарить Бога за все а в своей неисправности смиряться пред Господом и людьми.

— 376. Угождать Богу должно прежде всего покаянием. За грехи должно понести и скорби. Как проводить время готовящейся к причащению

Всем не только можно, но и должно заботиться о благоугождении Господу. Но чем благоугождать Ему? Прежде всего покаянием и смирением. Но тебе это мало. Ты хочешь Господа иметь своим должником. Ты пишешь: "Господь для меня все сделал, а я для Него ничего. Легко ли это?" Если кто кому должен, то, не заплативши долга, нельзя затевать подарки. Так и мы, прежде всего должны заботиться об уплате греховнаго долга, посредством смиреннаго покаяния, которое совершается до самаго гроба. — Но ты спрашиваешь: "разве при исповеди и постриге не прощаются все прежние грехи? и нужно ли, до смерти, каяться на молитве в прежних грехах и вспоминать их, или же предать их забвению и не смущать мысли прежними делами". Тебе уже было говорено, что о плотских грехах никогда не следует вспоминать в подробностях, особенно же на молитве не следует исчислять по виду подобные грехи; но должно вообще считать себя грешным и неоплатным должником пред Господом. Св. апостол Павел сподобился получить не только прощение грехов, но и апостольское достоинство, а все-таки причислял себя к грешникам, глаголя: от них же первый есмь аз. — Притом должно знать, что грехи прощаются не одним исповеданием оных, но потребно и удовлетворение. Разбойнику на кресте сам Господь сказал: днесь со Мною будеши в раи. Но и после сего обетования разбойник не тотчас и не без труда перешел в райское наслаждение, а сперва должен был претерпеть перебитие голеней. Так и мы, хотя прежния грехи нам, при таинстве исповеди и при принятии монашескаго образа, и прощены, но Божиею эпитимиею за них должны понести, т. е. потерпеть, болезни, и скорби, и неудобства, и все, что Господь посылает нам к очищению наших грехов. — Еще должно помнить Евангельское слово Самаго Господа: милости хощу, а не жертвы, т. е. чтобы благоугодить Господу нужно более всего заботиться, чтобы не осуждать других и вообще иметь снисходительное расположение к ближним.

Теперь, сколько могу, напишу и на твои вопросы. — Готовясь к причастию, должна употреблять (кроме болезни) пищу без масла; накануне причастия, после повечерия, ничего не вкушается. В другия дни, после всенощной, здоровыя и крепкия также не должны ничего вкушать а слабыя и немощныя да соображаются с своею немощию: если могут, пусть потерпят, а если не могут, пусть вкушают мало и смиряются за это и за немощных и неисправных себя считают. Перед всенощной, ходить ли к повечерию, когда оно бывает отдельно, в этом соображайся с силами своими. После всенощной, когда она отходит поздно, можно прочитать конец молитв на сон грядущих (Владыка человеколюбче, неужели мне одр сей...). Каноны же можно вычитать прежде всенощной, сколько успеешь. — Думаю, что постриг и казначейство едва ли тебе будут скоро предлагать, а потому и заботиться об этом много недолжно. — Денег на вклад в монастырь и на уплату долгов можешь прямо попросить. — Пишешь, что слова мои, что ты стремишься исполнять волю общаго нашего врага, сильно поразили тебя. Но слова эти были не просто сказаны; прочти еще раз, к чему они относились. Еще бы что-нибудь написал, но некогда; а откладывать до другой почты не хочется. Испрашиваю на тебя Божие благословение. Мир тебе.

234

— 377. О хульных помыслах и о том, как вести себя по отношению к ним. О принятии пищи. Об устройстве в монастыре и о молитвенном правиле (1867 г.)

Пишешь: "простите мне, что я ничего вам радостнаго не пишу: все грехи да немощи; ни разу не утешу вас в исправлении каком-либо". Пиши о немощах своих, этим ты меня более всего утешишь. Какия-либо высокия исправления не твоей меры; покаяние же выше всего, и нужнее всего для всякаго человека, и утешительнее для других, нежели поведания о мнимых собственных добродетелях.

Описываешь брань, какую испытываешь в течение полугода, и недоумеваешь, за что попущена тебе такая сильная брань. Спрашиваешь: не прогневала ли теперь опять чем-либо Бога, смертно чем согрешила? Теперь хотя бы и не согрешила, а надо потерпеть и за старыя грехи. Мария Египетская в пустыни 17 лет боролась со страстями, как со зверьми. — Говоришь: может быть, это общий путь людей, много согрешивших. Действительно, путь это общий, но на этом общем пути каждый человек испытывает больше или меньше, то или другое, по своему устроению и своим чувствам. Скажу тебе пример. В сырую, холодную погоду, по одной и той же дороге идут несколько человек. Здоровый озябнет, да и только. У кого же послабее здоровье, тот простудится, схватит насморк, — разболится голова. А человек болезненный и совсем разболится оттого, что для здороваго проходит безвредно. Так разумей и о том, о чем ты спрашиваешь: такая брань, которую ты описываешь (например, что ты испытываешь стоя в церкви), это признак глубокой немощи. Облегчается эта брань смирением; а усиливается от высокоумия и гордости. — От высокоумия и гордости происходят тревожащия тебя хульныя помыслы. Высокоумие видно и в том, что ты думаешь, что ты любишь Бога, а только думаешь, что любишь Его. Кто Бога любит, тот имеет и к ближнему любовь; любы же, по апостольскому слову, долготерпит, милосердствует, любы не завидит, любы не превозносится, не гордится, не бесчинствует, не ищет своих си, не раздражается, не мыслит зла, не радуется о неправде, радуется же о истине, вся любит, всему веру емлет, вся уповает, вся терпит (1 Кор. 13, 4-7). Кто любит Бога, хотя бы тысячу оскорблений в день ему наносили, не раздражается и не сердится, не теряет внутренняго мира; с ним не бывает, что вдруг внутри все вспыхнет, так что от смущения и молиться не может, как это бывает с тобою. — Также из самой брани помыслов, которую ты испытываешь, можешь убедиться, что это тебе только кажется, что ты любишь Бога. Святыя отцы представляют такой пример: когда котел кипит, то никакая гадина, даже никакое малое насекомое не может приближаться к оному, будучи опаляемы горячестию котла; если же огонь угаснет и котел остынет, то не только насекомыя удобно садятся на нем, но разныя гады смело влезают и спокойно лежат в нем. Так и огнь истинной Божественной любви отгоняет всякия нечистыя помыслы; а когда подобныя помыслы сильно стужают человека, то это явный признак, что он не достиг еще в мере любви Божией.

Пишешь, что и святую воду пьешь, и херувимский ладан куришь, а мира не обретаешь. Святую воду следует пить реже, а херувимский ладан не кури. Не поможет тебе никакой ладан, так как все дело в высокоумии, от котораго усиливаются все твои душевныя брани, и ты лишаешься мира.

Спрашиваешь: как лучше, скорбеть ли о помыслах, или не обращать на них внимания? И то и другое не твоей меры, т. е. не следует тебе безтолково скорбеть, и не можешь еще презирать помыслов, а следует тебе со смирением обращаться к Богу и молиться. Только во время молитвы должно стараться отвергать всякия помыслы, и, не обращая на них внимания, продолжать молитву; если же стужение помыслов очень усилится, то опять должно просить против них Божией помощи.

Еще пишешь, что долго не приходило тебе в голову и не было желания просить Царицу Небесную о заступлении в твоих бранях, и тебе кажется, что просить о избавлении от борьбы значит отказаться от креста монашескаго. Тут следует тебя укорить. Ты скорбишь, что редко получаешь от меня письма, а как ты читаешь их? Исполняешь ли, что тебе пишется? Сколько раз было тебе писано, чтобы в твоей брани молитвенно обращалась ко Господу, просила Его помощи всесильной и заступления Пресвятой Владычицы нашей Богородицы, а ты пишешь, что не было желания просить Царицу Небесную. Тебе говорят, чтобы просила о помощи Божией, а ты толкуешь об избавлении от борьбы. Не избавления от борьбы проси у Господа, а помощи и мужественнаго терпения. Взывай ко Господу и Матери Божией с смирением, с глубоким сознанием своей немощи, гнилаго своего устроения, оставив высокоумныя помыслы о мнимой своей любви к Богу; тогда силен Господь помочь тебе и подать тебе облегчение по мере твоего смирения.

Еще пишешь, что иногда от брани хульных помыслов не можешь взглянуть на икону. Чтобы помыслы меньше стужали тебе, можешь изредка только взглядывать на иконы; но должна знать, что иконы только для глаз внешних, и потому, стоя на молитве, мы должны помнить, что предстоим пред Богом. Икону же воображать в уме ни в каком случае не следует.

Еще пишешь о пище, что трудно тебе привыкать к тому, чтобы понемногу есть, так чтобы после обеда еще быть голодной. Святыя отцы установили касательно пищи три степени: воздержание, чтобы после принятия пищи, быть несколько голодным; довольство, чтобы не быть ни сытым, ни голодным; и сытость, чтобы есть досыта, не без некотораго отягощения. Из этих трех степеней каждый может избирать любую, по своим силам и по своему устроению, — здоровый и больной. Для последняго трудно принимать пищу один раз в день.

Пишешь, что матушка твоя обещает выдать тебе все, что следует тебе, но не ранее зимы, а теперь не может тебе выслать денег иначе, как понемногу, и говорит, что ты сама виновата, что замедлила окончание дел. Это замечание ея справедливо: вела ты дела свои нетолково, хотела гнать безплотную жизнь. — Боишься, что если

236

попросишь для вкладу, то не получишь ничего. — До зимы недалеко; но во всяком случае можно написать теперь матери, сколько тебе нужно, чтобы развязаться: не проси для вкладу, а напиши, что имеешь необходимую потребность в такой-то сумме для некоторой уплаты. Она может перехватить где-либо, чтобы тебе это выслать. Касательно же того, в какой монастырь тебе поступить, в городской или заднепровский, то ты говорила мне, и опять пишешь, что слышала от владыки митрополита; что же решенное перерешать. — В игуменском ли корпусе жить или в новом деревянном доме: живи с терпением, где придется, и будет с тебя.

Старыя твои письма отыскивать и вновь просматривать затруднительно мне; а когда совсем устроишься в монастыре, напиши или повтори мне, какия там бывают службы, и что в церкви читается, и много ли у тебя будет свободнаго времени, и много ли сил: тогда, пожалуй, что-нибудь напишу тебе. А теперь ничего не могу тебе назначать. С своим уставом в чужой монастырь не входят; с своим уставом и в монастырь не приходят. Главное для тебя: слушаться, разумно по Бозе, монастырскаго начальства и прилаживаться к общим порядкам; келейно же совершать в простоте, что можешь, и Господь примет и малое правильцо, со смирением исполняемое. Не в том важность, какия правила исполняем, а как их исполняем. Ты все скорбишь в недоумении, что, может быть, не так делаешь. Св. Лествичник говорит, что сомневаться и долго пребывать в недоумении и чем-либо есть признак гордой и славолюбивой души. Пишешь: и на здоровых нападает лень и немощь. Но здоровый может понудиться; больной же, если сверх силы понудится, бывает смущение на смущение, по словам св. Исаака Сирина. Больному набрать себе разныя правила значит никогда не хотеть выйти из смущеннаго состояния. — Ты меня часто спрашиваешь, а словам моим не внемлешь и все держишься за свое мудрование. Сколько раз говорил и писал я тебе, что немощному и слабому, как говорит св. Иоанн Дамаскин, необходимее всего смирение и благодарение. И св. Иоанн Лествичник пишет: "ежели кто телом немощен, а соделал многия согрешения, тот да шествует путем смирения и свойствами его. Иного бо ко спасению своему не обрящет он средства".

— 378. Остерегайся отыскивать чудесное в твоей жизни

В письме от 29 сентября писала ты, что на девятый день, по отправке прежнято твоего письма, ты, стоя в Лавре за обедней, почувствовала, что письмо твое дошло до меня. Чувство твое обмануло тебя: письма твои от 5 августа я получил 13-го ч., а от 23 августа — 29-го ч.; значит, не на девятый день. Ты все отыскиваешь чудесное в твоей жизни, и очень этим погрешаешь. — Писала ты, что, находясь в тоске, ты молилась Матери Божией послать тебе издалека кого из рабов своих из какой-либо дальней пустыни. Хотя после вышло, как будто молитва твоя исполнилась, но такая молитва весьма погрешительна, безрассудна, и дерзновенна, и ведет к самообольщению. Вперед отнюдь не молись подобным образом, а

237

молись просто, чтоб Господь и Матерь Божия помогли тебе, имиже ведят судьбами. Более же всего остерегайся верить твоим снам и сновидениям, старайся забывать их и не приписывай им никакого значения. В древности и великий старец (котораго читаем параклис), чрез доверие снам, попал в обольщение вражие; и теперь у меня пред глазами есть некий пример, как человек может повредиться, доверяя снам. Для тебя же в этом требуется сугубая осторожность, так как ты и без того склонна к самообольщению и прелести вражией и легко можешь запутаться. Преподобный Марк подвижник пишет: "иное действие есть благодати, младенцу (духовному) неведомое, и иное действие злобы, истине уподобляемое. Добро же есть на таковая не взирати прелести ради, ниже проклинати истины ради, но вся упованием приносити Богови: Той бо весть обою полезное".

В письме от 26-го сентября ты опять спрашиваешь, за что попущена тебе сильная брань, за грехи или ко очищению и т. д. и т. д. Т. е. ты делаешь разные извороты: нельзя ли эту брань принять так, чтобы не нужно было мысленно смириться. Между тем все это попускается, между прочим, именно к смирению возносительнаго нашего мудрования; сказать проще и короче, за гордость и за грехи.

Если у тебя есть письма к мирским особам старца батюшки о. Макария, прочти 55-е письмо на стран. 123-128, и письма 72-е и 73-е на стран. 147, и проч.

— 379. Когда занята делом, то меньше бывает мысленной путаницы. Советует оказать помощь двум бедным девицам в городе

Пишешь, что тебе поручено в монастыре письмоводство и что вследствие этого ты отстала от молитвы, а тебе хотелось бы быть всегда в молитве или в Богомыслии. Высоко берешь, очень высоко! Есть пословица "сядь пониже — а то угоришь". Я уже писал тебе, что когда будешь занята делом, то меньше будет мысленной путаницы. Ты с этим соглашаешься, что это правда, а потом сама себе противоречишь, что тебе необходимо уединение и тишина келлии. А забыла, какую в лаврском твоем уединении испытывала брань.

Впрочем, что мне советовать тебе, когда у тебя и кроме меня много советников. Об мелочах спрашиваешь, а важныя дела скрываешь и решаешь сама, так что мне остается только придакивать. Вот ты все искала благотворителей; сколько настаивала касательно этого. Тебе и выслали 100 р., — а теперь оказывается, что сама делаешь пожертвования в 3000 р. В таком случае, к чему искала благотворителей? Деньги, посланныя тебе, могли бы быть назначены другим, кто действительно терпит нужду и нуждается в благотворительном пособии. Делай, как хочешь; но я думаю, что тебе не полезно оставить за собою эти деньги 100 р., а следует отдать их нуждающимся. Если ты на это согласна, то я пришлю тебе адрес двух девиц в Мценске, у которых престарелыя родители и которыя находятся в крайности и, терпят горькую нужду; если хочешь, можешь послать им деньги 100 р., полученныя тобою от

238

благотворителей. Советую послать этим девицам эти деньги немедленно и не отлагая, или все вдруг, или хоть в два раза, чтобы избавить душу от безрассудной тяготы.

— 380. О разговоре с м. игумениею. О самовольном послушании. О правильном обращении с деньгами

Пишешь, что начинаешь понемногу испытывать скорби монашеской жизни и подверглась гонению, хотя малому. Какое это гонение и в чем состоят твои скорби, ты не объясняешь, а в прежних письмах упоминала. Что в угодность матушке игумении и как бы в утешение ей судить и осуждать тех, с кем она имела неудовольствие. Но в Евангелии сказано: не судите да не судимы будете. И опять: в нюже меру мерите, возмерится вам. Поэтому остерегайся судить или осуждать кого бы то ни было; и в разговорах с м. и. будь осторожна: изъявляй ей свое участие, что сожалеете о скорбной ея жизни; а о других иной раз можете промолчать или отвечать так! "об этом не знаю, что и сказать"; или выразиться так, чтобы для всех было безобидно, а для тебя безвредно. Умудряйся сама и придумывай себе, как в каком случае отвечать м. и., чтобы ее не оскорбить и самой не грешить...

Спрашивала ты меня, можно ли тебе ходить на кухню картофель чистить или посуду мыть, тайно, вопреки игуменьи? Никак не советую делать это. Препод. Варсонофий, в ответах авве Дорофею, говорит: "не должно самому собою вызываться на исполнение низких дел, — ибо это ведет к тщеславию, препятствует преуспеянию и более делает вреда, нежели пользы. Но когда повелят что-либо, не противоречить, а исполнять с послушанием, вот что приводит к преуспеянию".

Пишешь: "я не люблю так денег, что у меня никогда долго не держатся; потому и бываю всегда без денег, а после занимаю". Но ведь это безтолковщина, и в этом нужно не оправдываться, а лучше укорять себя и постараться исправиться. Если бы мог человек питаться и одеваться воздухом, тогда бы он справедливо пренебрегал деньгами, которыя ему, как кажется, иногда надоедают. А как во время холода и голода нельзя пренебрегать потребною одеждою и пищею, так нельзя пренебрегать теми средствами, чрез которыя пища и одежда приобретаются. У св. отцев говорится, что "краи бесовския суть", т. е. что крайности происходят от подущения душевных врагов. Безрассудно быть пристрастну к деньгам, и неразсудно пренебрегать ими; то и другое худо и ведет не только к смущению, но и даже ко вреду душевному чрез разныя путаницы от неправильного пренебрежения. Деньги сами по себе или, вернее, по цели, назначенной от Бога, вещь весьма полезная. Они заменяют недостаток простоты и любви между людьми. Без денег, кто бы разчел людей? Были бы вечныя споры и ссоры и даже драки до убийства; а малыми монетами и даже ничтожными бумажками люди от всего этого избавляются, сами не понимая того. Вред не от денег, а от безрассудной жадности или скупости, или от злоупотребления.

Пользуйся употреблением денег правильно, — и будешь покойна. Мир тебе и Божие благословение.

— 381. Не полезно слепо подражать другим, ибо у каждого свой путь

Спрашиваешь, не жить ли тебе с старою монахинею, чтобы спрашивать ее, как что делать, и с нею читать правило; и думаешь, что тогда успокоишься. Но это заблуждение. Пути человеческия различны; и если будем смотреть на других, как они живут, и им подражать, то из этого выйдет одна путаница, приводящая к осуждению, а каждый должен о себе спрашивать отца своего духовнаго, к кому относится, и поступать согласно с этим. — Монахиня, с которой ты стала бы жить, меня не знает, — а ты относилась и относишься к моей худости; что же бы вышло из вашего купно-жития? Она бы тебя спутала, а ты бы ей досадила. — Пребывание с другими нужно нам не для того, чтобы со всеми советоваться и им подражать, а чтобы в соображении с ними познавать душевныя свои немощи и смиряться перед ближними. А это можешь делать и не живя с старицею: и без этого можешь из разных случаев и от разных людей познавать свои немощи и поучаться кротости, и смирению, и терпению. Посылаю тебе листок с означением канонов, как они читаются у нас в скиту. Если что из означенного выслушаешь в церкви, того в келье уже не нужно читать, а что в церкви не читается, то можешь читать у себя в келье, если имеешь время и силы. А если когда чего не успеешь вычитать, по немощи и другим обстоятельствам, то не смущаться, а заменять оное смиренным самоукорением. Но прежде всего должно тебе всегда помнить слова преп. Макария Египетскаго: "если кто принуждает себя к молитве, пока не приимет дарования от Бога, а к смиренномудрию, к любви, к кротости и к прочим добродетелям не приневоливает и не нудит себя в той же мере: то бывает иногда к нему Божия благодать по его молитве и прошению; потому что благ и милостив Бог, и просящим у Него дает просимое. Но не приуготовив и не приучив себя к исчисленным выше добродетелям, или утрачивает он милость Божию, или приемлет и падает, или не преуспевает от высокоумия, потому что не предает себя от всего произволения заповедям Господним" (Из 7-ми слов. 1-е слово, отд. 14).

Описываешь, что отношения твои с м. иг. несколько изменились, что ты правды ради потерпела. Вперед будь поискуснее: когда спрашивает твоего мнения, можешь отвечать: "на это уж не знаю, что и сказать", или в этом роде. Или если когда и выскажешь свое мнение о чем-либо, то нужно говорить не очень утвердительно, а выражаться умеренно, что думаешь так-то, а положительно и наверное не знаешь. Мир тебе!

— 382. О терпении скорбей и о молитве за обидящих (1874 г.)

Пречестнейшая матушка казначея N!

Возмогай о Господе и в державе крепости Его!

Прости, что на письмо твое от 15 апреля не отвечал доселе. Ты пишешь о своем стеснительном и прискорбном положении. Что делать? Не вотще нам объявлено в Евангельском и апостольском учении, что тесен и прискорбен путь, вводяй в живот, и что многими скорбми подобает нам внити в Царствие Небесное, и что все, хотящии благочестно жити, гоними будут. Помышляя все это, твердо держи в памяти слова Самаго Господа: в терпении вашем стяжите души ваши, причем чаще перечитывай в уме евангельския блаженства, и особенное внимание обрати на последнее: блажени есте, егда поносят вам, ижденут и рекут всяк зол глагол, на вы лжуще Мене ради. Радуйтеся и веселитеся, яко мзда ваша многа на небеси.

А чтобы не погрешить нам обвинением других, необходимо нам помнить и следующия заповеди Господни: "не гневаться всуе, не судить и не осуждать, любить врагов, добро творить ненавидящим нас, благословлять клянущих нас и молиться за творящих нам напасть и изгоняющия ны".

Более всего и прежде всего следует нам молиться за творящих нам напасть, как научает нас и св. Дорофей: "помози Господи, якоже веси, таким то, и за их молитвы мне окаянной". Краткая эта молитва, как показывает опыт, очень сильна и нам помогает, и изменяет противное расположение других.

Если же и после всего сказаннаго, по немощи нашей, помысл наш как-нибудь стал бы нас беспокоить или возмущать памятованием зла, тогда обратимся к сильному глаголу Самаго Господа, вещающаго чрез апостола: Мне отмщение, Аз воздам, глаголет Господь (Рим. 12, 19). Не это только, но и все полезнее нам предавать суду Божию, и во всем располагаться на всеблагий Промысл Божий. В Православной Церкви обносится мудрое слово: человек предполагает, а Бог располагает. Мы предполагаем так, а Господь да устроит о нас полезное, яко же угодно будет Его всеблагой и всесвятой воле. Только в настоящем положении, для успокоения нашего, крепко да держимся утешительнаго псаломскаго слова: открый ко Господу путь твой, и уповай на Него, и Той сотворит. И изведет, яко свет, правду твою, и судьбу твою, яко полудне. Повинися Господеви, и умоли Его: не ревнуй спеющему в пути своем, человеку творящему законопреступление... и весь псалом (36-й) до конца.

Хотя бы сон, виденный тобою, исполнился на самом деле наяву, это тебе нисколько не повредит, а только подаст случай к терпению и к приобретению духовного искусства, как пишет брат Божий, св. апост. Иаков: человек неискушен — неискусен.

Приветствую о Господе сестер и матерей, благоволящих к моей худости. Призывая на вас мир и благословение Божие, остаюсь с искренним благожеланием.

— 383. Тесен путь, вводящий в жизнь вечную. Монашество есть тайна

Сестра о Господе, скорбящая мать N!

17-го июня писал я тебе, и после от тебя получил от 7-го августа, 25-го авг. и от 14-го сент. Из перваго твоего письма видно, что в продолжении лета еще было письмо, в котором ты описывала мне приезд к вам архиерея; но этого письма я не получал. А в последнем письме ты выражаешь свое удивление и даже недоумение о том, как труден путь спасения. Это давно объявлено Самим Господом в Евангелии: тесен и прискорбен путь, вводящий в жизнь вечную. Потому Господь и ублажает ходящих путем сим неуклонно, глаголя: приидите ко Мне вси труждающиися и обременении, и Аз упокою вы. Возьмите иго Мое на себе, и научитеся от Мене, яко кроток есмь и смирен сердцем, и обрящете покой душам вашим. (И тогда иго Мое будет для вас благо, и бремя Мое легко.) согласно сему и все святыя утверждают, что терпение и смирение на все победа.

Ты указываешь на два лица (не говоря о 3-м высшем), который особенно затруждают путь твой, подстрекаемый завистию. Что делать, когда так идет от начала мира и продолжается во всех временах года. Некоторыя о сем затруднении выражаются очень просто: Каин родился прежде Авеля, и Исав прежде Иакова. Но держащиеся добра впоследствии получают успех, хотя и много случается им потерпеть от прилежащих злу. Не вотще апостол говорит: вси хотящии благочестно жити гоними будут. Теперь нет Диоклитианов и Максимианов, но враг находит удобство досаждать держащимся благочестия через слабых и нерадивых.

16-го октября. Это письмо, давно начатое, пролежало две недели, потому что у нас затерялся адрес твоей сестры. Вчера же получил письмо твое от 11-го октября. Ты выражаешь свое удивление, какая великая сила сокрыта в исповедании борющих помыслов. Не удивляйся этому. И самое монашество есть тайна, а откровение помыслов духовным отцам, как монашествующих, так и других лиц, составляет существенную часть таинства покаяния.

Завистливым сестрам можешь по временам угрожать, что ты их удалишь от себя, т. е. из своей келлии, если оне не перестанут куролесить и путать себя и других. Здоровье мое во все лето слабое и утомленное от множества посетителей. — Испрашивая на тебя мир и благословение Божие, остаюсь с искренним благожеланием.

— 384. О болеющей чахоткою, о Боге милующем и о призрении младенца монахинею (1875 г.)

Пречестнейшая матушка казначея.М

Письма твои получаю, хотя на них и не отвечаю. Последнее мое письмо к тебе было от 24-го декабря, а от тебя получены от 28-го декабря, 16-го января и 6-го марта по почт. штемпелю. Давно собираюсь написать тебе что-нибудь; но в это время много раз был болен, то насморком, то другими болезнями: даже глухота была более двух недель.

Жаль, что сестра твоя NN, по-видимому, так неблаговременно заболела чахоткою. Но Бог лучше нашего знает, что кому и когда полезнее. Мы любим друг друга по-человечески, а Бог милует нас, как

Бог Всеблагий, и промышляет всячески о пользе нашей душевной. В этой болезни вообще люди получают мирную и христианскую кончину; потому много о сестре и не заботься. Пишешь, что ей хотелось бы, чтобы младшая ея дочь осталась у тебя в монастыре. Но не знаю, будет ли тебе удобно держать двухлетнюю девочку в келлии своей. Ведь она будет связывать и тебя и живущих с тобою, относительно монастырскаго порядка и хождения в церковь. Пока жива будет сестра, пусть поживет у тебя эта девочка; а по смерти сестры, кажется, лучше бы было, чтобы она пожила некоторое время у брата твоего. А после, если видно будет, что она девочка благонравная и по замечанию склонная к монастырской жизни, то можешь брать ея по временам в монастырь погостить, чтобы более разсмотреть ея склонности. Тогда можешь посмотреть и на свое внутреннее чувство, куда оно будет преклоняться, взять ли девочку в монастырь и оставить в мире, и сообразно чувству так и поступить.

Ты сомневаешься принимать одну сестру, которая имеет уже духовную мать. Правда, что это не совсем удобно. Но и совершенно отказывать нельзя, а только нужно действовать поискуснее; разтолковать подробно, опять посылать, чтобы она относилась к своей матери и покорялась ей в том, в чем нет явнаго греха и явнаго нарушения заповеди Божией. А если выйдет какая-либо скорбь, то нужно потерпеть и за заповедь Божию и ради любви ближняго. Только нужно сказать этой сестре, чтобы она ходила к тебе пореже, а за мелочами и без надобности не ходила.

Приветствую о Господе болящую Н.Н., сердечно желая ей милости от Господа и поздравления, аще воля Божия будет. Мир тебе! и матери Н. и прочим...

Многогр. и. Амвросий.

— 385. Дарований не ищи, а усвой матерь дарований — смирение (1876 г.)

Поздравляю тебя с приближающимся светлым праздником Воскресения Господа Бога и Спаса нашего Иисуса Христа. Сердечно желаю тебе великое сие торжество торжеств христианских встретить и провести в мире и утешении духовном. Когда на Пасхальной утрени начнется общее христианское целование, тогда помяни меня грешнаго и прими от меня радостное приветствие с радостным глаголом: Христос Воскресе!

Советую тебе прочесть для твоих собственных потребностей 43-ю главу у Каллиста и Игнатия, в Добротолюбии и содержать эту главу всегда в памяти, руководствуясь ею, особенно при различных изменениях. Да тут же 44-ю главу присоедини. Обе эти главы содержат в себе великую пользу душевную и духовную. Дарований никаких не ищи, а лучше старайся усвоить матерь дарований — смирение, — это прочнее"

— 386. Клеветы не бойся (1876 г.)

Письма твои от 10-го апреля и от 1-го июня получил. Что мать Н.

много наговорила о тебе, об этом слишком не заботься и не скорби, а предай все это суду Божию. Переписку же со мною тебе оставлять нет причины, а можешь писать мне по-прежнему, надеясь на милость Божию, что силен Господь покрыть тебя от всех козней вражиих. Смирение и терпение на все победа, по сказанному от св. отцев.

От ласки излишней, при обращении с сестрами, воздерживайся, по усмотрению, научаясь из самаго дела.

Мир тебе! и молись о мне! М. Н. и других приветствую о Господе!

— 387. Не бойся попасться в переписке со старцем

Ты боишься в переписке. Пиши, ничтоже сумняся и ничтоже бояся. Голову за это не ототрут. Если узнают, можешь прямо сказать: "имею в этом крайнюю нужду и необходимость, и поддержку; а не что-либо несообразное вне духовного порядка; кажется, это самым делом вам доказывала и доказываю". Посылаю тебе общее праздничное поздравление.

Испрашивая на тебя и на ближних тебе сестер мир и благословение Божие, остаюсь с искренним благожеланием.

Многогр. и. Амвросий.

— 388. О самоубийце можно молиться келейно

Еще пишешь о несчастной кончине брата одной из ваших послушниц и спрашиваешь, можно ли его поминать. По церковным правилам поминать его в церкви не следует; а сестра и родные его могут келейно об нем молиться, как старец Леонид разрешил Павлу Тамбовцеву молиться о родителе его. Выпиши эту молитву (она напечатана в приложении к жизнеописанию старца Леонида, на стр. 210) и дай ее родным несчастнаго. Нам известны многие примеры, что молитва, переданная старцем Леонидом, многих успокаивала и утешала, и оказывалась действительною пред Господом.

— 389. О послушнице, желающей перейти в сестры милосердия

Пишешь о послушнице N, которая все хочет поступить в сестры милосердия, но наконец, слава Богу, уселась. Если опять станет смущаться, скажи ей, что если она убежит из монастыря, то враг ее поймает. А послушнице N не советую, ради близости родных, перейти куда-нибудь подальше. Враг нигде не оставит искушениями. Касательно же своего положения помни апостолом вкратце выраженную волю Божию: ко всем долготерпите, всегда радуйтеся, непрестанно молитеся, о всем благодарите. Сия бо есть воля Божия. Если не можем еще радоваться, то, по крайней мере, постараемся не скорбеть паче меры, а вооружаться терпением и долготерпением, памятуя сказанное от Господа: претерпевый до конца, той спасен будет.

— 390. Страдающаго манией преследования брата советует свозить к Черниговской Божией Матери в Троице-Сергиевой Лавре

Пишешь о своем брате, который страдает душевною болезнию подозрения, будто бы тайная полиция всюду и чрез всех его преследует этак что он подозевает самых близких к нему людей в злоумышлении и сообщении с тайною полициею. Душевная эта болезнь произошла у него вследствие того, что он стыдился или просто не захотел вовремя покаяться в детских своих грешках, считая их маловажными. Но совесть — неподкупный судья — упреками своими напоминала ему о необходимости покаяться, внушая, что он не прав, а виноват; а он, вместо покаяния, внушения совести обратил на преследование полиции. А присоединившееся к сему неверие и долгое отлучение себя от приобщения Св. Таин еще более усилили душевную его болезнь неосновательной подозрительности.

Ты боишься, что он помешается в уме. — Но это из зол и бедствий легчайшее. В этом положении, по крайней мере, сохранена будет его жизнь, если он будет находиться в заведении умалишенных, и что человек в помешательстве не отвечает уже за то, что в таком положении делает. Разумеется, за прежнее не может быть безответен.

Если бы ты могла умудриться свозить брата своего к преп. Сергию и в пещерах отслужить с ним молебен пред чудотворною иконою Божией Матери, называемою Черниговскою, предварительно приготовивши хорошаго духовника для брата, то это было бы хорошо; потому что после молебна пред сею иконою поврежденныя в уме приходили в здравый смысл и хорошо исповедывались и чрез это исцелялись.

— 391. Об ужасной кончине купеческой вдовы. О болезни и о том, что Царствие Божие есть лицезрение Христово, мука вечная — отлучение от Христа. О словах Симеона Нов. Богослова. О слезах

Пишешь, что в вашей обители несколько времени жила одна купеческая вдова, довольно задолжала бедным сестрам и бедным мирским людям, потом уехала на родину и там умерла страшною кончиною, высунувши язык, который и после не могли вправить. Ты спрашиваешь причину такой страшной кончины. Судьбы Божии для нас неисповедимы, да можно только сказать, что, во-первых, неблагонамеренно брать у бедных людей деньги без уплаты оных, принадлежит к грехам вопиющим на небо, как и мзда наемнича, по сказанному в псалмах: "заемлет грешный и не возвратит"; а во-вторых, должно быть, особа эта много грешила языком, от котораго ни за горами, ни за морями не укроешься, и видно в этом не покаялась; в-третьих, такия страшныя кончины бывают и для вразумления оставшихся живых, чтобы были осторожны и страшились нарушать заповедь Божию или, по крайней мере, позаботились приносить искреннее покаяние во грехах своих, чтобы смерть не постигла их неготовых.

Пишешь, что здоровье твое значительно ослабело и ослабевает так что матушка игуменья отправляет тебя к доктору посоветоваться о своем нездоровье. Не противься ей в этом; можешь попробовать и полечиться, если будет помогать леченье; только своей главной мысли держись, — предаваться в волю Божию и молить милосердаго Господа, да устроит о тебе полезное, имиже весть судьбами, и как будет угодно благости Его. Также пишешь, что ты теперь, как от болезненнаго состояния, так и от настроения душевнаго, часто плачешь и более всего молишь Бога о том, чтобы в будущей жизни не лишиться тебе лицезрения Христова; и спрашиваешь, не гордая ли это мысль? Нет. Только ты не так понимаешь эту мысль, потому что все, помилованныя от Господа, будут сподоблены лицезрения Христова; и Царствие Небесное не что иное есть, как радость о Христе Спасителе, от лицезрения Его. Так и напротив, отлученные от Христа будут лишены и Царствия Небеснаго и отосланы в муку. А св. Златоуст говорит, что быть отлученным от Христа страшнее геенны и мучительнее всякой муки. Пр. Феогност в последней главе говорит: если кто не надеется быть там, где Св. Троица, тот да постарается не лишиться лицезрения воплотившагося Христа. А св. Лествичник в 29-й степени, в 14-й главе пишет, что достигшия безстрастия будут там, где Троица. В средней мере находящиеся будут иметь различныя обители. А получившие прощение грехов сподобятся быть внутри райской ограды; и последния не должны лишиться лицезрения Христова. Но тебя смутило слово пр.Симеона Новаго Богослова, который говорит: "кто в здешней жизни не узрит Христа в своем сердце, тот не узрит Его и в будущей жизни". Пишешь, что для тебя это изречение ужасающее. Успокойся и не безпокойся много. Если бы не были прибавлены слова, — в своем сердце, тогда действительно было бы это изречение ужасающее. А зреть Христа в сердце своем, — смиренный Никита Стифат объясняет так: "егда кто горячесть души своей в залогственной вере зрит расширяему, и Божию любовь: тогда Христа носити да весть в себе, еже от земли и видимых действующи возвышение души его, и на небесех жилище уготовляюща ей". И прочее. (Добротолюб., часть 4-я, сотница третья, глава 23-я.) И апостол Павел пишет: себе искушайте, аще есте в вере. Или не знаете себе, яко Иисус Христос в вас есть, разве точию чим неискусни есте (2 Кор., гл. 13, ст. 5). И паки: вселитися Христу верою в сердца ваша (Еф. 3, 17). И паки: верою ходим, а не видением (2 Кор. 5, 7). Значит, вся сила в вере.

Еще пишешь, что и Петр Дамаскин смутил тебя, сказанным во 2-й части, в 8-м слове, о слезах, что они, прежде очищения от страстей, не что иное, как прелесть демонов. Вновь перечитай эту главу со вниманием. Там не так сказано и не тот смысл; ты очень усилила. Тут главный смысл безпристрастие; и говорит, что слезы живущих посреди человек, в попечении о вещах чувственных, т. е. мирских, бывают от посмеяния и окрадения демонов. А твои хлопоты по казначейской обязанности не относятся к такому попечению; что делается за святое послушание, по монастырской обязанности, того нельзя назвать попечением суетным. Разумеется, что и при таких случаях должна внимательно беречь себя и вести себя в страхе Божием с охранением совести. Правда, что слезы, прежде очищения от страстей, бывают не совсем чисты, но они, по слову Лествичника, очищаются и делаются правильными, если человек при плаче и слезах всегда помышляет о исходе от сей жизни и предстояние на Страшном Суде и о последнем на нем изречении; а потом очищают и душу плачущаго. При слезах всячески должно беречься тщеславия и возношения, от которых слезы делаются подобными болотной воде, где заводятся пиявицы и другие безобразныя гады. Во-вторых, при слезах, по слову Лествичника, должно всячески оберегаться обольщения безсловесною радостию, чтобы не принять волка имеете пастыря. Святый сей с удивлением говорит, до какой степени ухитрился лукавый враг, что источник добродетели, т. е. плач, превращает в источник страстей.

Если может человек плакать, то благоразумно да плачет в смирении с сокрушением сердечным и памятью о своих согрешениях (только не плотских подробностей: сие бо более вредно), и памятью смерти и суда Божия. Св. Лествичник пишет, что в воде слез потопляется мысленный фараон, который от ап. Петра называется львом рыкающим, как и тебе самой некогда представлялось. Справедливо сказано, что в воде слез и умиленном плаче нет места этому льву, рыкающему и ищущему кого-либо поглотить. Мать N спрашивает, можно ли у себя держать деньги сестер на хранении. Если бы сохранялся древний строгий порядок общежития, когда живущим выдавалось все потребное, в таком случае было бы это неприличным и можно бы считать недолжным; а в настоящее время, по общей немощи как начальствующих, так и подчиненных, возбранить этого совершенно нельзя. Бывает нужда и необходимая потребность для последних.

— 392. О болезни и о сестринских молитвах

Уведомляешь меня, что болезнь твоя настолько усилилась, что ты, окладенная подушками, пишешь ко мне письмо и за тебя уже молятся на церковных прошениях; и все сестры усердно желают, чтобы ты выздоровела, а тебе не желается встать от болезни и потому неприятны тебе сестринския молитвы о твоем выздоровлении. Как бы ни молились, и о чем бы ни просили Господа, касательно тебя, испрашивают тебе от Господа помилования. Потому и не отвергай сестринских молитв и сестринскаго усердия, предавай себя в волю Божию, как будет угодно Господу, так о тебе и да сотворит, точию да не лишит тебя милости Своей и желаемаго тобою лицезрения, называясь чрез пророка Отцом будущаго века.

— 393. О частом причащении Св. Таин. О слезах в церкви. О нарушении поста по болезни

Ты в болезни приобщалась Св. Таин Христовых каждую неделю и сомневаешься, не часто ли. В серьезной и сомнительной болезни можно приобщаться Св. Таин и чаще. Нисколько не сомневайся в этом. Еще пишешь, что если удерживаешь слезы в церкви, то расстраиваешься духом. Поэтому очень не понуждайся слезы удерживать в церкви; а если кто станет говорить об этом, отвечай, что у тебя от болезни ослабли нервы; а только слезы эти считай окраденными от тщеславия, смирение же может пополнить этот недостаток.

Пишешь, что боишься, простит ли тебе Господь грехи. Веруй несомненно, что простит, пришедый в мир грешныя спасти, и за грешных распныйся волею. Спрашиваешь, если доктор и мать игуменья будут принуждать есть рыбу в Великий пост, как тебе быть? Если будешь очень изнемогать от постной пищи, то можешь согласиться употреблять и рыбу по болезни; а после в этом должно приносить покаяние. Впрочем, смотри и на свою совесть, насколько она может вместить это разрешение. В книге аввы Дорофея сказано, что по вере и зелие или картофель может заменять яйцо. Всячески надо испробовать, насколько сносна будет для тебя постная пища, хоть бы немножко и пострадать, а затем и видно будет, на что должно решиться. Видение Матери N можно принимать в подтверждение Евангельских слов: будете готови на всякое время, яко не весте ни дне, ни часа, в он же Сын человеческий приидет. В болезни чумы не кто другой действует, как посланный от Господа Ангел наказания, и за жестокое страдание всячески будет и милость от Господа умирающим такою смертию.

— 394. Православный взгляд на "довлетворение" за грехи. Объяснение сна

В письме пишешь, что враг нападает на тебя помыслами отчаяния, представляя, что на мытарствах враги похитят твою душу и сведут во тьму, так что от этих помыслов ты не можешь с умилением и молиться; и тебе стало представляться, что покаяние твое мало в сравнении с твоими грехами, что все-таки за них нужно "довлетворение" понести, сообразное с грехами, и тогда только получишь прощение.

На все это скажу тебе, что слово "довлетворение" из католической церкви перешло в православную; а чисто православное верование такое, что если христианин согрешил, то он по праведному суду Божию, для избежания вечнаго наказания, должен при покаянии понести какое-нибудь наказание временное, но малое в сравнении с грехами, или болезнь, или беду какую, или безчестие. Остальное же восполняет милость Божия. Благоразумный разбойник разбойничал 30 лет, а понес наказание, — только три часа, повисевши на кресте с перебитыми голенями. Правда, что наказание тяжелое, но может ли оно послужить удовлетворением за 30-летнее разбойничество. Суди сама. В книге Исаака Сирина в слове 71-м, на странице 406-й сказано, что одному посылается болезнь в продолжения жизни, а другому перед смертию, но зато болезнь тягчайшая, но все-таки она не может, особенно в последнем случае, служить полным удовлетворением за грехи, а только малым наказанием. И из этого места видно, что труды покаяния и всякое злострадание может служить только средством хранения и отражения или усмирения страстей, а не "довлетворением".

Понесем и мы с тобой посланную болезнь, как малое наказание, веруя и надеясь получить прощение грехов своих милосердием Божиим, заслугами Христа Спасителя, пришедшаго призвать грешников на покаяние. Брань и отчаяние происходит от зависти бесовской. Ты желаешь сподобиться лицезрения Сына Божия, а они онаго лишились.

Повторяй в этой брани апостольское слово, что туне спасохомся милосердием Божиим, а только знай и помни, что спасение наше совершается между страхом и надеждою.

Еще ты пишешь, что видела во сне покойного батюшку отца Макария, который тебе сказал: иди к отцу Илариону, и желаешь знать, что бы эти значили слова, когда уже отец Иларион давно умер.

Думаю, что слова эти могут означать, во-первых, то, чтобы ты почаще вспоминала и не забывала, как покойный о. Иларион, с каким терпением и твердою верою и упованием переносил продолжительную и тяжкую болезнь свою; во-вторых, то, чтобы ты не помышляла и не надеялась выздороветь от болезни, а лучше бы готовилась как следует к переходу туда, где о. Иларион, потому что такое уготовление полезно, по сказанному: уготовихся и не смутихся. Виденныя же тобою на гостинице богаделки, стеснявшия тебя, могут означать, что переход твой должен быть не так скоро, а что ты должна еще пожить на гостинице мира и понести тесноту вместе с теми, которыя мудрствуют как богаделки, а не как настоящия монахини. Вот как думаю, так тебе и написал. Настоящее же значение Бог весть, если какое тут есть.

Первыя же слова покойнаго старца батюшки о. Макария старайся подлинником исполнить, а именно: в силу установления св. отцев утро до полудня посвящать молитве, а потом заботиться об откровении помыслов старцам и беседовании с ними. К последнему слову может относиться чтение святоотеческих писаний.

— 395. Болезнь очищает нашу греховность. Помысл о том, что болезнию отягощаешь сестер — от врага. Об отношении со стороны м. игумении. При молитве Иисусовой не должно быть излишняго опасения впасть в прелесть. Прелести более всего должно опасаться при слезах и радости. Объяснение сна. Почему страсти возвращаются?

Не вотще пишет св. апостол Павел: "елико внешний наш человек тлеет, потолику внутренний обновляется по вся дни". И св. Лествичник пишет: иное внутреннее расположение человека — здороваго, и иное — больнаго; иное седящаго на престоле, и иное возлежащаго на гноищи, егда праведный многострадальный Иов струпы яко бисеры вменяше. Св. Иов испытуем был болезнию для показания его благочестия и праведности и высоких добродетелей, а мы потерпим нашу болезнь для очищения нашей греховности. Благо нам яко смирил ны Господь. Св. Лествичник с удивлением говорит: "видех истаяваемых тяжкою болезнию несмотря на немощь телесную, искушаемых сонными грезами и удивихся, яко и при болезненном положении плоть буйствовала". И за сим прибавляет: "да не будем надеющеся на ся, но на Бога, умерщвляющаго живущую сию". Во-вторых, попущается, может быть, сие и за прежнее поползновение, бывшее около того времени, на которое указываешь. В-третьих, по слову блаженнаго Диодоха попущается это и вообще к смирению, чтобы не возносился человек, когда получает какое-либо утешение духовное. В-четвертых, бывает это и от зависти бесовской, разумеется, попущением Божиим, так как враги душевныя всегда стараются досаждать тому, кому Господь начнет являть Свою милость. Как бы то ни было, но ни в каком случае паче меры этим огорчаться и печалиться не должно, а со смирением предавать себя всеблагому Промыслу Божию, все на пользу нашу устрояющему; особенно не должно этим смущаться потому, что смущение, по слову св. Исаака Сирина, есть как бы мост бесовский, чрез который они приближаются к душе и наводят разныя искушения.

Также знай, что с шуией стороны и те помыслы, которые устрашают тебя продолжительностию болезни и наводят тебе заботу, что монастырь вообще общежительный и что будто бы ты можешь отягощать болезнию своею и обитель и сестер уходом за тобою. Без разбора отвергай эту вражескую чепуху и ложныя извращения. Знай, что ты болезнию своею подашь повод служащим сестрам к исполнению заповеди Господней: "болен бех и послужисте Мне". И этот блаженный глас сподобятся услышать на Страшном Суде Христовом служащия больным с усердием; а больные также получат свою пользу, быв искушены, яко злато в горниле болезненном.

Пишешь, что ты боишься оздороветь, и тогда опять придется впасть в молву разных попечений, хотя и за послушание. Думаю, едва ли уже к тебе возвратится прежнее твое здоровье: поэтому советую тебе не налегать на хождение неосмотрительно в церковь, отчего ты и опять заболела; а лучше умудряйся спасаться в келлии, под предлогом болезни, чем можешь избавляться от многих попечений. По временам, за послушание, сводить счеты монастырския не будет попечением ни суетным, ни очень тяжким; а между тем не будешь жить в обители совсем без дела; а дело такое: принесут счеты, сведешь их и отдашь; и затем будь покойна.

Тебя удивляет неровность матушки игуменьи. По-видимому, она тебя очень жалеет; а если услышит, что жалеют тебя другая, недовольна этим. Жалеет она тебя потому, что ты ей нужна по казначейской должности; недовольна же бывает по немощи человеческой, по немощи старейшинства, особенно по немощи предпочтения. Немощь эта так тонка и глубока, что только она не может совсем тревожить безстрастных и совершенных и предавшихся искреннему смирению, а остальных в большей или меньшей мере тревожит, когда представится случай или вина предпочтения. Разумеется, когда смерть на носу, тут уже не до предпочтения.

Жалуешься, что молва мешает тебе упражняться в молитве Иисусовой. Что делать. Живя в общежитии, нельзя совершенно избавиться от молвы и попечения. Также пишешь, что ты устную молитву не в силах всегда творить, а за умную молитву приняться опасаешься, как бы не впасть в прелесть. Св. Григорий Синаит в Добротолюбии в 7-й и последней главе о прелести пишет так: "не должны есмы боятися или воздыхати Бога призывающе. Аще же неции и совратишася, вреждени бывше умом, вежд яко от самочиния и высокомудрия сие пострадаша. Иже бо в повиновении с вопрошением и смиренномудрии взыскуяй Бога, никогда же примет вред благодатию Христа, всем человеком хотящаго спастися. Аще же и случится искушение, ко искусу и венцу бывает, скорейшу имея попущающа Бога помощь, имиже весть образы. Праве бо живущаго и непорочно жительствующаго и удаляющагося человекоугодия и высокомудрия, аще и бесчисленна подвигнет искушения на него весь бесовский полк, не имать его вредити, яко же глаголют отцы. Дерзостно же и своесоветне ходящий сии и вред удобно страждут". "Три добродетели подобает опасно соблюдать: воздержание, молчание и самоукорение, сиречь смирение". Всю главу эту прочти сама со вниманием. И прежде сердечной молитвы постарайся иметь молитву умную, держа внимание в персех и заключая ум в самых словах молитвы. Такая молитва проще и удобнее; и если в этой молитве будет успех, то, по-свидетельству некоторых, она переходит и в сердечную. А больной человек — какую может молитву держать и сколько может, столько и должен проходить со смирением. Пишешь, что ты о безуспешности своей объяснила своим духовникам и получила ответ, что высоко берешься. Отчасти это справедливо, так как это сопровождается примесью некотораго смущения. Пред духовниками своими можешь приносить только покаяние в таких выражениях, какия им доступны, а советоваться со всеми неудобно, особенно о таком деле, о каком ты пишешь.

Прелести вражия более всего бойся при слезах и радости, по совету Лествичника, отвергая приходящую радость, как недостойная, чтобы не принять волка вместо пастыря. Не вотще сказано: "работайте Господеви со страхом и радуйтеся Ему с трепетом". И о мироносицах пишется, что они бежали от гроба со страхом и радостию. Все это показывает, чтобы мы были осторожны касательно мнения о себе, когда покажется нам, что будто бы что-нибудь стяжали духовное и благодатное. Такое мнение везде выставляют началом и виною прелести богомудрые и богодухновенные отцы, особенно преподобный Марк подвижник и Исаак Сирин пишут, что нет добродетели выше покаяния и что покаяние до смерти потребно не только грешным, но и праведным, потому что и праведник седмижды в день падает; и что самое совершенство совершенных несовершенно. По этой причине и все святыя всегда смирялись и имели себя под всею тварью, потому и пребывали непадательны.

Если будут принуждать, то можешь согласиться полечиться гомеопатиею, представляя конец дела воле Божией. В Задонск проситься можешь, если отпустят. Силен Господь послать на дорогу средства. Пишешь, что ты видела странный сон, будто бы священник N принес тебе распятие, написанное на полотне, все тело написано черною яркою краскою, кроме головы и лица, что по твоему мнению означает болезнь; а на правой стороне головы натуральные волосы, а на левой нет волос, и священник просил у тебя натуральных волос. И ты недоумеваешь, что бы это означало. Думаю, что это означает то, что ты окрадаешься помыслами с шуией стороны, а именно, что будто бы ты продолжительностию болезни своей можешь отягощать обитель вашу и сестер, служащих тебе. Отвергай совершенно помыслы эти и предайся вполне всеоблагому Промыслу Божию и всесвятой воле Господа, хотящей всем спастися и в разум истины приити, Который обещает на Страшном Суде похвалить служащих больным. Когда во всем предаешься воле Божией, тогда твои и короткие власы подрастут и, может быть, на что-нибудь пригодятся, по требованию священника N. Как думаю, так и написал тебе.

Выражено желание и вместе недоумение, почему Господь как бы не слышит молитв твоих, касательно очищения от страстей. На твое недоумение представлю тебе пример. Огородник весною сперва совершенно очищает землю от всякой дурной травы, потом уже в чистую землю сажает растения, но дурная трава опять проникает, и огородник должен почти целое лето осторожно пропалывать и очищать растения от дурной травы несколько раз, пока укрепятся совершенно огородныя растения. Тело наше создано из той же земли, и сколько человек ни старается очищать себя от страстей, страсти опять проникают, как дурная трава. Опять обратимся к огороду, который если плохо огражден, то козы и свиньи повреждают растение. А птицы могут летать и чрез ограду. Огородник должен за всем этим следить и сохранять растение. А христианин должен сохранять плоды духовныя от мысленных птиц, которыя преобразуются иногда и в других животных. Праотцу нашему сказано: "в поте лица твоего снеси хлеб твой, дондеже возвратишися в землю, от нея же взят еси".

— 396. О видении м. игумении. О сочинениях еп. Игнатия Брянчанинова и об отзыве о них еп. Феофана. О старце Климченке

Ты недоумеваешь, как тебе поступить, хотя уже с своей стороны и подала совет. Ваша матушка игуменья имела видение, по силе котораго ей нужно принять схиму, но она два раза уже получила пострижение в мантию, сперва тайно, а потом открыто, пред получением начальства. В обители нашей два примера. Отец архимандрит и брат его, отец игумен Антоний, сперва были пострижены в мантию в пустыни тайно, а потом в монастыре опять пострижены в мантию явно; наконец пред смертью оба пожелали принять схиму, и были оба пострижены, и умерли схимниками. Судя по видению, кажется, не следует презирать слов умершаго митрополита, который являлся перед смертью или вскоре после оной. Правда, что частным монахам сугубое пострижение в мантию вменяется иногда в схиму, но в сказанном обстоятельстве что-то видно особенное. Впрочем, как матушка игуменья сама разсудит и пожелает, так и да сотворится.

Пишешь еще и спрашиваешь, почему преосвященный Феофан не одобрял сочинений преосвященнаго Игнатия Брянчанинова. Я всех его сочинений не читал, а помню неточное приведение им мест из писаний св. отцев. Например, в Добротолюбии у Симеона Новаго Богослова говорится в третьем образе внимания молитвы о послушании к старцу и духовному отцу, без котораго неудобно спасаться молитвою Иисусовою; а преосв. Игнатий отнес это к простому общему монастырскому послушанию, а ты ведь и сама знаешь, какое великое различие между тем и другим послушанием. Должно быть, пр. Феофан нашел и много других неточно приведенных мест у пр. Игнатия. Впрочем, слово о смерти хорошо им написано; также не плохо разъясняется им прелесть ума и прелесть сердца.

Спрашиваешь еще о старце Климченке. Справедливо, что покойный отец Иларион был в мире его учеником и всегда о нем с похвалою относился. Но покойнаго митрополита Филарета ввел в заблуждение другой мнимый ученик старца Климченка, по имени Патамий, который долго жил в Сергиевой Лавре, и вел себя видимо очень хорошо, и даже, говорят, по-своему проходил умную молитву Иисусову, и был посвящен во иеродиакона. Покойный наместник Антоний, разумея о нем хорошо, давал ему разныя поручения и представил его было к посвящению во иеромонаха; но тут Патамий, по какой-то ревности, наговорил митрополиту какой-то чепухи и о своем наместнике и о других лицах Лавры. Владыка с негодованием возвратил его назад и сделал за него строгий выговор наместнику, чтобы он вперед не представлял к посвящению таких людей, которых хорошо не знает. Должно быть, Владыка из путаных слов Патамия сделал неправильное заключение о каком-то самообожании Климченка, который был твердый ревнитель Православия и многих ересеначальников обратил к истине.

Тебя обдержит боязнь, как бы не сделали тебя начальницею по смерти матушки игуменьи. Если будешь так же больна, как теперь, то не сделают, а изберут какую-нибудь другую. Если же здоровье твое до некоторой степени поправится и будут тебя назначать, то не скоро отделаешься, тем более, что и в молитве ежедневно говорим: "Отче наш, да будет воля Твоя, яко на небеси и на земли". Кроме того будет ли хорошо, если бы и пришлось тебе уклониться от начальства. Ну-ка новая начальница ваша будет вводить новыя порядки, а сестры, смущенныя, будут к тебе приходить с объяснениями. Как ты тогда будешь поступать и что делать? Поэтому лучше молись: "Господи, устрой о мне полезное по воле Твоей святой; точию помилуй мя и спаси мя".

— 397. О принятии начальствования

В письме выражаешь свои опасения, как бы тебя не сделали начальницею в своем монастыре, потому что слух носится о переводе вашей игуменьи в какой-то Московский монастырь и здоровье твое между прочим стало поправляться. Да будет о нас по воле Божией, которая блага и совершенна. Начальства искать не должно; а если против желания изберут, упорно отказываться не следует; а только предварительно должна объяснить свою немощь телесную и душевную и конец дела предоставить воле всеблагаго Промысла Господа, хотящаго всем спастися и в разум истины приити. Пр. Петр Дамаскин пишет, что как в начальстве есть спасающияся и погибающия, так равно и в подчинении есть спасающияся и погибающия; а причины сему следующия. Если человек оставит свои хотения и разумения и потщится сотворить Божия хотения и разумения, то во всяком звании может получить спасение и в подчинении, и в начальстве. Если же кто будет противное творить, то противное с ним и случится, в каком бы он звании и месте ни был.

Ты боишься в начальстве потерять молитву, к которой было стала прилепляться. Но были примеры, что некоторыя и в патриаршеском звании обучились молитве Иисусовой; потому что начальство может дать большую свободу в этом занятии, если только человек сумеет поставить себя, как следует, в начальническом звании и не будет по человеческим расчетам вдаваться в житейския попечения, а прежде всего будет заботиться о едином на потребу; остальное же ему пошлется по неложному обещанию Господа: "ищите прежде всего Царствия Божия, и сия вся приложатся вам". А смиренный Никита в Добротолюбии пишет, что начальство даже избавляет от неправильнаго прохождения молитвы Иисусовой и не попущает впасть в прелесть вражию.

В заключение же всего скажу, что, может быть, мать игуменью никуда не переведут и дела пока пойдут еще по-старому.

— 398. Чахотка многих обращает к Богу. Сообщает о своем здоровье

Спрашиваешь меня, как тебе быть с двумя своими братьями. О брате твоем больном душевно и телесно скажу, что болезнь телесная ему на великую пользу. Если он умрет и чахоткою, не сожалей. Если болезнь чахоточная его не вразумит и не обратит к вере и к Богу, то ничто другое не может ему принести никакой пользы. А продолжение жизни с подозрительностию ко всем, сама знаешь, как мучительно, — и выразить, неудобно. Чахотка или, вернее, чахоточное состояние многих обращало к Богу.

Другому же брату можешь послать рубля три, сказав, что более посылать не имеешь возможности. О поездке в Задонск предоставь Промыслу Божию — может, Господь и устроит это каким-нибудь образом.

О мудреном своем нездоровье не знаю, как тебе и сказать. И в сырую, холодную погоду нехорошо себя чувствую, и в ясную и теплую погоду простужаюсь от сквознаго ветра; а еще хуже бывает, когда простудное расположение и брожение в теле переходит в пищеварительныя органы. Но за все слава и благодарение милосердому Господу, всеми образы промышляющему и устрояющему спасение немощных и неисправных и грешных. Не вотще апостол пишет: "да не хвалится вояка плоть пред Богом". И в книге Марка подвижника сказано: "аще сами не смиряемся, то всеблагий Господь не престает, смиряя нас".

— 399. По поводу рукописи странника о молитве Иисусовой. Об участи убитой N

Пишешь, что тебе попалась в руки рукопись, где указывается простой способ, как проходить молитву Иисусову устную, умную и сердечную, какого-то Орловской губернии крестьянина, наученнаго этому каким-то неизвестным старцем. Пишешь, что рукопись или записка этого крестьянина заканчивается 1859 годом. Незадолго перед этим временем мы слышали от покойнаго нашего старца батюшки отца Макария, что к нему приходил один мирянин, имевший такую высокую степень духовной молитвы, что батюшка отец Макарий недоумел, что и отвечать ему, когда мирянин, ради получений совета, рассказывал старцу нашему разныя состояния молитвы: и батюшка отец Макарий мог ему только сказать: "держитесь смирения, держитесь смирения". И после с удивлением об этом нам говорил. Я тогда это относил к орловскому купцу Немытову, который был великий молитвенник; а теперь думаю, что, может быть, это был тот мирянин, о котором ты пишешь. После сороковых годов в Орловской губ., в Брянском монастыре, жил афонский схимонах Афанасий, проходивший умную и сердечную молитву. А еще ранее в Курской и Орловской губ, в разных монастырях жил иеросхимонах Василий, называвший себя бродягою, который учил многих прохождению молитвы Иисусовой, желавших этому учиться.

Ты пишешь, что крестьянин этот настолько прилеплен был молитве Иисусовой, что для него трудно было прочитать и молитвы утренния: но, по слову Григория Синаита в Добротолюбии, это прилично только людям простейшим и живущим в безмолвии, а в монастырях живущим это не может быть пригодно. Ежели Антоний Великий совершал девятый час и преп. Зосима, отыскавши Марию Египетскую, совершал свое правило, ходя по пустыни, то кольми паче нам немощным не должно по силам оставлять своего правила. В Бабаевском монастыре иеродиакон, молитвы ко причащению заменявший молитвою Иисусовою, после спутался и сослан был в Соловецкий монастырь.

Думаю, что живущим в монастырях удобнее и полезнее приспособлять молитву Иисусову к порядкам того монастыря, держась, сколько возможно, благоразумнаго молчания, а в нужде краткословия. Покойныя наши старцы говорили, что хорошо, если кто может, слушая и чтение церковное держать при этом и молитву Иисусову; тогда и внимания больше бывает. В келейном же чтении, как и сама ты читала, если молитва Иисусова хорошо действует, то можно правило оставлять. Пишешь, что тебе вязание чулка помогает от уныния, то и можешь делать так. Древния монахи плели при этом кошницы. Старец, ехавший с юным монахом по реке Нилу, то сплетал, то расплетал бывшую у него в руках веревку. Когда спросили у него, для чего он это делает, старец отвечал, что это помогает вниманию мысли.

Ты в болезни много приложила себе келейнаго правила. А при молитве соразмерность почитается, как говорит Григорий Синаит. Еще пишешь, что ты, в четочном пятисотенном правиле, молитвы без поклонов творишь умом; приличнее в келейном правиле творить устами, разве только немощь телесная препятствует. Во втором письме спрашиваешь об участи убитой N, может ли она получить милость Божию. Судьбы Божии неисповедимы и непостижимы. Впрочем, по некоторым признакам можно заключить, что она не должна лишиться милости Божией, хотя она, как пишешь ты, была в заблуждении со стороны прелести вражией, верила разным сновидениям и не любила читать духовных книг; также под конец пристрастилась к сребролюбию, меняла бумажки на серебро, пересчитывая оное и раскладывая по сортам. Но в пользу ея следующия обстоятельства: во-первых, она убита. Во-вторых, вследствие сновидения, может быть и с шуией стороны бывшаго, она оставила в деньгах записку, чтобы оныя раздать на милостыню и на монастыри, на помин ея души, что родныя ея, как сама пишешь, и исполняют. Не вотще сказано в псалмах: "аще беззакония назриши Господи, Господи, кто постоит. Яко у Тебе очищение есть".

— 400. О послушании странника и о послушании казначеи

Теперь скажу тебе несколько слов о рукописи странника. В ней противнаго ничего нет. Странник жил, как странник, и проводил жизнь странническую, не обязанный заботами и попечениями, и свободно упражнялся в молитве, как желал. А ты проводишь жизнь, как казначея, и притом болезненная, обязанная монастырским послушанием; и потому в молитве упражняйся, сколько имеешь свободы; а остальное дополнится послушанием, которое имеет также свое значение. Монах-плотник жаловался Варсонофию Великому: "Отче, Бога мне помянуть некогда. — Почему же? — спросил старец. — Потому что весь день занят делом плотничества. — Ведь ты этим делом занимаешься за послушание. Бога ради? — Так, — отвечал брат. — Значит, ты весь день Бога поминаешь!"

Не сомневайся и ты о своем послушании; а к молитве простирайся елико можешь, поминая сказанное тебе при пострижении, как тебе давали четки: "Вот тебе, сестра, меч духовный. Глаголи выну во уме, во устех, в мысли, в сердце: Господи Иисусе Христе, Сыне Божий, помилуй мя грешную".

Держись и ты этого предписания, и как будет тебе возможно, так и произноси молитву, иногда умную, иногда устную, а на свободе и сердечную, если Бог поможет. А при немощах и неисправностях кайся и смиряйся, но не смущайся.

— 401. Что читать брату маловерному?

Спрашиваешь, какую лучше дать книгу, для прочтения, брату твоему слабоверному. Он желает читать древних писателей, поэтому дай ему прежде прочитать житие Андрея Юродиваго; и если это житие сколько-нибудь благотворно на него подействует, то можешь предложить ему читать св. Иоанна Златоуста толкование на Евангелие от Матфея и Иоанна. А еще бы лучше было, если бы ты могла ему послать книгу на славянском языке, называемую маргарит, т. е. избранныя поучения св. Златоуста. И славянский язык не совсем ясный, и великия и неудобопостижимыя истины заставили бы новаго умника подумать, который от суемудрых научился только верить тому, что видит и что осязает руками. Можешь брата своего спросить: ведь он души своей не видит, а верит, что душа в нем есть. То же должен разуметь о мысленных и духовных предметах. И еще можешь спросить его: Америки он не видал, а верит, что Америка есть.

— 402. Об антихристе и его предтечах

Ты боишься дожить до времен антихриста. Милостив Господь. Мы с тобою до этого едва ли доживем, а только нас немного попугают предтечи антихристовы, возстающие против церковной и предержащей власти; так как антихрист должен придти во время совершеннаго безначалия, о котором и хлопочат предтечи антихристовы.

— 403. Об игуменстве не смущайся

Касательно игуменства, о чем предрекал Иванушка, положись на волю Божию и веруй, что Господь никому не посылает искушений выше сил; и если кого определяет на какое-либо служение, то в то же время готов бывает подавать и Свою всесильную помощь обращающимся к Нему с верою и усердием.

— 404. О воровстве в обители и о хранении у себя чужих денег

Пишешь, что чрез случившееся воровство в обители м. N лишилась всего капитала, не пожелав последовать решению мудрому старинных людей, — в случившейся беде делить погрешности пополам. Тогда бы скорбь ея была легче. А теперь, отдавши все, думает бежать из обители. Но это не основательно, очень не осповательно. От беды и скорби никуда не уйдешь. Лучше будет, если она, сознав искренно свою неисправную жизнь пред Богом и разныя мысленныя уклонения от праваго пути, останется в обители, чтобы терпением со смирением заглаждать бывшия погрешности. Впрочем, так думаю аз грешный и неисправный; а она, как знает и найдет лучше, тако и да сотворит.

Припомнилось мне, что ты когда-то писала (видела во сне), что какия-то странныя воины, взяв нас с м. N из среды сестер, только двух распинали, а прочих никого не тронули. Смотри, как бы тебе не пришлось из-за чужаго дела пострадать так же, как случилось с м. N. Хотя в Евангелии сказано: "любите враги ваша, добро творите ненавидящим вас"; но любовь эта должна выражаться совсем в ином, а не в том, чтобы хранить чужое, что могут похитить. От такого хранения ты невольно можешь подвергаться смущению из опасения... Кажется, лучше бы было, если бы ты возвратила взятое и посоветовала хозяйке положить это на хранение в государственный банк.

Должно быть, и ты читала в Отечнике. Скитския старцы собрались на собор судить подверженнаго воровству и решили так: все другая немощи можно нести, а подверженнаго воровству должно удалять, потому что он всех смущает.

Скажи от меня грешнаго м. N, чтобы она попросила половину отданнаго назад и оставалась бы жить в обители по-прежнему.

Полезно всем нам почаще прочитывать псалом: "терпя потерпех Господа, и внят ми"... и проч. И сказанное в другом псалме: "Не даждь ноги твоея во смятение, и не воздремлет храняй тя". Опять хочется повторить тебе касательно хранения не своего, чтобы не случилось подобнаго, как с м. N. Тогда будет воистину распятие, — и особенно если это случится при жизни м. игуменьи. Иванушка толкует, а матушка игуменья живет да живет.

Всеблагий Господь долготерпит всем нам, хотя по молитвам всех нас, аще точию сами мы не воспротивимся сему или не вознерадим.

— 405. Не нужно жалеть о поступлении в монастырь. Снова о боязни игуменства

Как ни скорбно, как ни прискорбно тебе, но раскаиваться не следует, что пошла в монастырь. Во всяком случае вернее и благонадежнее то, что мы находимся Промыслом Божиим в монастыре и более имеем надежды получить милость Божию, поступивши в монастырь, нежели бы оставшись в мире. И "в мире скорбни будете", сказано в Евангелии. Лучше потерпеть скорби в монастыре. Можно получить большую милость Божию.

Пишешь, что мать игуменья ваша ослабела от нездоровья и слабости и боишься, что тебя назначат начальницею. В этом случае предайся воле Божией и будешь покойнее; а может быть, и не назначат как-нибудь. А если бы назначили, то знай, что и начальство есть также послушание, которое должно проходить по страху Божию, с хранением совести как в присутствии Божием, по указанным правилам. Преподобный Петр Дамаскин пишет, что везде есть спасаемыя и погибающия, и в начальстве и в подчинении. Начало же спасения состоит в том, чтобы оставить свои хотения и разумения и сотворить Божия хотения.

— 406. Монахине ехать в Крым для купанья неприлично, а на богомолье ехать в Киев можно

Пишешь, что игуменья мать N. приглашает тебя ехать с нею в Иерусалим, и ты под этим предлогом думаешь попроситься у своей матери игумении отправиться в Крым для лечения морским купаньем. Но такое купанье в Крыму монахине несвойственно и неприлично. Вот слышно, что Царская фамилия отправилась в Крым; поэтому там по всем местам будет многолюдство непомерное. А в Киев попроситься можешь на поклонение Царице Небесной и мощам угодников Божиих. Если в Киев не пустят, попросись в какое-либо другое место, в Задонск и Воронеж; а при такой поездке можешь заехать и к нам. По нужде же можешь приехать к нам чрез Вязьму и Тихонову пустынь, попросившись в Сергиеву Лавру или к родным.

— 407. Брошюра об афонских иноках. О пользе молитвы за умерших.

О данном обете и о виденном сне

Пишешь, что враги душевныя, чрез случай брошюрки Афонской горы, так тебя смутили, что ты дня три молиться не могла от смущения и отчаяния, и доселе продолжают несколько смущать по поводу этого случая. А описанное в брошюрке обстоятельство более внушает благонадежие, нежели отчаяние. Я отыскал эту брошюрку у одного брата и читал; сказано там: некто, живши на Афоне, любил ходить по гостям, так что редко заставали его и в келлии своей; также сказано, что не всегда он исполнял свое келейное правило; пред смертию тяжко проболел целый месяц и под конец ежедневно приобщался Святых Таин; но по смерти своей чрез два месяца явился во сне одному брату, близкому к нему, не веселый, и сказал, что он находится в темнице. Видевший объявил это братии. Благоговейныя братия усилили свои молитвы о нем, а иеромонахи поминали на литургии. Опять чрез два месяца покойник является веселый, и в глазах видевшаго перебежал реку по узкой жердочке, и очень скоро взошел на гору, которая простиралась до небес. Обстоятельством этим явно показывается, как полезно церковное поминовение и частныя молитвы покойникам покаявшимся, но не понесшим или не успевшим понести эпитимии. Ежели человек согрешил, то по правосудию Божию должен понести мучение или томление — покаявшимся временное, а непокаявшимся вечное. Христос Господь при распятии сказал благоразумному разбойнику: "днесь со Мною будеши в раю". Но после слов Христа Спасителя этому разбойнику перебили голени, и он несколько часов мучился, вися на однех руках. Так и всякий грешник покаявшийся, если не понесет эпитимии добровольной в подвиге поста и молитвы, и поклонов, или невольной долговременной болезни, или чрез другия скорби, то по смерти своей требует поминовения, чтобы избавиться от темницы, как означенный покойник.

Не без причины Православная Церковь установила церковное поминовение по усопшим, — чтение псалтири, милостыню.

259

Приемлются и частныя молитвы. Если бы, по твоему мнению, решила участь покойника одна разрешительная молитва духовника, тогда было бы установленное Церковью поминовение тщетно; а оно приносит великую пользу покойникам покаявшимся, только не приносит пользы непокаявшимся грешникам, или неверующим, или иноверцам и еретикам.

Вперед будь осторожна и осмотрительна при внушениях благовидных помыслов от врагов душевных. Как бы благовидны помыслы эти ни были, но ежели они приносят смущение и отчаяние, то это волки в овчих кожах, говорит Варсонофий Великий.

Пишешь еще, что ты, по какому-то обстоятельству, дала обещание ежедневно читать акафист великомученице Варваре; а теперь при чтении других акафистов не имеешь времени для этого. По крайней мере, читай ежедневно хоть по три икоса и кондака. Объясни о своем обещании матушке игумений N. Ежели этого не можешь исполнить исправно, тогда на каждой исповеди объявляй духовнику о своем обещании и неисправности. Также пишешь, что когда-то видела сон, будто бы шестнадцатилетняя Девица необыкновенной красоты держала в руках своих Младенца, чтобы ты подержала Его на руках. Как ты ни простирала руки кверху и сама вся вытягивалась на ногах, но не могла взять этого Младенца, так и проснулась.

Думаю, что сон этот может означать то, что Божия Матерь хотела тебе показать, что прилежащия к постоянной молитве, кроме чтения псалмов, акафистов и тропарей, и особенно молитве Иисусовой, носят Христа Спасителя не только в объятиях, но и в сердце.

— 408. О молитве Иисусовой — устной, умной и сердечной

Пишешь, что ты проходишь молитву Иисусову устную и умную, а о сердечной молитве не имеешь и понятия. Сердечная молитва требует наставника. Впрочем, кто сначала проходит правильно устную молитву, заключая ум в слова молитвы: "Господи Иисусе Христе, Сыне Божий, помилуй мя грешнаго или грешную", а потом будет проходить правильно и умную молитву, со смирением держа внимание ума в персях, то по времени и без наставника у некоторых умная молитва сама переходит в сердечную. Впрочем, у кого не переходит, должны довольствоваться устною и умною. Несколько лет назад приезжала в Оптину одна молитвенница, которая занимается молитвой Иисусовой более 30-ти лет. Она говорила о себе: я не знаю, где у меня сердце; но бывает, когда творю молитву Иисусову, нахожусь в таком состоянии, что все кости моя рекут: Господи, кто полюбен Тебе. Впрочем, можешь прочесть пространно писанное о сердечной молитве Иисусовой во 2-й ч. Добротолюбия у Каллиста и Игнатия, и затем 43-ю гл. о прилоге и изменении; также в 4-й части Добротолюбия кратко сказано о молитве Иисусовой Каллиста Патриарха Константинопольскаго. Что-нибудь поймешь, когда будешь самым делом дополнять, особенно когда позаботишься о приобретении смирения, без котораго не только молитва, но и другия делания тщетны. А причин, приводящих к смирению, не мало, как сама пишешь, в настоящем твоем положении.

Пишешь еще, что тебя иногда тревожит вражеский помысл, что тебе в прежнем монастыре было лучше; а когда там жила, то помыслы толковали, что там хуже, а на новом месте удобней. Но дело уже сделано. Теперь нужно держаться псаломскаго слова: "На всяком месте владычествия Его, благослови душе моя Господа".

Устную молитву как бы кто ни проходил, не было примеров, чтобы впадал в прелесть вражескую. А умную и сердечную молитву проходящия неправильно, нередко впадают в прелесть вражескую. И потому прежде всего должно держаться крепче устной молитвы, а потом умной, со смирением, а затем уже, кому удобно и кому благоволит Господь, переходить к сердечной, по указанию св. отцов, опытом прошедших все это.

— 409. О браке между родственниками

Спрашиваешь о браке племянника и племянницы на родственных лицах, говоря, что ныне разрешают. Что ж толку-то, что разрешают. Супружескаго счастья не бывает за это; да и на детях отражается неизлечимо болезненностию детей; а поэтому я не могу советовать на подобныя браки решаться.

— 410. О дурном глазей о суевериях

От очес призора, от ревности и зависти и от невидимых духов молится священник избавить родительницу и новорожденнаго. Значит, сомневаться в дурном глазе нельзя. Но употреблять воду, в которую опускают горячия угли с молитвою, и кропить этой водой, суеверно и грешно. У нас есть на то крещенская вода. Также грешно и суеверно располагать занятия по месяцу или луне. Мир тебе и Божие благословение. И духови твоему.

— 411. О причащении больных в келлии. О молитве св. Спиридону

Пишешь, что матушка игуменья N давно не причащалась Св. Таин и теперь все отлагает по той причине, что по слабости телесной не может бывать в церковных службах. Ежели она больна, тем более не должно отлагать причащение Св. Таин, так как это — главное врачевство духовное, нередко и телесное.

Если матушка игуменья не может в церковь ходить по болезненности своей, то пусть причащается Св. Таин в келлии, ничтоже сумняся. Врачи телесные обыкновенно приходят к слабым больным, а не больные к ним. Так поступает и Врач душ и телес наших Господь наш Иисус Христос, приходя Святыми Своими Тайнами в келью больных. Больная матушка игуменья спрашивает: что нужно вычитывать в келлии, не бывая в церкви. Приготовляясь к причащению, можно с вечера вычитывать в келлии 9-й час, малое повечерие, среди котораго прочитывать акафист Спасителю и Божией Матери с канонами Ангелу Хранителю. Отходя ко сну читать конец повечерия и вечерния молитвы. Утром читать утренния молитвы, шестопсалмие, 12 псалмов, первый час и молитвы ко причащению с каноном; потом 3-й и 6-й час и изобразительные, а при большей слабости болезненной можно и это сократить, довольствуясь утренними молитвами и молитвою ко причащению. Прочитайте вместе с матушкой игуменьей N писанное в книге Варсонофия Великаго к больному старцу Андрею, начиная от 163-го вопр. Там увидите ясно, что от больнаго требуется только терпение и благодарение и что болезнь телесная заменяет подвижничество телесное, так как подвижничество это предпринимается для смирения и укрощения тела, а болезнию телесною это заменяется. Еще пишешь о затруднительном положении брата твоего. Пусть он и невеста поусерднее и с верою прибегают к св. Спиридону, чтобы, за его св. молитвами, Господь помог им продать имение за настоящую цену. Были не так давно примеры, что прибегающие к св. Спиридону, по его молитвам, выходили из затруднительнаго положения, когда их прижимали и хотели купить за дешевую цену. Являлись неожиданные покупатели и покупали дома или имения за настоящую цену.

III

ПИСЬМА К УЧРЕДИТЕЛЯМ ОБЩИН И К ПЕРВОНАЧАЛЬНИЦАМ ИХ

— 412. Как хлопотать в ПБ об открытии общины (1876 г.)

Достопочтеннейший о Господе!

Случайно узнал я, что ты собираешься отправиться сам в Петербург по делу общины. Не советую тебе это сделать; а лучше попроси м. И., чтобы он съездил туда. А ты коли поедешь в Петербург, то попадешь как в темный лес, и вместо того, чтобы подвинуть дело, можешь как-нибудь закутать его. А м. И. лучше твоего может все устроить. Даже и в консистории, как я уже тебе писал, советую тебе самому меньше хлопотать, под предлогом слабости здоровья, а больше вести это дело чрез м. И., которому такия дела более подручны.

Приветствую м. М. и сестер общины. Хотя дело об открытии общины замедляется, но силен Господь подать благополучный конец. Поэтому не скорбите и не малодушествуйте, а будьте благонадежны, уповая на милость Божию и молясь усердно.

Я уже не раз говорил тебе и писал, что доброму и благому делу предшествует или последует скорбное искушение.

Испрашивая на тебя, на м. М. и на общину, а вместе и на семейство мир и Божие благословение, остаюсь с искренним благожеланием.

Многогр. и. Амвросий.

— 413. Как устроить лучший звон. О выборе священника (1879 г.)

Христос Воскресе!

Достопочтеннейший о Господе N!

Письмо твое получил. Пишешь, что церковная утварь и колокола, для обители вашей, в Москве куплены. На первый раз хорош будет звон и от 50-ти пудов; только не думаю, чтобы был звон удачный прямо купленных колоколов, так как они большею частою переливаются из старых колоколов. Такой звон отзывается сковрадным. А если кто желает иметь хороший колокол, то нужно самому купить хорошую медь и хорошее олово, по нужной пропорции, и заказать на заводе отлить. Звон такого колокола бывает чистый и сильный.

Еще пишешь, что у вас отыскивается во священники хороший студент и женатый; в 30 лет, немного моложав. Но так как он известный человек и вам нравится, то, если владыка согласится на утверждение его, тогда воля Божия да будет в этом. Хорошо бы было, если бы он, прежде посвящения, побывал у нас. Мы бы с ним поговорили и монастырские книги ему подарили. Знакомство это будет нелишнее. Если и после 15 апреля дело об общине не придет из Синода в Орел, тогда попроси м. И. съездить в Петербург и дай ему денег на дорогу и на подмазку, чтобы скорее выслали дело ваше, по пословице: сухая ложка рот дерет.

Приветствую о Господе м. М. и всех сестер общины вашей и желаю всем вам мирнаго и благополучнаго пребывания, а также скорейшаго и благополучнаго окончания дела вашего, чтобы поскорее освятить церковь вашу, иметь своего священника и свою церковную службу. Мир всем вам.

Многогр. и. Амвросий.

— 414. О просящихся в общину именем старца. О том, что в новоустрояющейся общине младшия не должны забегать вперед со своими мнениями и советами (1879 г.)

Достопочтеннейшие о Господе: Боголюбивый строитель и новоизбранная Начальница м. М.

Поздравляю вас с торжественным освящением деревянной церкви и заложением каменной в новоустрояющейся обители вашей. Сердечно желаю благополучнаго и успешнаго продолжения в исполнении предполагаемых дел и в принятии приходящих в алтаре должно назначать сестер испытанных; а кое-каких в алтарь посылать нельзя.

Если кто из приходящих в вашу обитель упомянет и мое грешное имя, что ему сказано простое благословение, по его желанию, отправиться в вашу общину. В принятии же приходящих сами усматривайте для вас и для обители. И к этому прибавлю, что недугующих пустою завистию и не следует принимать. В таких людей нужно всматриваться.

Простите что поздравительное письмо вышло не очень поздравительно и приветливо. Что делать? Духовный закон повелевает избирать более полезное, а приятное дозволяет только с рассмотрением и разсуждением.

Всеблагий Господь да помилует всех нас, и да вразумит и да наставит на душеполезное и спасительное. Есть старинная пословица: уши выше лба не бывают. Поговорка эта пригодна везде, кольми паче в новоустрояющейся обители. Значение этих слов такое: кто должен слушаться, тот не должен забегать вперед с своим мнением и предложением. Приветствую о Господе всех сестер новоустрояющейся обители вашей и поздравляю их с радостным началом, котораго они так сомнительно ожидали. Мир всем и Божие благословение...

— 415. Поздравляет с праздником Рождества Христова (1880 г.)

Достопочтеннейшие о Господе: отец Строитель и пречестнейшая матушка настоятельница М.

Поздравляю Вас с наступающим великим и всерадостным праздником Рождества во плоти Господа нашего Иисуса Христа, а также и с приближающимся Новым годом. — Мир и благоволение Божие в человецех, возвещенные св. ангелами при рождении Изволившаго воплотитися Сына Божия, да осенит вас со всеми о Христе сестрами обители вашей, как во сретении, так и в продолжении наступающих праздничных дней. Меня же грешнаго прошу поминать как в сии торжественные дни, так и во всякое время. Здоровье мое все больше и больше слабеет.

Силы мои стали очень хилы, и дела мои не спорятся. Испрашиваю на вас и на обитель вашу мир и Божие благословение.

— 416. О выборе сестер общины (1888 г.)

Письмо твое получил. Пишешь, что некоторых сестер, означенных в записке, не находится у вас. Вместо их можно приискать других по усмотрению твоему, способных к делу и благонравных, так как времени еще довольно. Приезд твой с сестрами отложен до весны, потому что господа Ш-ские зиму пробудут в Крыму, да и храм в П-ом еще неосвящен. Весною удобнее будет и ехать. Поэтому не спеша ты и приискивай людей.

Опять напиши мне, кого найдешь, означенных в записке и неозначенных в записке, чтобы было 9 человек с тобою; а если найдутся хорошия и благонадежныя, то можно больше.

Просит меня монахиня ваша м. М-на принять ее к Ш-ским. Ежели она благонадежна, то можно и ее взять.

— 417. Об отпуске сестер и о времени выезда (1889 г.)

Сестра о Господа и чадо духовное, мать N!

Вместе с письмом твоим одновременно посылаю письмо к вашей игумении, чтобы она отпустила с миром тебя и других сестер, пожелающих с тобою ехать.

Выезжайте в половине мая или после половины мая вскорости.

Мир тебе и другим сестрам и Божие благословение!

— 418. О неудобствах на новом месте; скуке и неустройстве; о времени церковной службы; о пище (1889г.)

Сестра о Господе и чадо духовное, мать N!

Письмо твое получил. Пишешь, что в новом месте ты скучаешь. Нельзя и не поскучать от разных причин; так как обитель новая только начинается и порядок еще не устроен, а нужно его устраивать, а вдруг всего не устроишь. В новом месте и в новом деле многаго недостает, а эти недостатки и озабочивают тех, от которых дело зависит. Во всяком случае прежде нужно потерпеть и не унывать и с верою на милость и помощь Божию уповать. Силен Господь все устроить и подать нужное и потребное.

Тебя смущает то, что у тебя прочия благословляются на дела разныя. Так как ты назначена старшею сестрою, то ничтоже сумняся говори — Бог благословит!- на всякое дело, где нет преступления

265

заповеди Божией, не предвидится душевнаго вреда или внешняго какого-либо ущерба.

В чем недоумеваешь, можешь потолковать и посоветоваться с старшими сестрами, а где требуется и с основателями обители.

Слышу, что у вас утреннее правило начинается в 6 часов, это поздненько, по крайней мере нужно начинать утреннее правило в 5 часов, как делают в Казанской общине, в Шамордине, когда там не бывает обедни.

Еще слышу, что касательно пищи нет у вас настоящаго порядка. Следует в простыя дни готовить только три пищи: холодное, щи и кашу, или — щи, суп картофельный и кашу, и в праздники четыре пищи — холодное, щи, лапшу и кашу. Есть в вашей стороне какое-то растение кукуруза, нельзя ли ею по временам заменять кашу, чтобы далеко не отступать от монастырских правил, и арбузы не всегда в трапезе подавать, а по усмотрению, в праздники или еще при каком случае.

Благожелательно о Господе приветствую сестер, живущих в Николо-Тихвинской общине.

Призывая на всех вас мир и благословение Божие и испрашивая ваших молитв святых, остаюсь с искренним благожеланием.

Многогр. и. Амвросий.

— 419. Снова о неудобствах и материальных затруднениях (1889 г.)

Сестра о Господе и чадо духовное, мать М.!

Недавно послал тебе письмо, но, вероятно, ты его еще не получила и опять пишешь о неудобствах, какия ты встретила с С-скими сестрами в новой обители. Разве ты не читала в житиях святых отцов, особенно русских, что все новыя обители устроились с большими затруднениями; так что нередко все братия бывали по два дня без пищи и после все устроилось и обители эти процвели. Искушения бывают и монашествующим и самим монастырям. Будем надеяться, что в Ц-ой обители все устроится к лучшему. А все хорошее и полезное не вдруг устраивается, а с разными затруднениями.

Б. В. и В. Н. пожелали устроить обитель, а им два года аренды не платят. Вот чрез это и затруднение вышло; у них есть леса, когда устроится продажа, тогда и дела поправятся с Божиею помещию. А пока подождем и потерпим. Есть правильная поговорка: стерпится, слюбится. Советую и тебе с сестрами потерпеть. Жалуешься, что ты с сестрами зависите от других. А., 3. и Е. выдают вам все. При недостатке вещей это для тебя и лучше, ответственность не на тебе.

О бунтующих перекрещенках я писал В.Н., чтобы их выслать, как и лично ей говорил об этом.

Всем С-ским сестрам передай от меня благожелательное приветствие о Господе.

— **420. Господь взирает не на наружныя действия наши, а на намерения (1870 г.)**

Сестра о Господе, мать N!

Деньги, посланныя на имя Т., получил, также и письмо твое, от 22-го (по почтовому штемпелю). Пишешь, что в дороге была нездорова, а приехавши в Киев и вовсе заболела и лечилась; говоришь, что, по-видимому, нажила себе ревматизм в голове. Что делать? Положись на волю Божию: как Господу угодно будет, тако и да сотворит с нами! Еще описываешь, как неприятна тебе была езда по железной дороге и каким средством ты ухитрилась избавиться от докучливых разговоров. И сбылось слово апостольское: аще кто хощет мудр быти в вас, буй да бывает, яко да премудр будет. Тебя беспокоит, что к этому средству пришлось тебе обратиться в храме преп. Сергия. Но Господь взирает не на наружныя наши действия, а на намерения наши, почему так или иначе поступаем, и если намерение — благое, по Боге, то и можно быть покойным. Потому и других не должно судить ни в каком случае: мы видим только внешния поступки; а сокровенныя побуждения и намерения, по которым эти поступки будут судиться, ведомы Единому Сердцеведцу Богу. — Мир тебе! Мужайся о Господе!

Пишешь, что тебя очень поразило, что вагоны, в которых ты сидела, переехали и задавили мужика, работавшаго на дороге, и боишься, как бы на том свете тебе за это не отвечать. Но ты ведь не машина, которая задавила человека, и не машинист, который не усмотрел человека; а только сидела в вагоне и не видала, куда вас везут.

— **421. Благодушное несение болезней искупает греховную причину их. Уклоняющийся от вольных скорбей впадает в невольныя (1871 г.)**

Сестра о Господе, мать!

Получил письма твои. Очень сожалею о разстроенном здоровье твоем. О причине болезни смущаться не должно; святыя отцы заповедуют нам не искать, от кого и за что находят скорби, а терпеть благодушно. Благодарение Бога и смиренное несение не только загладят наши немощи и неосторожности, но и вменят нашу же вину в наше оправдание. Попущение же Божие, бывающее на пользу нашу промыслом премудрым, от нас же и истекает. Уклоняющийся от вольных скорбей, говорит Марк подвижник, впадает в невольныя. — И все же к пользе нашей и ко вразумлению нашему; но отнюдь не к смущению.

— **422. Не следует доверять снам, от которых бывает смущение (1871 г.)**

Сестра о Господе, мать!

25-го августа получил от тебя письмо, на которое отвечаю вкратце, потому что 6-го августа я заболел и был очень болен, да и теперь не оправился еще от своей болезни, — так слаб, что от обычных своих занятий очень сильно утомляюсь. По этой причине, т. е. по болезни моей, следует тебе и приезд твой к нам отложить до перваго хорошаго зимняго пути: тогда спишемся. А теперь не приезжай. — Пишешь о виденном во сне жезле и о слышанном тобою голосе. Но эти сны, может быть, не истинные, а с шуией стороны, потому что от истинных видений бывает мир и польза душевная, а от этих снов последовало общее смущение. Поэтому советую тебе не доверять этим снам, а оставлять их без решения и молиться, чтобы Господь и Царица Небесная устроили о тебе полезное, якоже Им угодно. Если что по воле Божией будет, то пусть и будет, — и эти вещи бывают обыкновенно и без нашей воли; а эти сны бывают иногда только одно наругание бесовское, на которое не следует обращать внимания. Пусть об нас лучше будет по воле Божией.

— 423. О благоразумном распределении имущества (1872г.)

Сестра о Господе, мать!

Пишешь, что процентов с твоих билетов тебе для прожития недостает, и просишь моего совета, не разменять ли тебе билеты? При этом разсчитываешь, сколько еще проживешь: в одном письме пишешь, что проживешь, может быть, только три года, а в другом — что более пяти лет не проживешь. Напрасно располагаешь продолжением своей жизни, которая зависит от мановения воли Божией и Единому Господу известна; и напрасно на таких погрешительных и неверных догадках и предположениях основываешь денежныя свои расчеты и назначения, сколько после себя оставишь монастырю. При скудости твоих средств и при болезненном твоем положении очень неблагоразумно заблаговременно заботиться о благотворении монастырю. Если проживешь более назначеннаго тобою срока, а между тем распорядишься и вторым твоим билетом, то, проживши первый, чем же ты, больная и немощная, будешь содержаться. Поэтому советую тебе заблаговременно не делать назначения монастырю: сколько останется после тебя из твоего капитала, то и останется в пользу обители. А для того, чтобы не вышло путаниц из того, что билет твой именной, достаточно сделать на нем подпись своего имени, фамилии и звания и засвидетельствовать эту подпись у нотариуса. Чрез такую подпись именной билет делается безымянным. Для расходов же твоих достаточно тебе разменять один билет на несколько мелких билетов, которые при надобности удобно разменивать на деньги, а на остальную часть капитала будешь пользоваться процентами.

— 424. Об удобстве иметь келейницу. О чистой молитве. Еще о неверии снам (1872 г.)

Сестра о Господе, мать!

В первом письме писала ты, что взяла келейницу, но что она во многом тебя затрудняла и стесняла; а во втором письме пишешь, что она уже ушла от тебя. Но сама видишь, что с келейницею одни неудобства, а без келейницы другия неудобства. Особенно в случае болезни или изнеможения тебе невозможно обходиться без келейницы, как самое дело показывает. Что бы с тобою было, если бы 13-го августа в Киеве ты была одна без келейницы? Одной можно бы тебе душевно повредиться. И вообще сказано в Писании: блази два паче единаго; и горе единому, егда падет, и не будет втораго воздвигнути его. Высочайшим образцом безмолвия был Арсений Великий; но и он в своем уединении имел при себе двух человек, Александра и Троила. Как же нам немощным душевно и телесно жить одним? Разве мы выше Арсения Великаго?

Описываешь, что с тобою было в ночь 13-го августа. Это на тебя так сильно подействовало оттого, думаю, что ты привыкла верить и снам своим и тому, что видишь или слышишь во время молитвы, тогда как чистая молитва в том и состоит, чтобы во время ея никакого посторонняго помысла не принимать и не верить тому, что видится или слышится, т. е. изменению иконы или какому-либо голосу. А если снам или чему-либо подобному верить, то можно и ума лишиться. К м. и. можешь ходить, смотри по надобности, изредка и со страхом Божиим и с осторожностию; но отнюдь не следует этого делать вследствие виденных тобою снов, в которых она просит твоей помощи. Повторяю, ни снам, ни голосам, ни мысленным внушениям во время молитвы не верь и по оным не действуй, чтобы душевно не повредиться.

Пишешь, что иногда м. и. наговаривала на тебя то, чего нет, ты должна была принудить себя говорить, что это правда. Не понимаю, почему же ты должна это делать? Никакой надобности нет говорить то, чего нет.

— **425. На повторяющих от сердца Иисусову молитву возстает враг. Должно терпеливо переносить искушения и надеяться на помощь Божию. При победе над врагом не должно возноситься и оставлять молитву, ибо эта мнимая победа уловка врага с целью победить подвижника. Прежния грехи возвращаются от самонадеяния и осуждения (1879 г.)**

Сестра о Господе, пречестнейшая матушка!

Описанное тобою искушение происходит от диавольской зависти. В Добротолюбии — в главах Марка подвижника, о мнящихся от дел оправдатися, в главе 88-й сказано: "егда увидит диавол, яко ум от сердца помолися: тогда велия и злохудожныя искушения наносит". Просто сказать, враг за сердечную молитву возстал на тебя и хочет отвратить от оной; но ты не покоряйся ему. Искушение это милостию и помощию Божиею пройдет, только ты против вражеских помыслов не представляй доказательств, потому что, по слову Лествичника, враги злохитры и могут с своей стороны представить тебе много возражений; а просто продолжай молиться, стараясь не внимать вражеским помыслам и презирать их, повторяя сладчайшее имя Господа нашего Иисуса Христа. Св. Лествичник пишет: именем

Иисуса бий ратники. Несть бо сильнее оружия ни на земли, ни на небеси. Не врагам противопоставляй, а сама про себя думай, что святейший Сын Божий во время своей земной жизни с грешниками ел и пил, и не отрекся вечерять в дому Симона прокаженнаго, и дозволил, заявленной в городе блуднице прикасаться и лобызать пречистая Свои нозе. Ежели свет солнечный, проходя нечистыя места, иссушает многая и не повреждается; кольми паче великое милосердие Божие сильно потребит все нечистая грехи каждой христианской души кающейся. В ад только пойдут те, которыя от гордости не захотят принести покаяние. Ежели Манассия, столько соделавший беззаконий и развративший многое множество людей, получил прощение, то да дерзают все грешныя кающиеся, и тем более, что Манассия, окованный железными узами и брошенный в медный вол, как бы невольно каяся, не могши приклонить телесных колен, приклонил только колено сердца. Словом, кратко сказать, ничего не отвечай врагам, а только молись и молись, призывая на помощь и милость сладчайшее имя Господа нашего Иисуса Христа, пришедшаго в мир грешныя спасти. А безтолковые толки вражеския, делать нечего, потерпи и понеси; через это стяживается опытность духовная. Знай и твердо помни, и веруй, что всеблагий Промыслитель Господь никому выше веры и выше сил не попущает искушения, а если кому и попущаются искушения, то в меру, и в то же время посылается свыше помощь от Господа, Котораго нужно призывать во всякое время. Ты в болезни получила некоторую свободу от монастырских занятий и понудилась часто произносить сладчайшее имя Господа нашего Иисуса Христа. Вот враг вооружился и возстал против тебя. Впрочем, знай и помни, что если, милостию и помощию Божиею, враг и прекратит брань, то прекратит только на время, чтобы с большею силою опять напасть нечаянно, как сказано об этом в 3-й части Добротолюбия, во 2-й главе св. Исаии отшельника: "аще будеши противлятися вражде и узриши, яко она, изнемогши, от тебя вспять бежит, да не возрадуется твое сердце. Понеже злоба духов созади их есть. Уготовляют бо рать злейшую первыя, и оставляют ю созади града, и заповедают оной не двигнутися. И аще противитися будеши, противоидя им, бегут от лица твоего от немощи: аще же возвысится сердце твое, яко прогна их, и оставиши град, ови востают созади, ови же остановятся впереди, и оставляют окаянную душу посреде себе, не имущую же убежища. Град есть молитва, настояние же противоглаголание о Христе Иисусе, шествие же ярость". Вот видишь, оплошность с нашей стороны состоит в возношении и оставлении молитвы. "А если, — по слову Лествичника, — ум заключит тебя в твердыне смирения, то только топоты и игры татей сих слышишь, и искушен же ни от единаго быть не можешь". У пр. Исаии выше сказано о противоречии; но немощным и новоначальным, по совету других отцов, удобнее молиться на помыслы, как можно реже противореча им или совсем не внимая им.

Взялась, сестра, за дело, то не малодушествуй, а будь мужественна, вооружая себя верою и упованием, и будешь ощущать явственно помощь Божию, делом разумевая сказанное у апостола: несть наша брань к крови и плоти, но к началам и ко властем и к миродержателем тмы века сего".

Неправду говорят враги, что ты прежде много молилась и не была услышана. Была услышана, но оставила должное хранение и понадеялась на себя, а может быть, кого-нибудь и осудила; от таких причин и возобновилось прежнее искушение. А если будем поступать по ветхозаветной заповеди, "делати и хранити", то силен Господь сохранить нас.

— 426. В самооправдании — высокомудрие

Сестра о Господе, мать!

Это письмо, давно начатое, не мог я доселе кончить: при немощи телесной я постоянно таким обременен недосугом, что едва помню, что существую.

Получил я на днях и третье твое письмо от 25-го сентября. Пишешь об А. и выразилась так, чтобы я тебе верил, а не другим. Во всем твоем объяснении относительно А. проглядывает самооправдание. А эти твои слова, чтобы я другим не верил, а тебе только верил, не смиренномудры, а, напротив, показывают высокомудрие. Смиреннее, и проще, и ближе к правде было бы сказать так: если другим верите, то верьте и мне, и простите и отпустите мне случающияся неисправности"...

— 427. О передаче денег мирским родственникам (1874г.)

Сестра о Господе, мать.

Письма твои от 15-го января и от 4-го февраля получил; но по обычной моей немощи телесной и крайнему недосугу не успел тебе доселе отвечать на вопрос твой о деньгах сына твоего. Если ты вполне уверена, что он не пропадут, и если можешь с спокойным сердцем отдать их, то можно исполнить желание твоих родных. В противном случае смотри сама. А я положительно ничего не могу тебе сказать, тем более, что недавно был в Белевском Дев. Монастыре подобный случай, который нехорошо кончился. Мать взяла у дочери, которая живет в этой обители, последния ея деньги для сына своего. Сын прожил эти деньги; а теперь сама мать пришла в монастырь жить к дочери.

— 428. Еще о том, как должно относиться к видениям. О борьбе с высокоумием и о том, что не должно понуждать себя к телесным трудам сверх силы (1875 г.)

Сестра о Господе, мать!

Твоих писем без ответа набралось до шести. Между прочим ты пишешь о поездке своей в Почаевскую лавру и говоришь, что здоровье твое там было хорошо, но возвратившись опять стала болеть. Потом описываешь, как в праздник Смоленской Божией Матери в лаврском соборе, вздремнувши, видела двух голубей, на тебя спускающихся, и потом слышала глас: готовься к Сыну моему.

271

Затем ты подробно объясняешь свои недоумения, что затрудняешься и принять и отвергнуть этот глас. Я тебе уже не раз и говорил, и писал, что в подобных случаях следует держаться совета преподобнаго Марка подвижника, который в 28-й главе о мнящихся от дел оправдатися пишет так: "добро есть на таковая не взирати прелести ради, ниже проклинати истины ради, но вся упованием приносити Богови: Той бо весть обою полезное". Поэтому оставь слышанный тобою глас без всякаго значения. Готовиться же к кончине мы имеем заповедь от Самаго Господа, глаголющаго во Евангелии: будите готови, яко в онь же час не мните, Сын человеческий приидет (Матф. 24, 4). Пишешь, что если начнешь готовиться и понудишь немощную плоть, то можешь слечь в постель. Но готовиться нужно душою, а не телом. Например, сама сознаешься, что часто бываешь в борьбе с высокоумием. Блюди же за этим и отвергай гордые и всякия другая Богу противныя помыслы. Все святыя считали себя худшими всех, землею и пеплом; значит, если кто высокое о себе помышляет, тот не идет путем, указанным святыми отцами. Еще писала ты, что когда бываешь больна, то тебе затруднительно класть земныя поклоны, и спрашиваешь: как же тебе быть? И об этом я тебе не раз говорил и писал, что вредно понуждать немощное тело выше силы его и что от этого бывает только смущение на смущение. Если не можешь класть земных поклонов, клади поясные, или стоя, сидя, или хоть лежа твори молитву, а вместо поклонов хоть осеняй себя крестным знамением, на первых 30 молитвах каждой сотницы, при исполнении четочнаго пятисотнаго правила.

— 429. Во всяком пребывании надо жить благоугодно (1878 г.)

Сестра о Господе, достопочтеннейшая мать!

Письмо твое от 20-го февраля получил. Писала ты, что от казначейства отказалась. Если удалось тебе избавиться от казначейства, поздравляю тебя. А если, несмотря на твой отказ, тебя все-таки избрали в казначеи, опять поздравляю. Во всяком пребывании старайся пребывать благоугодно, т. е. в мирном и смиренном духе, никого не осуждай и никому не досаждай, стараясь, чтобы слово наше по апостольской заповеди было растворено духовною солию.

— 430. Должно молиться за оскорбляющих и терпеть искушение (1878 г.)

Сестра о Господе, мать!

Письмо твое от 20-го ноября, а также и прежния твои скорбныя письма получал, но по немощи и крайнему недосугу от занятия с посетителями не мог отвечать тебе до сего времени.

Описываешь свое скорбное положение и хочешь отказываться от казначейства. — Но теперь, по крайней мере, митрополит к тебе расположен; а как откажешься от должности, тогда, пожалуй, и этого не будет. В монастыре же едва ли чрез это будет тебе покойнее; а как бы и совсем не выгнали. Поэтому лучше от казначейской должности не отказываться, а хоть и со скорбию продолжать оную. Бог даст, по времени буря утихнет; только молись с верою и усердием Господу и Царице Небесной, чтобы помогли тебе в несении скорбей. Молись и за оскорбляющих тебя сими словами: спаси Господи такую-то мать, и молитвами ея помилуй и меня грешную". Особенно молись так во время сильнаго смущения. Хорошо при этом полагать великия поклоны, если позволяет место.

— 431. О вредных последствиях неправильной молитвы и о том, что не следует представлять себе непостижимое Божество в образах

Почтенный о Господе брат Д.

Письмо твое получил. Описанным тобою немощам душевным и телесным подвергся ты потому, что по неопытности употреблял не тот образ молитвы, возносясь умом к Престолу Святыя Троицы и созерцая непостижимое Божество, по человеческому представлению во образе, и подобиях; отчего, по слову святаго Григоря Синаита н Симеона Новаго Богослова, неопытные впадают в прелесть. Образ молитвы, с видением и возношением ума на небо, могут употреблять только безстрастные, долгим временем и подвигом, паче же смирением и помощью Божиею, очистившие себя от примеси страстей; а для новоначальных и немощных это весьма опасно и доводит до прелести вражией, при которой подвергаются неподобным немощам и увлечениям, как объясняет это святый апостол: "понеже не восхотеша имети Бога в разуми, сего ради предаде их Бог в неискусен ум творити неподобная"...

Видения, бывшия тебе и представлявшияся, не истинны, как-то: видение воскресшаго Господа, видение Божией Матери и другое прочее подобное. Вперед не верь ни снам, ни видениям. Все это опасно и обольстительно и не увенчивается добрым концом. Самыя плоды настоящей твоей жизни могут служить тебе ясным доказательством, что ты был обманут и увлечен самомнением от бывших представлений и мнимой чистоты, и светлости ума, и случавшимися слезами, и умилением. Все это питало в тебе тайное и тонкое кичение и обольщение вражие, от которых произошли потом горькия плоды. Впрочем, отчаиваться не должно. Несть грех побеждающ человеколюбие Божие. Силен Господь поправить твои душевныя обстоятельства, если понудишься положить новое начало с истинным покаянием и искренним смирением. Прежний образ молитвы оставь и не дерзай восходить умом на небо и представлять непостижимое Божество во образе. Благоговейно поклоняйся на иконе образу Святыя Троицы, но не представляй умом Божество в таком виде, — это опасно, по учению святых отцов Григория Синаита и других. По краткости теперь нет возможности распространяся о сем. Если хочешь поправить испорченное дело, то подражай в молитве мытарю, о котором Сам Господь говорит, что он не смел и очей телесных возвести к небу, а об уме и говорить нечего; т. е. никак не дерзал умом восходить на небо, а стоял пред Богом со страхом и смирением, как зримый свыше от Господа, и прося помилования: Боже, милостив буди мне грешнику, и не дерзая спорить с фарисеем, который явно уничижал его. Вот образ покаяния и возвращения на правый путь для всех согрешивших. И ты ни с кем не спорь и никого не учи, а только внимай своему покаянию и исправлению собственной жизни, во страхе Божием со смирением и самоукорением, не оправдываясь и не отвергая укоризны со стороны, кольми паче никого не судя и не осуждая.

— 432. О скорбях в монастыре: проводящия жизнь в смирении и самоукорении испытывают мало скорбей. Главная причина скорбей — самолюбие, а иногда и благая решимость — жить благочестиво

На всех ли равно действуют встречающиеся в монастыре случаи скорбей?

Не равно, а весьма различно и многоразлично. Кто, из поступивших в монастырь, прямо пойдет путем смирения, во страхе Божием, и сохраняя по совести очи и слух, и язык, а в ошибках прибегая к самоукорению, тот мало увидит неприятных случаев: а слово "сплетни" для него и существовать не будет. Ежели Господь, ради нашего спасения, перенес заплевания и заушения и всякий вид уничижения, то кто из хотящих спастись не должен знать, если только он имеет правильное стремление ко спасению, что и ему должно понести подобное, хотя в меньшей мере, за грехи свои и ради своего спасения. Главная мысль при пострижении выражена так: имаши досадитися, и уничижитися, и изгнатися, и вся скорбная понести. Кто это знает и помнит, для того слово "сплетни" не может иметь силы.

Если кто спросит: для кого же оне существуют и имеют силу? Разумеется, еще для немощных, хотя и благонамеренных, у которых самолюбие еще в силе, хотя бы и прикрывалось благовидно какими-либо мнимо благословными предлогами, для тех, которые смотрят на вещи, хотя в некоторых случаях, человеческим оком, не быв еще свободны от того, чтобы получать внимание и ласку, и приветствие, и некоторое почтение, а иногда и предпочтение, особенно когда представляется на это как бы некий предлог чрез бывшия от них благотворения. Св. ап. Павел оба сказанныя состояния ясно выразил упреком: "наченше духом ныне плотию скончавают".

Как же быть в таком случае немощным? Очень просто: сознавать свою немощь, прибегать к самоукорению и смирению и в неприятных случаях более обвинять себя, а не других, и прежде всего смотреть на вещи просто, что все мы люди, все человеки, всякий по-своему видит, по-своему разумеет, по-своему судит и толкует. В этом судить нас будет один Сын Божий, Которому Единому дана сия власть от Бога Отца. Когда же оставим простоту и будем думать и толковать: что, и как, и зачем, и для чего, и кто они, и как они, тогда и не будет просто, а выйдет мудрено, паче же безтолково. Пойдут недоумения и недоразумения, не обойдется и без жалобы. А скорби-то! будут скорби невыносимыя! Не помню, где-то написано, что тщеславие, если дотронуться до него пальцем, кричит: кожу дерут". Хотя и не всегда так, а бывает не по малой части, только в различных видоизменениях. Самолюбие наше — корень всему злу. Оно есть начало всех страстей, оно есть причина всех наших бедствий и страданий, иногда в настоящее время, а иногда как последствие прежних ошибок. Впрочем, и не одно самолюбие бывает причиною скорби, а часто и благая решимость жить благочестиво, как сказано у апостола: "вси хотящии благочестиво жити гоними будут". И в другом месте сказано: "многи скорби праведным", только с прибавлением ободрения: "но от всех их избавит я Господь". Блажен, кто принадлежит к числу таких и терпит скорби и правду и за жизнь благочестивую.

Как же быть тем, о которых сказано: "многи раны грешному"? И таким не должно отчаиваться, а без смущения и с упованием на милосердие Божие благодушно простираться к покаянию и смирению, подражая мытарю, который, видя во всем свою неисправность, взывал ко Господу: Боже, милостив буди мне грешнику". Стараясь жить благочестиво, должно помнить и никогда не забывать, что все читаемое и разумеемое должно относить к себе, а не к другим, к себе быть благоразумно строгим, а к другим снисходительным. Благоразумно строгим быть значит не смущаться безтолково. Пример сего мы можем видеть в детях различнаго возраста, которым оказывается снисхождение, по мере их понятий. Есть и дети духовныя, которых возраст считается не по годам или морщинам, а положительно сказано: "возраст старости — житие нескверное". Скоро ли доживем до такого возраста старости. А не доживши все мы требуем друг от друга снисхождения, по любви о Бозе: снисходительно слышать, снисходительно видеть, снисходительно судить о виденном и слышанном.

Все это продиктовано лишь к сведению, чтобы неразсудно не устрашаться. На самом же деле придется многое перечувствовать, потому что человек не вдруг стяжавает безстрастие. А где страсти, там и скорби со многими недоумениями и недоразумениями.

— Некоторые общие наставления старца Амвросия

Мы должны жить на земле так, как колесо вертится, — чуть только одной точкой касается земли, а остальными непременно стремится вверх.

Чтобы жить в монастыре, надо терпения не воз, а целый обоз.

Жить можно и в миру, только не на юру, а жить тихо.

Царствие Божие не в словах, а в силе, нужно меньше толковать, больше молчать, никого не осуждать, и всем мое почтение.

Где просто, там ангелов со сто; а где мудрено, там ни одного.

Спасение наше должно соделоваться между страхом и надеждою. Никому ни в каком случае не должно предаваться отчаянию, но не следует и надеяться чрезмерно.

Креста для человека (т. е. очистительных страданий душевных и телесных) Бог не творит. И как ни тяжек бывает у иного человека крест, который несет он в жизни, а все же дерево, из которого он сделан, всегда вырастает на почве его сердца.

Напрошенный крест трудно нести; а лучше в простоте сердца предаваться воле Божией.

Иди, куда поведут; смотри — что покажут, и все говори: да будет воля Твоя!

Иногда посылаются человеку страдания безвинно для того, чтобы он, по примеру Христа, страдал за других. Иметь совершенную любовь и значит страдать за ближних.

Нужно заставлять себя, хотя и против воли, делать какое-нибудь добро врагам своим; а главное — не мстить им и быть осторожным, чтобы как-нибудь не обидеть их видом презрения и уничижения.

Кто имеет дурное сердце, не должен отчаиваться; потому что с помощию Божиею человек может исправить свое сердце. Нужно только внимательно следить за собою и не упускать случая быть полезным ближним, часто открываться старцу и творить посильную милостыню. Этого конечно нельзя сделать вдруг, но Господь долготерпит. Он тогда только прекращает жизнь человека, когда видит его готовым к переходу в вечность, или же когда не видит никакой надежды на его исправление.

Если будешь принимать людей Бога ради, то, поверь, все будут к тебе хороши.

Трудящемуся Бог посылает милость, а любящему утешение.

Дом души — терпение, пища души — смирение. Если пищи в доме нет, жилец лезет вон (обычное выражение: выходит из терпения).

Смирение состоит в том, чтобы уступать другим и считать себя хуже всех.

Чужие дела не передавай.

Грехи как грецкие орехи — скорлупу расколешь, а зерно выковырить трудно.

В праздности грех время проводить. И службу церковную и правило для работы упускать грех.

Самооправдание — большой грех. Сказано в Писании: егда прииму время: Аз правоты возсужду .\ргНикто не должен оправдывать свою раздражительность какою-нибудь болезнию, — это происходит от гордости. Чтобы не предаваться раздражительности и гневу, не должно торопиться.

Скука унынию внука, а лени дочь. Чтобы отогнать ее прочь, в деле потрудись, в молитве не ленись; тогда и скука пройдет, и усердие придет. А если к сему терпения и смирения прибавишь, то от многих зол себя избавишь.

Смех изгоняет страх Божий.

Лучше предвидеть и молчать, чем говорить и потом раскаиваться.

Неисполненное обещание все равно что хорошее дерево без плода,

Учить — это небольшие камни с колокольни бросать, а исполнять — большие камни на колокольню таскать.

Слова старца: "когда я говорю, надо слушать с перваго слова; тогда будет послушание по воле Божией. — Я мягкаго характера: уступлю, но не будет пользы для души".

Записка старца. Св. Григорий Синаит повелевает: При молитве три сия блюсти: воздержание, молчание и самоукорение, т. е. обвинение себя, а не других во всяком неприятном случае.

Слова старца. "Хорошо молиться перед Распятием, вспоминая страдания Спасителя: заплевания, заушения, наругания, биения; при этом смиряется дух".

"На Страшном Суде более всего взыщется за недостаток любви к ближнему". "Любовь есть Сам Бог! — Этого чувства ниже ангелы могут постигнуть".

Кончивши правило молитвы, можно молиться о чем придет усердие.

Когда придет желание молиться среди правила особенною молитвою и с поклонами, тогда не надо мешать такому настроению.

Прежде всего не оставлять церковнаго правила; потом совершать келейное, а после молиться по усердию.

Когда найдут смутные помыслы, тогда молиться: "Да воскреснет Бог" и поклон. — "Богородице Дево" три раза и за каждым разом поклон. — "Достойно есть" и поклон.

Когда будут приходить помыслы зависти, надо молиться: от тайных моих очисти мя и от чуждых пощади рабу твою.

www.ingramcontent.com/pod-product-compliance
Lightning Source LLC
Chambersburg PA
CBHW031242090426
42742CB00007B/288